Manuale di grafica e stampa

Guida completa

Nella collana *Guida completa*:

3ds Max per l'architettura (II ed.), di Fabio D'Agnano
Access 2007, di Piriou e Tripolini
Accessibilità, di Michele Diodati
AJAX per applicazioni web, di Romagnoli, Salerno, Guidi
Analisi forense con Photoshop, di George Reis
Asterisk, di Gosmar, Innamorato, D. Osler, S. Osler
AutoCAD 2010, di Santapaga e Trasi
CSS (II ed.), di Gianluca Troiani
Computer Forensics (II ed.), di Ghirardini e Faggioli
Costruire applicazioni con Access 2007, di Mike Davis
Cubase 4, di Calderan e Djivas
E-commerce con PayPal, di Massimiliano Bigatti
Excel 2007, di Mike Davis
Final Cut Pro per i professionisti, di Alex G. Raccuglia
Flash CS4, di Feo e Rotondo
Fotoelaborazione: creatività e tecnica, di Eismann e Duggan
Fotografia digitale (II ed.), di Paolo Poli
Hacker 6.0, di McClure, Scambray, Kurtz
Il libro del wireless, di John Ross
JavaScript, di Yank e Adams
L'arte dell'hacking (II ed.), di Jon Erickson
L'arte della fotografia digitale in bianconero, di Marco Fodde
Legge 2.0, di Elvira Berlingieri
Linux Server per l'amministratore di rete (III ed.), di Silvio Umberto Zanzi
Linux Ubuntu (III ed.), di Hill, Bacon, Krstić, Murphy, Jesse, Savage, Burger
Mac OS X Snow Leopard, di Accomazzi e Bragagnolo
Manuale di redazione, di Mariuccia Teroni
Manuale per giovani band, di Pier Calderan
MySQL 5, di Michael Kofler
Modellazione 3D con AutoCAD, di Nale, Sartorato, Bortot
Office 2007, di M. Della Puppa e S. Della Puppa
Photoshop CS4, di Edimatica
Premiere CS4, di Roberto Celano
Rhinoceros per professionisti, di Daniele Nale
Ruby per applicazioni web, di Marco Ceresa
S.E.O., ottimizzazione web per motori di ricerca, di Davide Vasta
Sviluppare applicazioni web 2.0, di Christophe Porteneuve
Sviluppare applicazioni web 2.0 con PHP, di Quentin Zervaas
Sviluppare applicazioni web con Django, di Marco Beri
Sviluppare applicazioni web con PHP e MySQL, di Mark Wandschneider
Sviluppare applicazioni web con Rails, di Thomas e Hansson
Sviluppare il Web mobile, di Fabio Ricci
Switch Huawei, di Chiarion, Zuolo, Zamengo
Tecniche di registrazione, di B. Bartlett e J. Bartlett
Video digitale: la ripresa, di Gabriele Coassin
Webbot e spider, di Michael Schrenk

Mariuccia Teroni

Manuale di grafica e stampa

APOGEO

Manuale di grafica e stampa

Autore:
Mariuccia Teroni

Socio Unico Giangiacomo Feltrinelli Editore s.r.l.
Via Natale Battaglia 12 – 20127 Milano (Italy)
Telefono: 02289981 – Fax: 0226116334
Email **apogeo@apogeonline.com**
U.R.L. **www.apogeonline.com**

ISBN 978-88-503-2777-5

Impaginazione:
Edimatica Srl
– via E. Fonseca Pimentel 4, Milano

Copertina e progetto grafico:
Enrico Marcandalli

Editor:
Fabio Brivio

Finito di stampare
nel mese di settembre 2021
presso LegoDigit
– Lavis (TN)

Indice generale

A mio padre,
che mi ha sostenuta
in ogni mia scelta.
Anche le più difficili.

Dall'editore

Tradizione non scritta vuole che i libri di Mariuccia Teroni siano introdotti da una nota dell'editore.
Detto così potrebbe sembrare che Mariuccia di libri ne abbia scritti diversi. Beh, in realtà questo è il secondo (il primo è stato il fortunato *Manuale di redazione*), ma per il peso e l'importanza che ha per noi, vale come il centesimo.
Perché Mariuccia racconta e insieme insegna il nostro lavoro.
Editor, redattori, grafici, tipografi, stampatori, impaginatori: noi siamo gente che per vivere fa libri. Il nostro lavoro è pubblicare, e per dirla con le parole di Brian Napack (oggi presidente di Macmillan Publishers), "to publish, our job, it's cool".
(Giuro, ha detto proprio così, concludendo il suo intervento al *Tools of Change for Publishing*, conferenza organizzata da O'Reilly a San José, nel 2007.)
Insomma, anche se nel nostro lavoro essere in ritardo è la regola, rincorrere scadenze la norma, lottare con un testo la quotidianità, essere in perenne affanno per "arrivare in libreria" nei tempi previsti uno stato mentale, alla fine quando abbiamo in mano il frutto delle nostre fatiche, per qualche secondo (prima di essere risucchiati in un altro progetto) ognuno di noi si ricorda che questo isterico e maledetto lavoro, in realtà, è quanto di più bello ci sia.
Ed è per questo che la nuova fatica di Mariuccia è per noi così importante e troverà spazio, prima ancora che negli scaffali delle librerie, sulle nostre scrivanie.
Perché, se non lo avete ancora capito dal titolo o sfogliando l'indice, in questo libro Mariuccia insegna a fare libri, senza improvvisare nulla e con la consapevolezza che si matura solo quando i libri li hai fatti veramente (e tanti), arrivando a sporcarti le mani con l'inchiostro, o passando le notti a cercare di capire come mai il dannato nuovo software per l'impaginazione non si decide a gestire i margini come invece dovrebbe.

Ma non cadete nell'errore di pensare che queste 300 e passa pagine insegnino a usare uno o più software per la grafica e l'impaginazione. Niente di più sbagliato.

Qui dentro c'è invece un sapere che viene da lontano e che negli ultimi anni si è sempre più manifestato attraverso i computer, ormai centrali nei processi editoriali al punto da far dimenticare che essere in grado di "produrre qualcosa da pubblicare" non è sinonimo di saper usare uno o più programmi (non importa quanto complicati siano).

Essere in grado di preparare un oggetto editoriale per la stampa vuol dire conoscere le regole che lo sottendono e saperle applicare attraverso l'uso delle macchine.

A prescindere dal fatto che acquistiate o meno questo volume, se state leggendo queste righe, regalate qualche minuto alle pagine che seguono e pensate a cosa rappresenta per voi un libro: se è o volete farne lo scopo del vostro lavoro.

Se la risposta è "sì", allora avete tra le mani una risorsa preziosa.

Fabio Brivio
Editor
fabio@apogeonline.com

Prefazione

La mia esperienza nell'editoria ha avuto inizio circa venticinque anni fa, e provenendo da tutt'altra attività ho dovuto pazientemente imparare tutto quello di specifico che a essa appartiene. E sfrondare quello che viene fatto passare per peculiare, ma che peculiare non è. In questo percorso di apprendimento molto ho imparato dalle persone e molto dai libri, ovvero da quegli oggetti che poi avrei contribuito a produrre.
Per fare bene il proprio lavoro bisogna amarlo e bisogna avere rispetto e conoscenza dei prodotti che si fanno. Così è anche per il libro.
Conoscenza e passione sono gli elementi che caratterizzano l'opera di Mariuccia Teroni che, se fosse stata disponibile anni or sono, avrebbe facilitato il mio cammino di apprendimento. L'impostazione dei vari capitoli del libro è chiara, il contenuto di sicuro interesse e la scrittura agile e concisa.
Ho incontrato Mariuccia Teroni molti anni or sono e da allora abbiamo collaborato a molte iniziative e anche condiviso esperienze non sempre positive, ma ciò ha contribuito a rafforzare la nostra reciproca stima e a ricercare soluzioni innovative atte a migliorare il lavoro editoriale e la sua organizzazione.
La lettura di questo libro è consigliata a chi ama il lavoro editoriale e a tutti quei giovani che a esso guardano come loro futuro impegno. Suggerisco che lo leggano anche le molte persone che lavorano in case editrici, in attività diverse, e che a mala pena sanno cos'è e soprattutto come si fa un libro.

Agostino Cattaneo
(Presidente di Edizioni Bruno Mondadori
e Consigliere delegato di Edizioni Gribaudo)

Introduzione

Tutto ciò che possiamo scrivere, disegnare, organizzare, mostrare e altro ancora, è una rappresentazione del nostro pensiero e di ciò che abbiamo intenzione di comunicare.
Per riuscire a farlo nel migliore dei modi dobbiamo essere in grado di realizzare un progetto grafico, e per poterlo fare dobbiamo sapere come si fa; dobbiamo riuscire a costruire un messaggio comprensibile ed efficace, e per riuscirci dobbiamo conoscere i principi della comunicazione; dobbiamo avere la lungimiranza di non appesantire i costi di realizzazione, e per averla dobbiamo essere a conoscenza di tutti i rischi, anche quelli meno evidenti; dobbiamo saper impaginare senza errori, quindi possedere un metodo e la conoscenza di regole; dobbiamo gestire le immagini a livello qualitativo e professionale, e per far questo dobbiamo conoscerne i segreti più nascosti; dobbiamo saper distinguere la carta su cui stampare, e per poterlo fare è necessario avere le informazioni giuste; dobbiamo avere idea di come avviene la stampa, della sua storia e dell'evoluzione delle tecnologie utilizzate; dobbiamo sapere come presentare il prodotto finito, quindi essere in grado di distinguere i diversi tipi di confezione possibili.
Insomma, dalla progettazione alla pubblicazione dobbiamo conoscere tutte le tecniche, le regole, le scelte, i metodi e i consigli idonei a realizzare prodotti editoriali di qualità.
Questo è l'obiettivo del *Manuale di grafica e stampa*, riuscire a trasferire al fruitore di quest'opera le basi per una corretta gestione delle lavorazioni grafiche e industriali che sottintendono alla buona riuscita del prodotto editoriale.

Ringraziamenti

Quando un paio di anni fa Francesca Cappennani di Apogeo mi avvisò che il mio primo libro stava per andare in stampa, per un attimo smisi di respirare.
Vent'anni di onorata carriera stavano per essere serviti su un piatto d'argento per essere vivisezionati. A questo punto non mi restava altro che aspettarne la distribuzione con il temuto feedback del mercato e degli addetti ai lavori.
Beh, se avessi potuto scegliere come fare andare le cose, non sarei riuscita ad orchestrarle così bene. Alcune università lo hanno adottato come testo di studio e molti docenti lo consigliano come guida per la redazione delle tesi dei loro studenti, è stato inserito nella Biblioteca del Senato e, volano di seminari che ho tenuto sull'argomento, è rimbalzato sulla Rete fino a diventare oggetto di post.
Un grazie, quindi, a tutti coloro che hanno contribuito a far conoscere e dar lustro al mio lavoro.
Un ringraziamento particolarmente sentito va a quelle persone, che ho chiamato addetti ai lavori (colleghi, amici, giornalisti, clienti o concorrenti, poco importa), dalle quali ho ricevuto personali manifestazioni di stima e apprezzamento.
Ecco perché quando Fabio (Brivio, il mio editor) mi ha telefonato per propormi questa nuova "fatica" ho subito accettato, ben sapendo che le difficoltà sarebbero state superiori (visto l'argomento).
Ed eccomi ancora una volta a trattenere il respiro.
Nel frattempo voglio però esprimere tutta la mia gratitudine ad Agostino Cattaneo che mi ha onorata accettando di scrivere la prefazione di questo libro, a Daniele Sculati che ha pazientemente riletto ogni riga scritta e a Roberto Invernici che in tutta la mia vita professionale non mi ha mai fatto mancare i suoi preziosi consigli.
Un ringraziamento, infine, ma non in ordine di importanza, va a Gianpiero Lotito, con il quale condivido ormai più di vent'anni di lavoro, e al mio editore che, ancora una volta, mi ha dato la sua fiducia.

Capitolo 1

C'era una volta...

In questo capitolo

- C'era una volta un Re
- C'era un cinese in Cina
- Carta canta
- Correva l'anno 1450
- M come Manuzio
- Xilo... che?
- L'evoluzione della specie
- Fotocomposizione e DTP
- Millenovecentosessan-tanove

C'era una volta un Re

Fin dai tempi più antichi l'uomo ha manifestato la volontà di tramandare testimonianza di sé e della propria esistenza superando i limiti della tradizione orale e tracciando i primi segni di scrittura. In questo modo poté fissare tutte quelle idee invisibili che abitavano la sua mente e condividerle con il resto del gruppo.

Questa forma di trasmissione visiva del pensiero può essere datata all'incirca 35.000 anni fa, quando l'uomo, utilizzando dei segni grafici, cercò di esprimersi con una modalità più chiara e durevole di quella utilizzata fino ad allora.

Figura 1.1
Vignetta tratta da *Celebrazione del tipografo*, editrice Il quadratino, Torino 1968.

I segni grafici

I segni grafici si possono sostanzialmente suddividere in tre grandi famiglie: i **pittogrammi**, gli **ideogrammi** e i **fonogrammi**.

I pittogrammi

Con i pittogrammi, l'uomo inizia a rappresentare la realtà che lo circonda, e lo fa attraverso raffigurazioni naturalistiche.
Utilizza segni grafici molto semplici con i quali cerca di fissare la propria esperienza.
Prima testimonianza di questa evoluzione si ritrova nei cosiddetti **graffiti rupestri**, una sorta di disegni schematici che rappresentano un oggetto o, in alcuni casi, un'idea elementare e raffiguranti, per lo più, scene di caccia, di combattimento o di danza.
Successivamente, dal disegno figurato si passò a quello **simbolico**. Ecco che allora il sole diventa il giorno, la stella rappresenta la notte, un occhio che piange esprime tristezza.
La pittografia è ancora oggi utilizzata proprio grazie a quel suo carattere intuitivo che ne permette l'interpretazione in qualunque parte del mondo e qualunque lingua si parli (Figura 1.2).
Si pensi, per esempio, ai segnali stradali o ai simboli delle discipline sportive o, ancora, al disegno del teschio con le due tibie incrociate utilizzato per indicare una situazione di pericolo, o il disegno della bilancia per la giustizia.

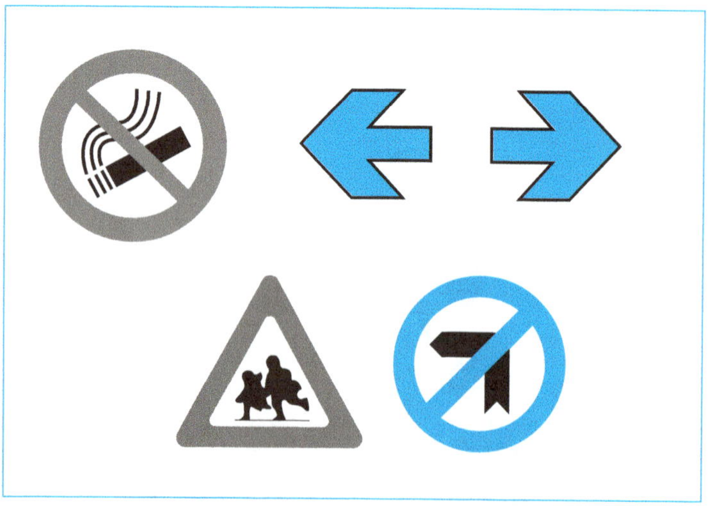

Figura 1.2
Esempi di pittogrammi.
In questo caso, ogni spiegazione sarebbe superflua.

Gli ideogrammi

Dalla pittografia si passa alla ideografia.
In questo caso i segni utilizzati diventano la rappresentazione grafica del **concetto** che si intende esprimere.

Il passo importante nell'evoluzione della comunicazione scritta consiste proprio nel riuscire a rappresentare non solo realtà concrete, ma anche idee.
Utilizzando sempre le figure naturalistiche l'uomo cerca, in questo modo, di collegare la parola al segno tracciato.
Esempi di scrittura ideografica sono quella cinese, quella maya o quella egiziana (chiamata geroglifica).
L'ideogramma rappresenta lo sviluppo della pittografia dove l'oggetto da rappresentare, veniva disegnato in modo più realistico e meno stilizzato.

I fonogrammi

I fonogrammi sono, invece, dei segni che non indicano più le cose ma, bensì, come si chiamano e i **suoni** a esse associati.
Il periodo fonetico rappresenta una grande scoperta per il genere umano in quanto determina la nascita dell'**alfabeto**, dove a ogni suono della lingua corrisponde un segno chiaro e distinto.
Il passaggio dalla tradizione orale a quella scritta ha segnato un momento fondamentale nella storia dell'umanità: la transizione dalla preistoria alla storia documentata.
La scrittura ha quindi consentito all'uomo di tradurre la sua esperienza e le sue idee in una forma visibile, di fermarle e di poterle tramandare.
Dai primi graffiti incisi sulle rocce, l'uomo ha dovuto adattare le proprie esigenze al materiale utilizzato, alla sua forma e alla sua qualità.

Il supporto scrittorio

La scrittura, quindi, non è scindibile dal suo supporto scrittorio che condiziona, e in maniera decisiva, la modalità di rappresentazione delle informazioni.

Le tavolette d'argilla

Tanto per fare un esempio, si pensi alle tavolette d'argilla utilizzate dai Sumeri nel IV millennio a.C (Figura 1.3).

Figura 1.3
Particolare di scrittura cuneiforme impressa su una tavoletta d'argilla. Il termine "cuneiforme" deriva dall'impronta, a forma di cuneo, lasciata dalla terminazione triangolare dello stilo sulla superficie della tavoletta.

Il delicato composto di cui erano fatte non consentiva altro che incisioni molto lineari e facili da realizzare, che venivano impresse sulla morbida argilla con l'impiego di uno stilo appuntito.
Una volta scritte venivano fatte essiccare al sole o cotte a basso fuoco.
Le tavolette potevano avere varie forme e misure: da quella di pagina vera e propria con il retro concavo, a quella di semplice missiva avvolta nella propria busta, anch'essa d'argilla.
Tutto questo accadeva nel 3500 a.C. in Mesopotamia, la cosiddetta "terra tra due fiumi" (il Tigri e l'Eufrate) ricca, per l'appunto, di questo particolare fango.

Il papiro

Mentre fuori dall'Egitto circolano le tavolette d'argilla, sulle sponde del Nilo si afferma l'uso di un nuovo supporto scrittorio: il papiro, ottenuto dalla lavorazione dell'omonima pianta (perenne), il *Cyperus papyrus*, e destinato a diventare il più diffuso materiale da scrittura dell'antichità.
Ma come si poteva ottenere un foglio per scrivere da un semplice giunco palustre?

La lavorazione del papiro

La parte interna e morbida del suo fusto veniva tagliata in sottilissime strisce, accostate, intrecciate tra di loro e lasciate macerare nell'acqua del fiume (Figura 1.4).
Poi, le strisce, tagliate tutte delle stesse dimensioni, si incollavano in un unico e lungo foglio che, dopo essere stato pressato per alcuni giorni, veniva martellato e levigato per essere reso più sottile.
Il foglio era infine spalmato di succo di cedro per consentire una successiva buona adesione dell'inchiostro e, in ultimo, fatto asciugare al sole.

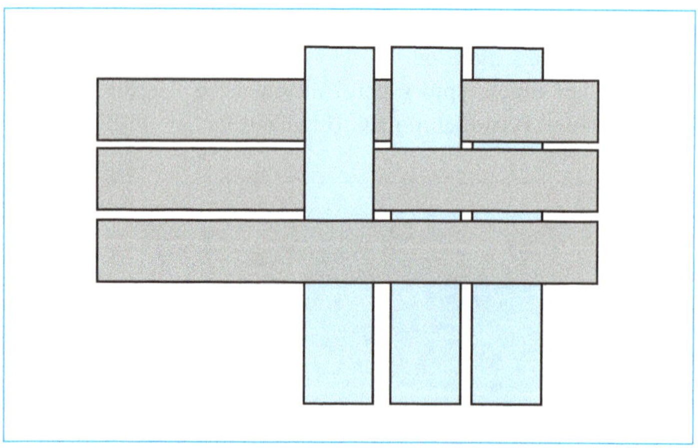

Figura 1.4 La lavorazione del papiro comprendeva l'intreccio di strisce di corteccia fatte precedentemente macerare nell'acqua del fiume.

I telai così ottenuti venivano uniti fino a formare una lunga striscia, su cui si poteva scrivere in tante colonne affiancate.

La striscia veniva poi arrotolata su un bastoncino, di legno o di avorio e chiamato *ombelico*, incollato su uno dei due lati corti del foglio.

Il papiro, sicuramente più fruibile dell'argilla, era però particolarmente sensibile all'umidità, risultava comunque fragile, di scarsa consistenza e resistenza, non permetteva di venire scritto sui due lati e, tanto meno, di venire piegato.

I documenti scritti sul papiro assumevano quindi la tipica forma a rotolo, il *volumen* (Figura 1.5), che raggiungeva mediamente una larghezza di 25 centimetri e una lunghezza di sei/dieci metri, anche se alcuni di essi ne arrivarono a misurare fino a quaranta (il papiro egiziano detto di Harris, conservato al British Museum di Londra, misura 40 metri e 50 centimetri).

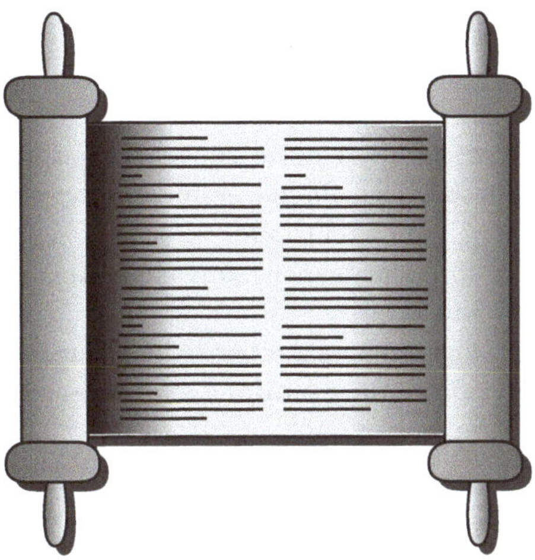

Figura 1.5
Il *volumen*, ottenuto arrotolando il papiro su un bastoncino chiamato ombelico, poteva essere lungo anche molti metri. A differenza della pergamena, permetteva la scrittura del testo (organizzato in colonne) solo su un lato del foglio.

Pergamo

Nel II secolo a.C. si verificò però un fatto destinato a cambiare il corso di molte cose.

A quei tempi, le **due biblioteche** più importanti erano quella più famosa di **Alessandria d'Egitto** e quella di **Pergamo**, città dell'Asia Minore che stava diventando uno dei centri culturali del mondo.

Secondo le fonti classiche, tra cui gli scritti di Plinio il Vecchio, pare che i sapienti di Alessandria d'Egitto, venuti per questo motivo in antagonismo con quelli di Pergamo, non riuscissero ad accettare il fatto che la biblioteca di Pergamo potesse diventare, nel tempo, più importante della loro.

Pergamo vs Alessandria

Sotto la dinastia degli Attalidi (III e I secolo a.C.), la Biblioteca di Pergamo era nota per la sua imponente collezione di manoscritti. Pare che ve ne fossero circa 200.000, tutti papiri provenienti dall'Egitto.
La Biblioteca di Alessandria d'Egitto, prima che venisse distrutta dalle legioni di Giulio Cesare nel 47 a.C. e dai Cristiani nel 392 d.C., custodiva circa 700.000 volumi.

A causa di questa discordia, il faraone Tolomeo Epifanio, constatato il grande sviluppo che stava assumendo la città di Pergamo, e nel tentativo di affermare la sua supremazia ritardando il progresso della crescente Biblioteca di Pergamo, proibì l'esportazione del papiro istituendo una sorta di embargo.

Re Eumene II

Fu a questo punto che Eumene II, re di Pergamo e grande protettore di letterati e artisti (a lui si deve l'ampliamento della biblioteca fondata da suo padre, Attalo I), scrisse un'importante pagina della storia della stampa.
Trovatosi nella necessità di porre rimedio a quanto stava accadendo, ordinò ai suoi artigiani di trovare un materiale che potesse essere impiegato al posto del papiro.
Fu così che nacque la pergamena: una pietra miliare nella storia della materia scrittoria.
Per chiarezza di esposizione pare, però, che a Pergamo venne migliorata e perfezionata un'invenzione già conosciuta e utilizzata da tempo in Oriente.

La pergamena

Chiamata anche *cartapecora*, perché ottenuta dalla lavorazione delle pelli di pecora, montone e capra (Figura 1.6), la pergamena ha costituito per molti secoli il supporto più pregiato e durevole diventando, dal IV secolo d.C., il più usato per la scrittura.
La pergamena era infatti in grado di offrire una maggiore consistenza, durezza ed elasticità proprio grazie ai grassi che conteneva e, soprattutto, ciò che ne determinò la fortuna, il foglio poteva essere piegato, scritto su entrambi i lati e rilegato.
Con l'utilizzo di pelli di vitello era poi possibile lavorare un prodotto migliore, fino a raggiungere una qualità particolarmente pregiata di pergamena, chiamata **velino**, ricavata dal trattamento delle pelli di animali molto giovani o, addirittura, nati morti.
La pergamena è tradizionalmente associata alla tecnica della miniatura, a cui rimarrà legata fino al XVIII secolo, proprio grazie al suo fondo luminoso e ricco di pori che donava pastosità al colore.

Il codex

Fu così che dallo scomodo e ingombrante rotolo di papiro si passò al *codex*, l'antenato del libro.
Con la comparsa del codex, si avvia anche una nuova tecnica, quella della miniatura, cioè della decorazione dei testi.

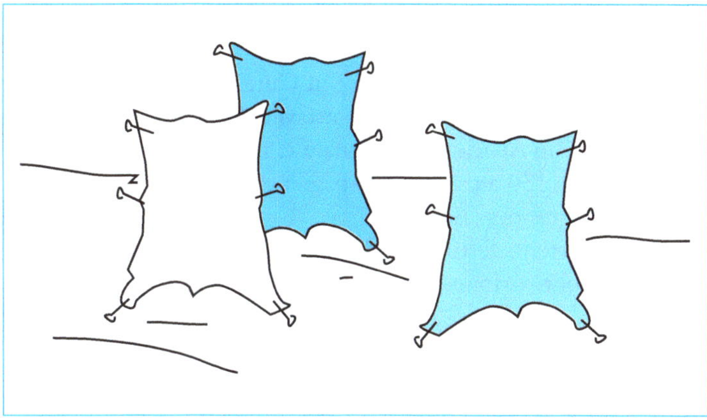

Figura 1.6
Dopo essere state riscaldate e depilate, le pelli venivano stese su dei telai per essere poi ripassate con cura con un coltello a mezza luna. A differenza del supporto vegetale, la pelle richiedeva una lavorazione sicuramente più impegnativa, ma con risultati più prestazionali.

Il termine miniare deriva dal latino *minium* che identifica il cinabro, un minerale (costituito da solfuro di mercurio) di colore rosso-arancione che veniva utilizzato per dipingere i capoversi dei libri.
La fabbricazione della pergamena portava però con sé dei costi così alti da necessitare, quando sarebbe stato possibile, la sostituzione con un materiale meno prezioso, anche se sarebbe risultato più fragile.

C'era un cinese in Cina

Correva l'anno 105 d.C. e la leggenda narra di un ministro cinese, alto funzionario della corte degli Han, tale **Ts'ai Lun** che, recandosi quotidianamente in meditazione nei pressi di un vicino stagno dove le donne del villaggio si ritrovavano a lavare gli indumenti sporchi, era solito osservarle nel loro operare.
Fu così che si accorse che dai panni strofinati e battuti si staccavano delle sottilissime fibre di tessuto logoro che via via si accumulavano in un'ansa dello stagno fino a formare, sull'acqua, un velo chiaro e sottile.
Ts'ai Lun, incuriosito, recuperò questo composto e lo stese a essiccare al sole. Ottenne così un foglio biancastro, abbastanza resistente e su cui sembrava si potesse scrivere.
Era nata la carta.
I cinesi, primi inventori di questo materiale, riuscirono nel tempo, e con opportuni trattamenti, a produrlo in diversi modi: dagli stracci, dal gelso, dal bambù.
Ma prima ancora che come supporto scrittorio, la carta venne utilizzata come oggetto di vestiario (per esempio per confezionare cappelli o ventagli), per avvolgere manufatti, costruire aquiloni o lanterne.

In viaggio dal VII secolo

Il cammino che la carta compì, dalla Cina al resto del mondo, fu millenario (Figura 1.7).

Verso Levante, nel 610 d.C. giunse in Corea e, da lì, in Giappone. Nel secolo seguente, a Occidente, attraverso la Persia arrivò prima in Arabia, poi in Africa settentrionale e, infine, nel Mediterraneo dove, verso il 1150 attraverso la Spagna e successivamente l'Italia, fece il suo ingresso in Europa.

Qui trovò terreno fertile per diffondersi e per migliorarsi nella tecnica di fabbricazione.

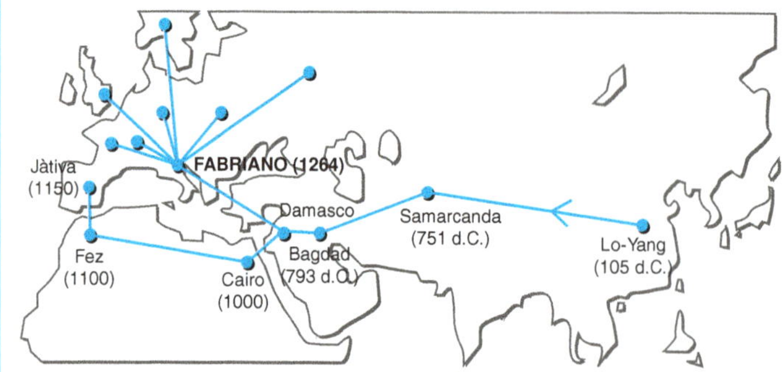

Figura 1.7
Il "cammino della carta".

La carta nel nuovo mondo

Per quanto riguarda il Nuovo Mondo si deve invece aspettare la scoperta dell'America prima che la carta vi faccia ingresso. La prima cartiera nasce infatti in Messico, nel 1575, proprio a opera degli spagnoli; mentre la seconda vede la luce in Pennsylvania oltre cent'anni dopo, nel 1690, grazie ai coloni olandesi.

Jàtiva e Fabriano

La città spagnola di **Jàtiva** è praticamente considerata la patria della più antica fabbrica di carta del Vecchio Continente (XII secolo), ma è in Italia che, nel XIII secolo, vengono migliorate a tal punto le tecniche di lavorazione da far diventare la nostra penisola uno dei principali paesi produttori ed esportatori.

In particolare, tra le numerose cartiere italiane, quella di **Fabriano** (1276) è la testimonianza dell'alto livello raggiunto dagli artigiani italiani nel processo di perfezionamento tecnico della produzione cartaria.

Nel XV secolo, poi, con l'invenzione della stampa a caratteri mobili, la carta divenne un bene di prima necessità, fondamentale per il progresso della società.

La scarsità di stracci

Verso la fine del Seicento, però, proprio a causa del proliferare della stampa che richiedeva una produzione sempre maggiore di carta, gli stracci (la materia prima, cioè, con cui era fabbricata) iniziarono a scarseggiare tanto che, unitamente a qualunque altro materiale utile alla sua fabbricazione, ne venne vietata l'esportazione. Dovranno passare due secoli prima che, grazie all'invenzione del tedesco Friedrich Keller, il legno possa essere utilizzato in sostituzione ai cenci.

Carta canta

La scoperta di questo nuovo supporto scrittorio, che tra il XIV e XV secolo sostituì interamente la pergamena, trasformò in maniera significativa la produzione del libro.

Fabriano

In Italia, l'arte della carta si sviluppò in molte città, come Venezia, Amalfi, Bologna e Modena, ma è a Fabriano (Figura 1.8) che va il riconoscimento del più importante centro di produzione.
Nella piccola città marchigiana, situata tra Ancona e Perugia, le rudimentali tecniche apprese dagli Arabi furono affinate e migliorate a tal punto da trasformare, in pochi decenni, l'intera economia cittadina.
Ma perché proprio Fabriano?
Le teorie sono più di una, ma quella che sembra essere la più plausibile, per gli storici, è che l'arte di fabbricazione della carta sia giunta da Ancona dopo che, in uno degli assalti mossi dagli Arabi alla città, questi furono fatti prigionieri e reclusi nell'alta valle dell'Esino, proprio nel territorio di Fabriano.

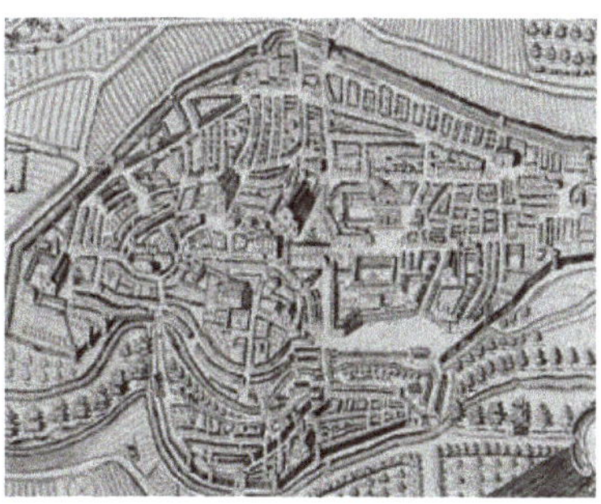

Figura 1.8
Particolare di una stampa storica raffigurante la città di Fabriano.

I fabrianesi, appresane quindi l'arte di fabbricazione dagli **Arabi**, impararono a produrla secondo nuovi metodi di lavorazione che fecero della carta italiana la più importante e pregiata d'Europa.
E così, nel **1326**, la corporazione dei cartai fabrianesi viene ufficialmente inserita tra le Arti che governavano il Comune, ricono-

scendo alla città il titolo di Comune medievale che, tra il XIII e XIV secolo, contribuì alla crescita dell'economia del Paese.

Il monopolio italiano terminerà solo nella seconda metà del XIV secolo quando francesi e tedeschi, grandi consumatori di questo materiale, ne appresero la tecnica produttiva.

Invenzioni fabrianesi

Nella storia della carta, il periodo fabrianese è caratterizzato da importanti e rivoluzionarie invenzioni.

Prima fra tutte, la sostituzione del mortaio di pietra e il pistone di legno manuale con la **pila idraulica a magli multipli** mossa dalla forza generata dal mulino (Figura 1.9).

Questo nuovo meccanismo permetteva di ridurre gli stracci in fibra in minor tempo, di aumentare la produttività e di ottenere una materia prima meglio lavorata e, di conseguenza, una qualità migliore del prodotto finito.

Figura 1.9
Nel mulino a pestelli, le acque del fiume azionano una ruota che genera il movimento dei pestelli per ridurre in poltiglia gli stracci (particolare di una stampa d'epoca).

Una nuova scoperta, ma non meno importante, fu il nuovo metodo di **collatura** della carta.

Con la collatura, veniva conferita al foglio la proprietà di ricevere l'inchiostro.

Questo metodo innovativo permetteva di ottenere la gelatina che veniva utilizzata per rendere la carta più lucida, impermeabile, resistente e adatta allo scopo, attraverso un procedimento di origine animale.

In questo modo venne eliminato il grosso problema del facile deterioramento dei fogli dovuto al collaggio con l'amido di frumento, motivo per cui, fino ad allora, la carta non era ancora stata utilizzata per la redazione di atti pubblici.

Altri importanti cambiamenti, che portano la firma fabrianese, furono il perfezionamento delle **forme** e l'introduzione della **filigrana** nei fogli, una specie di contrassegno distinguibile soprattutto in trasparenza (Figura 1.10).

Nel caso della filigrana, più che di invenzione si dovrebbe parlare di scoperta casuale.

La filigrana

Pare che la sua introduzione sia dovuta al fatto che, in una forma per la produzione della carta, fosse accidentalmente caduto un filo di metallo, la cui impronta rimase impressa nel prodotto finito.
Da qui l'idea di utilizzarlo in modo sistematico, dandogli una forma definita, per contrassegnare le carte dei diversi produttori.
Una sorta di marchio di fabbrica, per intenderci.
Le prime filigrane erano piuttosto semplici e potevano rappresentare il disegno di due cerchietti concentrici, di due cerchietti con le circonferenze tangenti esternamente o, ancora, quello di segmenti incrociati alle cui estremità si trovavano dei circoletti.
Con il trascorrere del tempo i segni diventano più complessi e la filigrana viene utilizzata per contraddistinguere i diversi tipi di carta, per identificare i vari committenti o per datarne i periodi di fabbricazione.
Nel giro di poco tempo il disegno si perfeziona a tal punto da rappresentare delle piccole opere d'arte: il disegno di un grifone, di un leone, un angelo, San Giovanni, un melograno e così via.
Le filigrane più antiche rinvenute nei fogli di carte fabrianesi risalgono a documenti del 1293.

Figura 1.10
Nel procedimento di creazione della filigrana, il filo di metallo imprime la pasta fresca. Il foglio, una volta asciugato, risulterà assottigliato in corrispondenza del disegno.

La produzione manuale

La carta, si sa, nasce utilizzando, come materia prima, cenci di canapa o di lino che, dopo essere stati ridotti in poltiglia, venivano stesi in modo uniforme su un telaio e fatti essiccare.
I fogli così ottenuti, coperti con un feltro, venivano pressati sotto un torchio per eliminare gli ultimi residui di acqua, stesi ad asciugare e, infine, trattati con un collante che li impermeabilizzava e li proteggeva da insetti e microrganismi.
Per circa cinquecento anni la storia della carta rimane indissolubilmente legata a quella della sua materia prima, i cenci, facendo nascere anche una nuova figura professionale, quella del **cenciaio** o stracciarolo, colui, cioè, che raccoglieva gli stracci per la produzione cartaria.
Fino al XIX secolo il procedimento di fabbricazione della carta è rimasto pressoché identico, e Fabriano è uno dei pochissimi luoghi al mondo dove, ancora oggi, viene prodotta a mano per utilizzarla nelle edizioni di pregio come, per esempio, stampe d'arte, attestati di laurea, Buoni del Tesoro e simili.

Moda e carta

In origine, lo sviluppo della carta nel mondo occidentale si è potuto realizzare anche grazie a un "vezzo" della moda.
Infatti, fu proprio un cambiamento nel modo di vestire, attribuibile all'introduzione della camicia e degli indumenti intimi, che permise la diffusione dei capi di lino e che, nel tempo, consentì l'accumulo degli stracci.

La macchina olandese

Nel procedimento di fabbricazione della carta, un momento importante era costituito dalla cosiddetta **raffinazione** (una lavorazione precedente a quella della filtrazione, che consentiva l'ottenimento delle fibre cellulosiche), che consisteva nella battitura dell'impasto fibroso: la base di partenza di tutto il ciclo produttivo.

Verso la fine dell'Ottocento, proprio per migliorare e soddisfare le esigenze del processo della raffinazione, viene inventata e utilizzata in Olanda una nuova macchina (Figura 1.11).

Chiamata per l'appunto *olandese*, questa attrezzatura permetteva, con un meccanismo rotativo, di ottenere una sfibratura degli stracci più raffinata e una produzione della pasta decisamente superiore (e in minor tempo) di quella ricavata dalla ormai superata pila a maglio.

La carta così ottenuta risultava più bianca, di maggior qualità e omogenea (nel colore e nella superficie).

Questa importante innovazione fece dell'Olanda un nuovo punto di riferimento per la produzione e il commercio della carta, mentre in Italia questo nuovo dispositivo verrà utilizzato solo successivamente.

Nel frattempo la fabbricazione continuava a essere realizzata con gli stracci anche se, dalla seconda metà del Settecento, non sono mancati i tentativi per produrla utilizzando delle fibre vegetali come, per esempio, l'ortica, il luppolo, la felce e il mais.

Figura 1.11
Particolare del meccanismo di sfibratura degli stracci di una "olandese".

L'impiego del legno

Solamente nel **1846** il tedesco **Friedrich Keller** mise a punto un procedimento atto a produrre una pasta a base di legno.

La materia prima diventa quindi l'**albero**, ma non un qualsiasi tipo di albero. L'idoneità a essere un vegetale valido per la produzione cartaria è costituita dalla percentuale di **cellulosa** in esso contenuta.

La cellulosa, impiegata ancora oggi nella produzione della carta, è un composto costituito da carbonio, idrogeno e ossigeno, che viene estratto dal legno degli alberi, in particolare da conifere e latifoglie.

Ecco che allora si individuano le piante più adatte a questo scopo nell'abete, pino, betulla, eucalipto, pioppo, faggio e castagno.
È il modo in cui le fibre di legno sono intrecciate tra di loro, cioè di come risulta la struttura (la trama) della carta, che fa la differenza.
I prodotti migliori conterranno una serie di fibre lunghe, quelle cioè prodotte dalle conifere, che contribuiscono a dare resistenza alla carta, mischiate a una serie di fibre più corte, tipiche invece delle latifoglie, che dovranno conferire compattezza e opacità al prodotto finito.
Al termine del processo, la carta si presenterà in bobine (Figura 1.12) e verrà opportunamente tagliata, se utilizzata con macchine da stampa alimentate a fogli.

Figura 1.12
Quintali di carta stoccati in bobine pronte per la vendita.

Con l'impiego del legno la produzione raggiunge livelli elevati e un'ulteriore e sensibile riduzione dei costi.
Questo nuovo tipo di carta si impose sul mercato internazionale coinvolgendo Paesi come il Canada e gli Stati Uniti, ricchi di boschi e quindi di legno.
Negli anni è però sorto il problema di un eccessivo disboscamento causato proprio dalla quantità di carta prodotta, e questo fatto ha imposto l'urgenza di una fonte alternativa al legno, come il recupero della carta da macero.

Le fasi della produzione della carta

La storia della produzione della carta può essere riassunta e distinta in alcuni passaggi fondamentali:

- la **carta da stracci**, nata dalla lavorazione degli indumenti dismessi;

- la **carta meccanica**, ottenuta dall'impiego della macchina "olandese" per la raffinazione della pasta ottenuta dai cenci lavorati;
- la **carta chimica**, che scaturisce dall'impiego del legno e dalla necessità di eliminarne gli scarti dalla pasta con l'impiego della chimica per dissolvere le sostanze inutili mantenendo però intatta la cellulosa;
- la **carta riciclata**, che deriva dal problema dell'eccessivo disboscamento e dell'urgenza di una fonte alternativa al legno.

Ci dev'essere un errore: questo non lo abbiamo ordinato noi!

Figura 1.13
Vignetta tratta da *Celebrazione del tipografo*, editrice Il quadratino, Torino 1968.

Correva l'anno 1450

Johannes Gutenberg

Non si conosce esattamente l'anno di nascita di **Johannes Gutenberg** (Figura 1.14), l'inventore della **stampa a caratteri mobili**, che sembra essere datata intorno al 1394 a Magonza, ma di sicuro si sa che, nel 1450, i suoi studi e i suoi esperimenti gli permisero finalmente di comporre e stampare voluminosi libri con una tecnica rivoluzionaria.

La produzione di Gutenberg si può sostanzialmente suddividere in due grandi gruppi: una serie di opere minori, compendi di grammatica, calendari, lettere di indulgenza, dizionari; e il capolavoro di 1282 pagine stampate in gotico su due colonne chiamato *B42* (*Bibbia delle 42 linee* o anche *Bibbia Mazarina*) iniziata nel 1453 e terminata nel 1455, a testimonianza dell'efficienza della tecnica da lui raggiunta.

Gli incunaboli

La **Bibbia B42** è il più famoso **incunabolo** della storia.
Sono chiamati incunaboli i libri prodotti nella prima parte della storia della stampa: dalle origini fino alla fine del 1500.

> Il termine latino *incunabola* indica le fasce che avvolgevano il neonato e, in questo caso, sta a indicare la culla della stampa.

Figura 1.14
Johannes Gutenberg (circa 1400-1468).

Questi volumi rappresentavano la naturale continuazione del manoscritto.
Infatti, come i manoscritti, anche i primi incunaboli erano sprovvisti di frontespizio e di numerazione di pagina. I capoversi e le decorazioni venivano ancora realizzati dagli amanuensi, il formato e i margini erano rimasti uguali, così come il disegno delle lettere e l'organizzazione grafica della pagina. In pratica, i primi libri stampati puntavano a imitare, sia nell'organizzazione generale della pagina sia nel disegno delle lettere, i testi manoscritti.
Per questi motivi, nel periodo in cui manoscritti e incunaboli convivono, risultava molto difficile riuscire a distinguerli, soprattutto nella loro veste esteriore: legatura, copertina, chiodi di finimento e accessori vari erano praticamente uguali.
L'unica discriminante era data dal prezzo.

La Bibbia B42

Quando si parla dell'incunabolo di Gutenberg ci si riferisce a una *Bibbia*, composta in latino, che, a differenza di quelle stampate successivamente, era stata realizzata con 42 linee per pagina invece delle classiche 36, al fine di sfruttare al meglio l'ingombro disponibile e, di conseguenza, la resa della carta (Figura 1.15).

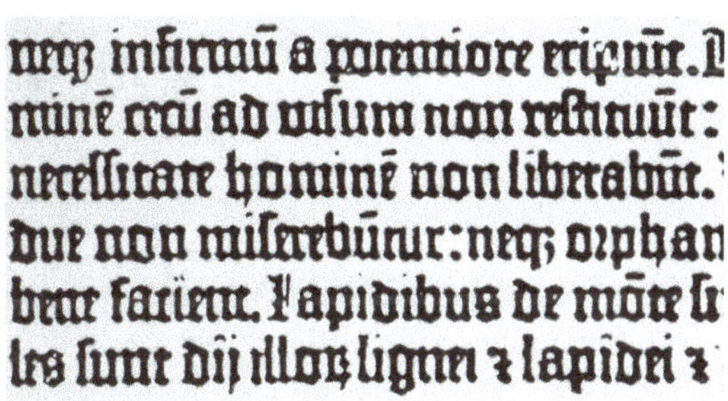
neq; infirmū a potentiore eripiūt. H
minē cecū ad visum non restituūt:
necessitate hominē non liberabūt.
due non miserebūtur: neq; orphan
benefacient. Lapidibus de mōte si
les sunt dii illoꝝ lignei ꝛ lapidei ꝛ

Figura 1.15
Particolare del carattere utilizzato per stampare la Bibbia B42.

Quest'opera monumentale richiese un tempo di realizzazione di circa un paio d'anni, l'impegno di 6 compositori e la fusione di 100.000 caratteri tipografici, 12 stampatori e 6 torchi che funzionarono per oltre 230.000 passaggi, e l'utilizzo di carta italiana e pergamena pregiata.

Le copie della *Bibbia* che Gutenberg stampò furono 180, di cui circa 30 su velino. A noi ne sono pervenute solo 49, ognuna delle quali risulta essere una copia unica, in quanto rubricata e miniata singolarmente a mano (Figura 1.16).

Figura 1.16
Una pagina della Bibbia delle 42 linee realizzata con la stampa a caratteri mobili e miniata a mano.

Di fronte a un tale impegno economico e produttivo, Gutenberg non riuscì a sostenere l'investimento tutto da solo.

Inizialmente ottenne un prestito di 150 fiorini da un cugino, ma poi gli ingenti investimenti di cui necessitava l'opera lo costrinsero a rivolgersi a **Johann Fust**, un facoltoso banchiere che divenne suo socio in affari e che gli diede subito 800 fiorini al 6% di interesse.

Questo secondo prestito venne garantito da Gutenberg con un'ipoteca sulla propria attrezzatura, ma nel 1455 l'importo debitorio maturato, interessi compresi, era diventato di circa 2.000

fiorini (alcune pubblicazioni riportano addirittura la cifra di 4.000 fiorini d'oro) e per Gutenberg restituire tale somma risultava praticamente impossibile.
Fust lo accusò di morosità e di inadempienza e lo citò in giudizio. L'esito del processo fu sfortunato e Fust ebbe modo di impadronirsi di tutti i macchinari e le attrezzature dell'officina come sanatoria del debito, e di avviare una nuova stamperia insieme a **Peter Schoffer**, un operaio di Gutenberg che collaborò con lui alla stampa della *Bibbia B42* (Figura 1.17).
Il primo libro pubblicato da Fust e Schoffer fu il **Salterio**, un lussuoso volume dove, per la prima volta, viene indicato il nome dello stampatore e la data di stampa, l'odierno "finito di stampare" per intenderci, e su cui compare il primo colophon.
Il debito di Gutenberg venne cancellato dai libri contabili del convento di Sankt Thomas, a Strasburgo, solo dopo la sua morte, avvenuta il 3 febbraio 1468.
In meno di un decennio dalla sua morte, la stampa si diffuse in tutta Europa: dal 1450 al 1470 le stamperie erano presenti in quattordici città, e dal 1470 al 1480 il numero delle tipografie salì a oltre cento, di cui 47 solo in Italia.

Figura 1.17
Particolare di disegno raffigurante il lavoro di un compositore.
La composizione dei testi era un'attività che si eseguiva stando in piedi. Non era, all'epoca, arte da praticare stando seduti a proprio agio.

Storia della stampa

In Occidente la storia della stampa nasce quindi a metà del 1400; si sviluppa e si perfeziona per circa un secolo; si consolida e si diffonde in Europa e nel Nuovo Mondo dalla metà del XVI fino al 1800, quando si apre l'epoca delle grandi innovazioni tecniche, tra cui l'offset e la Linotype.

La stampa in Oriente

Mentre in Occidente stava accadendo tutto ciò, in Estremo Oriente, già nel VI secolo veniva praticata la serigrafia, una particolare tecnica di stampa che utilizzava mascherine e sagome ritagliate; in Cina, la stampa a caratteri mobili con l'impiego di lettere di legno era praticata già a partire dal XIII secolo.

Il Sutra del diamante

Per la cronaca, il **libro più antico** che si conosca, stampato su rotolo di carta con matrici incise su tavolette di legno, risale all'anno 868 e fu realizzato dal cinese Wang Chiech.

Si tratta del *Sutra del diamante*, testo fondamentale del Buddismo, oggi conservato alla British Library di Londra.

La stampa a caratteri mobili

La stampa a caratteri mobili è solo la prima, ma non unica, grande invenzione di Gutenberg che anticipò il fondamento tecnico della produzione seriale.

Ne vogliono duemila copie, così.

Figura 1.18
Vignetta tratta da *Celebrazione del tipografo*, editrice Il quadratino, Torino 1968.

La seconda è stata la creazione di un particolare inchiostro che aderiva in maniera pressoché perfetta alle singole lettere di metallo. Infatti, l'uso del torchio, strumento imprescindibile nel procedimento della stampa, richiedeva l'impiego di inchiostri decisamente più viscosi di quelli utilizzati per la scrittura (Figura 1.19).

In questo modo veniva scongiurato il pericolo di ritrovarsi con un foglio riportante macchie o sbavature di colore.

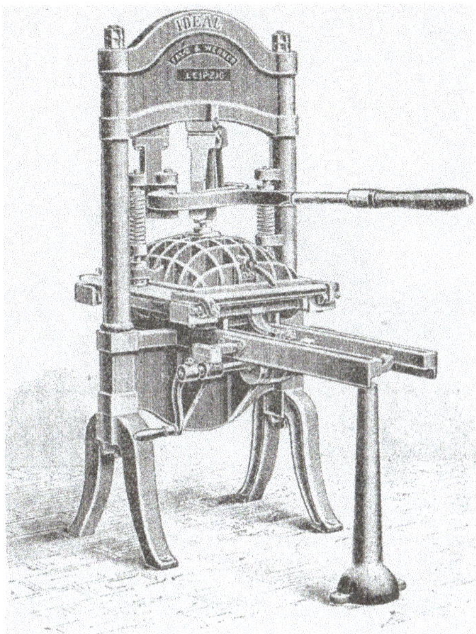

Figura 1.19
Incisione raffigurante un torchio per la stampa litografica che serviva a produrre prove o cliché destinati alla tipografia.

L'invenzione di Gutenberg

La grande intuizione di Gutenberg fu quella di scomporre tutte le lettere dell'alfabeto e tutti gli altri segni grafici in singole unità, ben distinte le une dalle altre.
Così era possibile combinarle tra di loro in modo sempre diverso per comporre i testi e riutilizzarle, riposizionando le singole lettere, una volta stampata la pagina.
In questo modo si potevano ottenere tutte le volte composizioni diverse utilizzando sempre le stesse lettere di piombo: nasce, con questa nuova tecnica, un vero e proprio **processo industriale**.
I primi caratteri mobili usati per la stampa mantengono, però, la forma e lo stile di quelli utilizzati nei manoscritti del tempo.
Si tratta di lettere grosse e spesse, e dal sapore gotico.
La regolarità e la precisione delle incisioni migliorerà nel tempo, anche grazie all'esperienza orafa dello stesso Gutenberg.

La produzione dei caratteri

La fusione a mano dei caratteri era un'operazione tecnicamente lenta e decisamente laboriosa, ma un fonditore esperto riusciva a produrre fino a 4000 caratteri in una giornata di lavoro.
Il procedimento di creazione dei caratteri mobili consisteva nell'**incidere in rilievo** ogni lettera dell'alfabeto e ogni simbolo tipografico su un punzone di metallo molto duro che veniva poi

battuto su una matrice di metallo, necessariamente meno duro di quello del punzone, dove il segno rimaneva impresso in un incavo (Figura 1.20).

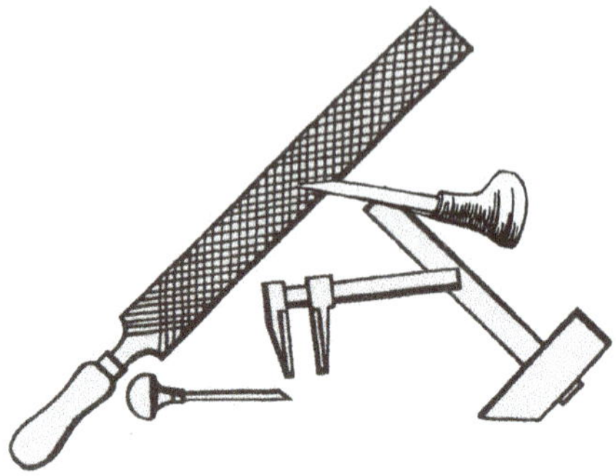

Figura 1.20
Alcuni strumenti utilizzati dagli incisori di caratteri.

Colando nello stampo così ottenuto del materiale fusibile a bassa temperatura (come, per esempio, una lega di piombo, stagno e antimonio) si otteneva il carattere.

In questo modo era possibile fabbricare caratteri da stampa tutti uguali tra di loro.

La cassa tipografica

I singoli caratteri tipografici (Figura 1.21) così ottenuti venivano poi sistemati nella cassa tipografica (Figura 1.22) e ordinati in apposite celle.

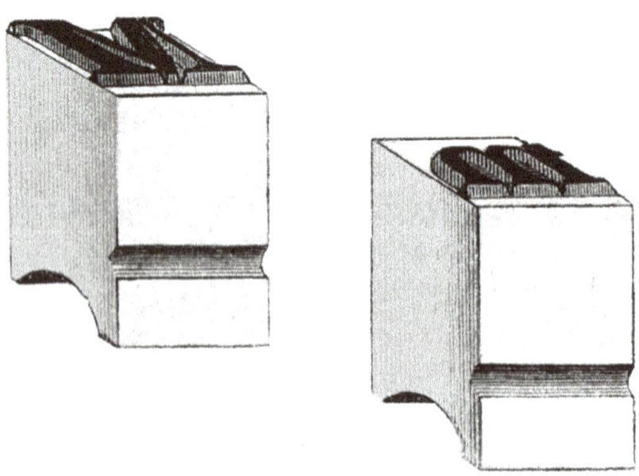

Figura 1.21
Il carattere è la rappresentazione in tre dimensioni di una lettera rovesciata.

Gli scomparti che contenevano i caratteri più usati erano collocati nella posizione più comoda per il compositore.

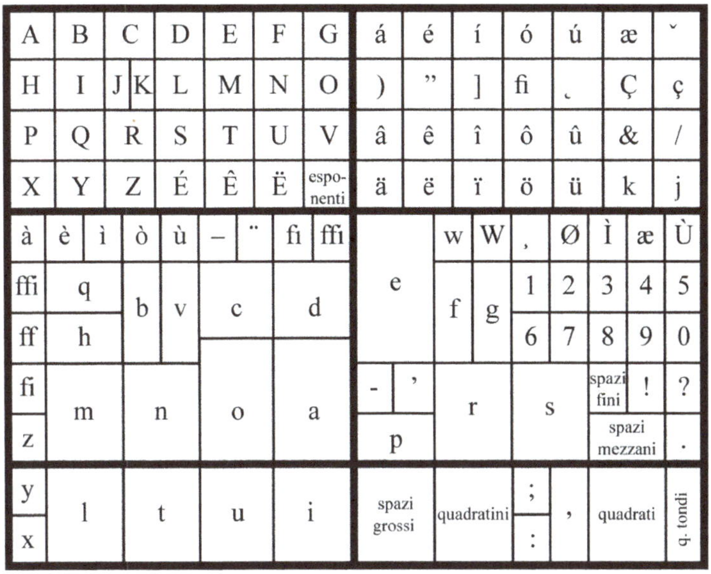

Figura 1.22
La cassa tipografica ospitava, in apposite celle, i singoli caratteri che erano sistemati in modo da agevolare il lavoro del compositore. I caratteri più utilizzati si trovavano in celle più grandi e in una posizioni più facile da raggiungere.

Dalla cassa tipografica venivano poi raccolti per essere assemblati nel *compositoio*, l'uno accanto all'altro, ma al contrario, per poter essere stampati in modo leggibile, nella sequenza necessaria a comporre le righe di testo da stampare (Figura 1.23).

Figura 1.23
La composizione veniva effettuata con le lettere capovolte. La giusta lettura si aveva solamente dopo la stampa.

Una volta composte più righe di testo nel compositoio, si doveva procedere al loro trasferimento su un ripiano, aperto da un lato, chiamato *vantaggio*.
Quando tutte le righe posizionate formavano la pagina completa, venivano inserite in una forma, chiamata *telaio*.
La disposizione delle pagine nel telaio (operazione chiamata **imposizione**) doveva corrispondere al giusto ordine per la piegatura.
Il telaio veniva poi appoggiato sul piano del torchio per l'inchiostrazione e l'impressione.
L'inchiostrazione si otteneva con un tampone di cuoio semisferico imbevuto di un inchiostro, sufficientemente liquido da non rimanere attaccato ai caratteri, ma tale da poter essere trasferito sui fogli di carta con l'aiuto, appunto, di un apposito torchio, una specie di pressa che imprimeva, con la pressione esercitata girando una vite senza fine, le scritte realizzate nel composito sul foglio di carta che vi era appoggiato sopra.

La composizione a caratteri mobili rimarrà pressoché uguale fino alla fine dell'Ottocento, quando, sarà inventata la Linotype.

La stampa in Italia

La stampa in Italia fu introdotta da due profughi tedeschi: **Corrado Schweinheim** e **Arnoldo Pennartz**, che si rifugiarono, dopo il sacco di Magonza (una tra le tante guerre di religione di quel periodo storico), nel monastero benedettino di **Subiaco**, alle porte di Roma. Per gli stampatori dell'epoca le chiese rappresentavano una protezione e, essendo i loro principali clienti, anche un sostegno finanziario sicuro.

I due tipografi, nel **1465**, saranno gli autori del primo carattere tipografico italiano, chiamato **romano** proprio per il suo riferimento alla classicità. Primo esempio di distacco dall'influenza gotica che aveva condizionato, fino a quel momento, lo stile delle lettere, nel 1468 diventerà un carattere molto più vicino ai modelli umanistici.

Il sacco di Magonza

Nel 1462 Magonza fu data alle fiamme e saccheggiata, pare per ordine dell'Arcivescovo, dalle milizie del ducato.

Questo fatto determinò, unitamente alla crescente domanda di stampatori nel resto dell'Europa, l'esodo degli artigiani stampatori dalla città, disperdendo prima nelle città tedesche e poi nel resto dell'Europa gli allievi di Gutenberg e Schoffer.

A Subiaco, grazie al sapere di Schweinheim e Pennartz, furono stampati il *Donato*, il *Lattanzio*, il *De Oratore* di Cicerone e il *De Civitate Dei* di Sant'Agostino.

Dopo l'opera di Sant'Agostino i due tedeschi si trasferirono a Roma, presso la famiglia Massimo, dove lavorarono insieme fino al 1473. Il loro laboratorio, situato presso il palazzo, diede vita a circa altri cinquanta libri.

Alla fine del Medioevo, l'invenzione della stampa trasformò i libri in un bene che si poteva commercializzare, ma per far questo era necessario un sistema di produzione, di vendita e di distribuzione che, all'inizio, seguiva dei modelli commerciali abbastanza semplici.

I primi stampatori si prodigavano anche nel ruolo di editori e di librai ma, successivamente, proprio quando grazie alla stampa il pubblico di lettori diventa sempre più nutrito ed esigente e la produzione libraria comincia ad aumentare in maniera esponenziale, si rende necessaria una più precisa e rigorosa specializzazione dei ruoli.

M come Manuzio

Nella seconda metà del Quattrocento i tipografi tedeschi arrivano a Venezia.

A quel tempo, i libri realizzati con la stampa a caratteri mobili erano riprodotti, come già detto, esattamente nella forma tradizionale del manoscritto.

L'unica diversità era rappresentata da una lavorazione più veloce, da una maggiore produzione e da costi più bassi.
Tra i nuovi stampatori dell'epoca si distinse, verso la fine del XV secolo, il letterato italiano **Aldo Manuzio** (1449-1515), destinato a diventare il più famoso e importante tipografo del Rinascimento, a tal punto che il suo nome divenne nel tempo il sinonimo di arte della stampa.
Nato nella laziale Bassiano, frequenta l'università di Roma proprio mentre a Subiaco arrivavano le prime attrezzature tipografiche portate da Schweinheim e Pennartz.
Sarà però nel 1490 che Manuzio, stabilitosi a Venezia, svilupperà la sua attività di tipografo-editore, che porterà avanti per circa vent'anni, nel tentativo di diffondere la conoscenza della letteratura attraverso i libri (Figura 1.24).

Figura 1.24
Il delfino avvolto a un'ancora è il logo editoriale utilizzato da Aldo Manuzio per le sue pubblicazioni. La sua massima era *festina lente*, che significa "affrettati lentamente".

Il corsivo

A lui va il grande merito di aver sostituito il carattere tradizionale, usato fino ad allora, con il **corsivo** (chiamato anche *italico*), che fece disegnare appositamente con una forma inclinata che imitava la scrittura a mano della cancelleria papale.

La scrittura cancelleresca

Il termine "scrittura cancelleresca" sta proprio a indicare un tipo di calligrafia usata a partire dal 1423 dalla cancelleria papale vaticana, caratterizzata da lettere strette e inclinate. Questo nuovo carattere, molto più veloce da scrivere di quello precedente, andava a sostituire quello gotico.

Successivamente, grazie a **Francesco Griffo**, incisore bolognese di caratteri, il disegno delle lettere fu perfezionato; si dice che Griffo si ispirò alla grafia del Petrarca per incidere il suo bellissimo corsivo. A lui si devono due memorabili serie di caratteri: quello utilizzato nel *De Aetna* (1496) di Pietro Bembo e quello dell'*Hypnerotomachia Poliphili* (1499) di Francesco Colonna (Figura 1.25).

Figura 1.25
In primo piano una pagina del *De Aetna*; sotto una dell'*Hypnerotomachia Poliphili*: un'integrazione perfetta tra illustrazioni xilografiche e testo.

Il formato tascabile

Questo particolare disegno del carattere, contraddistinto da lettere strette, permetteva una tale economia di spazio da consentire formati più piccoli e quindi più comodi da maneggiare. In questo modo poteva venire evitato l'uso del leggio o la lettura stando in piedi.

Il libro **tascabile** aveva inoltre il pregio di costare meno perché riduceva i costi di produzione, assicurando così un prezzo accessibile un po' a tutti.

Ciò permise l'avvio di un'ampia diffusione in tutta Europa.

Si pensi che il nuovo carattere corsivo permetteva un risparmio pari al 20% sul consumo della carta, e quindi sui costi, senza alterare la leggibilità del testo.

La gamma degli argomenti trattati si ampliò andando oltre quelli di carattere più strettamente religioso e giuridico.

Con l'aumentare dei testi stampati, iniziò a rendersi necessaria una loro organizzazione che permettesse di mantenere traccia di tutto ciò che veniva pubblicato. Si consideri che nella prima metà del Cinquecento a Venezia veniva stampata quasi la metà dei libri prodotti in tutta Italia.

Il catalogo

Spetta ancora a Manuzio, che morì nel 1515, il prestigio di aver realizzato il primo **catalogo**, una pubblicazione che riportava l'elenco di tutte le sue edizioni.

Tra le più importanti si ricordano le *Aldine* (opere dei classici greci e latini), ancora oggi giudicate capolavori dell'arte tipografica, e l'*Hypnerotomachia Poliphili* (di Francesco Colonna) scritto in "volgare", considerato universalmente, grazie alla qualità tipografica e alla ricchezza di elegantissime immagini xilografate, il più bel libro stampato del Rinascimento.

Nei cataloghi del tempo venivano riportati, oltre alle normali informazioni "anagrafiche" del libro, gli argomenti trattati nella pubblicazione (alcuni capitoli venivano addirittura trascritti) e un testo valutativo dell'opera, una sorta di recensione, per intenderci.

La xilografia

Con l'invenzione della stampa a caratteri mobili e il moltiplicarsi dei testi sorge il problema, per i tipografi, di illustrare i testi con immagini e decorazioni, fino a un certo punto realizzate con la paziente opera degli amanuensi.
Sarà l'incisone a rilievo, nota con il nome di xilografia, ad adattarsi perfettamente a questa esigenza.

Xilo… che?

Il Manuzio – dizionario del libro, stampato dalle Edizioni Sylvestre Bonnard, la definisce:

> Tecnica incisoria su legno (dal greco 'xilon', legno). Può essere effettuata sul legno di filo (matrice ricavata tagliando il tronco in senso longitudinale) e su legno di testa o di punta (matrice ricavata tagliando il tronco perpendicolarmente). La xilografia si realizza scavando la superficie del legno con appositi strumenti (la sgorbia e il coltello per i legno di filo, il bulino per il legno di punta); al termine dell'intaglio le parti non incise (i rilievi) vengono inchiostrate mediante un rullo. La fase di stampa avviene per pressione manuale o meccanica, attraverso un torchio tipografico o piano cilindrico.

La nascita

Conosciuta in **Cina** già molti anni prima di Cristo, dove veniva inizialmente utilizzata per ornare le stoffe e, successivamente, estesa alla scrittura, è una delle tre tecniche di incisione delle origini della stampa.
Le altre due sono la calcografia (su lastra di metallo) già utilizzata dagli orefici fiorentini durante il Medioevo, ma riprodotta su carta solo nel 1452 grazie all'orefice e incisore fiorentino Maso Finiguerra; e la litografia (su speciale pietra) inventata verso la fine del Settecento (1796) da L. Senefelder.

La tecnica

La xilografia (chiamata anche silografia) consiste nello scavare, con appositi strumenti, su una matrice di legno duro (cioè a grana compatta e senza fibre grosse come, per esempio, quello degli alberi da frutto quali il ciliegio, il melo o il pero) le parti del disegno che non devono comparire in stampa.

> Solo per tirature più impegnative, cioè fino a 500 copie, il *legno di bosso* veniva considerato migliore di qualunque altro.

I tratti del disegno che dovevano invece essere inchiostrati e stampati erano lasciati in rilievo, a un'altezza uniforme della superficie che doveva presentarsi ben levigata.

La stampa di questo tipo di incisione viene, per questo motivo, chiamata *in rilievo* e funziona esattamente come per i caratteri da stampa: la figura da imprimere viene scavata rovesciata rispetto all'immagine che si vuole ottenere.

Il disegno, che può essere direttamente eseguito sulla superficie di legno o trasferito sulla forma da intagliare attraverso il ricalco, viene solitamente tinto con una leggera passata di blu trasparente che permette di ottenere dei segni maggiormente incisi e nitidi, e quindi più visibili per agevolare il lavoro dell'intagliatore.

Questa pratica richiede, infatti, la massima precisione di esecuzione.

Il legno può essere lavorato in due differenti modi, che corrispondono a due distinte tecniche di esecuzione.

Legno di filo

Quando il legno della forma xilografica viene tagliato nello stesso senso delle sue fibre, si definisce *legno di filo* ed è caratterizzato da una superficie lignea piuttosto tenera.

Legno di testa

Quando, invece, viene tagliato perpendicolarmente alla direzione delle fibre del tronco, si chiama *legno di testa*, e la superficie è decisamente più dura di quella del legno di filo.

Questa caratteristica permette di ottenere un disegno molto più sottile e preciso, in considerazione anche del fatto che, non presentando alcun andamento della fibra, il legno non ha alcuna possibilità di scheggiarsi, qualunque sia la direzione dell'intaglio.

Lo spessore e la superficie

Inoltre, per poter ricevere l'inchiostro in maniera uniforme, lo spessore della formella di legno non deve, ovviamente, né superare né essere inferiore alla misura di 22 mm, propria dei caratteri tipografici.

Si può quindi dire che, la tecnica della stampa è caratterizzata dall'impressione delle parti in rilievo: è infatti la superficie della forma a venire impressa.

Il passaggio della macchina da stampa è come un timbro inchiostrato e premuto su un foglio di carta che riceve il disegno.

Le raffigurazioni

All'inizio, durante la metà del XV secolo, le immagini ricavate da forma lignea erano utilizzate per decorare le copertine dei libri ed erano, soprattutto, la riproduzione di effigi religiose.

Successivamente, il disegno lineare e semplice che caratterizzava l'illustrazione xilografica dei volumi stampati a cavallo dei due secoli, il Quattrocento e il Cinquecento, si trasforma in una nuova tecnica, chiamata **pittorica**, che cercherà di avvicinare l'arte incisoria alla pittura vera e propria, con l'imitazione della resa dei chiaroscuri tipica dei dipinti.

Il chiaroscuro

Quando si parla di chiaroscuro (Figura 1.26) ci si riferisce a una particolare tecnica xilografica che prevede la sovrapposizione, con

Figura 1.26
Particolare di un'antica xilografia lavorata con la tecnica del chiaroscuro.

tirature successive, di due o più legni, ciascuno dei quali destinato a tonalità di colore diverse.
Il metodo è quello di incidere ciò che deve essere riprodotto su più tavolette di legno, ma nessuna riportante completamente il disegno finito.
Ogni forma così ottenuta sarà poi inchiostrata con gradazioni diverse, ma sempre dello stesso colore, avendo l'accortezza di mantenere sulla forma successiva il fondo del disegno realizzato su quella precedente e di sottrarre (scavandole nel legno) le parti che dovranno essere colorate con una tonalità più chiara o, più semplicemente, lasciate bianche.
Questa tecnica del tutto italiana (fu inventata da **Ugo da Carpi** all'inizio del XVI secolo) costituisce il passo successivo al semplice disegno e si propone di dare risalto alle immagini utilizzando, con l'impiego di legni che si completano a vicenda, riflessi e sfumature in un gioco di luce e ombra.

Serigrafia a colori

Il chiaroscuro non è comunque da confondersi con la tecnica della serigrafia a colori dove, invece, a ogni forma di legno incisa corrispondono colori diversi.

Gli artisti incisori

Con lo sviluppo della xilografia, durante il XVI secolo, la principale attività praticata dagli incisori nel nostro Paese diventa quella dell'illustrazione di libri.
A questo proposito si distinguono due diverse tipologie di artisti: i *pittorici*, che prediligono, appunto, la tecnica del chiaroscuro; e i *classici*, che cercano invece di imitare i grandi artisti del tempo come, per esempio, Raffaello.
Riepilogando, se agli albori della tipografia, accanto a una produzione del testo meccanizzata si affiancava una fase ancora

manuale delle illustrazioni (che venivano realizzate dagli stessi miniatori che avevano decorato i manoscritti), con l'aumentare della produzione libraria si rende necessario introdurre la meccanizzazione anche del processo di riproduzione delle immagini. Problema risolto con la tecnica della xilografia.
Infatti, la xilografia, a differenza di altre tecniche utilizzate, permetteva di integrare direttamente nella pagina composta anche le illustrazioni (caratteri tipografici e matrici xilografiche erano entrambe in rilievo) evitando il doppio passaggio di stampa: uno per il testo e uno per le figure.

L'evoluzione della specie

Il Quattrocento

Se il Quattrocento è, come abbiamo visto, il secolo dell'**invenzione della stampa** a caratteri mobili, il Cinquecento è quello, invece, del suo sviluppo, tanto da essere considerato il suo periodo d'oro.

Il Cinquecento

In questo secolo la produzione libraria assume **caratteristiche industriali** e abbandona la sua fase sperimentale.
Nuovi disegni delle lettere vengono creati *ad hoc*, i formati vengono modificati e adattati a nuove esigenze di praticità e trasportabilità stessa dei volumi, così come la legatura dei fogli e l'illustrazione dei testi, che viene resa riproducibile industrialmente grazie alla tecnica xilografica.
L'arte tipografica gode di questo sviluppo grazie anche al grande fermento letterario e scientifico che si serve della scrittura come mezzo di diffusione della cultura e, a Lipsia, in Germania, nasce la prima Fiera del Libro (1546).

Il Seicento

Nel 1640 viene convenuta, dal cardinale Richelieu, l'**Imprimerie Royale** (la stamperia reale), ponendo in questo modo sotto il controllo statale la stamperia privata fondata al Louvre, nel 1620, da Luigi XIII.
Nel 1693 Luigi XIV fa disegnare per l'Imprimerie Royale un nuovo alfabeto. Per far questo viene incaricata una speciale commissione dell'Accademia delle Scienze che, secondo precise costruzioni geometriche, disegnerà un **carattere romano**, denominato *Romain du Roi* (Romano del Re), a partire da una griglia quadrata dove ogni più piccolo dettaglio di ogni singola lettera troverà la sua giusta collocazione.
I caratteri disegnati verso la fine di questo secolo sono "nuovi", perdono la loro natura calligrafica e si rifanno a un disegno progettato secondo principi scientifici.
Nello stesso periodo vedono la luce i **primi quotidiani** (non intesi come pubblicazioni giornaliere, ma come notiziari periodici con cadenza, soprattutto, settimanale).

Successivamente, viene realizzato un nuovo prodotto editoriale, la **rivista**, che introdurrà novità grafiche e di stampa tali da far nascere una nuova figura professionale, quella del grafico impaginatore.

Il Settecento

La stampa si afferma in tutta Europa e migra in altre regioni come la "vicina" Russia e la più remota America.

Il numero delle pubblicazioni, come testimoniano i cataloghi della **Fiera di Lipsia**, aumentano in maniera esponenziale grazie anche a una più diffusa scolarizzazione.

Viene introdotto per la prima volta il concetto di *Copyright Act* (1709) per merito della regina Anna d'Inghilterra, che fece sì che potesse essere vantata dall'autore la paternità della propria opera, sovvertendo il concetto che fosse invece di proprietà dello stampatore.

È il secolo in cui si assiste a una graduale **separazione dei ruoli**: editore, stampatore e libraio diventano tre soggetti distinti.

I caratteri da stampa si vestono di linee sobrie e armoniose tipiche del neoclassicismo e si rifanno a rigorose proporzioni geometriche, grazie anche al contributo di **Giovanbattista Bodoni** (Figura 1.27), figura tra le più illustri della tipografia italiana.

Giovanbattista Bodoni

Nato nella piemontese Saluzzo, il 16 febbraio 1740, la sua è una dinastia di tipografi: il nonno aveva sposato la figlia di uno stampatore e il padre aveva impiantato una bottega tutta sua e sposato un'altra discendente di stampatori.

Figura 1.27
Giovanbattista Bodoni (1740-1813). L'intera vita di Bodoni è stata votata alla realizzazione di un carattere costruito su moduli costanti e precise geometrie.

Giovanbattista, dopo un soggiorno romano trascorso presso la Stamperia Vaticana, si trasferisce a Parma, invitato dal duca Ferdinando di Borbone, per dirigere la stamperia reale. E così, nel 1768 viene nominato direttore della Stamperia Regia del Ducato di Parma.

La fama di Bodoni si diffonde in tutti gli ambienti culturali e in molti lo vorrebbero a capo delle proprie tipografie, ma lui riuscirà a ottenere di aprirne una tutta sua all'interno del palazzo ducale.

Le sue edizioni si contraddistinguono per la finezza delle incisioni e per l'eleganza del disegno dei caratteri, di cui è genio indiscusso (Figura 1.28).

La produzione di Bodoni comprenderà alcuni importanti testi in lingue europee e alcuni scritti di autori italiani come, per esempio, l'*Aminta* e *Il Bardo della Selva Nera* di Vincenzo Monti.

L'eredità di questo straordinario personaggio è racchiusa nel *Manuale tipografico* (Figura 1.29), pubblicato in più edizioni di cui la prima nel 1788, in cui si possono ammirare centinaia di caratteri dal diverso disegno e l'arte compositiva del tipografo. Ma questo non è il solo *specimen* di caratteri realizzato e utilizzato all'epoca.

L'altra grande opera di questo tipo, datata 1862, è lo *Spécimen-Album* di **Charles Derrey** (Figura 1.30), un insieme di esempi di caratteri, colori, ornamenti e altro eseguito con grande sensibilità artistica e tecnica.

Figura 1.28
Un moderno carattere Bodoni.

a b c d e f g h i j k l m n o p q r s t u w x y z
A B C D E F G H I J K L M N O P Q R S T U V W X Y Z

a b c d e f g h i j k l m n o p q r s t u w x y z
A B C D E F G H I J K L M N O P Q R S T U V W X Y Z

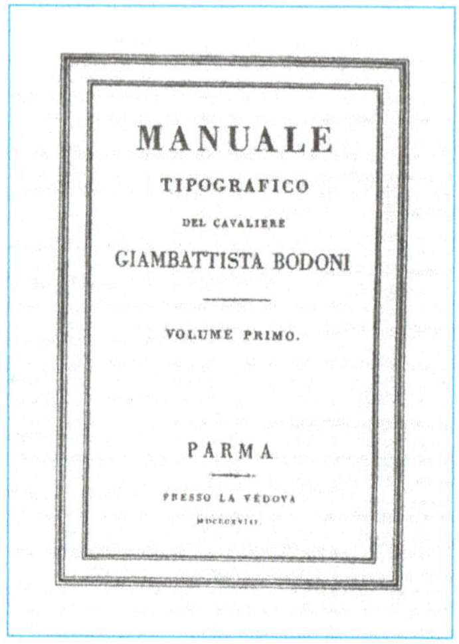

MANUALE
TIPOGRAFICO
DEL CAVALIERE
GIAMBATTISTA BODONI

VOLUME PRIMO.

PARMA
PRESSO LA VEDOVA
MDCCCXVIII.

Figura 1.29
L'ultima edizione del *Manuale tipografico* viene pubblicata dalla vedova di Bodoni nel 1818. Nella prefazione vengono indicate, secondo i canoni bodoniani, le qualità dei caratteri da stampa: la regolarità, la nettezza, il buon gusto e la grazia.

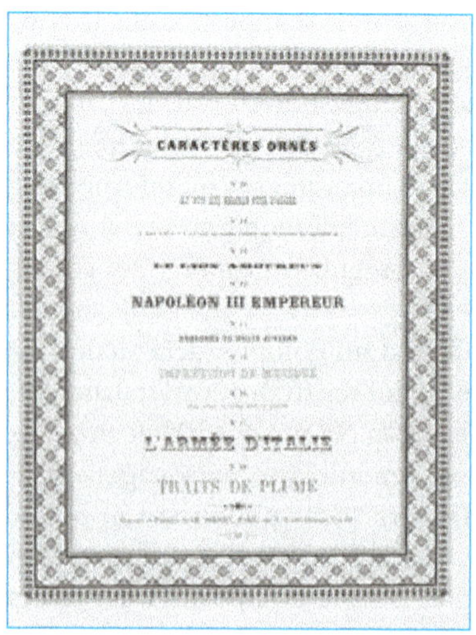

CARACTÈRES ORNÉS

NAPOLÉON III EMPEREUR

L'ARMÉE D'ITALIE

TRAITS DE PLUME

Figura 1.30
Lo *Spécimen-Album* di Charles Derrey è un altro importante esempio di arte tipografica.

Ambroise Didot e il punto tipografico

Sempre in questo secolo viene definitivamente stabilita la misura del punto tipografico (conosciuto anche con il nome di *punto Didot*), introdotta dallo stampatore francese **Ambroise Didot**, che deriva dalla divisione in 1728 parti dell'unità di misura dell'epoca: il piede reale francese; per cui, ogni punto corrisponde universalmente a 0,376 mm.

La litografia

Nel 1796 Senefelder inventa la litografia, la tecnica della riproduzione meccanica delle immagini e antenata della stampa offset.

L'Ottocento

L'Ottocento è il secolo delle **grandi invenzioni** e apre il panorama della comunicazione a nuovi mezzi e strumenti di lavoro alimentati da rinnovate esigenze e da nuove scoperte.

Il torchio viene sostituto prima dalla macchina *piano-cilindrica*, poi dalla *rotativa* e infine dalla *offset*.

La composizione a mano lascia il posto alla *Linotype* per la composizione meccanica delle linee di testo con l'ausilio di una tastiera.

Il libro si perfeziona grazie alla precisione delle tecniche e dei nuovi mezzi a disposizione, e la stampa non viene più intesa solamente come Arte, ma anche, e soprattutto, come mezzo vero per la divulgazione delle idee.

Il tedesco Friedrich Koenig, intorno al 1810, introduce il torchio a vapore nella produzione tipografica, che quadruplicherà la velocità di stampa da 300 a 1200 fogli l'ora.

Dopo pochi anni, lo stesso Koenig brevetta un nuovo sistema di stampa realizzato con la macchina piano-cilindrica dove, per la prima volta, la pressione viene esercitata da un cilindro e, la forma, cioè il telaio che ospita la composizione del testo, fatta scorrere sotto di esso. L'impiego dell'energia termica surclassa il torchio tipografico.

Nel 1839 nasce una nuova arte, quella *fotografica*, che darà, nel tempo, un notevole apporto al perfezionamento tecnologico della stampa dando origine al miglioramento delle tecniche di fotocomposizione. Viene inventata la rotativa tipografica che si serve della carta in bobina.

È il secolo della nascita dell'**industria editoriale** in senso stretto. Sono infatti di questo periodo l'Unione Tipografico-Editrice Torinese, meglio conosciuta con il nome di UTET, e la concittadina Loescher; le milanesi Sonzogno, Treves e Baldini & Castoldi; le fiorentine Sansoni e Le Monnier; la tedesca Sperling & Kupfer.

Il Novecento

Infine, il XX secolo è caratterizzato da quelle grandi **conquiste tecnologiche** che hanno permesso di attribuire al libro soluzioni sempre nuove e dove, la stampa, proprio grazie alla velocità nella produzione, alle maggiori possibilità di tiratura e ai minori costi, diventa il mezzo di comunicazione più popolare, e dove il libro acquista la connotazione di bene di consumo accessibile a chiunque.

Ma il Novecento è anche il secolo della grande **rivoluzione** nel modo di produrre i testi.

È il periodo dei grandi cambiamenti che impattano in modo del tutto nuovo (ma non del tutto indolore) nel settore grafico-editoriale.
Nel 1932, e per la precisione il 3 ottobre, il quotidiano *The Times*, di Londra, si presenta al pubblico in una nuova veste grafica: viene abbandonato il carattere gotico per la testata, e il testo corrente viene composto con un carattere disegnato espressamente per questo giornale. Si tratta del *Times New Roman*, un romano moderno che tutti conosciamo e usiamo, in quanto considerato uno dei migliori caratteri creati nel Novecento.
In questo secolo, per la prima volta, ciò che l'uomo produce per essere fruito sulla carta conosce un nuovo medium su cui può essere visto e interrogato.
È il secolo della Linotype, del DTP, della stampa industriale, di quella digitale, di Internet. Ma andiamo per gradi.

Fotocomposizione e DTP

Dopo la scoperta di Gutenberg, il cui fondamento era la possibilità di riutilizzare i caratteri da stampa ricombinandoli fra loro attraverso la composizione manuale, si rese necessario un nuovo modo di comporre e di impaginare i testi che fosse sempre più veloce.
Infatti, con il forte sviluppo che aveva avuto il processo di stampa, il collo di bottiglia di tutto il ciclo produttivo era rappresentato dalla lentezza dell'uomo nella composizione degli scritti.
Tentativi di meccanizzare anche questo passaggio si erano già visti, ma cambiamenti degni di nota si ebbero solo con due tipi di compositrici: la *Linotype*, inventata nel 1885 dall'orologiaio tedesco **Ottmar Mergenthaler**, e la *Monotype*, introdotta nel 1889 dal celebre avvocato **Tolbert Lanston**, che gettò le basi del lavoro programmato.

La Linotype

La Linotype (Figura 1.31) era una macchina costituita da una tastiera, completa di caratteri, segni diacritici, segni di interpunzione, numeri, simboli e così via, che permetteva di comporre meccanicamente le righe di testo.
Tutto ciò che il linotipista batteva sulla tastiera (lettere, segni o spazi) veniva richiamato automaticamente dai cosiddetti *magazzini* (cassetti nei quali erano suddivise tutte le singole componenti dell'alfabeto) e disposto in righe di testo.
Quando la riga arrivava a giustezza (la larghezza, cioè, della colonna di testo), veniva fusa in un unico pezzo.
Ogni riga veniva poi sistemata sul vantaggio (un ripiano, aperto da un lato, che l'accoglieva) dove, insieme a tutte le altre, formava il testo da stampare.
Alla fine del processo le singole lettere venivano "staccate" e riposte nuovamente nei magazzini.

Praticamente, per ogni riga, le operazioni di un ciclo completo comprendevano:

- composizione;
- giustificazione;
- fusione dei caratteri in un'unica riga-lingotto;
- scomposizione.

Il grande vantaggio fornito dalla Linotype, con la cosiddetta **piombocomposizione monolineare**, fu la velocità di esecuzione. Si pensi che la prima macchina, installata al *New York Tribune*, permise di passare dai 1000 caratteri l'ora composti con il metodo tradizionale ai 6000/7000 ottenuti con la nuova compositrice.
Il problema che a questo punto sorgeva era quello delle correzioni. Infatti, per correggere ogni singolo errore, era necessario riscrivere l'intera riga con un dispendio di energie e di costi non indifferente.

La Monotype

Questo inconveniente verrà risolto successivamente con l'impiego della Monotype che, nonostante risultasse più lenta della precedente, in caso di carattere errato ne permetteva la singola sostituzione, salvando il lavoro speso sulla composizione dell'intera riga.

Figura 1.31
La Linotype, la macchina compositrice, inventata nel 1885 dal tedesco Ottmar Mergenthaler, fu subito utilizzata per la produzione del *New York Tribune*.

Infatti, con la Monotype, i caratteri vengono fusi uno a uno rimanendo staccati tra di loro.

Nella Linotype, quindi, composizione e fusione erano racchiuse in un unico processo; nella Monotype, invece, i due sistemi risultano divisi.

La definizione che viene data a questo secondo tipo di redazione dei testi è quella di **piombocomposizione monotipica**.

Con l'utilizzo di queste due macchine viene introdotto, per la prima volta, il concetto, seppur in forma elementare, di informatizzazione del processo: l'impianto, cioè, esegue i comandi inviati attraverso uno strumento (la tastiera) che mette in funzione un procedimento meccanico.

La fotocomposizione

Dalla metà del XX secolo la composizione tipografica a caratteri metallici viene soppiantata dai sistemi di **fotocomposizione**.

Con questa rivoluzione cambia proprio anche l'aspetto fisico delle officine: scompaiono le caldaie per la fusione del piombo (con i loro vapori tossici) e, soprattutto, si modifica la materialità dei caratteri.

Figura 1.32
Vignetta tratta da *Celebrazione del tipografo*, editrice Il quadratino, Torino 1968.

Il "peso" delle lettere era già diventato storia. Infatti, con la fotocomposizione, il processo di costruzione dei testi si dimentica del piombo e inizia a fare uso del **computer**.

In questo modo, quanto scritto viene direttamente impresso su materiale fotografico, dal quale verranno poi originate le matrici per la stampa.
L'utilizzo del supporto fotosensibile è ciò che ha offerto lo spunto per l'adozione del termine fotocomposizione.
Ma la grande innovazione introdotta da questa tecnica è stata soprattutto quella di permettere di scegliere direttamente caratteri e spazi di qualsiasi dimensione, senza doverli preventivamente realizzare fisicamente, come invece accadeva prima, quando si usava il piombo.
Le attrezzature utilizzate nel processo di fotocomposizione si distinguono in:

- un calcolatore (per impartire i comandi);
- una tastiera (per dialogare con il calcolatore);
- un'unità fotografica (che esegue i comandi ricevuti dal calcolatore e dà origine al prodotto finito, cioè la pellicola o la carta fotografica);
- un monitor di videoimpaginazione (per la visualizzazione del testo prima che venga memorizzato).

Il DTP

Il termine "fotocomposizione" è rimasto inalterato anche quando, dalla macchina dedicata, si è passati all'utilizzo del personal computer.
Sono gli **anni Ottanta**, e sono gli anni di uno dei più significativi cambiamenti in campo editoriale, paragonabile per l'impatto sul pubblico alla rivoluzione di Gutenberg: il DTP (*Desk-Top Publishing*), anche conosciuto come "editoria da tavolo" (Figura 1.33).
Si tratta, in sintesi, di un sistema di dimensioni ridotte e di prezzo accessibile costituito sostanzialmente da tre elementi:

- un personal computer;
- del software per la scrittura, l'impaginazione e il disegno;
- una stampante.

Figura 1.33
All'inizio, l'hardware di un sistema DTP era costituito semplicemente da un personal computer e da una stampante.

Il merito di questo importante cambiamento va riconosciuto ad **Apple**, che è stata in grado di produrre un computer, il **Macintosh**, che non richiedeva più la padronanza di conoscenze tecniche e informatiche per il suo utilizzo, ma che consentiva all'utente un facile approccio grazie a un'interfaccia grafica semplice, intuitiva e particolarmente amichevole.
La diffusione delle tecnologie DTP è stata di proporzioni decisamente importanti, soprattutto nel mondo professionale, ma è stata anche la causa di una necessità sempre crescente di controlli qualitativi curati e puntuali.
Infatti, proprio per la facilità d'uso dei mezzi messi a disposizione dal DTP, il lavoro che prima era affidato alle mani esperte degli specialisti del settore ora trova una sua applicazione anche da parte di chi proprio specialista non è.
Questa possibilità, se da una parte ha portato benefici in termini di costi di produzione, dall'altra è stata, a volte, causa di bassa qualità dei prodotti realizzati: non ci si può improvvisare "operatori del settore", ci si deve arrivare per gradi, con costanza e con una preparazione adeguata.

WYSIWYG

E così, il sistema operativo rivoluzionario di Apple, unito al linguaggio PostScript di descrizione della pagina, ha consentito di ottenere per la prima volta il cosiddetto WYSIWYG (*What You See Is What You Get*, ciò che ottieni è ciò che vedi).
Finalmente ora è possibile vedere sullo schermo la pagina impaginata esattamente come la si otterrà successivamente in stampa.

Il PostScript

Il PostScript, realizzato nel 1982 da Adobe System, è il linguaggio macchina di descrizione della pagina e delle caratteristiche di tutte le sue componenti, come testo, grafica, immagini (vettoriali e bitmap), e che controlla le periferiche di stampa.
Le periferiche sono tutte quelle attrezzature utilizzate a supporto del lavoro svolto al computer come, per esempio, il video, lo scanner o la stampante.
Quando si parla di stampante grafica ci si può riferire a una laser da 300 punti per pollice che usa la carta, a una fotounità ad alta risoluzione (fino a 2400 punti per pollice) che permette di ottenere direttamente le pellicole fotografiche per la tipografia o, ancora, a una stampante digitale professionale che rilascia un buon risultato, con costi e tempi limitati e senza passare attraverso il processo tipografico tradizionale.

Il driver

La traduzione del formato dei file al linguaggio PostScript si realizza attraverso un meccanismo noto con il nome di driver.
In pratica, si tratta di programmi di controllo specifici che permettono a un pc di far funzionare, e in modo corretto, una determinata periferica.

Se, per esempio, ci si riferisce alla stampante, il suo *driver* (cioè il software atto a farla funzionare) dovrà essere caricato sul computer prima dell'utilizzo della periferica.
In caso contrario, inutile dilungarsi in inutili tentativi.
Johann Gutenberg aveva scomposto le ventisei lettere dell'alfabeto inventando la stampa a caratteri mobili.
Oggi, la stampa digitale, utilizzando degli impulsi elettrici (i *bit*), elementi primari del sistema binario basato su sole due cifre, l'uno e lo zero, permette di "scomporre" in modo ancora più radicale i testi da stampare.

I bit

Millenovecentosessantanove

Era il 1969, ed era l'anno di nascita di Arpanet, una tecnologia voluta dal Dipartimento della Difesa degli Stati Uniti, e risultato degli studi svolti dall'ARPA (*Advanced Research Projects Agency Network,* rete dell'agenzia dei progetti di ricerca avanzata).
L'intento del progetto era quello di cercare di risolvere il problema della sicurezza nella rete di comunicazioni militari.
Questo strumento, proprio grazie alla sua struttura a ragnatela, avrebbe infatti permesso di mantenere il contatto tra i suoi nodi, e quindi tra i diversi punti degli Stati Uniti, anche in caso di attacco nucleare (Figura 1.34).

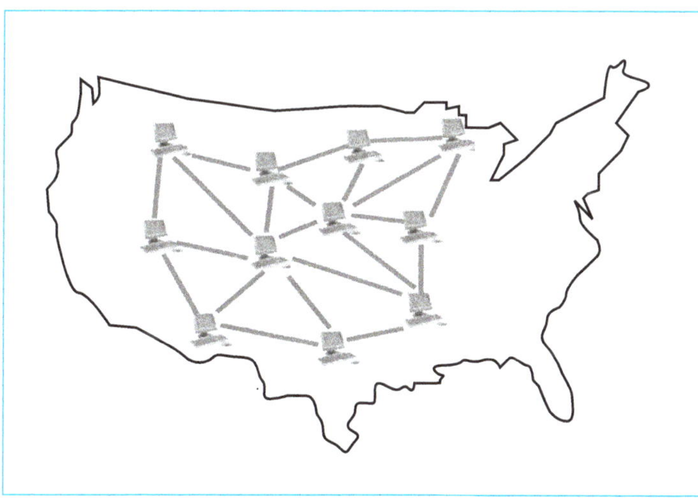

Figura 1.34
Il modello di Internet assomiglia a una fitta rete di "maglie" che permette di unire due punti attraverso percorsi differenti. In questo modo, nessun nodo poteva rimanere isolato, nemmeno in caso di guerra nucleare.

Successivamente, con gli eventi storici di fine secolo (la caduta del muro di Berlino nel 1898 e la fine della guerra fredda), il sistema perde la sua connotazione originaria ed entra nella vita delle università e della ricerca scientifica.

Subito viene utilizzato per testare il concetto di WAN (*Wide Area Network*), cioè di una rete estesa in grado di collegare i computer dei singoli dipartimenti di scienze e far quindi colloquiare tra loro più reti locali.

In seguito, questa possibilità fu messa a disposizione di tutti gli istituti universitari diventando, in breve, il loro principale strumento di comunicazione (questo grazie anche alla libera circolazione della posta elettronica, oggi meglio conosciuta con il nome di e-mail).

Il TCP/IP

Volendo fare un semplice e breve accenno a caratteristiche "squisitamente" tecniche, possiamo dire che lo standard di trasmissione dei dati utilizzato da Internet è il cosiddetto protocollo TCP/IP (*Transmission Control Protocol/Internet Protocol*), e con questo termine si fa riferimento all'architettura della Rete che definisce i criteri di trasmissione.

L'HTML

I documenti disponibili e condivisibili sul Web sono descritti dal linguaggio HTML, sviluppato, verso la fine degli anni Ottanta, da Tim Berners-Lee al CERN di Ginevra.

L'HTML è un linguaggio di programmazione con una struttura estremamente semplice e di limitata occupazione di banda.

Il WWW

Lee è anche l'inventore del WWW (*World Wide Web*).

Il WWW, nonostante venga spesso erroneamente confuso con Internet, è solo una delle sue reti, quella che normalmente viene utilizzata per navigare, scrivere, ricevere mail, interrogare i motori di ricerca.

Non si deve cadere nell'errore di considerare Internet e il Web la stessa cosa.

Ma questa è un'altra storia...

Capitolo 2

Chi ben inizia è a metà dell'opera

Quando la ciambella nasce col buco!

Saper individuare e conoscere tutti i processi e le lavorazioni che portano alla creazione di un prodotto editoriale (anche quelle che non ci riguardano direttamente perché, magari, siamo convinti che non metteremo mai piede in una tipografia) può essere il grande vantaggio che fa la differenza, quella professionale intendo.
Dal più semplice al più complicato, la realizzazione di un prodotto editoriale nasconde, infatti, un sistema di conoscenze piuttosto complesso e articolato nel quale è bene che ogni singola lavorazione sia conosciuta e chiara fin dall'inizio. Solo in questo modo sarà possibile confezionare un prodotto di qualità e competitivo a tutti gli effetti.

La vuole smettere di darmi consigli?

Figura 2.1
Vignetta tratta da *Celebrazione del tipografo*, editrice Il quadratino, Torino 1968.

In questo capitolo

- Quando la ciambella nasce col buco!
- Ai blocchi di partenza
- Un pizzico di accademia...
- Il progetto grafico
- Cinque accorgimenti grafici
- Il formato: parte prima
- L'imposizione
- Il formato: parte seconda
- Che margini sta' gabbia!
- Grigliata mista
- Layout, please
- Timone a dritta!

Una chimera? Non proprio! Si tratta "semplicemente" di *sapere*, inteso proprio nell'accezione enciclopedica di "complesso di conoscenze".

Ma procediamo per gradi.

Il processo di costruzione di un prodotto editoriale può essere suddiviso in quattro macrofasi operative, indipendenti tecnicamente, ma strettamente correlate nei risultati delle singole scelte. Le fasi sono:

- la progettazione grafica;
- la prestampa;
- la stampa;
- l'allestimento.

Ognuno di questi articolati passaggi avrà, all'interno di questo volume, la sua collocazione ma, tanto per avere un'infarinatura iniziale, vediamo sommariamente di che si tratta.

La progettazione grafica

La progettazione grafica è il primo vero passo verso la buona riuscita di un prodotto.

Nella sua ideazione deve essere in grado di rispettare il flusso di lavoro (denominato *workflow*) basato su precise tecnologie per una corretta riproduzione in stampa dell'oggetto finito.

È il momento che **precede** tutte le lavorazioni industriali ma che, dal punto di vista concettuale, logico e visivo dell'organizzazione delle informazioni, ne determinerà l'esito in maniera significativa.

È la fase in cui tutti gli elementi che verranno inseriti nelle diverse lavorazioni, e che comporranno il prodotto editoriale, vengono individuati, scelti e organizzati al fine di presentare e trasmettere il messaggio a cui sono preposti.

Questo passaggio coinvolge ogni singola **unità impiegata** come, per esempio, la scelta dei caratteri e il loro corpo, la giustezza della riga di testo e la sua interlinea, gli stili introdotti e il tipo di allineamento utilizzato, le figure e le immagini di corredo, la quantità di colori inseriti e la loro stessa scelta, il formato dell'oggetto e la griglia di impaginazione, la gestione dei grafismi, quella dei contrografismi e così via.

È, in poche parole, l'attività a carattere estetico, tecnico e organizzativo che coordina tutti gli elementi che costituiscono uno stampato.

Chi realizza il progetto grafico può quindi essere visto come l'interprete delle informazioni e dei concetti che dovranno arrivare ai destinatari dell'opera.

Sarà colui che darà l'"impronta" al prodotto e che dovrà essere in grado di effettuare delle scelte non solo grafico-estetiche, ma anche di carattere culturale, trasferendo in modo inequivocabile tutte le informazioni grafiche e tecniche a chi eseguirà poi le lavorazioni.

La prestampa

La prestampa è il primo momento **operativo** di tutta quanta la filiera produttiva.
In questa fase, il modello grafico sviluppato a monte viene tradotto in singole lavorazioni.
Secondo le indicazioni in esso contenute, verranno quindi impostati il formato e la griglia di impaginazione, lavorato il testo, digitalizzate le immagini, realizzati grafici e disegni, inseriti fondini, posizionate testatine e filetti, collocati gli elementi fissi della pagina e via di seguito.
A impaginazione ultimata si procederà poi con i "giri di bozze" (controlli sull'esecuzione e sul risultato dell'impaginato) per riportare eventuali correzioni e dar luogo ai cosiddetti riscontri, fino al "visto si stampi". Solo a questo punto il materiale lavorato potrà essere ritenuto idoneo per la stampa e potranno essere rilasciati gli "impianti" per la tipografia.
Quando le tipografie non erano ancora attrezzate con il digitale, gli impianti erano costituiti dalle pellicole fotografiche, ma oggi, parlando di impianti, ci si può tranquillamente riferire anche al file PDF che può essere inviato direttamente al tipografo per il suo sviluppo. L'importante sarà chiarirsi bene, con chi effettuerà la stampa, su quale tipo di file si aspetta e con quali caratteristiche.

Cara vecchia pellicola

La pellicola fotografica è un supporto in poliestere, con un lato "spalmato" di un'emulsione fotosensibile, sul quale viene impresso in alta risoluzione quanto presente a video.
La stampa avviene tramite una periferica, chiamata fotounità, con una risoluzione di uscita di 2400 punti per pollice (le normali laser stampano con una risoluzione di 300 punti per pollice).
La pellicola impressionata sarà quindi sviluppata secondo i più tradizionali procedimenti fotografici.
Una macchina, chiamata appunto *sviluppatrice*, servendosi di processi meccanici srotolerà la pellicola facendola passare prima in un chimico di sviluppo, poi in uno di fissaggio e, infine, nell'acqua per il lavaggio.
Asciugata e tagliata sarà quindi pronta per intraprendere il suo "viaggio" in tipografia, che inizia con il passaggio dei grafismi dalla pellicola alla lastra.

La stampa

Per spiegare il concetto di stampa, in attesa di entrare nel merito della questione, ci si può rifare alla definizione fornita dal *Dizionario Enciclopedico Italiano* edito da Treccani che la descrive come:

> l'arte e la tecnica di imprimere e riprodurre, in gran numero di copie, scritti e disegni, mediante opportuni procedimenti, da una matrice in rilievo, a incavo o in piano [...].

L'allestimento

Infine, l'allestimento è il completamento esteriore del prodotto. È, cioè, l'insieme degli interventi di finitura sull'**aspetto definitivo** dello stampato, riferendoci, in questa fase, a tutti quegli aspetti pratici ed estetici, come la legatoria e il confezionamento, necessari alla presentazione e alla vendita del prodotto.

Tanto per fare alcuni esempi: va da sé che un depliant o un qualsiasi altro pieghevole debba potersi aprire e chiudere agevolmente; che un libro possa essere sfogliato senza che le sue pagine si stacchino; che un opuscolo o una rivista non abbiano dei punti metallici che graffino.

Si sappia comunque che, quando si parla di allestimento, non sempre ci si riferisce ai prodotti editoriali in senso stretto come i libri, i manuali, le riviste, i depliant e così via.

Esiste infatti un'altra tipologia di prodotti che si serve del processo di allestimento, quella, cioè, della cosiddetta cartotecnica.

Si tratta, in questo caso, di lavorazioni effettuate su carta, cartone, laminati e tipologie di supporti simili, e che concernono l'allestimento di contenitori, confezioni e altri stampati extralibrari.

Ai blocchi di partenza

Il brano che apre questo paragrafo è tratto da *La forma del libro*, di Jan Tschichold, pubblicato dalle Edizioni Sylvestre Bonnard.

Si faccia particolare attenzione alla parte conclusiva del concetto:

> È sbagliato dire che *de gustibus non est disputandum* là dove si parla di buon gusto. Non siamo dotati di buon gusto dalla nascita, né veniamo al mondo possedendo strumenti innati per comprendere l'arte. Riconoscere semplicemente chi o che cosa è rappresentato in un quadro ha poco a che fare con una reale comprensione dell'arte: come se un profano disquisisse sulle proporzioni delle lettere latine. In ogni caso, disputare non ha senso. Chi vuol essere convincente deve lavorare meglio degli altri.

E poi ancora:

> La padronanza del mestiere è indispensabile, ma non è tutto, poiché un gusto impeccabile, marchio della perfezione, poggia su una chiara comprensione delle leggi del disegno armonioso.

Penso che queste brevi citazioni siano sufficienti a far passare il principio che nessuno può improvvisarsi conoscitore o esperto del mestiere solo perché i mezzi che oggi la tecnologia mette a disposizione sono così semplici e intuitivi da consentire a chiunque di realizzare un impaginato.

Come per tutte le professioni del mondo, anche in questo caso, al suo esercizio ci si deve arrivare per gradi, con una conoscenza e una preparazione adeguate.
Tanto per iniziare, nella creazione di un prodotto editoriale, qualunque esso sia, nulla può essere lasciato al caso o all'immaginazione.
Tutto deve essere espressamente e **preventivamente costruito** e reso visibile in modo da permettere di poter osservare il risultato finale prima ancora che venga mosso un solo bit.
Nel momento in cui viene realizzato il progetto grafico, tutti gli elementi che compongono il prodotto dovranno quindi essere individuati, definiti e collocati, descrivendo in maniera chiara quale sarà l'orientamento stilistico di base.
L'obiettivo sarà quello di trovare il giusto **equilibrio** e i giusti rapporti di proporzione tra le diverse parti che compongono lo stampato (formato e margini; caratteri e interlinea; foto e didascalie; spaziature e rientri; grafismi e contrografismi e molto altro) al fine di integrare gli aspetti estetici con quelli contenutistici, il tutto senza mai dimenticare le esigenze tecniche di realizzazione.
È infatti la completa armonia di tutti gli elementi a fare il Prodotto. Quello con la "P" maiuscola, intendo!
È in questa fase che, secondo precise indicazioni, verrà stabilito il numero di battute di testo presenti nell'opera; determinata la foliazione (cioè il numero di pagine complessive); impostata la quantità e la dimensione delle immagini; deciso l'uso del colore o del bianco e nero e così via.
Sono decisioni importanti perché da loro dipende anche l'enfasi che si decide di dare all'oggetto editoriale.
Infatti, tanto per fare un esempio, se è vero che un libro realizzato in bianco e nero, così come anche una fotografia, può risultare più drammatico o più espressivo o più seducente, è altrettanto vero che utilizzare il colore è, e sarà sempre, un impegno di grande significato progettuale.
Ma se un uso poco accorto del colore rischia di far aumentare in maniera sensibile i costi tipografici, è altrettanto vero che impostare un lavoro in bianco e nero per ottenere risultati di un certo livello non è tra le cose più facili al mondo.
Qualunque sarà la strada intrapresa, è comunque importante non dimenticare mai che ogni singola scelta **influenzerà** in maniera significativa le altre componenti.

La catena di Sant'Antonio

Innanzitutto, prendendo come esempio il testo, non è detto che sia sempre l'ingombro (inteso come spazio a disposizione) a determinare il numero di battute che possono essere presenti in uno stampato.
A volte, è vero anche il contrario.
E cioè, che è il numero di battute di testo a decidere lo spazio che esso occuperà.

Ma, a parità di ingombro, si ricordi che la quantità di testo inserita influenzerà il corpo e l'interlinea del carattere utilizzato e che, a parità di corpo, le dimensioni dei caratteri appartenenti alle diverse famiglie non sono tutte uguali (Figura 2.2).
Tanto per fare il nome di due font che tutti conoscono, l'Helvetica occupa, nella pagina, più spazio del Times.

Figura 2.2
A parità di corpo, caratteri appartenenti a famiglie diverse occupano spazi diversi.

L'Helvetica corpo 10,5 occupa più spazio del Times corpo 10,5.

L'Helvetica corpo 10,5 occupa più spazio del Times corpo 10,5.

Anche la scelta sul **numero di colonne** che si intendono utilizzare inciderà sull'ingombro del testo.
E, a questo proposito, è utile sapere che la giustezza intera (cioè quella in cui il testo scorre in un'unica colonna della stessa larghezza della gabbia) "mangia" più superficie rispetto alle colonne, ma che minore sarà il numero di colonne utilizzate, più scorrevole risulterà la lettura della pagina. Non solo. La scelta sul numero di colonne sarà in funzione anche della tipologia del prodotto di uscita.
Anche qui valgano due esempi su tutti: avete mai visto un romanzo impaginato su due colonne? E un dizionario o un'enciclopedia con il testo a giustezza intera?
Le colonne, si sa, generalmente favoriscono l'inserimento delle **immagini** e delle loro didascalie, ma il numero degli apparati iconografici che si potranno inserire in pagina sarà direttamente proporzionale alle loro dimensioni e allo spazio disponibile nell'impaginato, il quale dipenderà, a sua volta, anche dalla **foliazione** definitiva.
Sì, ma il numero delle pagine di cui il prodotto sarà composto è influenzato dal **formato** che viene scelto per la sua realizzazione.
A loro volta queste due componenti potrebbero porre delle limitazioni nella scelta della **carta** da utilizzare che, oltre che per la grammatura (il suo peso) e per il tipo (per esempio la carta patinata o la uso mano o altro ancora) è influenzata anche dal fatto che nell'impaginato ci sia prevalenza di testo o di immagini.
Ma le immagini che si intendono inserire, è meglio pensarle a **colori** o in **bianco e nero**? Tornando così all'inizio di una delle scelte che stanno alla base di un progetto grafico (Figura 2.3).

La sfera di cristallo

Un buon progetto grafico deve essere in grado di prevedere e considerare tutte le problematiche che possono presentarsi durante la fase realizzativa.

La prova su carta di edizione

Quando si progetta un oggetto editoriale di un certo tipo è inoltre fondamentale avere la lungimiranza di stampare un campione

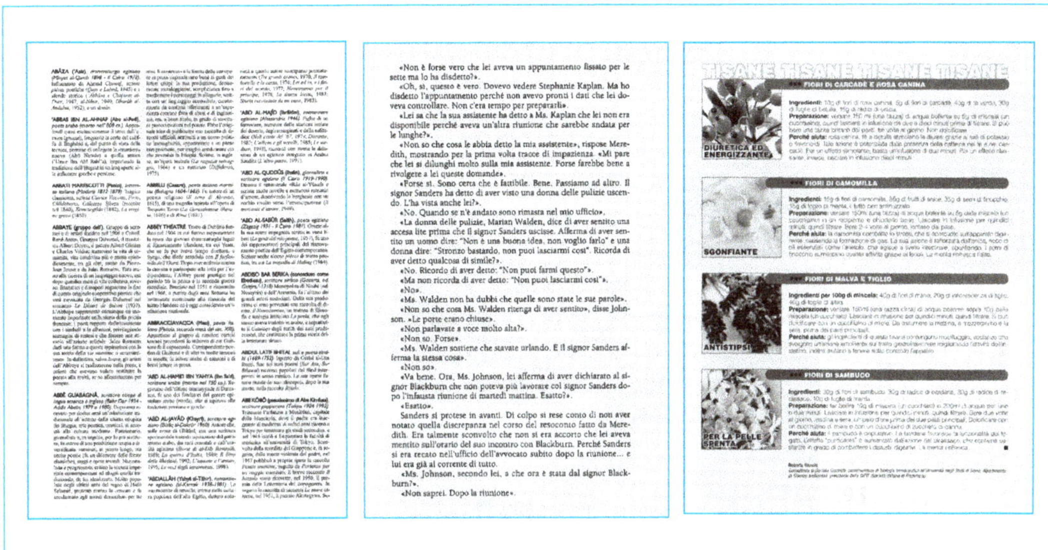

Figura 2.3
Tipologie di prodotti editoriali diverse hanno esigenze impaginative differenti.

del progetto sulla carta di edizione, quella cioè che verrà utilizzata per la pubblicazione.

Questo permetterà di verificare la resa finale di quanto ideato, perché il tipo di carta, il suo colore, la grammatura, la consistenza e altri parametri che verranno analizzati nel seguito del volume influenzano in maniera significativa il risultato della stampa.

Si sappia, a questo proposito, che per la tiratura di poche unità (quelle che servono, per esempio, per stampare sulla carta di edizione) si utilizza, ancora oggi, il torchio di fotolito.

Bene, se a questo punto vi sentite un po' intimoriti di fronte a tante complicazioni, non preoccupatevi, e sappiate che quanto detto è solo l'inizio.

Un pizzico di accademia...

Prima di andare avanti, una piccola precisazione può risultare chiarificatrice di alcuni equivoci.

È importante non confondere la valenza e la competenza di due distinte figure professionali che, a volte, rischiano di essere viste come unica entità da chi non è proprio del settore: il **progettista** e il **grafico**.

Il progettista

Il primo è colui che progetta i libri secondo caratteristiche tali per cui la forma non prevarrà mai sul contenuto, ma si rivelerà propedeutica alla migliore rappresentazione del contenuto stesso (e questo non deve significare, ovviamente, creare oggetti anonimi o asettici: si pensi, a tale riguardo, alla ricchezza dei prodotti scolastici o all'eleganza dei libri d'arte).

Il grafico

Il secondo è colui che, per definizione, è sempre alla ricerca di nuovi metodi espressivi, più consoni alla grafica pubblicitaria e alla reclame che alla progettazione dei libri.
È chi, tanto per capirne la differenza, non si occupa della presentazione dei contenuti ma, bensì, dell'oggetto da reclamizzare. Come?
Per esempio realizzando una copertina che non potrà mai passare inosservata sul banco di una libreria!
Qualunque sia il proprio ruolo e qualunque sia l'oggetto editoriale in questione, non si dimentichi mai una cosa: un oggetto ben progettato (e ben realizzato) è sicuramente percepito subito come tale dagli addetti ai lavori; e la maggioranza dei fruitori, pur non avendo le competenze tecniche per valutarlo, riuscirà comunque ad avvertirlo come un oggetto di qualità.

Il progetto grafico

Il progetto grafico è l'ideazione di qualcosa, e il conseguente studio per la sua realizzazione, al fine di definire il prodotto industriale che rappresenta.

Contenuto e forma

La sua finalità consiste nel trattare il *contenuto* della pubblicazione in una *forma* idonea a favorire, di volta in volta, la sua **fruizione**.
Si pensi, per esempio, alla finalità di un libro scolastico e a quella di uno stampato istituzionale; all'esigenza comunicativa della copertina di un libro e quella di una rivista; al messaggio che deve trasmettere un cartellone pubblicitario e a quello che deve invece trasferire un depliant e così via.

Target

Inoltre, componente non trascurabile, occorre avere ben presente il *target* di riferimento, cioè il **destinatario** della comunicazione.
Questo elemento, infatti, condiziona, e lo fa in maniera determinante, la qualità e la quantità delle informazioni da veicolare.
Va da sé che un messaggio destinato a uno studente universitario dovrà essere confezionato in modo diverso dallo stesso messaggio rivolto, invece, alla famosa casalinga di Voghera, diventata tale per le frequenti citazioni di un noto presentatore televisivo nativo proprio di quelle parti.

Organizzazione dello spazio

È un dato di fatto che l'organizzazione e la disposizione degli elementi che costituiscono l'informazione siano fattori fondamentali di successo.
Infatti, a seconda di come vengono "lavorati", essi sono in grado di creare relazioni di accordo e di significato molto diverse tra di loro.
Facciamo un **esempio**.

1. Supponiamo di avere un singolo elemento e di collocarlo al centro della pagina. In questo caso non c'è bisogno di alcun tipo di organizzazione. Il messaggio si capisce da sé.

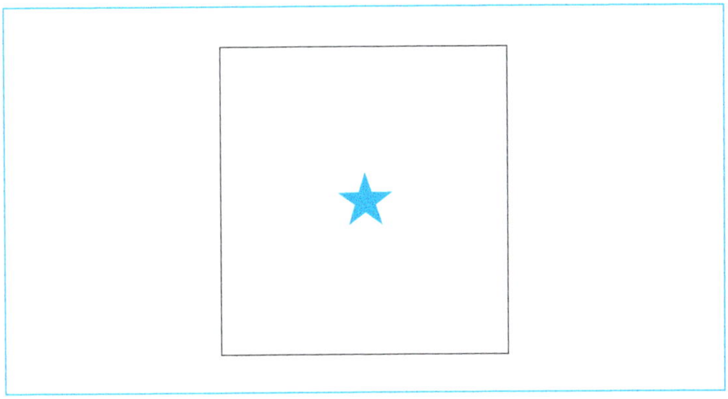

Figura 2.4
Un solo elemento presente in una pagina è di per sé esaustivo.

2. Proviamo ora a inserire un secondo elemento.

Con l'aggiunta di un solo oggetto in più, si iniziano già ad avere una serie di problemi di carattere organizzativo, di collocazione in pagina e di peso.

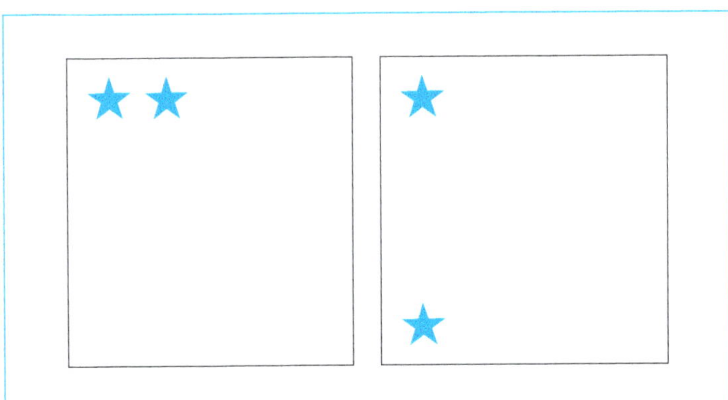

Figura 2.5
Due elementi in una pagina iniziano a porre problemi di carattere organizzativo e di rapporti.

Infatti, a seconda di come verranno collocati all'interno della pagina, cambieranno alcuni importanti parametri.
Innanzitutto, cambierà il genere di relazione che li unisce.
Poi, l'associazione che intercorre, o che non intercorre, tra i due.
Ancora, dovrà essere chiara la loro logica di disposizione.
Non ultimo, dovrà essere evidente l'equilibrio che si verrà a creare tra le parti occupate dai due elementi e quelle lasciate bianche.
In sostanza, ogni cosa deve avere un suo perché.
Ovviamente, tanti più elementi verranno aggiunti, tanto maggiori saranno le implicazioni e le complicazioni.

Percezione visiva

Detto questo, un altro importante concetto è quello della *percezione visiva*.
Questo significa che la disposizione in pagina e l'organizzazione dello spazio dei diversi elementi devono essere strettamente cor-

relate alla loro accezione e al loro valore che, a sua volta, dipende dall'interrelazione e dall'importanza che ciascuno di loro dimostra ed esercita nei confronti degli altri, singolarmente e unitariamente. Per comprendere il significato di quanto appena esposto, proviamo a rendere il tutto più semplice con un **esempio**.

Figura 2.6
L'organizzazione e la disposizione degli elementi in pagina influenzano in modo decisivo la percezione del messaggio.

1. Nella prima riga della Figura 2.6, si vedono cinque elementi. Si può dire che si tratta di un raggruppamento di oggetti costituito da tre stelline centrali, idealmente unite tra di loro, e da altre due separate dalle prime e collocate in maniera simmetrica alle due estremità, quella di destra e quella di sinistra.
2. Ora proviamo a eliminare due dei cinque elementi, per esempio il numero 1 e il numero 3.

La nuova figura assumerà una valenza del tutto diversa da quella precedente, perdendo quei connotati che ci erano familiari.
Questa nuova organizzazione e disposizione delle stelline trasferisce al fruitore del messaggio, unitamente a una differente percezione degli oggetti, un diverso significato complessivo, influenzando in maniera significativa la sua reazione.
Infatti, le stelline 2 e 4 che nella prima versione costituivano gli elementi esterni di un gruppo di tre oggetti idealmente uniti tra di loro, nella nuova descrizione assumono nuove caratteristiche: il numero 2 è diventato esterno rispetto alla stellina numero 4, che costituisce il perno della nuova figura, risultando simmetrico rispetto al 5.

Implicazioni oggettive e soggettive

Si può **oggettivamente** osservare che le distanze tra le stelline della seconda figura sono rimaste invariate rispetto a quelle della prima, ma che i loro rapporti sono cambiati perché è cambiata la loro organizzazione e, di conseguenza, il loro significato.
Soggettivamente si può invece dire che, di fronte a un tale cambiamento, viene influenzata in modo diverso la risposta del fruitore.
Se, infatti, nel primo caso la composizione si presenta più complessa della prima, con distanze e organizzazione differenziate del-

le stelline, dando però l'idea di una costruzione più ritmata che incuriosisce l'interlocutore, nel secondo esempio non è più così.
La monotonia e la staticità della disposizione degli oggetti restituisce, infatti, una composizione sì più elementare, e quindi più semplice della prima, ma forse meno interessante per il lettore di un certo target.

Il "tutto" e il "singolo"

Questo risultato è frutto del fatto che, nell'osservare una pagina, viene subito interpretata la "forma" del tutto senza soffermarsi troppo sulle singole parti che lo compongono, nonostante sia proprio l'organizzazione delle singole parti a generare il tutto.
Infatti, se da una disposizione finita di elementi si effettuano dei cambiamenti, quantitativi o qualitativi che siano, spostando o eliminando degli oggetti, ingrandendone o rimpicciolendone degli altri e così via, si rischia di modificare l'organizzazione delle singole parti.
In questo modo, il risultato finale è destinato a trasmettere informazioni molto diverse, ovviamente in relazione ai cambiamenti effettuati.
Più importanti saranno queste modifiche, maggiore sarà la differenza nella visione del tutto.
In poche parole, quello che dà **significato** al progetto grafico e che di conseguenza consente una gradevole e corretta fruizione del prodotto è l'**organizzazione** e la **disposizione delle parti nel tutto**.
Anche per questo motivo il contenuto, inteso nella sua accezione più ampia, deve essere studiato, analizzato e compreso prima di essere vestito graficamente e visualizzato in un progetto grafico.

La logica compositiva

Tutti questi concetti fanno parte della cosiddetta logica compositiva, che rappresenta il "carattere" dell'informazione fornita e che consente al potenziale fruitore di cogliere al volo il significato del tutto unitamente alle correlazioni esistenti tra le singole parti.
È importante, a questo proposito, riuscire a fare un buon **lavoro di analisi** su tutte le componenti che costituiscono l'originale, cercando di isolare quelle più importanti, che dovranno essere messe in evidenza, da quelle secondarie che verranno organizzate gerarchicamente secondo il valore relativo che verrà loro attribuito.

Cinque accorgimenti grafici

Per lavorare serenamente in questa direzione ci si può servire di pochi ma sensati consigli, il cui uso corretto ed equilibrato permette di risparmiare inutili fatiche e imbarazzanti titubanze davanti a una pagina bianca:

- i grafismi;
- i contrografismi;

- i ritmi;
- le disposizioni;
- i colori.

Grafismi

I grafismi sono rappresentati da tutto ciò che **occupa uno spazio** nella pagina: dai caratteri ai segni grafici, dai filetti ai fondini, dalle cornici alle immagini, dal colore alle texture e così via.
Essi hanno il compito di delimitare lo spazio e indicarne le differenti suddivisioni, sia in senso qualitativo sia in senso quantitativo.
Tutto ciò che viene utilizzato come grafismo ha un suo significato convenzionale e universale.
La loro ripartizione all'interno dello stampato è un'operazione fondamentale per la buona riuscita del prodotto.
Va da sé che la comprensione dei grafismi è direttamente proporzionale al grado di istruzione e di cultura del grafico, da una parte, e del lettore dall'altra.

Contrografismi

I contrografismi rappresentano, invece, tutto ciò che **non è occupato da qualcosa** come, per esempio le spaziature, i margini, i distacchi o i vuoti.
Sono, in pratica, tutte le parti non stampate.
I contrografismi sono, quindi, anche i bianchi che stanno attorno e dentro i segni grafici (come, per esempio, le lettere dell'alfabeto) e che servono proprio per dare visibilità ai grafismi (Figura 2.7).
Si può dire che la visibilità dei grafismi è fortemente condizionata dalla quantità e dalla qualità dei contrografismi.
Questi ultimi devono essere infatti opportunamente dosati per fornire il giusto risalto ottico, necessario alla composizione e alla comprensione della pagina.
Non è detto, quindi, che i "bianchi" debbano sempre avere una funzione complementare e di sfondo. Un bravo grafico è in grado di rendere, all'occorrenza, il contrografismo l'elemento portante di tutta la struttura grafica.
Per comprendere meglio il concetto di grafismo e contrografismo, possono essere d'ausilio le figure riportate di seguito.

Ritmi

Assimilati questi primi due concetti grafici, è importante sapere cosa si intende quando si parla di ritmo nella pagina.
Considerando come esempio il testo, possiamo iniziare col dire che, quando si introduce uno stacco bianco tra un blocco di composizione e un altro l'intento è quello di inserire una *pausa*; proprio come succede con la virgola in una frase.
Il progressivo aumento della separazione tra i blocchi produrrà, invece, lo stesso effetto che si vuole ottenere con l'inserimento di un punto fermo nel testo scritto.

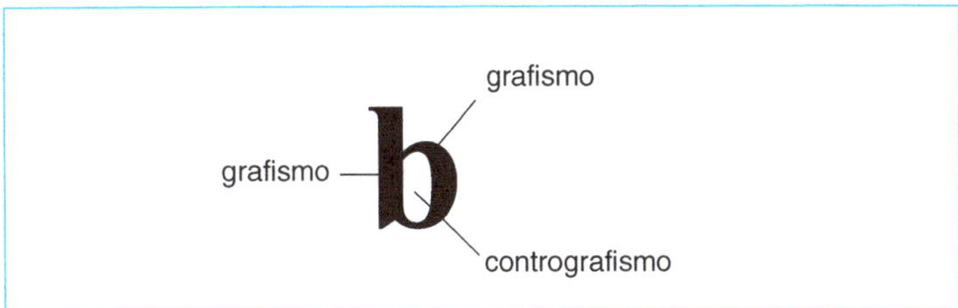

Figura 2.7
Grafismi e contrografismi in una lettera.

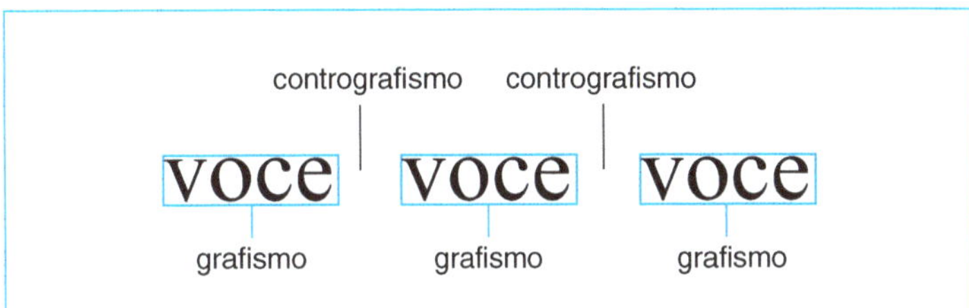

Figura 2.8
Grafismi e contrografismi in una riga di testo.

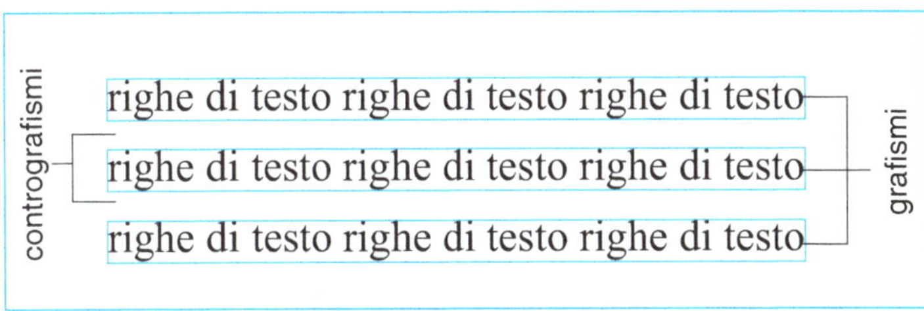

Figura 2.8
Grafismi e contrografismi in un blocco di testo.

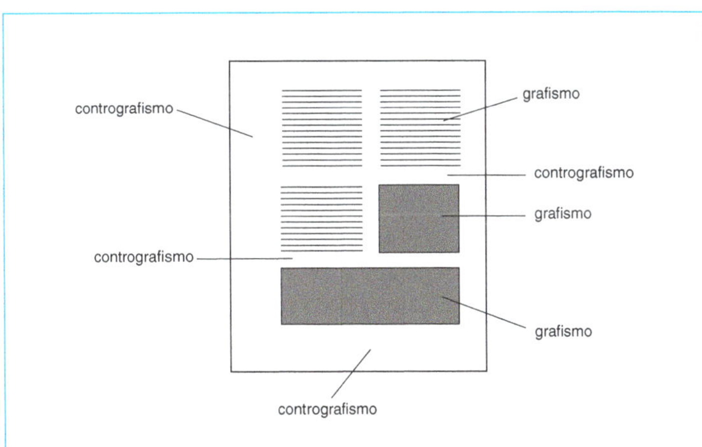

Figura 2.10
Grafismi e contrografismi in una pagina.

Da ciò si evince che il **bianco** che viene utilizzato deve essere **proporzionale** al significato della **pausa** che si intende inserire nel contesto.
Per esempio, il bianco che divide i capitoli di un libro sarà maggiore di quello che divide i paragrafi contenuti nei singoli capitoli

che, a sua volta, sarà maggiore dello spazio che divide i sottoparagrafi e via dicendo (Figura 2.11).

Allo stesso modo, la struttura dello scritto dovrebbe essere impostata con blocchi di testo non troppo lunghi e in grado di offrire sufficiente respiro alla pagina, cercando di evitare quelle interminabili "colate" di testo in grado di demotivare anche i lettori più comprensivi.

28

3 La civiltà del Rinascimento

1 Medioevo e Rinascimento

La seconda metà del Trecento e tutto il Quattrocento non furono secoli felici per l'Italia.

Per molti decenni essa fu sconvolta dalle lotte tra i Comuni, poi tra magnati all'interno di uno stesso Comune, infine dalle guerre di espansione delle Signorie; il clima fu pessimo, in molte zone l'agricoltura decadde e alle smisurate ricchezze accumulate da poche famiglie di banchieri e mercanti si contrappose la miseria della massa della popolazione.

Eppure, fra il **1400** e il **1500** circa, si assistette nel nostro Paese a un'eccezionale fioritura delle arti e del pensiero che rappresenta uno dei più grandi fenomeni culturali della storia mondiale: il **Rinascimento**.

Questa parola fu coniata dai protagonisti stessi di quel movimento, che con essa volevano esprimere la "**rinascita**" **dalle tenebre del Medioevo**, considerato, come dice il nome, niente altro che una "età di mezzo": un'epoca di transizione tra lo splendore della civiltà greco-romana e la magnificenza della cultura "moderna".

Gli storici odierni non concordano, però, nel giudizio negativo dato al Medioevo; esso fu un'epoca vitale in cui Germani e Romani si mescolarono dando vita a una nuova civiltà che pose le basi non solo di una rigogliosa economia mercantile e di grandi imprese artigiane, ma anche di quello stesso risveglio culturale che poi produsse il Rinascimento.

LE TRE GRAZIE

Secondo la mitologia classica, le Grazie erano le tre dee della bellezza e dell'arte che accompagnavano Apollo e Afrodite.

Qui le vedi rappresentate nel Medioevo 1 e nel quadro *Primavera* di Botticelli, un grande pittore del Rinascimento 2.

È un confronto che ti fa capire la differenza di mentalità tra le due epoche: scarne, essenziali, austere e coperte da una tunica che nasconde i corpi, le Grazie medievali; flessuose e appena nascoste da veli trasparenti quelle rinascimentali.

Figura 2.11
Ritmi ben dosati consentono un'organizzazione della pagina di immediata comprensione.

I **distacchi** tra le parti, nella messa a punto di un impaginato, hanno il preciso dovere di contribuire all'interpretazione della pagina, sia nel suo insieme sia nel particolare, facilitando così il compito al lettore.

Sarebbe quindi auspicabile che i distacchi di interpretazione logica siano sapientemente calibrati come **quantità** e come **qualità**.

- Nel primo caso un uso eccessivo ne vanificherebbe l'effetto creando confusione nella pagina. Inoltre, distacchi troppo piccoli non permetterebbero di individuare le singole parti che "annegherebbero" nel tutto, mentre stacchi esagerati andrebbero a discapito della visione unitaria della pagina che rischierebbe di non venire colta.
- Nel secondo caso, invece, gli spazi bianchi inseriti dovranno essere in grado di rappresentare immediatamente la correla-

zione esistente tra lo stacco e il suo preciso significato, il tutto nella logica della comunicazione di quel preciso messaggio.

Disposizioni

Le disposizioni sono tutti i tipi di allineamenti, rientranze, sporgenze, composizioni, raggruppamenti *et similia* presenti in una pagina. In questa fase è molto importante il concetto di **coerenza**, esteso all'importanza delle parti.
Questo significa che componenti di uguale valenza dovranno essere trattate ogni volta nello stesso modo per risultare sempre con la medesima forza percettiva, anche se si trovano in punti distanti tra loro.
Le singole porzioni che compongono la pagina dovranno essere distinguibili, e quelle di uguale importanza dovranno mostrare graficamente la stessa forza nei loro elementi distintivi.
Se la composizione dovesse presentare la necessità di avere delle parti maggiormente evidenziate rispetto ad altre, in un **rapporto gerarchico** degli elementi, allora sarà importante adottare delle scelte grafiche che facciano risaltare le prime sulle seconde.
Per esempio, il titolo di un capitolo dovrà essere sicuramente più evidente del titolo di un suo paragrafo ma, altrettanto sicuramente, meno evidente di quello della sezione in cui è contenuto.
Le scelte grafiche che permettono questo tipo di differenziazione possono essere molto diverse.
Possono coinvolgere lo **stile** del testo (grassetto, corsivo, light e così via) o il **corpo** del carattere; interessare il **colore** utilizzato e la **forza** che gli viene attribuita (si ricorda, a questo proposito, che l'intensità del colore è direttamente proporzionale all'importanza che si vuole dare a ciò che si colora) e via discorrendo.
Infine, una raccomandazione che ha carattere universale: evitare le esagerazioni in tutto ciò che si realizza. Il troppo rischia di andare a discapito della semplicità nell'interpretazione dell'informazione e quindi della comprensione della stessa.

Colori

I colori, dalla tonalità, alla luminosità, all'intensità, alla quantità utilizzata, sono un'importante variabile della progettazione grafica per una suggestiva comunicazione del messaggio, ma attenzione: usati in modo improprio rischiano di creare più danni che benefici.
Ma di questo si parlerà in modo approfondito nel Capitolo 5.

Il formato: parte prima

Quando in questo settore si parla di formato, si possono intendere due cose.

Il formato finito

Nell'**industria editoriale**, è la dimensione del prodotto una volta finito, stampato e confezionato.
Se ci si riferisce a un libro, il formato sarà la raffigurazione delle sue misure e, a tale proposito si parlerà di *formato finito*.

Il formato grezzo (o intonso)

Se invece ci si sposta nell'**industria della carta**, per formato si intende la misura del foglio di carta che la tipografia acquista dalla cartiera.

In questo secondo caso, la definizione sarà quella di *formato intonso* o di *formato grezzo.*

Sia il formato finito sia quello grezzo hanno tutte le misure espresse in centimetri e, per consuetudine, nella loro descrizione viene indicato prima il lato più corto e poi quello più lungo.

Se ci pensate, in effetti, quando si esprimono le misure del tradizionale foglio A4 (quello delle fotocopiatrici e delle stampanti) si dice che è un 21 × 29,7 (prima viene raffigurato il lato più corto e poi quello più lungo).

Il concetto di standard

Ciò premesso, prima di entrare a capofitto nel merito della questione, è importante chiarire un concetto che dovrà essere assunto come dogma in tutto quello che verrà fatto d'ora in poi.

Si tratta del concetto di standard.

La definizione fornita da *Il grande dizionario Garzanti della lingua italiana* è:

> modello, tipo al quale ci si uniforma o che viene assunto come termine di riferimento.

In pratica significa che, quando esiste uno standard, sono presenti delle norme, cioè delle **regole codificate** e uguali per tutti.

Queste "leggi" rappresentano la garanzia che, una volta deciso uno standard, esso non possa essere cambiato a piacimento.

Un esempio?

Ve lo immaginate un mondo dove le stampanti o le fotocopiatrici possano funzionare con formati di carta personalizzati al posto del classico A4?

O in cui i produttori di hardware possano avere la facoltà di decidere individualmente la dimensione o la forma della porta USB del loro prodotto?

O, ancora, in cui il formato dei DVD possa essere a discrezione di chi li masterizza?

Via via, gli esempi possono essere migliaia e interessare singole azioni della vita di tutti i giorni.

Così, anche quando si lavora alla progettazione di un nuovo prodotto editoriale, o a una parte di esso, non si dovrebbe mai sottovalutare questo principio di base.

Se, per esempio, le misure delle librerie normalmente in commercio hanno misure standard, inutile spremere il proprio "genio creativo" per inventare una collana editoriale con i tomi dal formato ciclopico.

Allo stesso modo, le dimensioni delle librerie normalmente in commercio sono in funzione dei formati standard dei libri che vengono pubblicati.

E ancora, le innumerevoli tipologie di testi prodotte dai diversi editori tengono comunque tutte conto dello standard di lettura, di consultazione, di indagine o altro a cui il lettore è abituato.
Inutile quindi cercare, nel tentativo di affermare la propria creatività, di contrapporsi a degli standard diventati ormai dei principi assoluti, finireste solo con il farvi del male.

Un mondo di regole

La normazione ha origini molto antiche.
Fin da subito l'uomo ha manifestato la necessità di ritrovarsi in regole predefinite e codificate.
Già intorno al 1600 a.C. in Egitto vennero stabilite precise misure nella fabbricazione dei mattoni.
Nell'antica Roma le strade dell'Urbe avevano un'ampiezza di 2,75 metri.
Durante la rivoluzione industriale, la necessità di intercambiabilità dei pezzi delle macchine impose standard rigidi.
All'inizio del 1900 Henry Ford intuì che la produzione seriale avrebbe permesso di abbattere i costi industriali e introdurre sul mercato un'automobile di largo consumo. Celebre, a questo proposito, la sua dichiarazione secondo la quale chiunque poteva acquistare una vettura *Model T* potendo scegliere il colore che preferiva, purché fosse nero.

Il formato della carta

Tornando al nostro tema, e chiarito il concetto di standard, si sappia che, nel tentativo di unificazione dei formati della carta, è stato stabilito il seguente principio:

- se A è la larghezza di un formato, la sua lunghezza dovrà misurare A $\sqrt{2}$.

Ovvero:

- il rapporto tra lato corto e lungo è uguale alla radice di due.

A questo punto, scelto il formato di partenza, tutti gli altri si otterranno come derivazione di questo dividendo a metà il loro lato maggiore, il che equivale a dire che ogni formato deriva dalla piegatura in due di quello precedente, mantenendo inalterato il rapporto tra lato lungo e lato corto del foglio (Figura 2.12).
Rifacendoci ai prodotti editoriali, il loro formato standard è quello denominato A, di cui il formato A0 è quello di partenza.
Le sue misure non sono casuali, ma corrispondono esattamente alla superficie di un **metro quadrato**.

Il formato UNI

Nella necessità di avere delle regole precise sull'utilizzo di questi formati, ci si rifà alle norme UNI.
La norma è un documento che definisce determinate caratteristiche che, nel nostro caso specifico, si rifanno a peculiarità di carattere dimensionale.

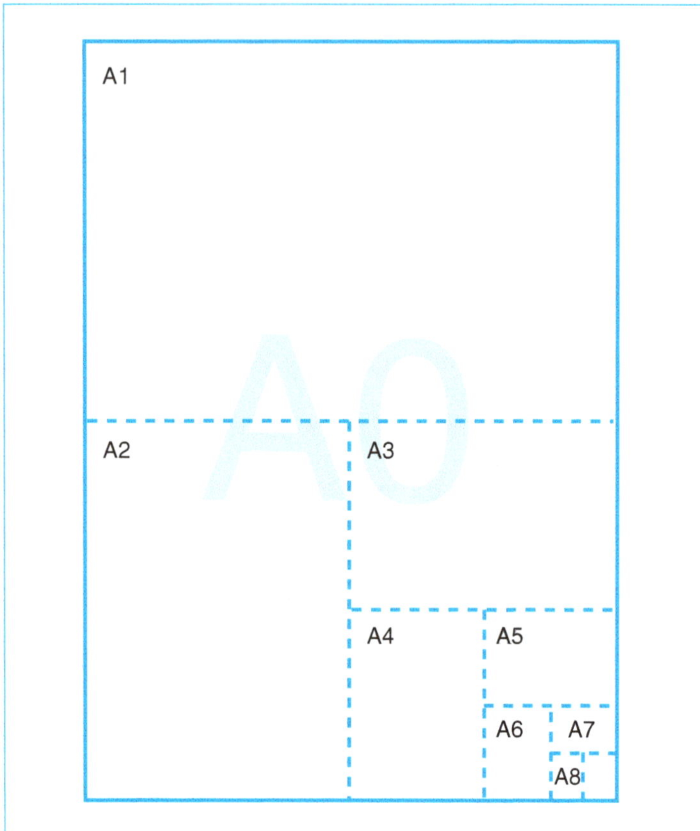

Figura 2.12
Il formato di partenza dei prodotti editoriali standard è l'A0 e misura 84,1 cm di base × 118,9 cm di altezza. Da questo si possono ricavare tutti gli altri formati standard.

Le norme UNI unificano i formati editoriali in tre serie:

- la A;
- la B;
- la C.

La prima è fondamentale, le altre due complementari.

- La serie A è quella più comune e normalmente usata per i prodotti editoriali standard.
- La serie B e la serie C (entrambe contengono la serie A) sono invece utilizzate per i prodotti cartotecnici.

Volendo precisare ulteriormente, i formati B sono quelli più grandi, mentre i formati C sono gli intermedi (Figura 2.13).

Tanto per fare un facile esempio: un foglio A4 potrà essere contenuto in una busta di formato C4 che, a sua volta, potrà essere conservata in una cartelletta B4.

La descrizione del formato viene rappresentata da una di queste lettere (maiuscole) seguita da un numero che indica quante pieghe sono state effettuate per ottenere quel determinato formato.

La norma

Per chiarezza di esposizione, una *norma* è una specifica tecnica riconosciuta da un organismo preposto a svolgere l'attività normativa.

L'intento è quello di siglare dei codici standard per unificare i prodotti, razionalizzare le scelte e migliorare la comunicazione.

La norma viene identificata da una sigla e da un numero. La sigla aiuta nella individuazione del soggetto che l'ha elaborata e, di conseguenza, il suo valore.

A tale riguardo esistono tre diverse categorie di norme.

1. **UNI** (*Ente Nazionale Italiano di Unificazione*), che identifica tutte le norme nazionali italiane. Individua, in sostanza, una norma nazionale.
2. **EN**, che contraddistingue le norme elaborate dal CEN (*Comité Européen de Normalisation*). Riconosce, di fatto, le norme europee.
3. **ISO**, che accerta le norme elaborate dall'ISO. (*International Organization for Standardization*), che si riferiscono a norme internazionali valide in tutto il mondo.

L'UNI, come organo nazionale, partecipa all'attività normativa degli organi sovranazionali di normazione: il CEN e l'ISO.

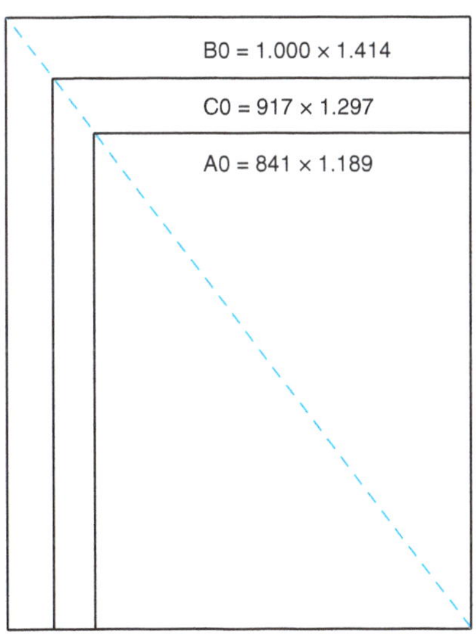

Figura 2.13
Dalla figura è chiaro il rapporto esistente tra i tre diversi tipi di formati finiti della serie A, B, e C in uso nell'industria editoriale. Da notare come tutti i formati presentino una struttura geometricamente uguale, indipendentemente dalla serie di appartenenza.

Per esempio, il formato A4 indica che il foglio di partenza è stato diviso 4 volte per ottenere le misure finali che corrispondono a 21 cm (per la base) e 29,7 cm (per l'altezza).

La Tabella 2.1 riporta le dimensioni (espresse in millimetri) dei formati finiti di carta delle serie A, B e C.

Tabella 2.1 Misure della base e dell'altezza (espresse in millimetri) dei formati finiti delle tre serie.

Serie A	Serie B	Serie C
A0 841 × 1189	**B0** 1000 × 1414	**C0** 917 × 1297
A1 594 × 841	**B1** 707 × 1000	**C1** 648 × 917
A2 420 × 594	**B2** 500 × 707	**C2** 458 × 648
A3 297 × 420	**B3** 353 × 500	**C3** 324 × 458
A4 210 × 297	**B4** 250 × 353	**C4** 229 × 324
A5 148 × 210	**B5** 176 × 250	**C5** 162 × 229
A6 105 × 148	**B6** 125 × 176	**C6** 114 × 162
A7 74 × 105	**B7** 88 × 125	**C7** 81 × 114
A8 52 × 74	**B8** 62 × 88	**C8** 57 × 81
A9 37 × 52	**B9** 44 × 62	**C9** 40 × 57
A10 26 × 37	**B10** 31 × 44	**C10** 28 × 40

Osservando attentamente i numeri espressi, si può notare come la misura del lato minore del formato precedente diventi la misura del lato maggiore nel formato successivo (Tabella 2.2).

Tabella 2.2 La misura del lato minore del formato precedente diventa la misura del lato maggiore nel formato successivo.

Formato	Lato minore	Lato maggiore
A0	841	1189
A1	594	841
A2	420	594

Nella Tabella 2.3 sono invece espresse le dimensioni (sempre in mm) dei formati grezzi e dei formati finiti della serie A.

Tabella 2.3 Misure della base e dell'altezza (espresse in millimetri) dei formati grezzi e finiti della serie A.

Formato	Formati grezzi	Formati finiti
A0	860 × 1230	841 × 1189
A1	615 × 860	594 × 841
A2	430 × 615	420 × 594
A3	307 × 430	297 × 420
A4	215 × 307	210 × 297
A5	215 × 307	148 × 210
A6	215 × 307	105 × 148
A7	215 × 307	74 × 105
A8	215 × 307	52 × 74
A9	215 × 307	37 × 52
A10	215 × 307	26 × 37

Come ti costruisco l'UNI

La regola stabilita per la costruzione del formato UNI è la seguente.
Il lato minore sta a quello maggiore come il lato di un quadrato sta alla sua diagonale.
Questo significa che il lato maggiore di ogni formato UNI è uguale alla diagonale del quadrato costruito sul lato minore.

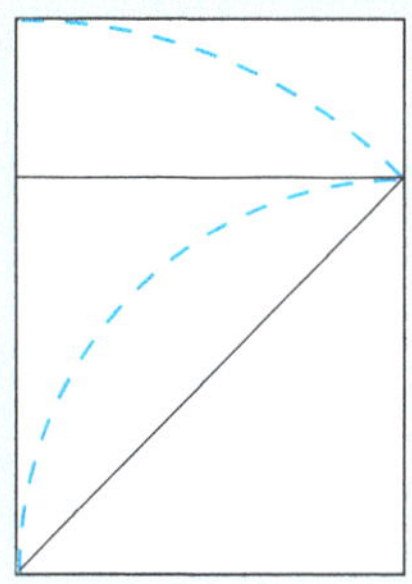

L'imposizione

Ultimato il lavoro di impaginazione, e dato il classico "visto si stampi", prima di procedere alla stampa vera e propria si passa attraverso il processo di **montaggio delle pagine**, chiamato anche *imposizione* o *impostazione*.
Per imposizione si intende il modo in cui le pagine devono essere disposte per essere stampate, al fine di ottenere una successione tale da risultare nella giusta sequenza per la lettura una volta piegato il foglio di stampa. Infatti, la sequenza richiesta per la stampa non corrisponde a quella logica di impaginazione.Ma andiamo per ordine.

Il foglio di stampa

Il foglio di stampa è quel particolare foglio di carta che viene stampato da una stessa forma, intendendo per forma l'insieme di pagine racchiuse in un telaio e pronte per la stampa (Figura 2.14).
La stampa viene effettuata sui due lati del foglio e può comprendere una o più segnature.
L'imposizione può essere un processo manuale, affidato alle mani esperte dei cosiddetti montaggisti, oppure essere effettuata elettronicamente (*imposition*) grazie a dei programmi software che agevolano l'utente nell'eseguire questo compito, consentendo un significativo risparmio di tempo e di costi.
Un concetto che non può essere ignorato è che, in nessun caso, il formato massimo di stampa potrà mai coincidere con quello della carta, ma dovrà essere sempre di dimensioni più piccole.
Quando si parla di **segnatura**, ci si riferisce a una serie di pagine affiancate, secondo un dato criterio, il cui ordine logico e corretto

Figura 2.14
Il formato grezzo di un foglio di stampa deve comprendere anche i "bianchi laterali" (utilizzati per i segni di registro, quelli di taglio, le scale di grigio, le scale di colore o altre indicazioni) e il "bianco di pinza". Quest'ultimo serve per permettere alla macchina da stampa di agganciare il foglio con le pinze. Le righe tratteggiate rappresentano i segni dove la carta verrà piegata.

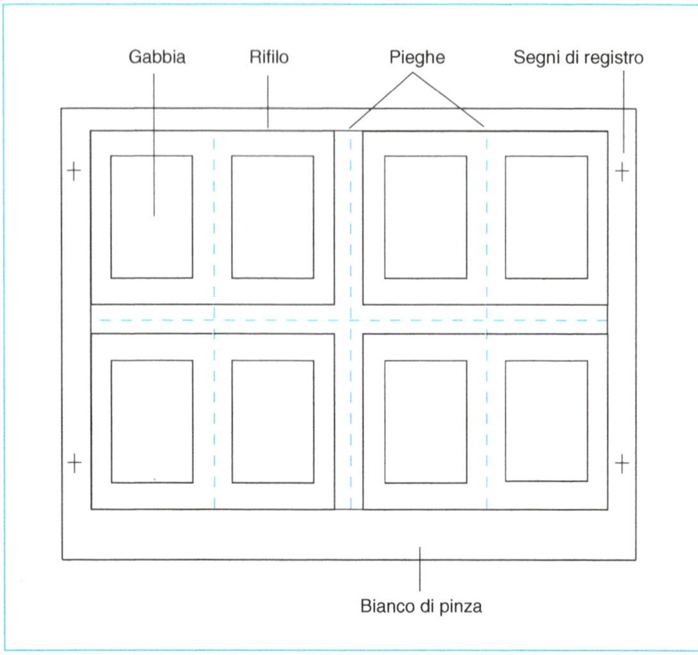

si rivela solamente dopo che sono state piegate, dando così origine alla sequenza numerata delle pagine stampate.

Per ottenere la sequenza esatta è necessario disporre le pagine in modo tale che ci sia l'esatta corrispondenza tra le pagine stampate su un lato del foglio (chiamato *bianca* o *esterna*) con quelle stampate sull'altro lato (*volta* o *interna*).

Il ricavo

Dalla segnatura si ottiene un preciso numero di pagine (chiamato *ricavo*). Se le pagine ricavate sono, per esempio, ventiquattro, si parlerà di stampa in ventiquattresimi (24/mi); se le pagine sono trentadue, si parlerà di stampa in trentaduesimi (32/mi) e così via.

Le segnature assemblate a formare il libro finito dovranno essere presenti secondo multipli di se stesse. Per esempio, un libro di 240 pagine può essere composto dalla combinazione di diverse segnature, la cui somma non dovrà però superare il totale delle pagine del volume stesso.

Si potranno quindi avere:

15 segnature da 16 pagine (cioè quindici 16/mi)

$15 \times 16 = 240$ pagine

oppure:

7 segnature da 32 pagine e una da 16 pagine
(cioè sette 32/mi + un 16/mo)

$7 \times 32 = 224 \quad + \quad 1 \times 16 = 16$

$224 + 16 = 240$ pagine

e così via.

Ovviamente, non raggiungere il numero di segnature corrette nella foliazione di un prodotto cartaceo significa avere uno spreco di carta inutile e quindi dei costi ingiustificati.
Quando non si copre il numero esatto delle pagine che costituiscono le segnature si può operare solo in due modi:

- tagliare testo e/o immagini al fine di ridurre le pagine e rientrare nel numero di pagine compreso nella segnatura precedente;
- allungare il testo e/o aggiungere o ingrandire alcune immagini per occupare il numero di pagine comprese nella segnatura successiva.

Segnatura e costi di stampa

La segnatura offre anche il vantaggio di contenere i costi di stampa quando si desidera utilizzare il **colore**.
Infatti, molto spesso, le pagine a colori vengono raggruppate solo su una o più segnature ben distinte, in modo da definire in maniera circoscritta l'impiego dei colori e stampare solo quelle in quadricromia.
La quadricromia, che verrà trattata nel prosieguo del volume, è il termine che indica sia la riproduzione di immagini fotografiche, sia la stampa attraverso l'impiego dei quattro colori di base (Ciano, Magenta, Giallo e Nero che nella loro traduzione in inglese – *Cyan*, *Magenta*, *Yellow*, *blacK* – compongono l'acronimo CMYK).
Un altro modo per contenere i costi della stampa a colori è quello di utilizzarli solo in uno dei due passaggi di stampa: in **bianca** o in **volta** (Figura 2.15).

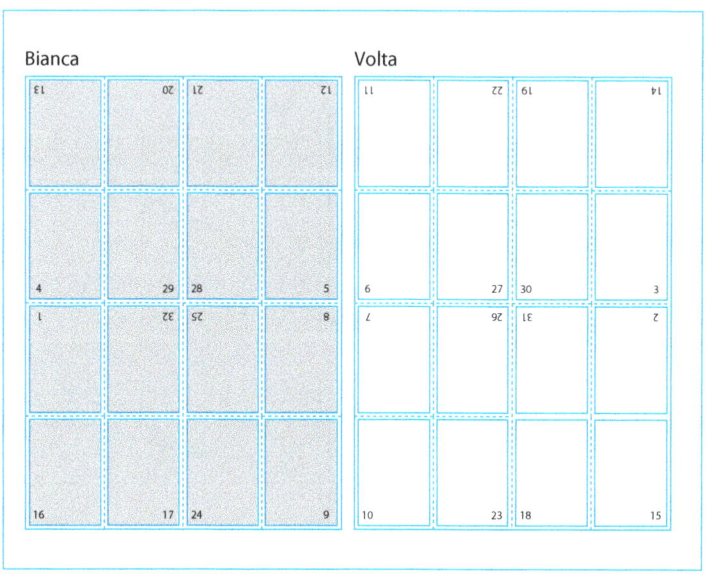

Figura 2.15
Nel caso della figura, il colore è stato assegnato solo alle pagine di "bianca" della segnatura. Le pagine in grigio sono quindi quelle in cui, in fase di impaginazione, andrebbe previsto l'uso del colore, le altre dovrebbero rimanere a un solo colore. Questo metodo consente di risparmiare sui costi di stampa.

L'effetto sarà quello di avere, come in precedenza, solo alcune pagine a colori, cosa importante da tenere in considerazione nella fase di impaginazione.

Il numero di segnatura

Ogni singola segnatura ha una sua numerazione che inizia con un numero dispari su un lato (chiamato numero di segnatura) e che prosegue con uno pari sul lato opposto.
Per consuetudine, la facciata del foglio con il numero dispari è il lato di *bianca*, il suo retro è quello di *volta*.
Questa indicazione, utile al legatore che provvederà al confezionamento del prodotto, generalmente viene omessa sulla prima segnatura che, per questo motivo, assume la definizione di *segnatura cieca*, in quanto ritenuta oggettivamente distinguibile per la presenza di particolari pagine quali, per esempio, il frontespizio e l'occhiello, che sono le primissime pagine che aprono un libro.

> Negli *stampati extralibrari*, il lato di bianca è considerato la facciata più importante, quella cioè che riporta le informazioni rilevanti.

La piegatura

Abbiamo visto che il termine segnatura indica, per dirla in modo semplice, ciascun fascicolo di cui è composto un libro.
L'operazione che permette di ottenere, da ciascuna segnatura, questo fascicolo si chiama *piegatura*.
Un numero diverso di pieghe dà origine a prodotti differenti.

Il quartino

Con una piega sola si dà vita a un'edizione di 4 pagine (Figura 2.16).

Figura 2.16
Quartino.

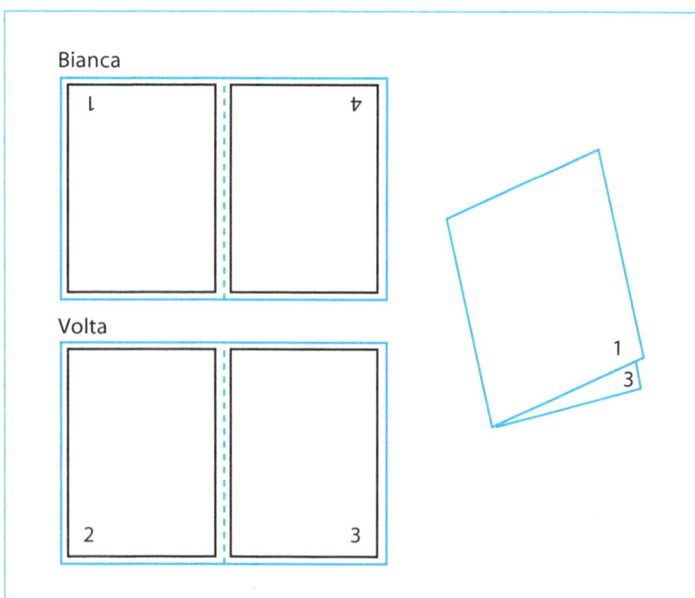

L'ottavo

Due pieghe generano invece un'edizione di 8 pagine (Figura 2.17).

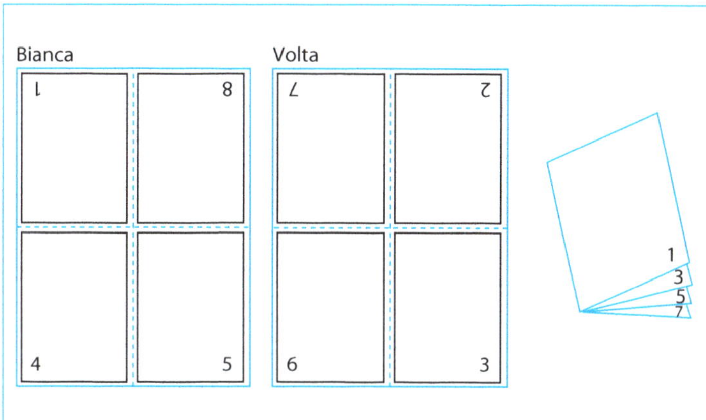

Figura 2.17
Ottavo.

Il sedicesimo

Tre pieghe si utilizzano per un'edizione di 16 pagine (Figura 2.18).

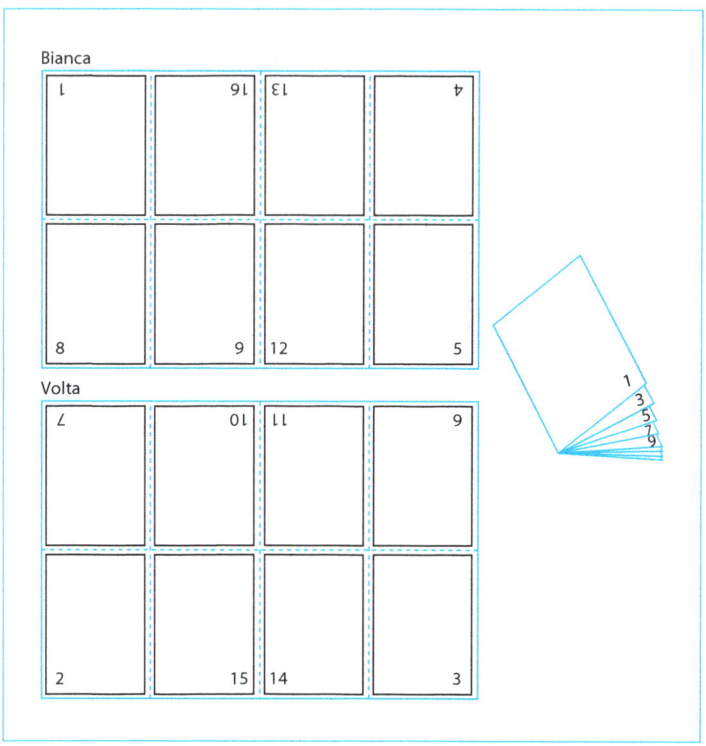

Figura 2.18
Sedicesimo.

Il trentaduesimo

Con quattro pieghe si ha invece un'edizione composta da 32 pagine (Figura 2.19).

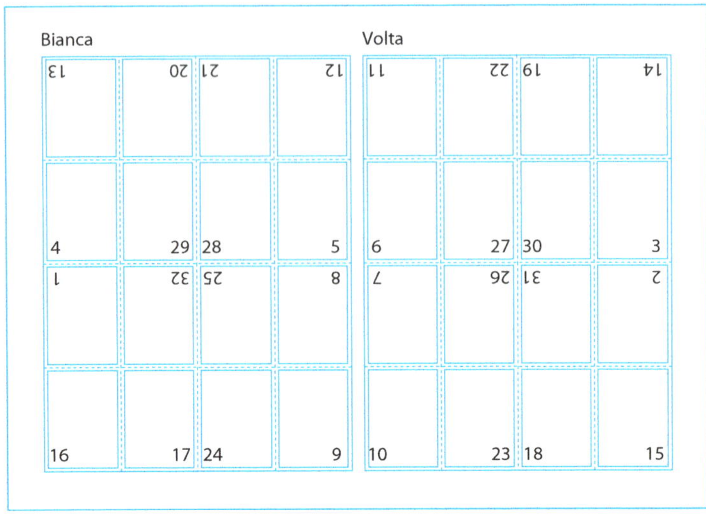

Figura 2.19
Trentaduesimo.

Il sessantaquattresimo

Per ottenere 64 pagine si dovrà invece piegare il foglio 5 volte. Più il foglio viene piegato e più leggera dovrà essere la grammatura della carta: una carta troppo pesante su un formato troppo piccolo potrebbe generare un prodotto difficile da maneggiare.
In questo caso specifico il foglio di carta dovrà essere "cordonato", cioè munito (con un'apposita macchina) di un piccolo solco sulla pagina per facilitare la corretta piegatura.
Un'ultima cosa in chiusura di questo paragrafo: poiché il formato dei libri non può essere indipendente dal foglio di stampa, nella Tabella 2.4 e vengono riportati quelli standard.

Tabella 2.4 Formati standard.

Numero di pagine	Pagine ottenute	Formato in cm	Denominazione dell'edizione	Denominazione della segnatura
1	4	70 × 50	in folio	quartino
2	8	35 × 50	in quarto	ottavo
3	16	35 × 25	in ottavo	sedicesimo
4	32	17,5 × 25	in sedicesimo	trentaduesimo
5	64	17,5 × 12,5	in trentaduesimo	sessantaquattresimo

Il formato: parte seconda

Il formato, inteso come **dimensione del prodotto** una volta finito, stampato e confezionato, è la più indefinita tra tutte le caratteristiche tecniche.
Per la sua scelta intervengono, oltre a una serie di principi di base, anche una serie di variabili quali la praticità, l'estetica, la comodità, l'utilizzo, la destinazione, il destinatario, il costo e così via.

Esercizio di imposizione

Per conoscere la posizione delle pagine in un foglio di stampa, affinché dopo la piegatura possano essere nella loro corretta sequenza, basta fare un piccolo esercizio con un normalissimo foglio A4. Prerogativa di questo esercizio è quella di avere sempre come base il lato più lungo del foglio.
Posizionato quindi il foglio A4 con la parte più lunga come base, si farà una piega a metà del foglio appoggiando la parte sinistra alla parte destra (ottenendo, in questo modo, il quartino).
Successivamente, per avere ancora il lato lungo come base, si dovrà ruotare il foglio avendo però l'accortezza di mantenere la piegatura fatta in alto.
A questo punto si ripete la stessa operazione ripiegando la metà di sinistra sulla parte destra del foglio (dando origine l'ottavo). E così via.
Finita la piegatura si dovranno numerare le pagine piegate, facendo attenzione a numerare con i numeri dispari le pagine di destra e con i numeri pari quelle di sinistra.
Alla fine, riaprendo il foglio piegato si avrà l'esatta disposizione delle pagine della segnatura.

Quartino

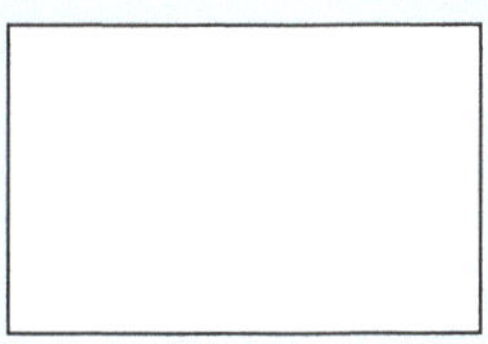

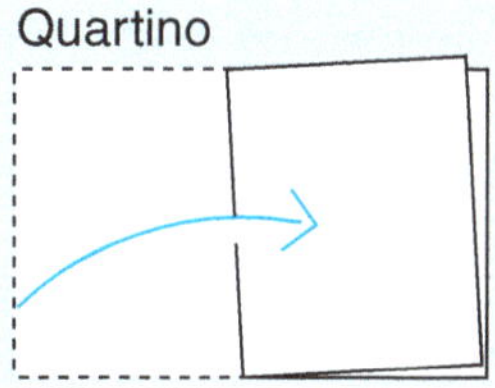

Ottavo

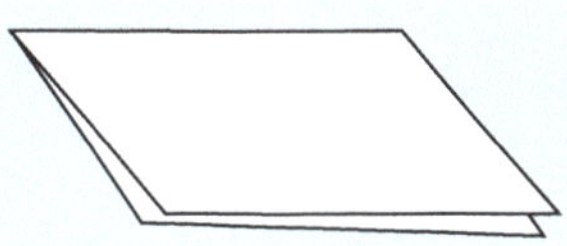

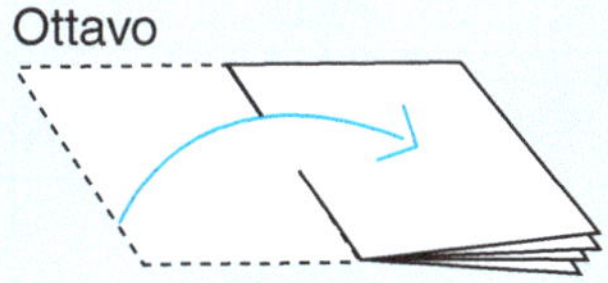

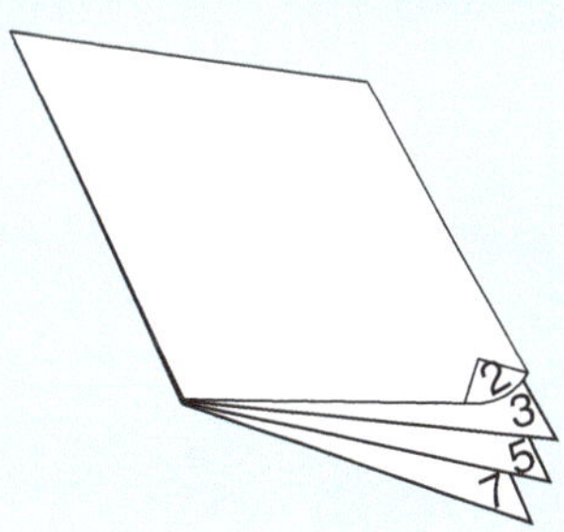

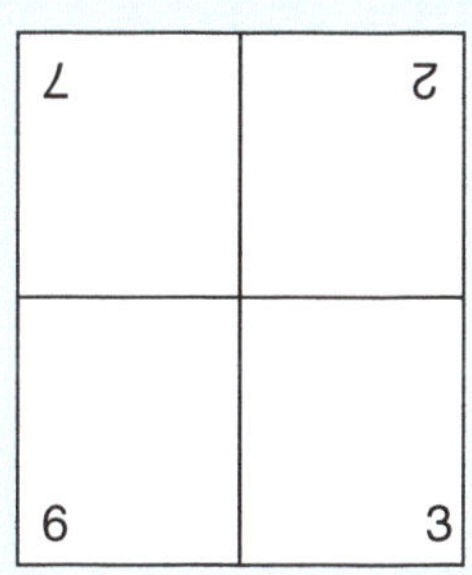

Si pensi, tanto per fare dei semplici esempi, a un volume di mera consultazione designato a rimanere chiuso nello studio di un professionista o nella sala di una biblioteca civica; oppure a un libro di svago o di lettura che, invece, accompagna il suo possessore nelle condizioni più disparate: dalla poltrona di casa a uno scompartimento del treno, dalla camera di un albergo a una sdraio su una spiaggia assolata; o, ancora, a un articolato testo di studio che, magari, necessita il supporto di altre pubblicazioni, o un semplice eserciziario o altro ancora.

Il formato è, per farla breve, l'ingombro dell'oggetto editoriale, ed è il primo problema da affrontare nell'impostazione di un progetto grafico.

Da esso dipendono, infatti, molte variabili tra cui la sagoma dello stampato, l'area operativa di progettazione, il modello di allestimento, il tipo di carta, le misure del foglio di stampa e i costi tipografici.

Proprio in riferimento a quest'ultimo punto, un bravo progettista, partendo dal bozzetto, dovrebbe essere in grado di risalire al formato meno costoso per la realizzazione del suo prodotto.

L'abilità sta proprio nel riuscire a ottimizzare e a calcolare quante volte il formato finito del prodotto editoriale a cui si sta lavorando (considerati anche gli scarti e i rifili di cui si parlerà in seguito) rientra in un formato grezzo (Figura 2.20).

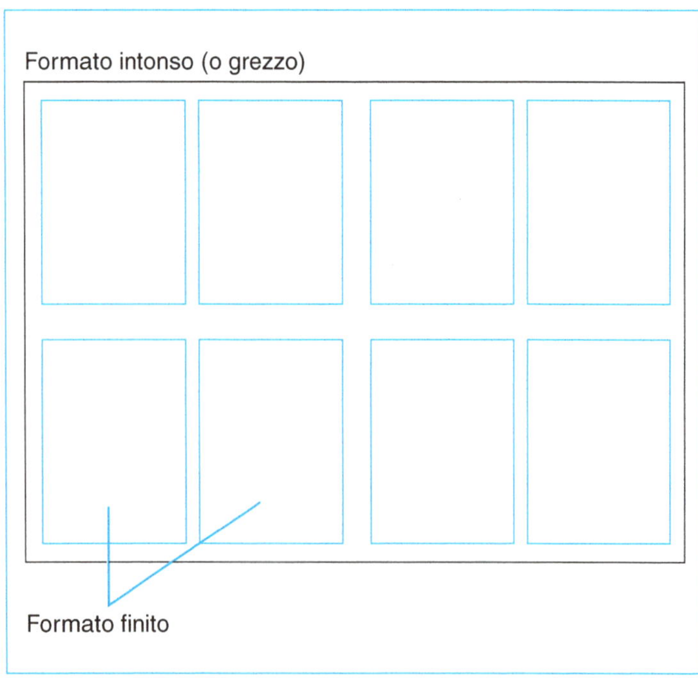

Figura 2.20
La figura mostra l'ottimizzazione di un formato finito all'interno di un formato intonso. Non sempre, però, è così inderogabile evitare lo spreco di carta. Molto dipende dalla quantità di copie che vengono stampate. È evidente che per una tiratura di 300 unità il costo dello spreco di carta può essere sopportato, permettendo così al grafico una maggiore libertà di azione. Ciò non è però auspicabile di fronte a una tiratura di 150.000 copie. In questo caso, infatti, l'incidenza dei costi diventa significativa.

E chi è del mestiere sa bene che modificare (anche se di pochissimi millimetri) il formato del proprio bozzetto può significare un miglior sfruttamento del foglio di stampa e un vantaggio economico per il committente.

Tutto ciò, ovviamente, presuppone, da parte del grafico, una certa conoscenza dei formati e dei criteri di divisione degli stessi.

Le tabelle dei formati

A questo proposito, è utile sapere che, per non perdere tempo in faticosissimi calcoli, in commercio esistono delle specifiche tabelle di riferimento in cui, individuato il formato del prodotto, è possibile ricavare il numero di copie ottenibili dal formato intonso di riferimento.

Il calcolo sulla resa del formato è importante anche per conoscere il fabbisogno di carta rispetto alla tiratura dello stampato.

Calcolo del fabbisogno di carta

Basterà infatti dividere la quantità di pagine di cui è composto il libro per il ricavo ottenuto dalle segnature.

In questo modo si avrà la quantità di fogli macchina necessari per la stampa di una copia di quel libro.

Moltiplicando i fogli macchina per la tiratura totale si otterrà la quantità di carta che dovrà essere ordinata.

Riassumendo:

$$\frac{\text{N° pagine}}{\text{Ricavo (per esempio 64/mi)}} = \text{Fogli macchina da stampare}$$

$$\text{Fogli macchina da stampare} \times \text{Tiratura} = \text{Quantità di carta}$$

Volendo fare un esempio, diciamo che abbiamo la necessità di tirare 8.000 copie di un volume di 320 pagine stampato a sessantaquattresimi e dobbiamo ordinare la carta per la tipografia.

La formula sarà:

$$\frac{320\ (\text{pgg})}{64} = 5\ (\text{F.M.S.})$$

$$8.000\ (\text{copie}) \times 5 = 40.000\ \text{fogli carta da acquistare}$$

Formati personalizzati

Fermo restando che le varianti dei formati grezzi messi a disposizione dalle cartiere sono in numero limitato, e questo, si sa, rappresenta un grosso vantaggio per i cartai, gli stampatori, per l'uniformità dei prodotti editoriali e via dicendo, si sappia anche che, di fronte a un ordine di carta significativo, le cartiere sono in grado di produrre anche dei formati personalizzati.

La scelta del formato

Detto questo, una domanda sorge spontanea: ma come si può fare a orientare le scelte?

L'assioma di base è che i libri devono essere (per definizione!) maneggevoli e pratici.

(Eccezion fatta per particolari tipi di prodotti quali, per esempio, i volumi d'arte, le strenne e così via.)

Quindi: banditi quelli inutilmente grandi, eccessivamente pesanti o fastidiosamente larghi.

La tradizione dell'arte tipografica ha quasi sempre preferito formati rettangolari e orientati verticalmente.

Dal XVII secolo, il formato perfetto era considerato quello che aveva come dimensione del lato minore la sezione aurea del lato maggiore.

La sezione aurea

La sezione aurea, che è una **relazione simmetrica ottenuta da parti asimmetriche** presente in moltissime opere dell'uomo (Figura 2.21) e spontaneamente anche in natura (per esempio nel gambo di alcuni vegetali o nella corazza di alcuni animali), è stata molto ammirata fin dai tempi dell'antica Grecia, in quanto rappresentava inequivocabilmente le proporzioni del bello.

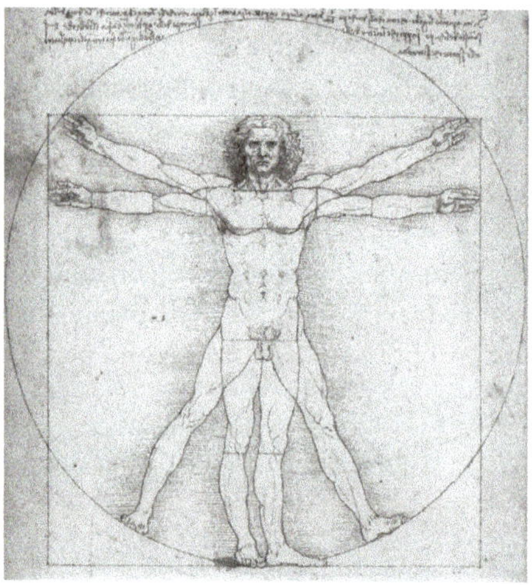

Figura 2.21
Simboli della sezione aurea sono presenti anche nell'uomo vitruviano, il celebre disegno di Leonardo da Vinci.

Si tratta, in parole povere, di una divisione proporzionale armonica di uno spazio, di una linea, di una superficie o altro ancora (Figura 2.22).

La sua **formula**, piuttosto semplice, stabilisce che: *dati due numeri (ma possono essere anche forme, numeri, segmenti o elementi), questi sono in rapporto di sezione aurea quando il minore sta al maggiore come quest'ultimo sta all'intero (cioè alla somma dei due).*

Vale a dire:

$$a : b = b : (a + b)$$

Riferito al valore decimale, il valore del rapporto risulta essere:

$$1 : 1{,}61803$$

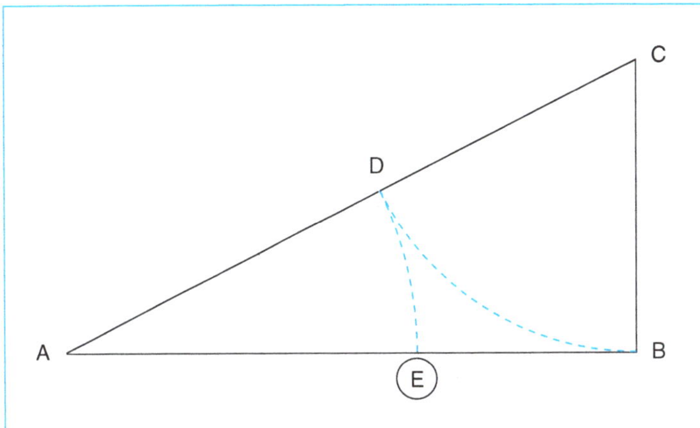

Figura 2.22
La figura illustra la costruzione delle proporzioni auree. Dato il segmento AB, si innalzi la misura della sua metà sopra al punto B, tale da formare il segmento BC (BC risulterà quindi la metà di AB). Collegando C con A si otterrà la figura di un triangolo asimmetrico. Con un compasso, si proietti la distanza BC sull'ipotenusa CA ottenendo il punto D. Ora, si riporti la distanza AD sul segmento AB e si disegni il punto E, che è la divisione di AB secondo il sistema delle proporzioni auree.

La serie di Fibonacci

Questo tipo di rapporto è presente anche in una serie di **numeri interi natura**li chiamati *numeri di Fibonacci*.
Senza dilungarci troppo su chi era costui, si sappia solo che è universalmente considerato il più grande matematico del Medioevo. I numeri di Fibonacci (risultato di una sua ricerca sulla crescita di una popolazione di conigli) costituiscono una successione di numeri in cui *ogni elemento equivale alla somma dei precedenti due.*

0 1 1 2 3 5 8 13 21 34

Phi di Phidias

Come simbolo per la sezione aurea viene indicata la lettera greca "phi" (φ). Si dice che la scelta dipende dal fatto che lo scultore greco *Phidias* (meglio conosciuto come Fidia) ne fece grande uso nei lavori per il nuovo tempio dedicato alla dea Atena: il Partenone.
Ma rapporti aurei si riscontrano anche nella Piramide di Cheope in Egitto, nel Tempio di Nettuno a Pestum, nell'Arco di Costantino a Roma, nel suggestivo Castel del Monte in Puglia o nel Palazzo di vetro sede dell'Onu. Senza contare il fatto che, per secoli, illustri scienziati naturalisti hanno studiato questa stupefacente ricorrenza presente in natura.
Alcuni esempi?
I petali del geranio sono sistemati tra di loro in modo da formare un pentagono regolare; le foglie della robinia sono distanziate tra di loro secondo spazi di proporzione φ, così come anche la distribuzione dei semi della mela; margherite e girasoli possiedono petali in numero aureo e le spirali di pigne e ananas si succedono secondo schemi di spirali auree (Figura 2.23).

Le proporzioni di pagina

Le proporzioni di una pagina, siano esse il risultato di concetti irrazionali rispetto alla geometria come la sezione aurea o i rapporti $1:\sqrt{2}$ (considerato dai più uno standard europeo) o $1:\sqrt{3}$ o $1:\sqrt{5}$

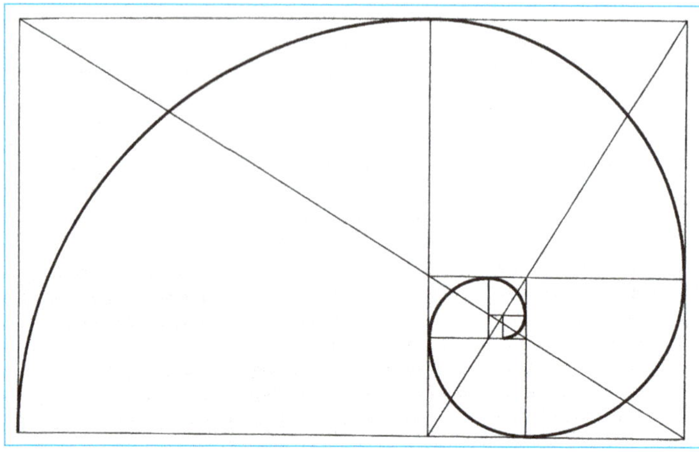

Figura 2.23
La sezione aurea è presente in molte figure geometriche come, per esempio, il pentagono e il rettangolo. A lato, lo sviluppo di un diagramma che comprende otto rettangoli aurei disposti in modo da ottenere una spirale logaritmica. Questa caratteristica figura trova riscontro anche in natura e in particolare nella conchiglia del Nautilo, un mollusco marino, considerato un fossile vivente, diffuso nell'Oceano Indiano e nell'Oceano Pacifico.

oppure ancora il rapporto 1:1,538 che è quello di un rettangolo ottenuto da un pentagono (Figura 2.24); o siano semplici proporzioni razionali come 1:2 o 2:3 o 5:8; o, ancora, l'elaborazione personale della genialità di un grafico, non possono prescindere dal tipo di libro a cui si adatteranno.

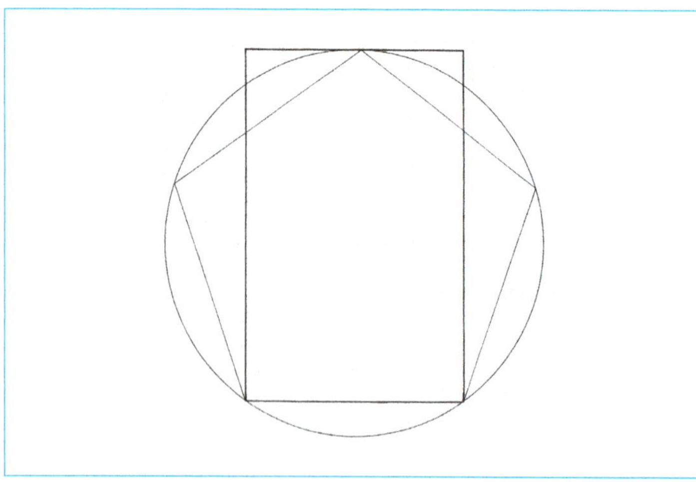

Figura 2.24
L'ottenimento di un rettangolo dalla figura di un pentagono, genera le proporzioni 1:1,538.

Un rapporto che genera pagine larghe come il 3:4, che ben si adatta a libri "da scrivania", poco si confà ai cosiddetti libri tascabili che potrebbero così risultare poco pratici, e questo indipendentemente dal formato (cioè dalla dimensione degli stessi).
Questa seconda tipologia di stampati richiede, infatti, una forma slanciata come, per esempio, la 3:5 o la classica 2:3 (la proporzione utilizzata da Gutenberg, per intenderci).
Per le riviste o prodotti simili, si può invece pensare anche al tradizionale A4.

> **Una curiosità**
>
> La famosa collana di libri tascabili inglese "Penguin Classics" è stata realizzata, per più di cinquant'anni, in un formato che includeva la sezione aurea: il 111 × 180 mm.

Che margini sta' gabbia!

Qualunque sia alla fine il formato scelto, non è scindibile dal problema del rapporto dei **margini** delle sue pagine, intendendo per margine la distanza della gabbia di impaginazione (cioè la misura dell'area destinata al testo e alle altre componenti dell'impaginato) dai bordi della pagina.
Sarà infatti il giusto rapporto tra la misura della pagina e la sua gabbia a determinare l'armoniosità del risultato.
Prima di partire con questo nuovo argomento, una regola valga su tutte: *non saranno mai i margini a prevalere sulle scelte di una pagina, sarà semmai il formato a determinare le misure dei margini.*

La funzione dei margini

I margini non hanno solamente una valenza estetica, hanno anche il preciso dovere di risolvere tre questioni metodiche.

- Legare il blocco di testo alla pagina esercitando un attento controllo dello spazio e fornendo organicità strutturale all'insieme.
- Fare da cornice al testo e alle altre componenti dell'impaginato.
- Permettere al lettore di individuare facilmente il contesto consentendogli di impugnare agevolmente l'oggetto senza coprire parti essenziali alla sua fruizione.

Tipi di margini

La ripartizione dei margini può avvenire solamente secondo uno dei seguenti modelli:

- quattro margini uguali;
- quattro margini diseguali;
- tre margini uguali;
- margini uguali a due a due.

La loro realizzazione può essere frutto di scelte personali, guidate dal buon gusto e dal buon senso, oppure rifarsi a uno degli schemi geometrici o aritmetici abitualmente usati.
Vediamo, in concreto, alcuni esempi pratici di costruzione della gabbia di impaginazione.

Il metodo geometrico

Considerando, come d'obbligo, una doppia pagina, di seguito sono descritti i passaggi necessari per ottenere l'area di testo secondo un metodo che prende in considerazione i **rapporti geometrici**.

- Tracciare una prima diagonale che parte dall'angolo inferiore esterno della pagina di sinistra e arriva all'angolo superiore esterno della pagina di destra (AB).
- Disegnare una seconda diagonale che interseca la prima, partendo dall'angolo inferiore esterno della pagina destra e arrivando all'angolo superiore interno, sempre della pagina destra (CD).
- Tracciare la linea che demarcherà il margine superiore della gabbia (EF).

Automaticamente si avranno gli altri lati del perimetro della gabbia nei punti di intersezione con le diagonali (FG – GH – HE).
In questo modo, qualunque sia l'ingombro deciso per la gabbia, i margini non perderanno mai il loro giusto rapporto.
Proprio per questa caratteristica, la suddivisione degli spazi che si ottiene utilizzando il metodo geometrico delle due diagonali è quella maggiormente utilizzata (Figura 2.25).

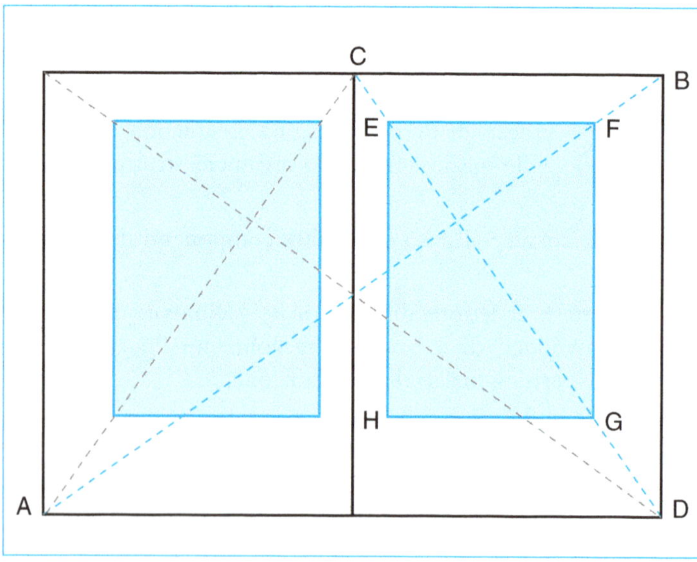

Figura 2.25
La costruzione di una gabbia con il metodo geometrico consiste nel tirare due diagonali: una che unisce gli angoli esterni opposti delle due pagine affiancate (AB), l'altra che unisce gli angoli opposti sulla stessa pagina (CD). In questo modo la gabbia (EFGH) si ottiene con i punti di intersezione con le diagonali.

Per ottenere, poi, proporzioni della pagina 2:3, basta avere l'accortezza di impostare l'altezza della gabbia uguale alla larghezza della pagina. In questo caso, l'area di testo e la pagina avranno le stesse proporzioni.
In più, l'armonia sarà ottenuta anche dal fatto che, in questo modo, il margine interno risulterà essere la metà di quello esterno.

Il metodo di Gutenberg

Un altro metodo di calcolo dei margini è quello chiamato **canone di Gutenberg**.

La pagina viene scomposta in tanti rettangoli, tutti con le basi e le altezze uguali tra loro.
La gabbia si ottiene assegnando:

- al margine inferiore due file di rettangoli;
- al margine di taglio altre due file di rettangoli;
- al margine di testa una fila;
- al margine di piega un'altra sola fila di rettangoli.

Per farla breve, in cucitura (cioè nella piega del libro) il margine sarà la metà di quello esterno; in testa il margine dovrà misurare una parte in più di quello che si trova in piega e, per finire, il piede dovrà avere un margine doppio rispetto a quello di testa (Figura 2.26).

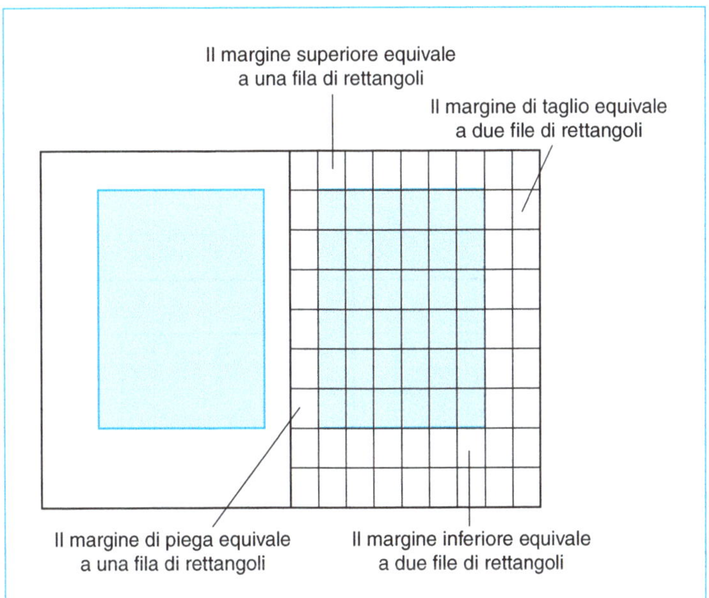

Figura 2.26
La costruzione di una gabbia con il metodo di Gutenberg consiste nel dividere il foglio in tanti rettangoli uguali. Il margine inferiore e quello di taglio si ottengono assegnando a ognuno due file di rettangoli, il margine superiore e quello di piega si avranno considerando una sola fila di rettangoli.

Margini in rapporto 1:3 e 2:3

Per avere un'altra tipologia di gabbia, basta dividere la misura della base del foglio (inteso come formato finito) **per tre**.
Due parti saranno assegnate allo spazio per il testo, la parte rimanente sarà destinata ai due margini laterali (quello interno e quello esterno alla pagina). La misura attribuita ai margini dovrà essere nuovamente divisa **per tre**: due parti per il margine esterno (quello al taglio) e una per quello interno (quello in piega).
Lo stesso procedimento sarà utilizzato anche per quanto riguarda l'altezza (Figura 2.27).

Margini costruiti sulla diagonale di pagina in rapporto 5/8 con l'altezza

Un ulteriore esempio per la costruzione della pagina è quello che prevede l'ingombro della gabbia ricavato dall'incrocio della dia-

Figura 2.27
I margini della figura a lato sono in rapporto 1:3 e 2:3. Tale costruzione si ottiene dividendo la misura della base della pagina per tre e assegnando due parti alla gabbia e una parte ai margini. La parte designata ai margini sarà ulteriormente divisa per tre: due parti per il margine esterno e una per quello interno; idem per l'altezza.

gonale della pagina con i **5/8** dell'altezza della pagina al vivo, cioè dell'altezza del formato finito della pagina (Figura 2.28).

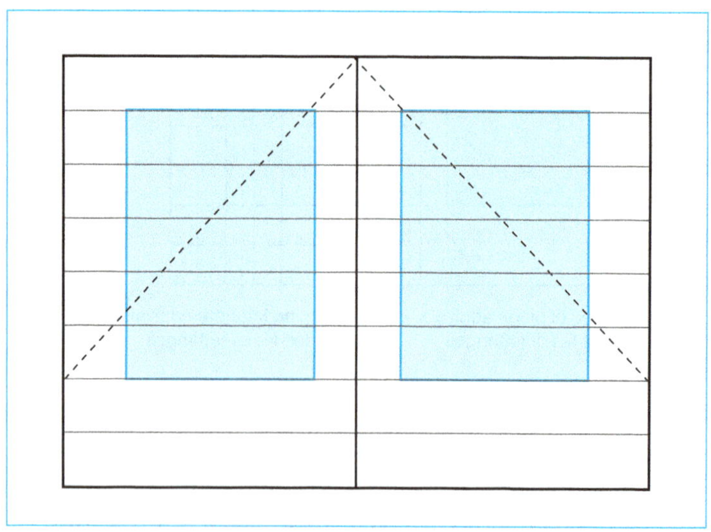

Figura 2.28
La gabbia è determinata dall'incrocio delle diagonale della pagina con i 5/8 dell'altezza della pagina al vivo.

Margini uguali a due a due

È comunque abbastanza comune trovare degli impaginati che, abbandonate le proporzioni classiche, presentino una **gabbia centrata** nella pagina e con gli stessi margini sui quattro lati (uguali a due a due), mostrando una strutturazione più simmetrica e regolare.

In questo caso la pagina di destra e quella di sinistra sono identiche e possiedono gli stessi margini sui quattro lati (Figura 2.29).

Figura 2.29
Una gabbia centrata si ottiene tirando le diagonali che uniscono gli angoli opposti di una stessa pagina. I punti di intersezione con le diagonali danno l'ampiezza della gabbia.

Elementi esterni alla gabbia

Se poi si ha la necessità di collocare degli elementi esterni alla gabbia, come testatine o numeri di pagina, sarà sufficiente tracciare, a ogni angolo del foglio, un quadrato avente il proprio lato uguale alla misura della cornice esterna del foglio stesso (Figura 2.30).

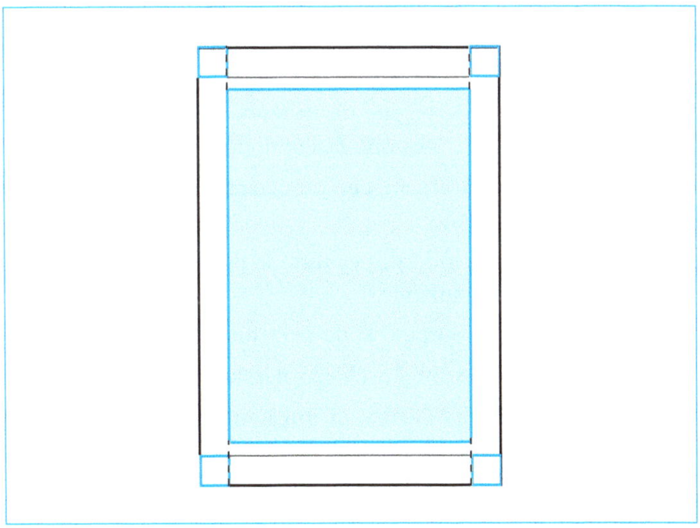

Figura 2.30
Costruzione dello spazio per testatine e numeri di pagina.

Mai meno di dieci

Quando si stabilisce una gabbia di impaginazione è buona norma non scendere mai al di sotto dei 10 millimetri di margine.
Questo perché quando la pagina viene "rifilata", potrebbe accadere che un taglio non proprio perfetto possa "mangiare" qualcosa al formato finito, rischiando di far scivolare il testo troppo vicino al bordo.

I numeri di pagina

Sui numeri di pagina, si può dire che sono utili tutte le volte in cui il documento presenta più di due pagine. Solitamente sono composti con lo stesso corpo del testo e collocati non lontano da esso.

A tale proposito è utile ricordare che i numeri di pagina possono essere posizionati:

- in testa alla pagina;
- al piede della pagina;

e possono essere allineati:

- al lato esterno della gabbia;
- leggermente rientrati rispetto al lato esterno della gabbia;
- centrati orizzontalmente al blocco di testo.

Alcune considerazioni rispetto a quanto appena esposto.

- Se l'ultima opzione può risultare la più elegante, è sicuramente la meno adatta nel caso di un testo che richiede una consultazione rapida da parte dell'utente.
- I numeri di pagina posti vicino al margine esterno sono quelli più facili da individuare quando si sfogliano le pagine; a questo proposito, si tenga presente che, collocati in basso, agevolano il movimento congiunto tra occhio e pollice.
- Una scelta sicuramente poco felice è la loro sistemazione nella parte interna dello stampato.

Premesso quindi che le pagine di un testo devono essere numerate, i numeri di pagina possono essere di due tipi:

- i numeri arabi, utilizzati per numerare tutte le pagine che compongono il testo;
- i numeri romani, indicati per tutte le pagine preliminari che precedono l'introduzione.

Normalmente, non riportano la numerazione:

- le pagine iniziali recanti l'occhiello, il frontespizio e il colophon;
- le pagine che per esigenze di impaginazione devono essere lasciate bianche;
- le pagine che dividono le sezioni o i capitoli di un libro e che ne riportano solamente il titolo.

La numerazione delle pagine viene posta, come già indicato, al di fuori della gabbia di impaginazione per non essere confusa con i testi dell'opera.

Le pagine di sinistra avranno sempre una numerazione pari, quelle di destra l'avranno dispari.

La loro posizione, è utile ripeterlo, deve essere ben studiata poiché rappresentano un importante riferimento per il lettore.

Le testatine

La testatina costituisce l'intestazione della pagina e **serve per indicarne il contenuto**.
È posta nella parte superiore della pagina (in testa, appunto, e da qui il nome) e, come i numeri di pagina, si trova esternamente alla gabbia per non confondersi con i testi dell'opera.
Questi elementi di riferimento possono risultare sicuramente poco utili quando si è in presenza di libri monografici, ma possono rivelarsi particolarmente efficaci in opere di consultazione, antologie, testi scolastici e via di seguito.
Un esempio di testatine in un libro può essere: la ripetizione del titolo della sezione in questione, su una delle due pagine a fronte, e il titolo dell'argomento trattato in quella sezione, sull'altra pagina.
Questo piccolo stratagemma agevola il lettore nella consultazione dell'opera e gli consente di orientarsi all'interno delle sue pagine avendo indicazioni immediate delle parti di testo in esse contenuto (Figura 2.31).

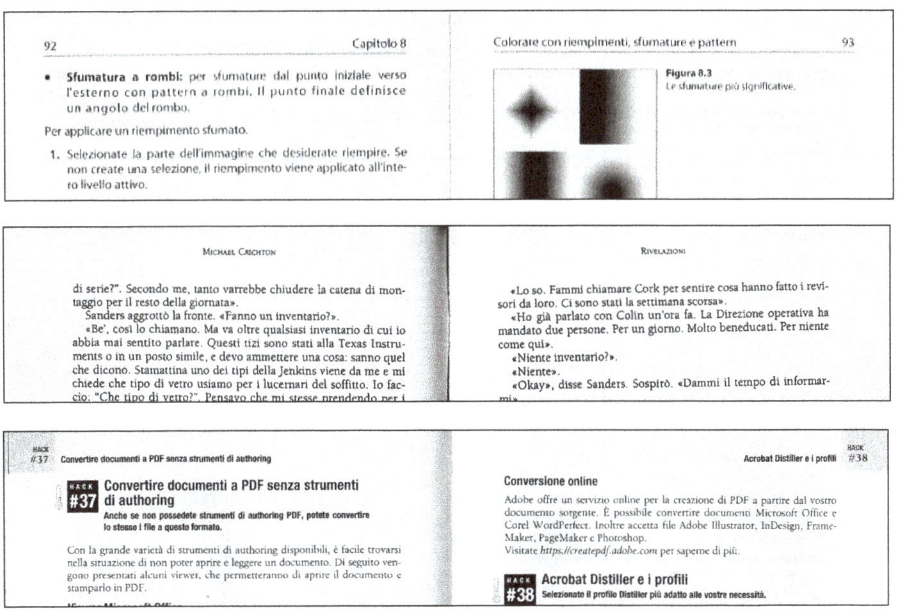
92 Capitolo 8

- **Sfumatura a rombi:** per sfumature dal punto iniziale verso l'esterno con pattern a rombi. Il punto finale definisce un angolo del rombo.

Per applicare un riempimento sfumato.

1. Selezionate la parte dell'immagine che desiderate riempire. Se non create una selezione, il riempimento viene applicato all'intero livello attivo.

Colorare con riempimenti, sfumature e pattern 93

Figura 8.3
Le sfumature più significative.

MICHAEL CRICHTON

di serie?". Secondo me, tanto varrebbe chiudere la catena di montaggio per il resto della giornata».
Sanders aggrottò la fronte. «Fanno un inventario?».
«Be', così lo chiamano. Ma va oltre qualsiasi inventario di cui io abbia mai sentito parlare. Questi tizi sono stati alla Texas Instruments o in un posto simile, e devo ammettere una cosa: sanno quel che dicono. Stamattina uno dei tipi della Jenkins viene da me e mi chiede che tipo di vetro usiamo per i lucernari del soffitto. Io faccio: "Che tipo di vetro?". Pensavo che mi stesse prendendo per i

RIVELAZIONI

«Lo so. Fammi chiamare Cork per sentire cosa hanno fatto i revisori da loro. Ci sono stati la settimana scorsa».
«Ho già parlato con Colin un'ora fa. La Direzione operativa ha mandato due persone. Per un giorno. Molto beneducati. Per niente come qui».
«Niente inventario?».
«Niente».
«Okay», disse Sanders. Sospirò. «Dammi il tempo di informarmi».

HACK #37 Convertire documenti a PDF senza strumenti di authoring

HACK #37 **Convertire documenti a PDF senza strumenti di authoring**
Anche se non possedete strumenti di authoring PDF, potete convertire lo stesso i file a questo formato.

Con la grande varietà di strumenti di authoring disponibili, è facile trovarsi nella situazione di non poter aprire e leggere un documento. Di seguito vengono presentati alcuni viewer, che permetteranno di aprire il documento e stamparlo in PDF.

Acrobat Distiller e i profili HACK #38

Conversione online

Adobe offre un servizio online per la creazione di PDF a partire dal vostro documento sorgente. È possibile convertire documenti Microsoft Office e Corel WordPerfect. Inoltre accetta file Adobe Illustrator, InDesign, FrameMaker, PageMaker e Photoshop.
Visitate *https://createpdf.adobe.com* per saperne di più.

HACK #38 **Acrobat Distiller e i profili**
Selezionate il profilo Distiller più adatto alle vostre necessità.

Figura 2.31
Esempi di testatine.

Per questo è bene che le testatine siano facilmente distinguibili nella pagina, ma senza diventare una distrazione per il fruitore del prodotto.

Gabbia simmetrica

Tornando alla realizzazione della gabbia, è necessario fare una distinzione tra *gabbia simmetrica* e *gabbia asimmetrica*.
La prima è caratterizzata dal posizionamento speculare della gabbia sulle due pagine a fronte, come nel caso della Figura 2.32.

Figura 2.32
Esempio di gabbia simmetrica.

Gabbia asimmetrica

La seconda, invece, presenta lo stesso posizionamento della gabbia su entrambe le pagine (Figura 2.33).

Figura 2.33
Esempio di gabbia asimmetrica. In questo caso, l'utilizzo di una carta troppo leggera rischia di far vedere, in trasparenza, l'asimmetria delle due pagine stampate.

Quest'ultimo caso implica che la stampa in bianca e volta (cioè sui due lati del foglio) non restituisca le due gabbie nella stessa posizione. Particolare non trascurabile in caso di una bassa grammatura della carta scelta. In questo caso, infatti, il pericolo della controstampa (la trasparenza della carta permette di vedere la sagoma di quanto stampato sulla pagina retrostante) rischia di rendere il prodotto assai poco elegante e, a volte, di fastidiosa lettura.

L'organizzazione dello spazio

La gabbia deve quindi essere impostata correttamente in quanto rappresenta un preciso riferimento per chi impagina: è praticamente lo spazio che ospita il testo e le immagini.

La simmetria

La definizione di "simmetria" data da *Il grande dizionario Garzanti della lingua italiana* è:

> Disposizione, collocazione ordinata e armonica delle parti che costituiscono un insieme.

Si parla di simmetria quando la metà di un oggetto è speculare dell'altra metà. In tempi remoti assumeva anche il significato di equilibrio.

Una prima suddivisione dello spazio è quella **verticale**, dove viene stabilita la lunghezza delle colonne che deve contenere un esatto numero di righe di testo calcolate, ovviamente, in relazione al carattere, al corpo e all'interlinea utilizzati.

A questo proposito, una piccola anticipazione sull'argomento del prossimo capitolo.

Quanto esposto di seguito è ripreso da *La forma del libro* edito dalle Edizioni Sylvestre Bonnard:

> La scelta del corpo del carattere e dell'interlinea del testo contribuiscono molto alla bellezza del libro: le righe di testo dovrebbero contenere da otto a dodici parole; oltre, la riga diventa pesante [...] Righe di testo con più di dodici parole richiedono un'interlinea maggiore. Una composizione senza interlinea è una tortura per il lettore. Non è inutile sottolineare la corrispondenza tra larghezza del carattere e proporzione della pagina. Un libro quadrato, peraltro sconsigliabile, richiede un carattere largo, in modo che la forma delle lettere *o* e *n* richiami un certo modo il formato della pagina; caratteri stretti sarebbero del tutto inadatti. Viceversa, caratteri di proporzioni consuete sono adatti a formati di pagina consueti dato che il contorno delle lettere *o* e *n* richiama le proporzioni di pagina.

La Figura 2.34 può essere un utile riferimento sulla terminologia utilizzata.

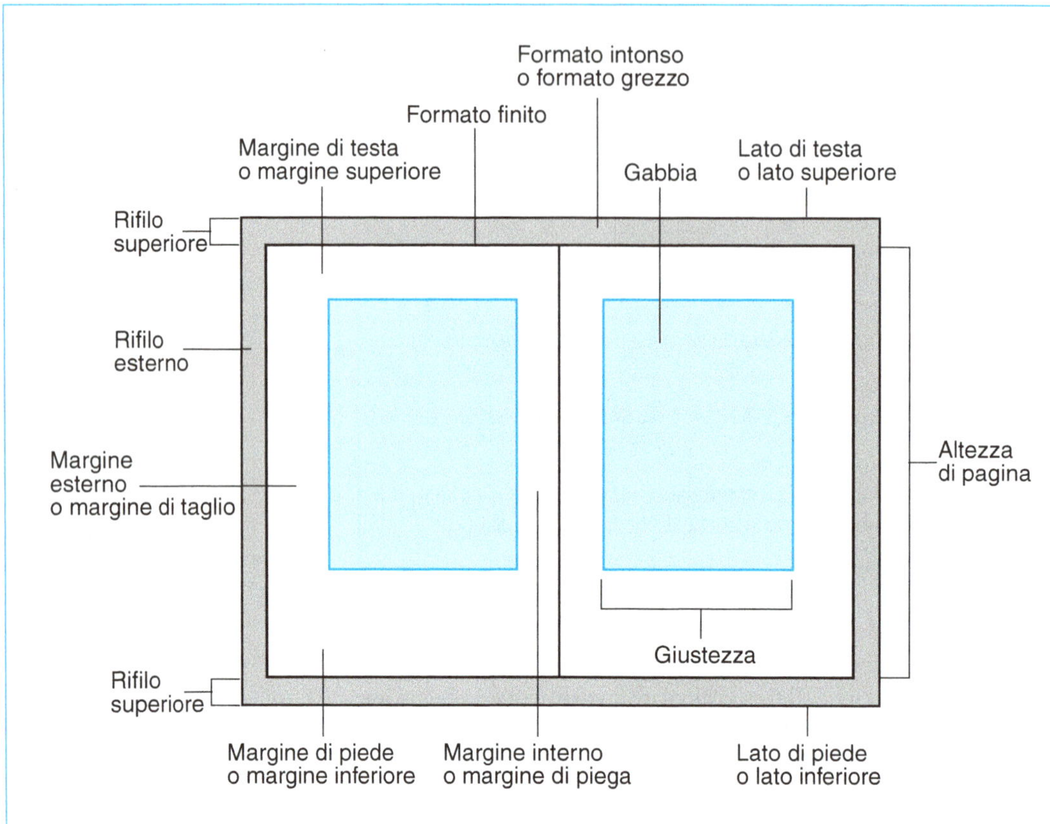

Figura 2.34
Nomenclatura utilizzata dagli addetti e lavori.

Grigliata mista

Nella realizzazione della gabbia è consigliabile creare anche una **griglia di base**.

La griglia di base, utile ausilio per le lavorazioni di impaginazione (soprattutto nel progetto di riviste o di prodotti che prevedono l'utilizzo di numerosi elementi grafici), consiste in una serie di righe di riferimento, le cui distanze corrispondono esattamente all'interlinea del testo di base (Figura 2.35), che permettono di collocare gli elementi della pagina in modo rapido e preciso.

Questo stratagemma consente di avere un perfetto allineamento delle righe sulle varie colonne e permette, in caso di presenza di immagini, di posizionarle perfettamente allineate al testo.

La griglia di base è presente in tutti i programmi di impaginazione, proprio per facilitare l'allineamento delle varie componenti.

Gli allineamenti

Gli allineamenti permettono di ottenere ordine nella pagina, rendendola piacevole visivamente.

È quindi necessario controllare che tutte le righe siano allineate fra di loro e, soprattutto, che l'ultima riga di ogni pagina termini esattamente sempre nello stesso punto in tutte le pagine. È infatti indice di scarsa qualità un prodotto editoriale che presenta l'ultima riga non allineata al piede della gabbia, ma sempre o un po' più in su o un po' più in giù, e mai posizionata nello stesso punto.
L'allineamento è importante anche per quanto riguarda la sistemazione delle immagini. È infatti buona regola fare in modo che un'immagine presenti il taglio superiore allineato con la testa dei caratteri della prima riga di testo che la comprende, e la parte inferiore dell'immagine allineata con la base dei caratteri dell'ultima riga a filo dell'immagine.
Lo stesso dicasi per gli altri elementi grafici come, per esempio i filetti, i fondini o altro. Ogni elemento presente in una pagina deve essere allineato a un altro elemento presente nella stessa pagina.
Tutto, insomma, deve avere un **ordine** preciso, che dà alla pagina un'armonia che viene percepita dal lettore, anche inconsapevolmente (Figura 2.36).

Figura 2.35
La griglia di base è costituita da una serie di righe orizzontali distanziate tra di loro tanto quanto la misura dell'interlinea utilizzata per il testo. Questo accorgimento permette di avere sempre sott'occhio gli allineamenti in pagina.

GEO
EDITORIALE

Rane, robot e una gattina

Marco Casareto
Direttore di GEO

Cari lettori,

che cos'hanno in comune le ranocchie della foresta pluviale del Perù (*articolo a pag. 32*) con i robottini che l'ex orologiaio André Guignard assembla nel Laboratorio di sistemi intelligenti del Politecnico di Losanna (*a pag. 114*)? A parte le dimensioni, apparentemente niente. E invece, in comune, hanno anche l'obbedienza a una legge alla quale neanche noi umani sfuggiamo: quella dell'evoluzione. Alcune rane della Cordigliera delle Ande si sono adattate talmente bene a una ristretta fascia montana che basterebbe un innalzamento della temperatura di qualche decimo di grado per portarle all'estinzione. I robot del laboratorio di Losanna, al contrario, non sono perfettamente programmati per svolgere un compito: i cibernetici si limitano a dotarli di "organi di senso" e di movimento (sensori di luce, di rumore, ruote, cingoli...) e di una "rete neurale", cioè di un software che imitando la struttura a neuroni del cervello permette di "apprendere" dall'esperienza. E poi lasciano che sia la selezione naturale a far emergere il robot che ha sviluppato il programma più adatto al compito. Spesso saltano fuori soluzioni diverse da quelle che ci si aspettava, o più efficaci di quelle che anche il miglior programmatore avrebbe saputo escogitare.

Vi ho parlato troppo di tecnologia? Allora andate a scoprire, a pag. 92, com'è possibile che proprio il Paese più tecnologizzato del mondo, il Giappone, abbia generato uno dei più semplici ma travolgenti personaggi di fantasia di questi anni: benvenuta gattina Kitty!

ARCHITETTURA E GATTI NEL GIAPPONE MODERNO
Sopra: Mitaka, una zona residenziale a mezz'ora da Tokyo. Nella capitale giapponese interi quartieri sono stati ripensati da famosi architetti con un occhio al lusso e uno alla sostenibilità ambientale. A sinistra: la gattina Hello Kitty, moderna icona del Giappone, fatta coi fiori.

PRENDERE ESEMPIO DAGLI ANIMALI
A destra, un meschio della rana tropicale *Hyalinobatrachium bergeri* a guardia delle uova. Sotto, un robot evolutivo accanto alla formica operaia da cui gli inventori hanno preso spunto per la sua progettazione.

UNA COSTA SELVAGGIA E UMANA
Un aspetto della frastagliata costiera nella Riserva della Biosfera Urdaibai, nei Paesi Baschi. La zona protetta salvaguarda aspetti della natura e dell'ecologia umana.

IN POLONIA, IL VECCHIO E IL NUOVO
A sinistra, un incrocio a Varsavia, capitale della Polonia. Dopo l'entrata nell'Unione Europea, il Paese dell'Est si è dimostrato aggressivo, attento alle esigenze della crescita economica e pronto a sfruttare ogni occasione.

Figura 2.36
Questa figura è di utile ausilio come esempio di allineamenti. Da notare come il rispetto delle distanze dei singoli elementi tra di loro e l'attenzione posta negli allineamenti doni grazia e equilibrio a tutto l'insieme.

Melius abundare quam deficere

In previsione di fondini o di immagini portati al taglio della pagina è utile prevedere un'*abbondanza* (cioè una sbordatura, oltre il formato della pagina, dell'elemento posizionato al taglio) di almeno 4 millimetri.

GEO
EDITORIALE

Rane, robot e una gattina

Marco Casareto
Direttore di GEO.

Cari lettori,

che cos'hanno in comune le ranocchie della foresta pluviale del Perù (*articolo a pag. 32*) con i robottini che l'ex orologiaio André Guignard assembla nel Laboratorio di sistemi intelligenti del Politecnico di Losanna (*a pag. 114*)? A parte le dimensioni, apparentemente niente. E invece, in comune, hanno anche l'obbedienza a una legge alla quale neanche noi umani sfuggiamo: quella dell'evoluzione. Alcune rane della Cordigliera delle Ande si sono adattate talmente bene a una ristretta fascia montana che basterebbe un innalzamento della temperatura di qualche decimo di grado per portarle all'estinzione. I robot del laboratorio di Losanna, al contrario, non sono perfettamente programmati per svolgere un compito, i cibernetici si limitano a dotarli di "organi di senso" e di movimento (sensori di luce, di rumore, ruote, cingoli...) e di una "rete neurale", cioè di un software che imitando la struttura a neuroni del cervello permette di "apprendere" dall'esperienza. F. poi lasciano che sia la selezione naturale a far emergere il robot che ha sviluppato il programma più adatto al compito. Spesso saltano fuori soluzioni diverse da quelle che ci si aspettava, o più efficaci di quelle che anche il miglior programmatore avrebbe saputo escogitare.

Vi ho parlato troppo di tecnologia? Allora andate a scoprire, a pag. 92, com'è possibile che proprio il Paese più tecnologizzato del mondo, il Giappone, abbia generato uno dei più semplici ma travolgenti personaggi di fantasia di questi anni: benvenuta gattina Kitty!

ARCHITETTURA E GATTI NEL GIAPPONE MODERNO

PRENDERE ESEMPIO DAGLI ANIMALI

UNA COSTA SELVAGGIA E UMANA

IN POLONIA, IL VECCHIO E IL NUOVO

Figura 2.37
Quando un'immagine (o anche un fondino) viene posizionata al taglio della pagina è buona regola farla sbordare di qualche millimetro. In questo modo un taglio di pagina non proprio preciso non ne compromette la resa.

Questo accorgimento serve a evitare che un taglio delle pagine non preciso non sia rilevabile dall'occhio umano. In effetti, se l'immagine fosse posizionata a filo del formato, senza cioè un minimo di abbondanza, e il taglio (impreciso) fosse leggermente spostato all'esterno del formato, si noterebbero degli antiestetici filetti bianchi a indicare la distanza dalla fine dell'immagine al taglio della pagina effettuato in tipografia.

I moduli

Una gabbia di impaginazione non si divide solo in senso verticale, ma può essere ulteriormente sezionata con l'introduzione di linee orizzontali (Figura 2.38) che suddividono in parti uguali la colonna, dando origine ai *moduli*.

Il modulo è un'**unità elementare** che ha la peculiarità di poter essere diversamente combinata e ripetuta nel lavoro di strutturazione della pagina e dei suoi elementi.

La divisione in moduli di una gabbia può agevolare di molto il lavoro nel caso di impaginati con numerose immagini da inserire, senza tralasciare il fatto che proprio la presenza di suddivisioni orizzontali permette di mantenere meglio gli allineamenti.

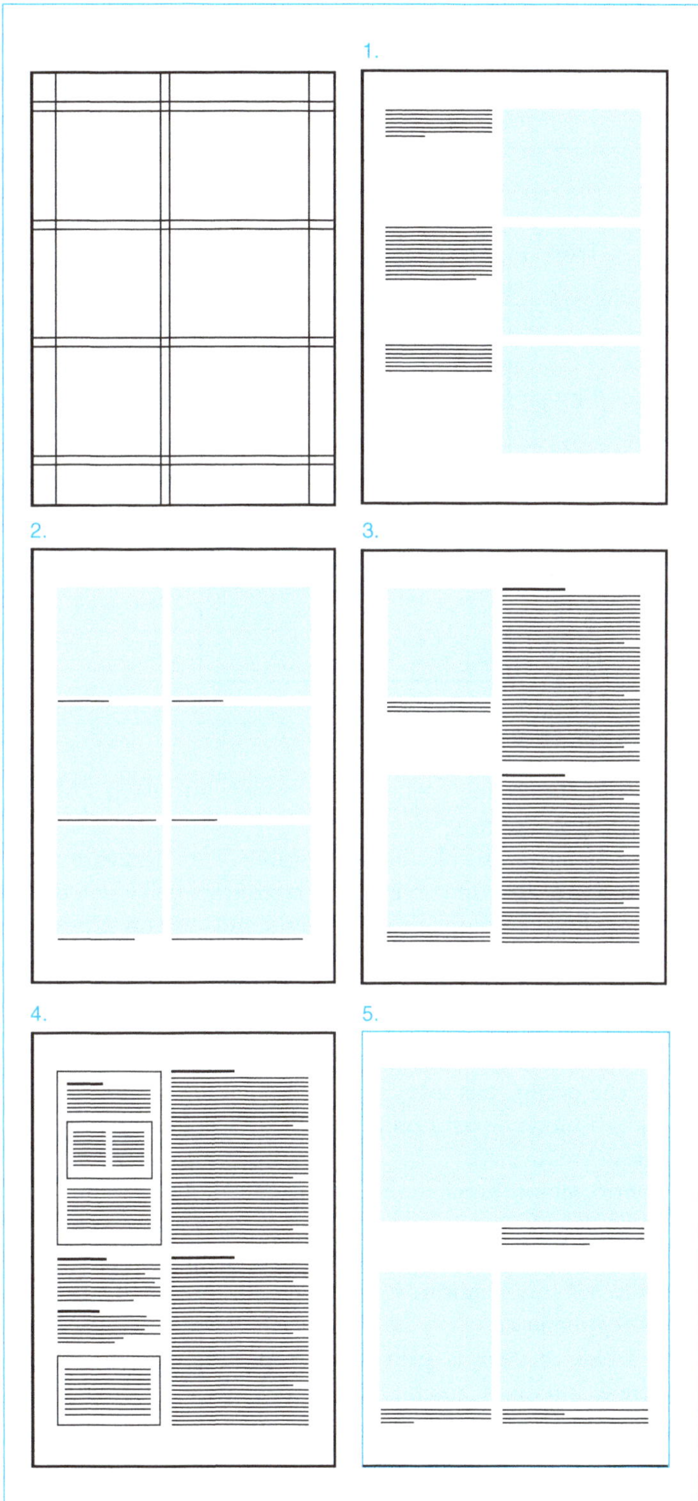

Figura 2.38
Esempi di utilizzo di moduli.
1. La colonna più grande può essere riservata alle immagini più "impegnative", mentre quella più piccola destinata al testo (magari della didascalia).
2. La colonna di sinistra può contenere tre foto quadrate, mentre quella di destra tre foto rettangolari.
3. La colonna con la giustezza più ampia può essere utilizzata per farvi scorrere il testo, mentre quella più piccola può ospitare delle immagini.
4. La colonna più ampia può essere utilizzata per il testo corrente, mentre l'altra per riportare dei box di testo, una traduzione a fronte o, ancora, richiami e così via.
5. La giustezza delle due colonne unite può servire nel caso di immagini molto grandi, mentre la suddivisione in colonne può idealmente rimanere per le relative didascalie.

I moduli sono molto utilizzati in prodotti come riviste e giornali in quanto facilitano la ripartizione dello spazio per la vendita di pubblicità (Figura 2.39).

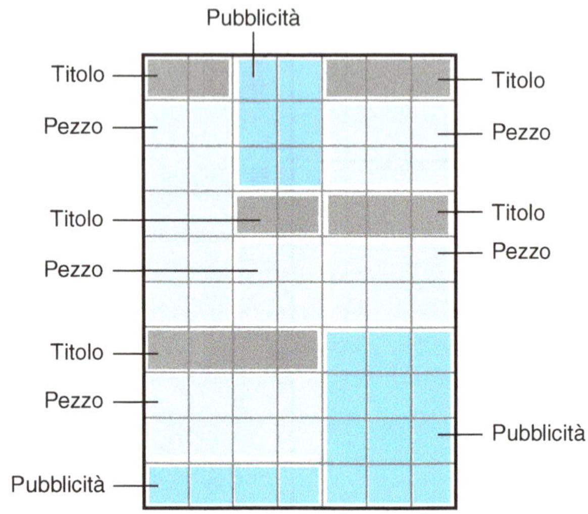

Figura 2.39
Combinazioni di moduli definiscono gli ingombri per testi, immagini, box e pubblicità.

Le colonne

Una scelta importante è quella che prevede su quante colonne dovrà scorrere il testo.
Stabilire il numero di colonne in una gabbia è un passaggio abbastanza delicato che può condizionare la struttura dell'intera opera. Diciamo che, più colonne sono presenti, più varianti si possono ottenere per gli elementi che compongono la pagina.
Un maggior numero di colonne permette di utilizzare, per esempio, immagini di dimensioni diverse.
Infatti, una fotografia o un disegno potranno essere collocati con la base che occupa una sola colonna, oppure due, o tre e così via. Allo stesso modo, il testo potrà scorrere, a seconda dell'esigenza, con giustezze diverse.
Per contro, minore sarà il numero di colonne utilizzate e più scorrevole risulterà la lettura della pagina.
L'importante è riuscire ad attribuire sempre il giusto stile al giusto stampato, senza dimenticare mai il target di riferimento e i contenuti da comunicare.

Una colonna: la giustezza intera

Se si decide di usare la **giustezza intera** significa che il testo scorrerà in un'unica colonna della stessa larghezza della gabbia (Figura 2.40).
Questo tipo di soluzione viene presa in considerazione soprattutto nel caso dei romanzi o dei saggi, quando cioè non è previsto l'impiego di materiale iconografico.

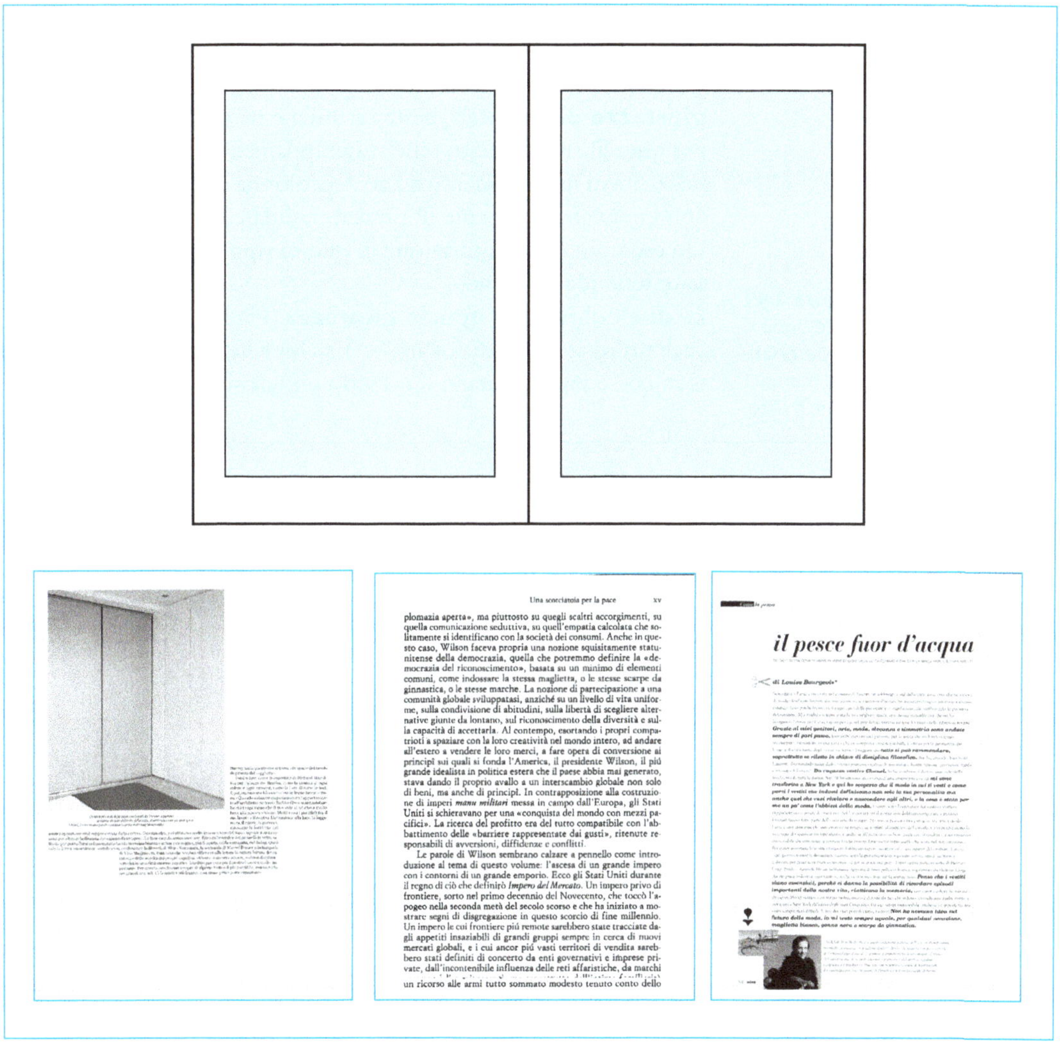

Figura 2.40
L'impaginazione a una colonna, detta a giustezza intera, viene utilizzata soprattutto nel caso di romanzi o di saggi, ma viene apprezzata anche per presentazioni, introduzioni o per pagine dalla grafica particolare.

In questi casi, a causa della monotonia delle pagine e della giustezza lunga della riga che potrebbe far perdere di leggibilità il testo, è particolarmente importante fare un'attenta scelta del carattere, del corpo e dell'interlinea da usare, nonché prevedere l'inserimento, per esempio, di rientri o di stacchi di testo che possano servire a creare punti di riferimento nella pagina. Infatti, nel pensare a un libro come a uno strumento per trasferire una successione di pensieri, una composizione senza rientri o stacchi può rendere disagevole al fruitore la comprensione di ciò che è scritto.

Le due colonne

L'impaginazione a **due colonne** offre già maggiori possibilità di utilizzo in quanto permette di usare una colonna per il testo e l'altra per le immagini, oppure di alternare sulla stessa colonna testo e immagini.

L'impaginazione a due colonne può essere realizzata anche **con giustezze differenti**. Questa formula è particolarmente indicata per quei libri il cui testo (che si sviluppa nella colonna principale) necessita di un commento a lato. La colonna di complemento può contenere anche piccole illustrazioni, didascalie o titoli.

Un esempio di impaginazione di questo tipo è proprio il libro che state tenendo in mano.

Le **due colonne di uguale giustezza** (Figura 2.41) vengono invece utilizzate per i dizionari, le enciclopedie, i manuali e le riviste tecniche e rappresentano il metodo più classico di impaginazione.

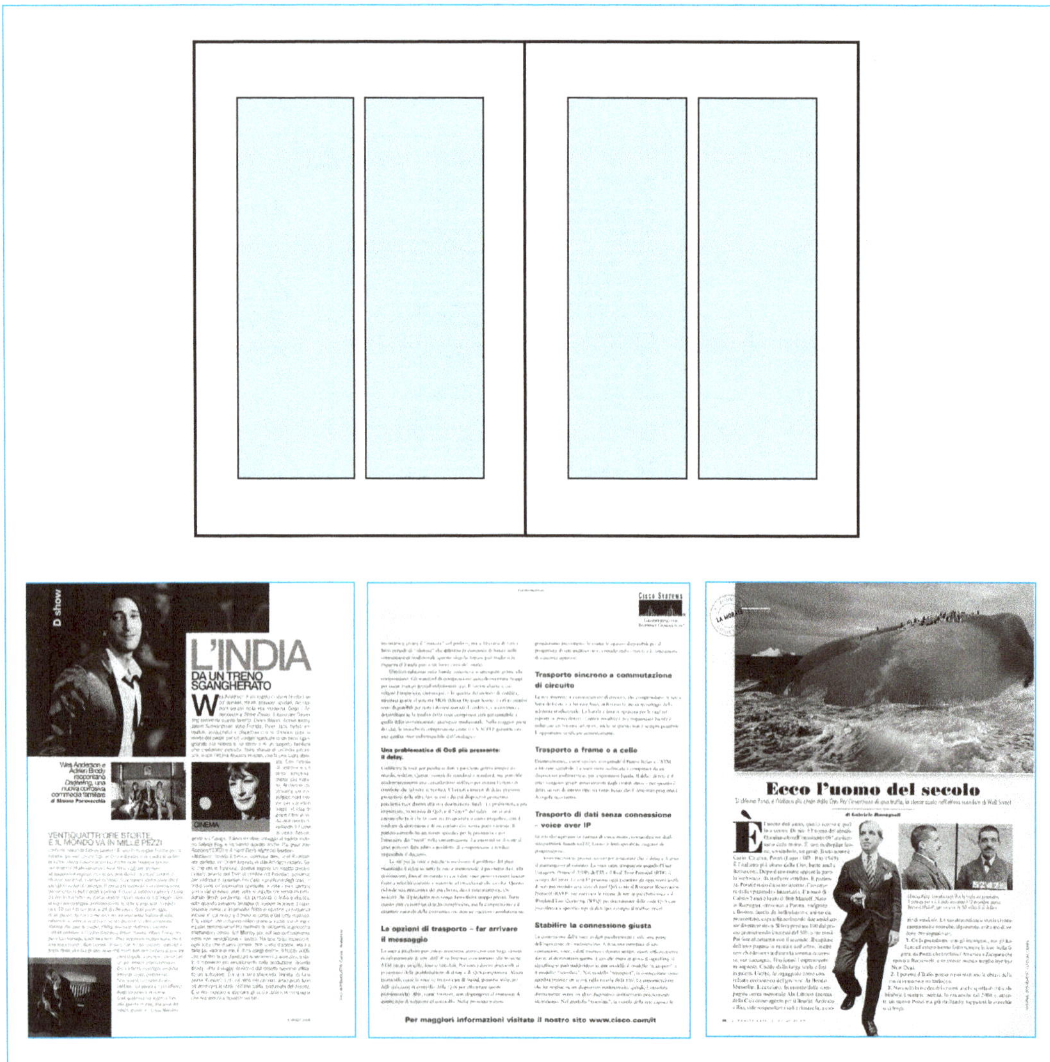

Figura 2.41
L'impaginazione a due colonne è quella tipica dei dizionari, delle enciclopedie, dei manuali e di alcune riviste.

Nel caso particolare dei dizionari (a volte impaginati anche su tre colonne) il problema maggiore sta nel riuscire a mantenere sempre leggibile il testo, nonostante il numerosissimo numero di battute presenti nella pagina e alla varietà di sottocasi. Le due colonne possono essere ulteriormente divise e diventare **quattro colonne** di uguale giustezza, permettendo una maggiore flessibilità nell'inserimento degli elementi in pagina e molte più varianti dello schema di impaginazione.

Le tre colonne

Un tipo di suddivisione che viene sempre più spesso utilizzato è quello delle **tre colonne**.

Le tre colonne possono essere **due di uguale giustezza e la terza più stretta** (Figura 2.42), oppure **tutte di uguale giustezza**.

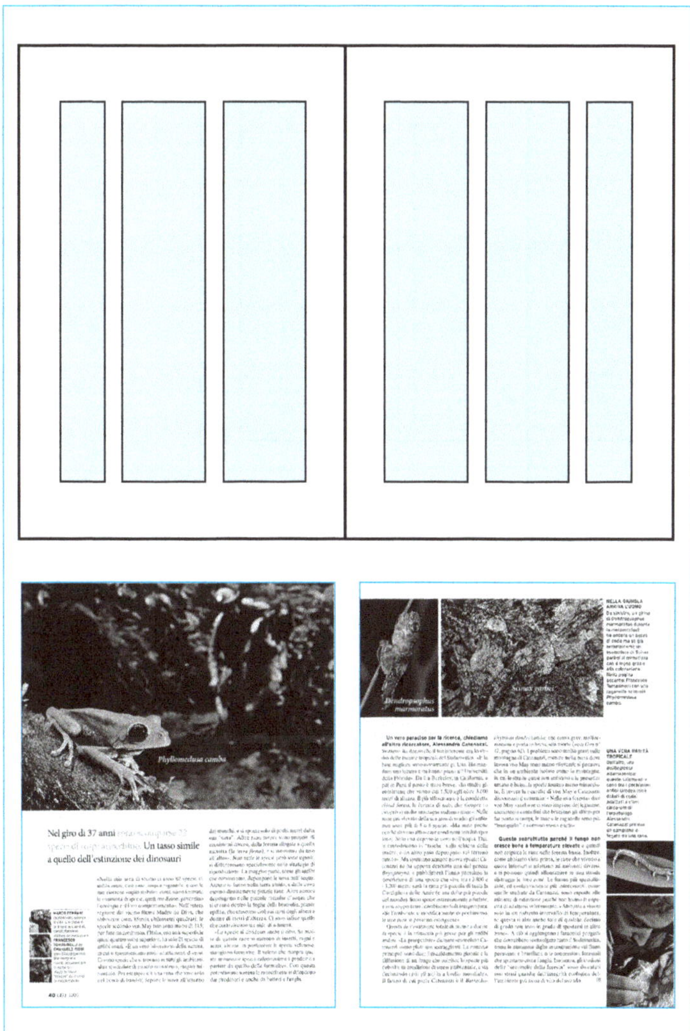

Figura 2.42
Nelle tre colonne, il colonnino più piccolo può essere utilizzato per le note, le didascalie oppure per immagini che si sviluppano in orizzontale occupando l'intera gabbia.

Nel primo caso le due colonne più larghe vengono utilizzate per il testo, mentre la terza viene destinata alle note, alle didascalie o alle foto (che in alcuni casi possono occupare anche la colonna vicina, o addirittura tutte le colonne in caso di un'immagine sviluppata in orizzontale).

Le **tre colonne di uguale giustezza**, invece, sono spesso utilizzate nei libri illustrati e nelle pubblicazioni periodiche come, per esempio, le riviste. Questo tipo di suddivisione verticale della pagina consente diverse soluzioni di scorrimento del testo e di dimensionamento delle immagini, con numerose possibilità di integrazione fra gli elementi (Figura 2.43).

Figura 2.43
Le tre colonne uguali sono spesso utilizzate per le pubblicazioni periodiche e consentono numerose soluzioni di inserimento di testo e immagini.

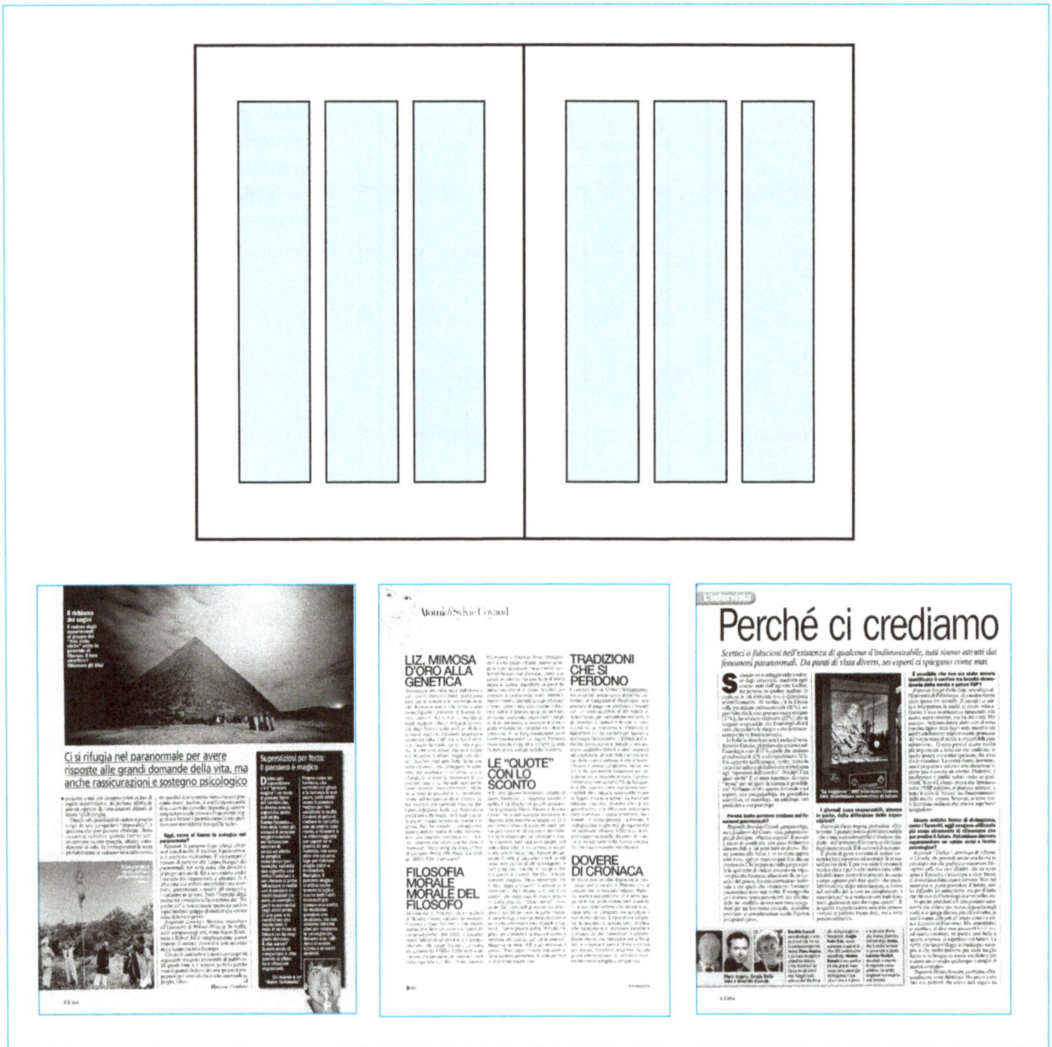

Una gabbia piuttosto semplice come questa permette di ottenere un gran numero di varianti riuscendo a mantenere, comunque, una disposizione degli elementi di impaginazione molto ordinata.

Le quattro colonne

La divisione in **quattro o più colonne** (Figura 2.44) è un sistema che risulta piuttosto utile quando si è in presenza di molto testo e di molte immagini.

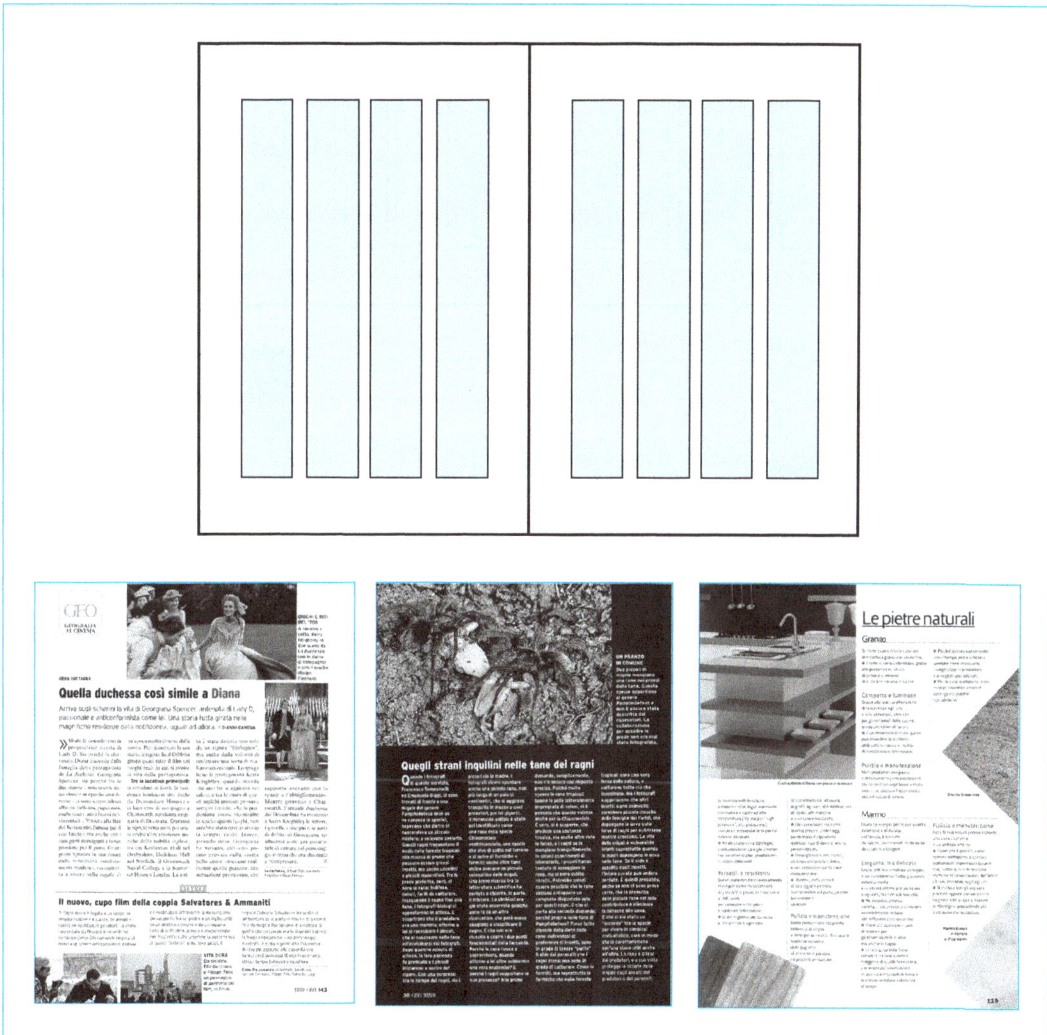

Figura 2.44
La divisione della gabbia in più colonne è utile quando si ha molto testo.

Le cinque colonne

Le **cinque colonne** (Figura 2.45), infine, vengono utilizzate su riviste di una certa qualità dove, nonostante la difficoltà che questa impostazione grafica nasconde, permettono di ottenere pagine originali con un impatto visivo notevole.

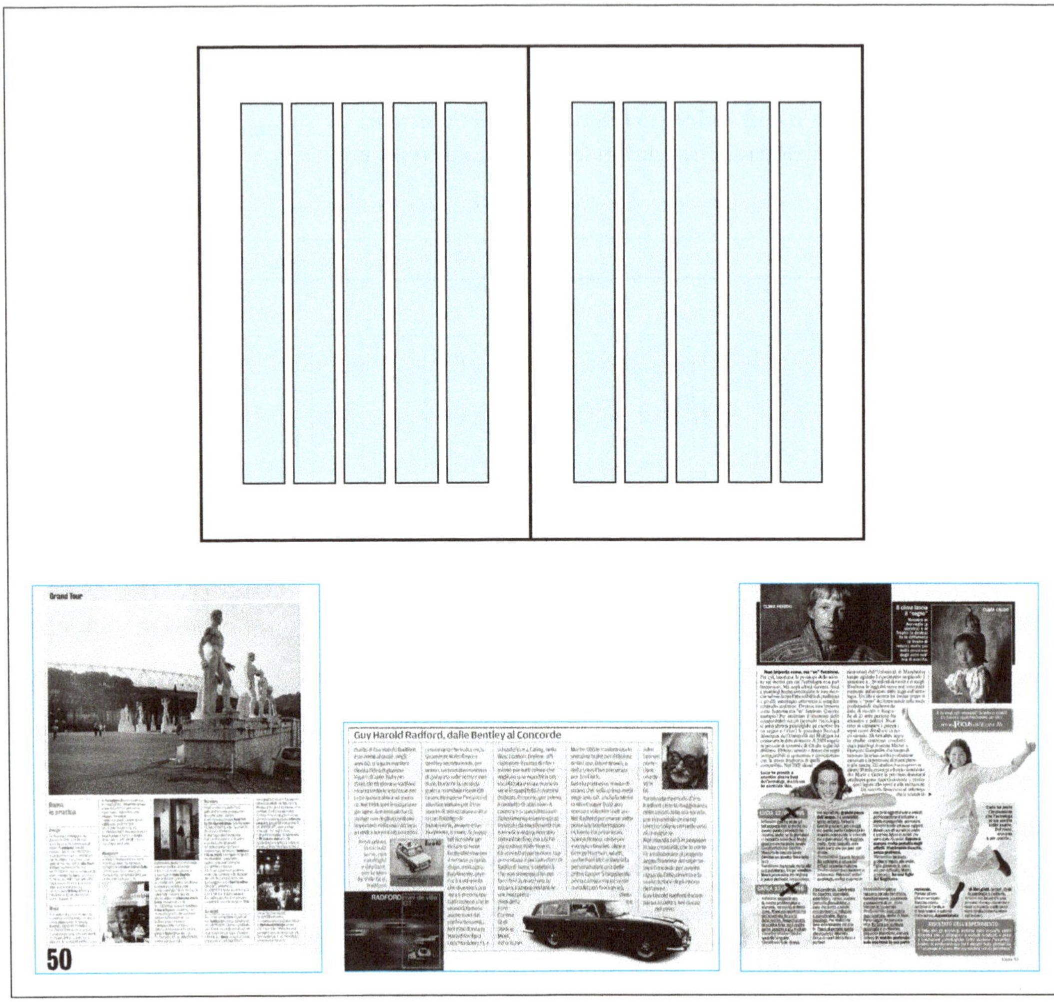

Figura 2.45
Le cinque colonne consentono moltissime soluzioni di integrazione tra testo, immagini e altri elementi grafici.

Il materiale può, infatti, venire trattato con grande varietà di impaginazione, generando parti del prodotto molto diverse tra di loro, ma di grande coerenza nella loro unitarietà.

Più colonne, meno pagine

A parità di dimensioni della gabbia, è utile sapere che un testo impaginato su più colonne richiede un numero di pagine inferiore rispetto allo stesso testo impaginato su un minor numero di colonne.
Infatti, la maggior compattazione del testo che le colonne consentono rispetto alla giustezza intera è determinata dal fatto che le righe più corte permettono di evitare sprechi di battute "vuote", soprattutto quando è presente un punto a capo.

Layout, please

Definito il formato, costruita la gabbia, calcolate misure e distanze è ora la volta di impostare il *layout*; da non confondersi con il timone, oggetto del paragrafo successivo

Il layout è il **prototipo dello schema impaginativo** ed è lo strumento che permette di regolare il posizionamento degli elementi grafici che compongono la pagina e di indicarne l'esatta collocazione.

È la visualizzazione dell'ingombro del testo e della disposizione delle immagini, con il calcolo del giusto rapporto in pagina.

Indica tutti gli elementi grafici che costituiscono un bozzetto e la loro collocazione in funzione dello spazio a loro destinato all'interno del progetto complessivo.

Deve riportare tutte le indicazioni necessarie in maniera chiara e esaustiva. Nulla deve essere lasciato all'interpretazione, tutto deve essere espressamente indicato in maniera inequivocabile.

Il layout è lo strumento indispensabile utilizzato da chi dovrà realizzare l'esecutivo. Esso rappresenta, infatti, lo schema di come dovrà essere impaginato il prodotto editoriale.

Dovranno essere inserite le indicazioni di carattere: la famiglia, il corpo, la formattazione da utilizzare a seconda dell'uso (titoli, didascalie, testo corrente e così via).

Dovrà essere specificata l'interlinea e il tipo di allineamento che il testo richiede nelle sue diverse funzioni (per esempio: giustificato il testo corrente; a bandiera quello delle didascalie; centrato per i titoli e così via).

Dovranno essere indicati gli elementi grafici ripetitivi nella pagina e la loro esatta posizione (per esempio le icone che richiamano sezioni particolari del testo).

Dovranno essere specificati i colori da utilizzare, i filetti da inserire, i box da creare, le immagini da posizionare e via discorrendo.

Tutto deve essere chiaro per la costruzione di tutte le pagine e indicare un certo ritmo di impaginazione.

Si deve decidere come aprire e chiudere ogni capitolo o ogni serie di pagine, come si svilupperanno le pagine comprese tra una sezione e l'altra e così via.

Insomma, è necessario prevedere tutta la casistica degli elementi grafici strutturali, riducendo al minimo le variabili (Figura 2.46).

Timone a dritta!

Il *timone* è la struttura editoriale propria dei prodotti cartacei. È la visualizzazione, in scala ridotta, dello sviluppo dell'oggetto edito-

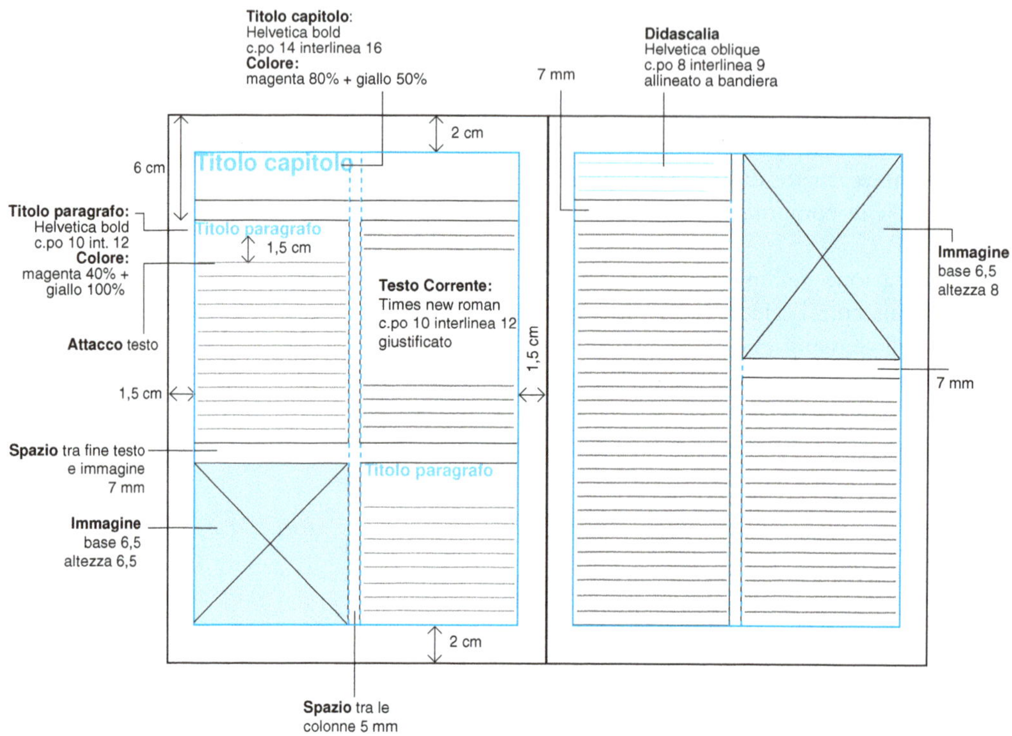

Figura 2.46
Un esempio di layout.

riale in tutte le pagine che lo compongono, nella sequenza esatta di numerazione e con la presenza degli elementi che permettono il riconoscimento della pagina (Figura 2.47).

La visualizzazione è realizzata con degli schizzi che riproducono in sequenza le doppie pagine accostate (quelle a fronte), mentre la prima e l'ultima vengono disegnate come elementi separati, fino a raffigurare la completa composizione del documento.

Esistono anche dei timoni elettronici, molto utilizzati nel caso di giornali e di riviste, che hanno il compito di svolgere un'importante funzione di controllo.

Sulle pagine del timone sono riportate le linee essenziali della gabbia, vengono indicati il tipo e la posizione dei vari elementi (testo e immagini) al fine di ottenere una schematica ma funzionale visualizzazione del contenuto. Il che consente di verificare l'impaginato nel suo insieme e, soprattutto, la definizione del numero totale delle pagine e della loro suddivisione.

Questo permette anche di controllare che la numerazione corrisponda effettivamente alle segnature preventivate.

Il timone è una specie di sommario grafico che diventa uno strumento di lavoro importantissimo, una sorta di "quaderno degli

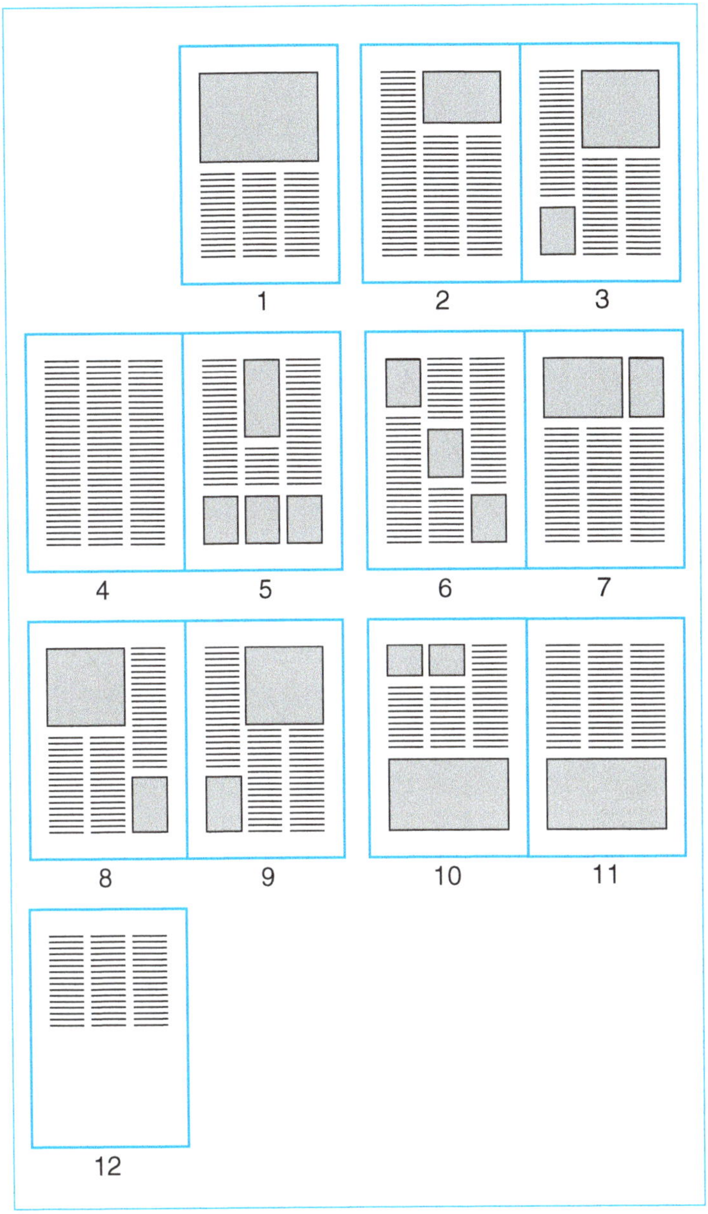

Figura 2.47
La figura rappresenta un timone che mostra già la disposizione degli elementi nelle pagine.

appunti" dove indicare le varie fasi del ciclo di lavorazione, gli interventi da effettuare, lo stato dell'arte del volume e la chiusura delle segnature (Figura 2.48).

Per la gestione del timone si possono usare molte soluzioni che vanno dai programmi dedicati che gestiscono il timone elettronico (come, per esempio, alcuni plug-in di programmi di impaginazione) al classico e sempre comodo foglio Excel, o a schemi che vengono riportati su carta per poter essere gestiti manualmente.

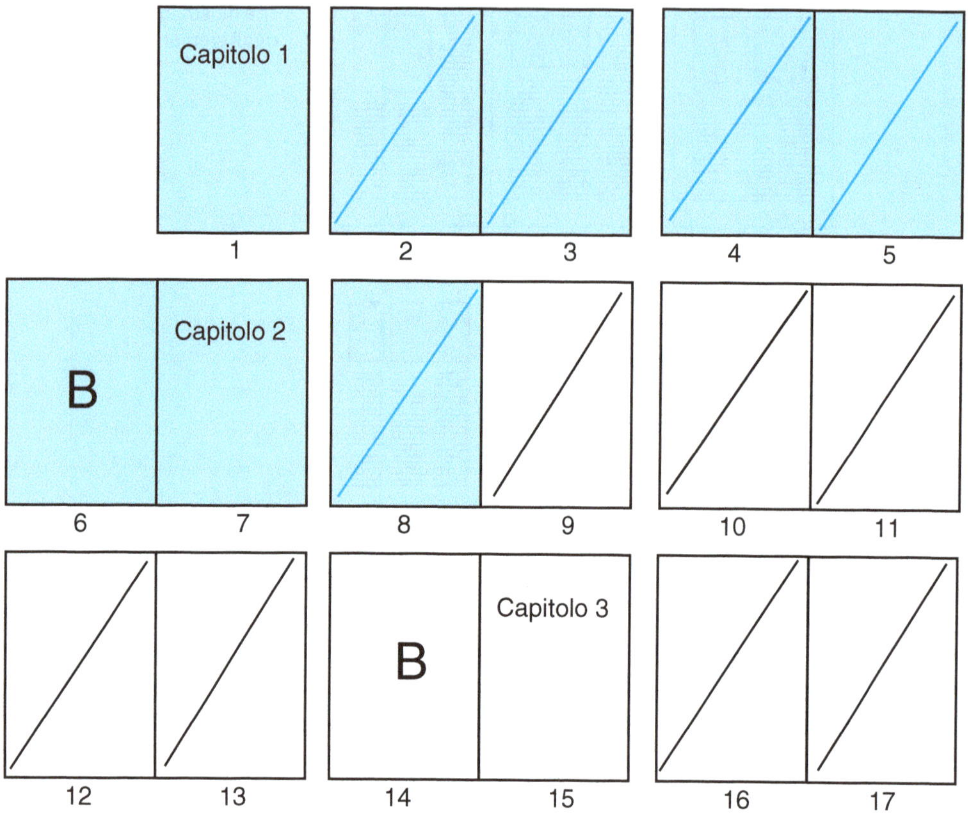

Figura 2.48
Spesso il timone riporta solo le linee guida del prodotto senza scendere in particolari grafici. Nel caso della figura, le diagonali indicano le pagine assegnate all'argomento. La lettera "B" sta per pagina bianca (sulle pubblicazioni periodiche viene utilizzata anche la lettera "P" per gli spazi pubblicitari). Quando le pagine sono "chiuse" (cioè già impaginate), vengono colorate per distinguerle da quelle che devono ancora essere lavorate.

Capitolo 3

Sul carattere e sul testo: così si dice...

Quando tutto ebbe inizio

Quando Gutenberg dovette scegliere quale carattere utilizzare per riprodurre i testi con l'invenzione della stampa a caratteri mobili, fu subito chiaro che il più idoneo sarebbe stato quello che si rifaceva alla scrittura libraria del suo tempo: quella gotica. Infatti, proprio per il caratteristico disegno dai tratti spezzati e angolosi, il carattere gotico (prima il Textura e poi il Fraktur, utilizzato per i successivi quattro secoli nei Paesi della Riforma) risultava assolutamente comodo da incidere.

Dia retta a me: certi caratteri sono solo una moda passeggera...

Figura 3.1
Vignetta tratta da *Celebrazione del tipografo*, editrice Il quadratino, Torino 1968.

In questo capitolo

- Quando tutto ebbe inizio
- Evoluzione dei caratteri tipografici
- Che barba!
- Anche i caratteri hanno un'anima
- La leggibilità dei caratteri
- Stili, formattazioni e utilizzi
- Dimmi con chi vai
- Un corpo da maestro
- Come hai detto che si chiama?
- Loghi, marchi & C.

In seguito le lettere verranno arrotondate e il disegno reso più morbido e fluido, fino a che la semplicità e la chiarezza della scrittura *latina* (o umanistica) non soppianterà definitivamente lo stile teutonico. Nel frattempo, nell'Europa rinascimentale convivono entrambi gli alfabeti: il gotico, particolarmente apprezzato in Germania, e il tondo (denominato anche *Romano* o *Antiqua*, da cui deriverà il più scorrevole *corsivo*), che trova invece riscontro nella maggior parte degli altri Paesi.
L'evoluzione dei caratteri da stampa continuerà nei secoli, adeguandosi di volta in volta alle diverse esigenze tecniche e ai nuovi cambiamenti culturali.
Conoscerne la storia e l'evoluzione nel tempo può essere un dettaglio non trascurabile per chi deve effettuare scelte grafiche di progetto.

Niente nasce dal nulla

Avvicinarsi al mondo dei caratteri significa conoscerne, anche solo nelle linee essenziali, la storia.
Questo sapere permetterà, a chi dovrà occuparsi di scelte grafiche, di apprezzare il fatto che nessun carattere è stato inventato dal nulla, ma che è il risultato dello sviluppo di epoche storiche e scritture precedenti.

Evoluzione dei caratteri tipografici

Qualunque sia il carattere di riferimento, è importante rendersi conto che esso rappresenta un elemento fondamentale di comunicazione visiva e che il suo disegno è l'espressione culturale di una precisa epoca storica.
Conoscerne quindi le origini può risultare di utile ausilio proprio per una scelta accurata.

Il gotico

All'inizio, il gotico e duro Textura si trasformò, grazie all'influenza dello stile italiano (rinascimentale prima, barocco poi) in un carattere, il Fraktur che, sebbene considerato più raffinato del precedente (era infatti ritenuto la scrittura elegante di corte), non aveva ancora perso la verticalità e la rigidità tipica delle colonne delle cattedrali evocando, con la scrittura che tendeva verso l'alto, la più antica aspirazione dell'uomo.
Il gotico era lo stile utilizzato dagli amanuensi dell'anno **Mille** come modifica alle lettere della scrittura carolingia (il cui nome deriva da Carlo Magno), dalle forme più larghe e spaziate.
Questa scelta, oltre ad agevolare il lavoro degli scribi, aveva permesso di dosare lo spazio sul foglio, consentendo di risparmiare sul consumo del prezioso supporto scrittorio allora in uso: la pergamena.

Infatti, la nascita delle Università, la costruzione di grandi cattedrali, il diffondersi della cultura e l'apertura di nuovi commerci verso l'Occidente (non dimentichiamo che siamo nel periodo delle Crociate) aiutarono a connotare il libro secondo un nuovo significato: quello di strumento di sapere e di studio, volano della sua diffusione.
Il passaggio dalla scrittura carolingia a quella gotica ha visto molte versioni del disegno delle lettere ma, nel **XIII secolo**, tutto si stabilizza nel modello *Textura* (Figura 3.2), il cui nome ricorda, appunto, una trama fitta, proprio come l'immagine che restituivano le pagine scritte in quel modo.

Figura 3.2
Il gotico Textura.

Nel **XVI secolo** l'influenza barocca dà origine a un nuovo tipo di gotico, il *Fraktur* (Figura 3.3), dalle forme più eleganti del precedente Textura e maggiormente decorato nel disegno delle maiuscole e nei tratti ascendenti e discendenti del minuscolo.

Figura 3.3
Il gotico Fraktur.

Fu la scrittura umanistica italiana, conosciuta ai tempi dei Comuni e delle Signorie, e che si rifaceva alla *minuscola carolingia*, alla scrittura *Onciale* e alla tradizione delle *capitali romane*, ad ammorbidire lo stile gotico introducendo lettere nitide, arrotondate e ben separate tra loro, dando così origine allo stile gotico rotondo chiamato anche *Rotunda* (Figura 3.4).
In questo modo le lettere minuscole riprendono il disegno della carolingia con forme tondeggianti e ampie, mentre le maiuscole imitano maggiormente le proporzioni delle capitali romane monumentali. Il tutto con la presenza di un'interlinea generosa che rendeva l'intera composizione piuttosto agevole da fruire.

Figura 3.4
Il gotico Rotunda.

Capitale Romana

La più antica scrittura maiuscola latina risulta essere la *Capitale Romana*, che si è presentata nel tempo con tre varianti:

1. la *Capitalis Monumentalis*, utilizzata per le incisioni monumentali su pietra e realizzate con l'ausilio di uno scalpello;
2. la *Capitalis Quadrata*, usata prevalentemente per i libri e scritta con il pennino.
   Il termine "quadrata" sta a indicare il fatto che le lettere venivano disegnate sulla base di un quadrato, mantenendo quindi regolare la proporzione tra larghezza e altezza;
3. la *Capitale Rustica*, anch'essa impiegata per i libri, ma caratterizzata da una forma più stretta che ne facilitava e accelerava la scrittura. Era molto utilizzata soprattutto per la redazione di atti pubblici.

La Capitale Romana è di aspetto solenne e con lettere dalla forma geometrica disegnate con proporzione tra altezza e larghezza.
L'esempio di maggior perfezione è considerato quello dell'iscrizione che si trova alla base della colonna Traiana del 113 d.C., modello riconosciuto di maturità e bellezza (Figura 3.5).

Figura 3.5
Le lettere incise sulla Colonna Traiana sono considerate un esempio di perfezione del disegno.

Questo tipo di scrittura, rimasto praticamente invariato nella sua costruzione formale, ha costituito nei secoli la base su cui si è sviluppata la scrittura. Le sue lettere, esclusivamente maiuscole, si sono trasformate ed evolute nel tempo in lettere minuscole, rappresentando un fatto importantissimo nella storia della scrittura occidentale.
Il passaggio dall'alfabeto maiuscolo a quello minuscolo, per quanto in queste righe venga estremamente semplificato, ha occupato circa ottocento anni di storia, e i caratteri della scrittura Onciale e Semionciale hanno rappresentato le tappe più significative di questo viaggio.

Scrittura Onciale e Semionciale

La scrittura *Onciale* (Figura 3.6) possiede questo caratteristico nome perché le sue lettere, tutte maiuscole, sono alte quanto un'oncia, misura romana equivalente a 2,5 cm.
Usata in tutta l'Europa occidentale dal IV all'VIII secolo, è caratterizzata, a differenza della Capitale (da cui discende), da una forma decisamente più arrotondata e piena.

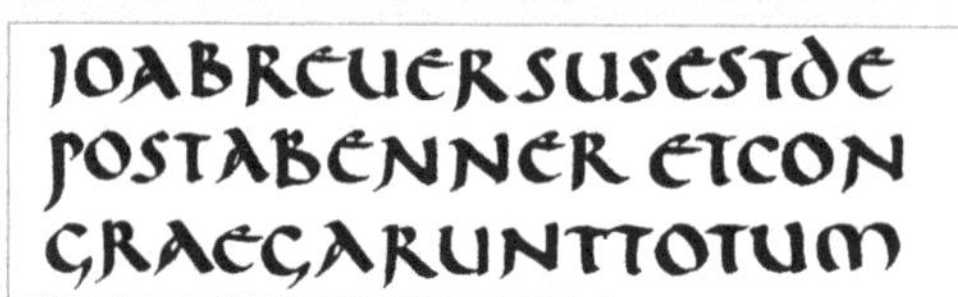

Figura 3.6
Esempio di scrittura Onciale.

La scrittura *Semionciale* (Figura 3.7), introdotta tra il IV e V secolo d.C., è invece così chiamata perché le sue lettere, non più solo maiuscole, sono alte solo mezza oncia. Grazie alla sua velocità e semplicità di esecuzione si diffuse rapidamente in tutto l'impero romano.
Viene considerata, ancora oggi, la più antica scrittura minuscola.

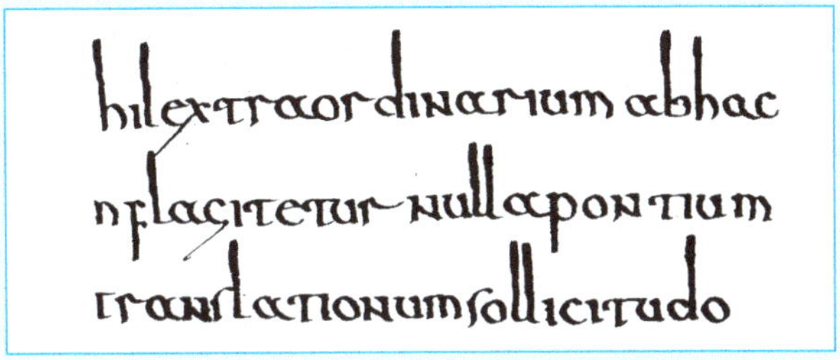

Figura 3.7
Esempio di scrittura Semionciale.

Carolingia minuscola

Verso la fine dell'VIII secolo si sviluppò in Francia, sotto l'influenza di Carlo Magno da cui prese il nome, la scrittura *Carolingia* (Figura 3.8).
Dai tratti semplici e chiari, mostra un disegno inclinato con allineamenti superiori e inferiori che le conferivano connotati di bellezza. Priva di maiuscole, quando erano necessarie le prendeva in prestito dalla Capitale o dalla Onciale. Usata come scrittura libraria in gran parte dell'Europa per oltre quattrocento anni, divenne la base delle nostre lettere minuscole.

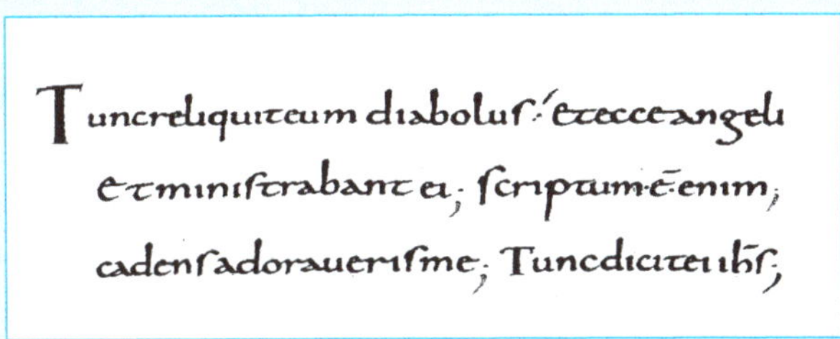

Figura 3.8
Esempio di scrittura Carolingia.

Riepilogando, si può riassumere questa evoluzione in tre punti principali:

1. il disegno rettangolare tipico delle lettere dell'alfabeto maiuscolo si trasforma nelle forme più curve di quello minuscolo;
2. le lettere di uguale altezza, che caratterizzavano il disegno delle maiuscole, lascia il posto alle minuscole dalle altezze differenti;
3. la costruzione del disegno delle singole lettere maiuscole, svincolato e indipendente dai caratteri attigui, si differenzia grazie alle forme di base che li caratterizza (cerchi, triangoli, quadrati). Nelle minuscole, invece, è importante la qualità di avvicinamento delle lettere (che contribuisce alla loro leggibilità) e la natura del disegno delle parti laterali che serve a unire una lettera all'altra.

Il passaggio dalle lettere maiuscole a quelle minuscole ha costituito un momento importante nella storia della scrittura.
Innanzitutto, l'aumentare delle forme curve e l'inserimento dei raccordi nelle minuscole ha permesso di scrivere in modo più veloce; poi, la presenza di lettere con altezze diverse, grazie anche alle ascendenti e alle discendenti, ha consentito una maggiore velocità di lettura.

Il romano rinascimentale

Fu proprio Aldo Manuzio, ritornando alle forme classiche della scrittura lapidaria quadrata romana, a dare vita al carattere *romano rinascimentale veneziano* che ebbe le sue declinazioni *francese* (**XVI secolo**) e *olandese* (**XVII secolo**).

Il romano francese

Nel *romano francese*, l'influenza dello stile italiano è piuttosto apprezzato dai più importanti tipografi e editori d'Oltralpe, che si servirono dell'abilità di **Claude Garamond** per disegnare i propri caratteri da stampa.

Garamond è, con i suoi caratteri dai contrasti delicati e dai tratti allungati, il fornitore delle maggiori tipografie di tutta Europa, e fu colui che, per primo, disegnò le maiuscole inclinate nei suoi caratteri corsivi (Figura 3.9).

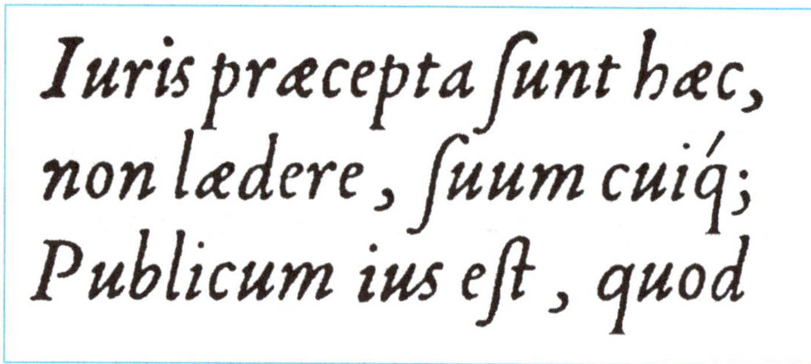

Figura 3.9
Il carattere Garamond corsivo presenta, per la prima volta, anche le iniziali inclinate.

L'impeccabile forma delle lettere, che è arrivata fino a noi, è anche il risultato degli studi e dell'operato del grande incisore francese, il cui carattere romano fu per circa due secoli l'unico utilizzato in gran parte del Vecchio Continente.

Il romano olandese

Il *romano olandese*, in particolare utilizzato e diffuso dagli Elzevir, si distingueva dal precedente per i tratti più accentuati e contrastati che ne miglioravano il disegno e ne agevolavano la lettura.

Il maggiore ideatore di caratteri dell'epoca fu l'olandese **Christophe van Dick** che, nel disegnare quelli elzeviriani, si discostò dal gusto più squisitamente italiano e francese per privilegiare uno stile più studiato ed elaborato (Figura 3.10).

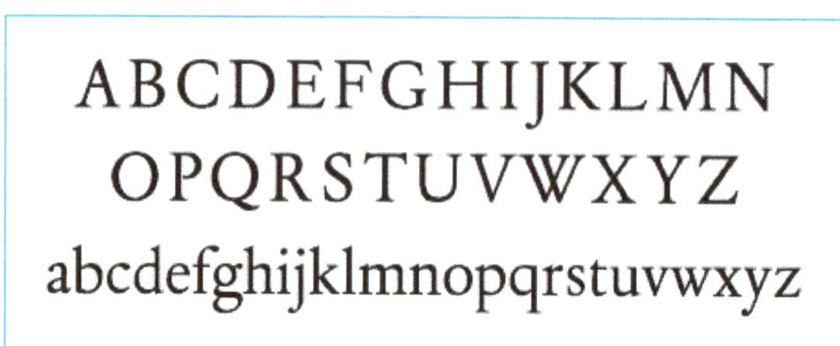

Figura 3.10
Esempio di carattere Elzevir.

Gli Elzevir erano una grande famiglia di stampatori, editori e librai dei Paesi Bassi. Essi svolsero la loro attività per tre generazioni pubblicando circa duemila titoli. Il loro successo fu dovuto alla particolare cura ed eleganza che contraddistingueva le loro edizioni, spesso realizzate in formato ridotto (ricordando il Manuzio di un secolo prima).

Ancora oggi il termine *elzeviro* sta a indicare edizioni particolarmente raffinate.

Circa un secolo dopo, in Inghilterra, **William Caslon** si rifarà proprio ad alcuni di questi particolari per disegnare il suo carattere che, tra le altre cose, fu utilizzato, nel **1776**, per scrivere la **Dichiarazione di Indipendenza Americana** (Figura 3.11).

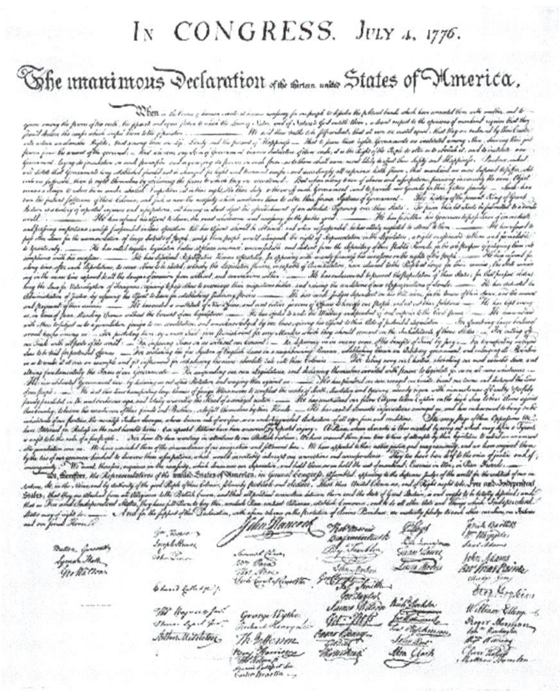
IN CONGRESS. JULY 4, 1776.

The unanimous Declaration of the thirteen united States of America.

Figura 3.11
Una pagina della Dichiarazione di Indipendenza Americana.

Il romano inglese

Nel **XVIII secolo** fu la volta dei *romani inglesi* che, grazie all'operato di **John Baskerville**, si presentavano con tratti più moderni e caratteristiche di grande accuratezza e precisione, anche se l'approccio al disegno non era propriamente di stampo geometrico. Rappresentano la sintesi del neoclassicismo e del razionalismo settecentesco (Figura 3.12).

Figura 3.12
Esempio di carattere Baskerville.

Il romano neoclassico

Verso la fine del XVIII secolo e l'inizio del XIX nasce il Neoclassicismo, stile universale e non più legato a una nazione, che mira a ripristinare i modelli dell'arte classica e romana da cui vengono riprese le proporzioni delle lettere.
I caratteri *romani neoclassici* presentano significativi contrasti chiaroscurali con una spinta verticale delle lettere dalle grazie filiformi con terminazioni essenziali e senza raccordi, riportandosi verso una uniformità e una rigidità che, seppur elegante, ha rischiato di penalizzare la leggibilità dello scritto a favore dei romani rinascimentali (Figura 3.13).

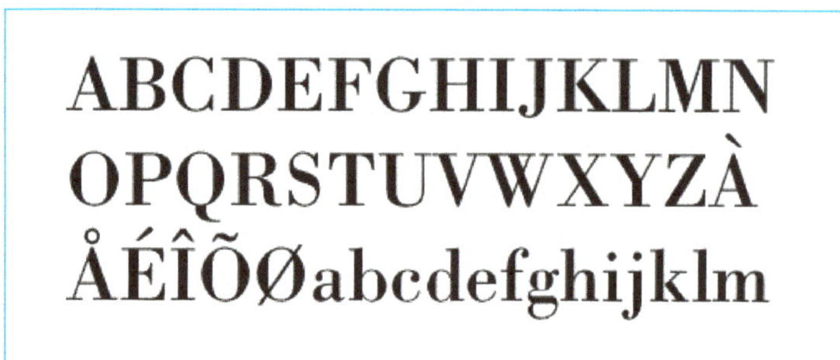

Figura 3.13
Esempio di carattere Bodoni.

I caratteri fantasia

Come reazione alla forzatura neoclassica nascono, nel secolo successivo, i caratteri *fantasia* (Figura 3.14), un tipo di carattere dal disegno contraddistinto da un'esagerata soggettività.

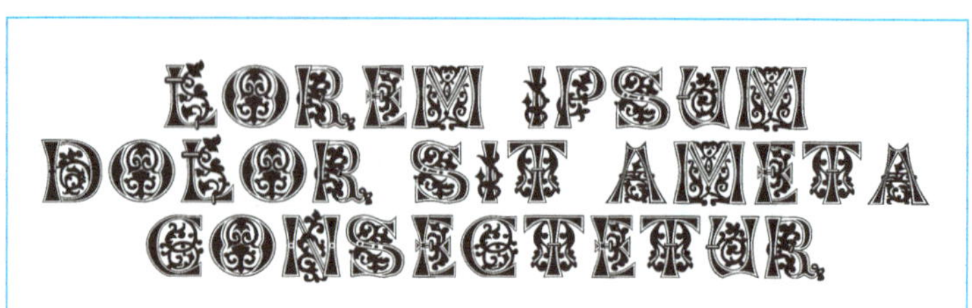

Figura 3.14
Esempi di caratteri fantasia.

Ecco che allora compaiono forme dallo stile storico, con varianti fantastiche, decorative, fantasiose; caratteri cosiddetti "egiziani" dalla conformazione pesante, geometrica, classica e molto utilizzati in pubblicità (si ricordi che si è sull'onda della seconda rivoluzione industriale); caratteri leziosi, bizzarri, elegantissimi, esasperati, ridicoli; caratteri che imitano la sinuosità dei fiori e delle foglie come, per esempio, i caratteri "Liberty" del primo Novecento e così via.

I caratteri lineari

In seguito, il Costruttivismo, movimento legato alla **civiltà industriale**, con progetti architettonici caratterizzati dallo slancio delle linee, riporta il disegno del carattere da stampa a forme più antiche e lineari, dapprima di gusto più classico, poi rigidamente più geometriche.

I caratteri contemporanei

Infine, i caratteri *contemporanei*, figli del **consumismo**, del **boom economico** e di una stagione ricca di fermento artistico, vogliono dare un senso di novità e di personalizzazione in contrapposizione all'indirizzo ideologico di omologazione.

Da questo contrasto nascono una serie di caratteri contraddittori: da quelli estemporanei, elaborati, creativi, decorativi; a quelli classici e dalla costruzione rigida e rigorosa.

I caratteri digitali

Alla fine degli **anni Ottanta**, con l'avvento del DTP (*Desk-Top Publishing*), il termine *carattere* viene sostituito con il vocabolo *font*. Le font (o i font, visto che è di comune uso anche il termine al maschile) altro non sono che la versione digitale del carattere da stampa.

Sono la trasposizione in linguaggio macchina, che ne descrive il disegno, di tutte le lettere, i numeri e i segni di punteggiatura di un determinato carattere tipografico.

Nascono all'inizio degli anni Ottanta con il PostScript.

Font raster

Le prime font erano **raster**, cioè costruite da puntini, ma successivamente, con la nascita della LaserWriter (stampante laser prodotta da Apple), vengono introdotte quelle PostScript.

Font PostScript

Le font che utilizzano il **PostScript** si distinguono in:

- *printer font* (font per la stampa), che vengono installate per ottenere una corretta stampa del carattere;
- *screen font* (font per lo schermo), che servono invece a ottenere la corretta visualizzazione a video del carattere ottenuto con la descrizione delle lettere per mezzo di pixel che ne compongono l'immagine.

Font TrueType

Successivamente (siamo negli anni Novanta) compaiono le prime font vettoriali: le **TrueType**, riprodotte attraverso una descrizione matematica delle curve, che non necessitano della doppia installazione (per il video e per l'uscita in stampa).

Font OpenType

Qualche anno dopo nascono le font **OpenType**, anch'esse vettoriali, che diventano, in breve tempo, le più usate da grafici e impaginatori, e questo per alcuni validi motivi.

Innanzitutto, sono indipendenti dalla piattaforma di utilizzo, presentando una sola versione che può essere installata indifferentemente su sistemi Mac e Windows. Si ricorda che, invece, per le font PostScript e TrueType è necessario utilizzare la versione adatta alla piattaforma in uso.

Secondariamente, una font OpenType contiene ben oltre i 255 caratteri standard, arrivando a contarne fino a 65.000. Questo significa che, oltre ai caratteri latini, può contenere quelli arabi, greci, cirillici e così via.

Infine, possiedono un identificativo interno, chiamato *Unicode*, in grado di assegnare lo stesso posto sempre allo stesso carattere qualunque sia la font utilizzata. Particolare non da poco quando, in un testo composto con molti caratteri speciali, ci si ritrovi a dover cambiare famiglia di font.

Le font create per il DTP hanno spesso un disegno e delle caratteristiche tali che rendono a volte difficile la loro classificazione secondo i sistemi tradizionali.

Pi font

Alcune di esse, chiamate *PI font* (principalmente costituite da pittogrammi), al posto delle normali lettere hanno disegni o simboli (Figura 3.15) che possono essere digitati direttamente nel testo, come nel caso delle formule matematiche, delle note musicali o altro.

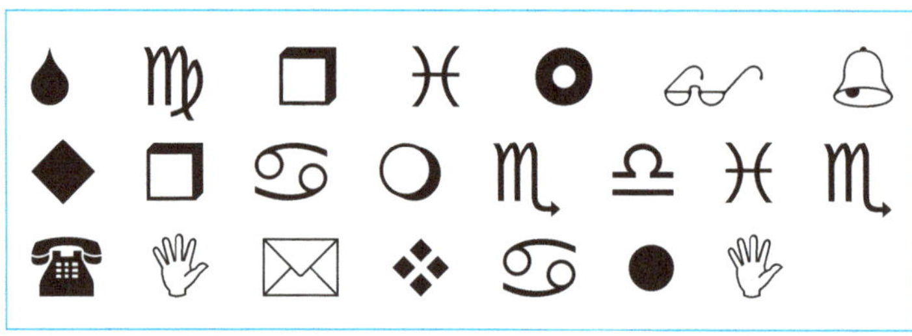

Figura 3.15
Esempio di scritta composta con il carattere Wingdings. Le lettere premute sulla tastiera in questo caso corrispondono a disegni e simboli.

Il "carattere digitale", inoltre, ben si presta, per sua natura, a tutta una serie di manipolazioni e di trasformazioni che possono cambiarne i connotati, rendendo impossibile la loro identificazione o appartenenza a una determinata famiglia.

Le famiglie

I caratteri, infatti, si compongono in famiglie e, spesso, prendono il nome del loro creatore.

Esempi sono il *Caslon* (William Caslon inizia la sua attività di incisore di caratteri nella Londra del Settecento e introduce l'alfabeto senza grazie); il *Baskerville* (John Baskerville è il successore dell'ultimo discendente dei Caslon); il *Bodoni* (Giovanbattista Bodoni, grande tipografo italiano della seconda metà del Settecento, incide un carattere tipografico dalla forma classica e rigorosa) e così molti altri.

Le famiglie raggruppano i relativi caratteri, completi di tutte le loro varianti di stile, e l'indicazione dello stile utilizzato ne accompagna sempre il nome: *Helvetica Bold*, *Arial Black* e *Times Italic*, sono solo alcuni esempi.

Nell'impostare un progetto grafico è consigliabile, quando si scelgono i caratteri da usare, limitare la presenza a poche tipologie di famiglie, magari contrapponendo caratteri **serif** e **sans serif** (cioè, con o senza grazie).

Modificare una font

Se si desidera intervenire graficamente su una parola di un testo, cambiandone magari la forma, le proporzioni, il colore o altro, è preferibile utilizzare un programma di grafica vettoriale.

In questo modo, non solo il risultato ottenuto sarà completamente indipendente dagli eventuali ingrandimenti che successivamente si potranno esercitare sull'immagine senza che questa perda di definizione, ma sarà possibile anche un maggiore intervento sul disegno delle lettere.

Infatti, utilizzando per esempio Adobe Illustrator come software di grafica vettoriale, una volta digitata la font, basterà evidenziarla e dal menu *Testo* scegliere l'opzione *Crea contorno*.

In questo modo la font sarà trasformata a tutti gli effetti in un disegno, lasciando alla fantasia dell'operatore qualsiasi tipo di intervento.

È una pratica piuttosto diffusa nella creazione di marchi e logotipi.

La manipolazione può anche non limitarsi a una sola scritta, ma coinvolgere tutto l'alfabeto modificandolo a monte in modo da ottenere le variazioni desiderate direttamente digitando le lettere dalla tastiera. Per far questo si deve intervenire con programmi specifici come, per esempio, Fontographer o FontCreator.

Questa pratica è però sconsigliata, perché rischia di alterare l'equilibrio grafico del carattere.

Le font si trovano disponibili gratuitamente su Internet, digitando la query **font** o **font gratis** in un motore di ricerca; oppure si possono acquistare presso un rivenditore di software o, ancora, scaricare a pagamento dai siti ufficiali dei produttori come, per esempio, quello di Adobe.

Dieci piccoli suggerimenti

1. Non usare font per Windows in un sistema Mac, e viceversa.
2. Installare un programma di gestione delle font consente di evitare conflitti e duplicati.
3. Non usare font copiate: si rovinano e non rispettano la legge sul copyright.
4. Controllare la versione della font che volete utilizzare: non sempre due font con lo stesso nome sono uguali (come, per esempio, Garamond e ITC Garamond).

Continua

5. Raccogliere in un *book* le stampe di tutte le font che avete a disposizione: scegliere il carattere vedendolo sulla carta è più facile che a video.
6. Scegliere font provviste del simbolo dell'euro.
7. Dopo aver scelto la font, farne una stampa in PDF per verificare che il risultato sia corretto.
8. Nel creare il PDF ricordarsi di includere tutte le font.
9. Non fare correzioni su un file PDF se non sono state caricate prima tutte le font.
10. Non attribuire gli stili (grassetto, corsivo e via dicendo) da tastiera, ma utilizzare la specifica versione del carattere.

Che barba!

Con un tale proliferare di caratteri, sin dagli albori dell'arte tipografica, si rese necessario ordinarli in elenchi e campionari.
Si pensi, a tal proposito, al *Manual typographique* di Pierre Simon Fournier o al *Manuale tipografico* di Giovanbattista Bodoni, che conteneva già oltre cinquecento tipi di carattere.
È chiaro che la nascita di queste pubblicazioni sottolinea l'esigenza, già allora tangibile, di sistematizzare i criteri di **classificazione dei caratteri**.
Questi raggruppamenti possono rifarsi a diversi fattori: storici, morfologici, stilistici, genealogici, decorativi, cronologici e altro ancora.

Classificazione di Bodoni

Bodoni, per esempio, aveva riscontrato che i caratteri di una stessa lingua potevano differenziarsi tra di loro secondo tre aspetti fondamentali: la **forma**, la **grandezza** e le **proporzioni**.
In questo modo determinò una classificazione dei caratteri latini che si riduceva a sei gruppi distinti:

- il romano maiuscolo;
- il romano minuscolo;
- il corsivo maiuscolo;
- il corsivo minuscolo;
- il cancelleresco maiuscolo;
- il cancelleresco minuscolo.

Classificazione di Thibaudeau

Successivamente, con il criterio di classificazione adottato dal tipografo parigino Francis Thibaudeau (1860-1925) fu deciso di suddividere i caratteri latini secondo un sistema razionale di classificazione basato sul **disegno dei tratti terminali** delle lettere (cioè la presenza e la forma di grazie) in quattro gruppi principali e successivi sottogruppi:

La scrittura cancelleresca

La scrittura cancelleresca nasce in Italia all'inizio del **Quattrocento** e contemporaneamente alla scrittura umanistica.
Simile a quest'ultima, si differenzia per un andamento più "spedito" caratterizzato da lettere strette e tratti inclinati, diventando il modello di riferimento per la realizzazione del carattere corsivo tipografico.
Il nome discende dal fatto che, a partire dal **1423**, verrà utilizzata per redigere *i documenti ufficiali della cancelleria papale vaticana*, in sostituzione del gotico corsivo.

- privi di terminali;
- con terminali rettangolari;
- con terminali triangolari e modellate;
- con terminali sottili.

Classificazione storico-stilistica

Via via i manuali di composizione e i cataloghi di fonderia fornirono numerosissime varianti e svariate proposte di raggruppamenti stilistici, tra cui quella storico-stilistica che presentava una classificazione generale degli stili così composta:

- i *Gotici* del primo periodo, come il Textura, il Fraktur o il Rotunda;
- i *Romani antichi* di stampo umanistico-rinascimentale (veneziani e francesi del XV e XVI secolo), come il Bembo o il Garamond;
- i *Romani di transizione* (francesi, olandesi e inglesi), come il Fournier, gli Elzevier, il Baskerville e il Times New Roman;
- i *Romani neoclassici* o *moderni* (del XVIII e XIX secolo), come il Didot e il Bodoni;
- i *Romantici* o *Fantasia* (storici, fantasiosi, decorativi, egiziani e molto altro, del XIX secolo);
- i *Lineari* (classici, geometrici, grotteschi del XIX e XX secolo) come il Gill Sans, il Futura e l'Univers;
- i *Contemporanei* (personalizzati e digitali del XX secolo).

Aldo Novarese

Numerosi sono stati negli anni i tentativi di catalogazione, ma quella oggi più utilizzata, e che è stata anche adottata nel nostro Paese, è la classificazione estetica proposta, nel 1956, da Aldo Novarese, uno dei più prolifici disegnatori di caratteri di tutto il Novecento.
La classificazione di Novarese cataloga tutti i tipi di carattere suddividendoli in dieci grandi gruppi.
La loro differenziazione viene discriminata da **criteri storici ed estetici**, come i tratti terminali delle aste.

I tratti terminali

Penso sia necessario, arrivati a questo punto, approfondire cosa si intende quando si parla di tratti terminali che, fin dagli albori della scrittura hanno influenzato il disegno delle lettere caratterizzandone in maniera differente gli stili.

Tanto per essere precisi, per "carattere" si intende la forma grafica di una serie completa di lettere dell'alfabeto, più tutti i numeri e i simboli.

La sua gradevolezza e la sua leggibilità dipendono in maniera fondamentale dal disegno che lo caratterizza.

La presenza o meno di grazie nel disegno è già una prima importante distinzione: quella che divide i caratteri con le grazie (chiamati anche *serif*) da quelli senza grazie (i *sans serif*).

> **Dimmi come parli**
>
> Un carattere può essere definito **bilaterale** (cioè "esteso sui due lati") quando possiede grazie riflessive come, per esempio, i caratteri romani; le grazie **unilaterali** sono invece classiche delle lettere carolinge e corsive.
>
> Un alfabeto che comprende le varianti del minuscolo e del maiuscolo si definisce **bicamerale** (come l'alfabeto latino).
>
> Se possiede anche il maiuscoletto si dirà **tricamerale**.
>
> Semplicemente **unicamerale** quando, come quello arabo o ebraico, possiede un'unica forma.

Caratteri con le grazie

I caratteri graziati sono quelli contraddistinti da un trattino più o meno elaborato che descrive la fine delle aste.

Si tratta, insomma, di quei "vezzi" posti alle estremità di testa o di piede delle lettere che stanno a rappresentare i segni che si formano con il movimento della penna quando si scrive a mano in bella grafia.

È, praticamente, un tratto secondario con il quale viene enfatizzata un'estremità (Figura 3.16).

Figura 3.16
La parola di sinistra è composta con un carattere serif (cioè con le grazie); in quella di destra, invece, il carattere è un sans serif (senza grazie). Da notare il disegno dei tratti terminali delle aste nelle diverse scritture.

Questo tipo di disegno delle lettere è solitamente indicato quando l'intenzione è quella di utilizzare un carattere in grado di donare al testo una certa eleganza nello stile o un ricercato effetto *old style*.

L'uso delle grazie è eredità dell'antico impiego dei caratteri lapidari romani quando, usando lo scalpello, era difficile scolpire nel marmo o nella pietra lettere che terminassero con aste perfettamente diritte e squadrate.
I caratteri serif sono generalmente considerati i **più facili da leggere**. Infatti, la presenza delle grazie che accompagnano lo sguardo nella lettura di uno scritto consentono all'occhio un miglior riconoscimento delle lettere, permettendo di scorrere più velocemente fra le righe di testo.
Infatti, poiché le grazie sottolineano il movimento orizzontale del testo, agevolano l'occhio a seguire la riga.
Per questo motivo, in generale, e per una persona adulta, si può affermare che i caratteri graziati sono prevalentemente utilizzati per il testo corrente, intendendo per testo corrente il testo vero e proprio dell'opera esclusi titoli, sottotitoli, sommari, didascalie o altro. Ed ecco spiegato perché i giornali, di cui è solitamente richiesta una lettura veloce, sono realizzati con caratteri graziati.

Caratteri senza grazie

I caratteri senza grazie, invece, come prerogativa non possiedono alcun fregio o vezzo decorativo in chiusura delle aste.
Questa semplicità e linearità, tipica dei caratteri chiamati "bastoni" (come per esempio l'Helvetica, tanto per citarne uno che tutti conoscono), li rende in grado di mantenere inalterata la loro leggibilità sia nelle dimensioni più piccole sia in quelle più grandi, rendendoli particolarmente efficaci per la **lettura dei bambini** e nella **comunicazione pubblicitaria**, dove l'impatto visivo deve essere forte e immediato.
I caratteri sans serif divennero piuttosto comuni nella seconda metà dell'Ottocento.
Una famiglia piuttosto apprezzata in questo ambito è quella dell'*Helvetica*, progettata in Svizzera negli anni Cinquanta.
Il disegno delle sue lettere è estremamente regolare e leggibile, i rapporti di spaziatura sono costanti e, non per ultimo, possiede un gran numero di varianti, rendendo il carattere adatto a svariati impieghi (Figura 3.17).

a b c d e f g h i l m n o p q r
A B C D E F G H I L M N O P Q
1 2 3 4 5 6 7 8 9 0

Figura 3.17
Carattere Helvetica.

Altri esempi sono il *Futura* che, proprio per la sua linearità, è spesso utilizzato per l'elaborazione di marchi, testate e scritte pubblicitarie, e il *Gill Sans*, considerato il primo carattere senza grazie a ricalcare un modello umanista (Figura 3.18).

Figura 3.18
Carattere Futura e Gill Sans.

a b c d e f g h i l m n o p q r
A B C D E F G H I L M N O P Q
1 2 3 4 5 6 7 8 9 0

a b c d e f g h i l m n o p q r
A B C D E F G H I L M N O P Q
1 2 3 4 5 6 7 8 9 0

Classificazione estetica di Aldo Novarese

Tornando alla classificazione di Aldo Novarese e alla sua suddivisione dei caratteri in dieci classi, nella Figura 3.19 sono rappresentate le terminazioni dei caratteri appartenenti ai diversi gruppi da lui individuati.

Figura 3.19
Gruppi di caratteri e loro terminazioni.

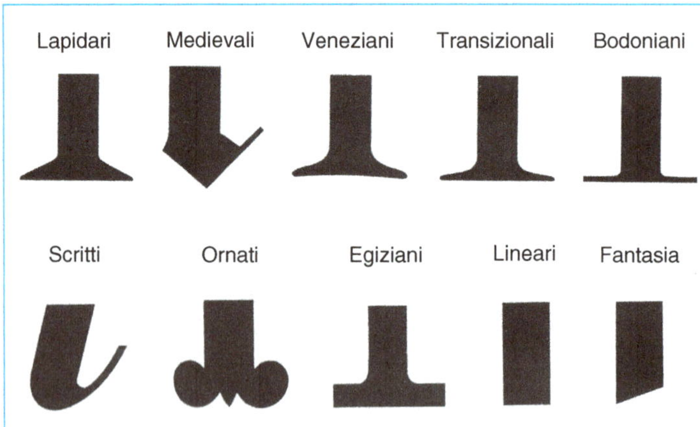

I primi otto sono rappresentativi di gruppi che contengono solo caratteri con le grazie, gli ultimi due sono invece dei sans serif.

Lapidari

I *lapidari* si rifanno ai caratteri *romani antichi* comparsi nel tardo Rinascimento.
Sono rappresentati da lettere disegnate con una certa **forma geometrica** che ne evidenzia la regolare proporzione tra altezza e larghezza.

Le **grazie** sono **triangolari**, formano un angolo acuto con la linea di base e sono raccordate alle aste in modo curvilineo. Esiste inoltre **poca differenza di spessore tra aste** grosse e sottili.
Esempio di carattere romano antico, considerato tra l'altro il più completo, è il *Garamond* (Figura 3.20), di cui esistono numerose versioni, tutte ispirate all'originale del 1532.
Quello più datato è invece il *Bembo*, utilizzato da Aldo Manuzio nel 1495 e riprodotto da diverse fabbriche di caratteri verso la fine degli anni Venti.

> Dalla progettazione alla pubblicazione: tecniche, regole, scelte, metodi, consigli per realizzare prodotti editoriali di qualità.

Figura 3.20
Carattere Garamond.

Medievali

I *medievali*, chiamati anche *gotici*, hanno le estremità caratterizzate da angoli e tendono a una **forma allungata** nel disegno. Le loro **grazie** vengono solitamente chiamate **a punta di lancia rivolta verso il basso**.
Erano i caratteri usati al tempo di Gutenberg, ma oggi sono poco impiegati in quanto di difficile lettura e di limitata, se non nulla, possibilità di caratterizzazione nello stile.
Esempio di medievale antico è il *Lucida Blackletter* (Figura 3.21).

> Dalla progettazione alla pubblicazione: tecniche, regole, scelte, metodi, consigli per realizzare prodotti editoriali di qualità.

Figura 3.21
Carattere Lucida Blackletter.

Veneziani

I *veneziani*, facenti anch'essi parte della categoria dei *romani antichi* (come i lapidari), hanno l'**estremità** delle grazie **arrotondata**, il piede dell'asta appena concavo e presentano poca differenza tra aste verticali e orizzontali. Sono stati i primi caratteri dal disegno non gotico utilizzati nell'arte tipografica e derivano dalla minuscola umanistica che, a sua volta, si rifà alla minuscola carolingia. Altri tratti caratteristici sono il **modesto contrasto** (cioè la differenza di spessore) tra le aste grosse e quelle sottili, le **grazie triangolari** e l'**asse** leggermente **inclinato verso sinistra** dei caratteri tondi.
Esempio di carattere veneziano è il *Caslon* (Figura 3.22).

> Dalla progettazione alla pubblicazione: tecniche, regole, scelte, metodi, consigli per realizzare prodotti editoriali di qualità.

Figura 3.22
Carattere Caslon.

Transizionali

I *transizionali*, indicati su alcuni testi anche come *romani moderni*, sono disegnati con **grazie orizzontali e sottili** e terminano con un'asta la cui base ha un andamento piatto e lineare.
Il **contrasto tra le aste** spesse e quelle sottili è particolarmente **accentuato**, e l'asse dei caratteri tondi è meno inclinata.
Sono stati creati quasi tutti nel XVIII secolo e costituiscono un momento di transizione tra romani antichi e romani moderni.
Esempio di carattere romano moderno è il *Times New Roman*, progettato all'inizio degli anni Trenta da una commissione di esperti per il *Times* di Londra. Ancora oggi è uno tra i più utilizzati.
Altri esempi sono il *Baskerville* (Figura 3.23) o il *Tiffany*.

Figura 3.23
Carattere Baskerville.

Dalla progettazione alla pubblicazione: tecniche, regole, scelte, metodi, consigli per realizzare prodotti editoriali di qualità.

Bodoniani

I *bodoniani*, anch'essi da alcuni indicati come *romani moderni*, hanno un rapporto di **spessore esasperato tra le aste**, e le loro **grazie** si uniscono con l'asta verticale della lettera disegnando un inconfondibile **angolo retto**.
Il loro disegno è austero e classico. Un esempio di romano moderno è il *Century Schoolbook* (Figura 3.24).

Figura 3.24
Carattere Century Schoolbook.

Dalla progettazione alla pubblicazione: tecniche, regole, scelte, metodi, consigli per realizzare prodotti editoriali di qualità.

Scritti

Gli *scritti* (o *calligrafici*) sono invece l'imitazione della scrittura a mano cancelleresca e presentano un accentuato contrasto tra i filetti. Prevalentemente **inclinati**, si distinguono in calligrafici legati e non. Solitamente sono utilizzati per brevi testi (per esempio uno slogan) per la loro difficoltà di lettura.
Esempio di carattere calligrafico è il *Brush Script* (Figura 3.25).

Figura 3.25
Carattere Brush Script.

Dalla progettazione alla pubblicazione: tecniche, regole, scelte, metodi, consigli per realizzare prodotti editoriali di qualità.

Ornati

Gli *ornati* sono caratteri utilizzati quasi esclusivamente come iniziali decorative di una pagina, al fine di alleggerirne l'impaginazione.
Esempio di carattere ornato è il *Elzevir* (Figura 3.26).

DALLA PROGETTAZIONE ALLA PUBBLICA
ZIONE TECNICHE REGOLE SCELTE METODI

Figura 3.26
Carattere Elzevir.

Egiziani

Gli *egiziani* si riconoscono dalle **grazie** disegnate **ad angolo retto** ma, a differenza dei bodoniani, presentano spessori decisamente più importanti facendole risultare particolarmente **squadrate**. La **differenza tra le aste è ridotta al minimo** e le grazie sono piuttosto evidenti. I primi sono apparsi in Inghilterra all'inizio del XIX secolo; oggi sono particolarmente graditi in ambito pubblicitario e commerciale.
Esempio di carattere egiziano è il *Rockwell* (Figura 3.27).

Dalla progettazione alla pubblicazione: tecniche, regole, scelte, metodi, consigli per realizzare prodotti editoriali di qualità.

Figura 3.27
Carattere Rockwell.

Lineari

I *lineari* (o *bastoni*) sono i caratteri di concezione più moderna e anche i più recenti nel tempo (sono stati disegnati in Inghilterra all'inizio del XIX secolo). Rivelano una costruzione geometrica, sono completamente **privi di grazie** e le aste hanno tutte uno **spessore pressoché uniforme**. Esempi di carattere lineare sono l'*Univers* (Figura 3.28) e il *Gill Sans*.

Dalla progettazione alla pubblicazione: tecniche, regole, scelte, metodi, consigli per realizzare prodotti editoriali di qualità.

Figura 3.28
Carattere Univers.

Universalmente Univers

L'Univers possiede una delle collezioni alfabetiche più complete, con toni diversi, larghi, stretti, verticali, inclinati, profilati e così via.

ABCDEFGHIJKL abcdefghijklmno	**ABCDEFGHIJKL** **abcdefghijklmn**	**ABCDEFGHIJ** **abcdefghijkl**
ABCDEFGHIJKLM *abcdefghijklmnop*	***ABCDEFGHIJKL*** ***abcdefghijklmn***	ABCDEFGHIJKLMN abcdefghijklmnopqr
ABCDEFGHIJKLM abcdefghijklmno	**ABCDEFGHIJK** **abcdefghijklm**	**ABCDEFGHIJKLM** **abcdefghijklmnop**
ABCDEFGHIJK ***abcdefghijklmn***	ABCDEFGHIJK abcdefghijklm	ABCDEFGHIJKLM abcdefghijklmnop

Fantasia

I *fantasia* sono, infine, un gruppo difficilmente classificabile in quanto comprende tutti quei caratteri che non rientrano nelle categorie precedenti e mischiano le caratteristiche dei diversi tipi. Si tratta, comunque, di caratteri originali e assai particolari che, a causa della loro difficoltà di lettura, sono vivamente sconsigliati per testi lunghi.
Esempio di carattere fantasia è il *Jokerman* (Figura 3.29).

Figura 3.29
Carattere Jokerman.

Dalla progettazione alla pubblicazione: tecniche, regole, scelte, metodi, consigli per realizzare prodotti editoriali di qualità.

Dimmi come scrivi

Romano antico

Il romano antico mantiene poca differenza tra le aste grosse e quelle sottili. Le grazie si raccordano alle aste con andamento curvilineo.

Romano moderno

Mostra un forte contrasto tra le aste. Le grazie sono dritte e sottili e si raccordano alle aste con una minima curvatura, quando è presente.

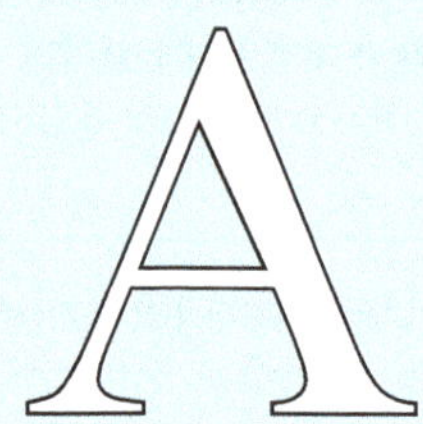

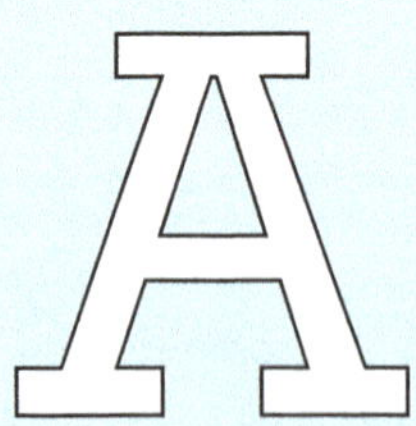

Egiziani

Quasi nessuna differenza tra le aste. Le grazie si raccordano alle aste in maniera rettilinea.

Bastone

Quasi nessuna differenza tra le aste. Grazie inesistenti.

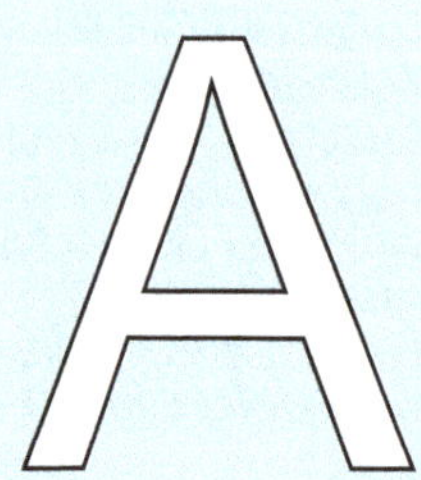

Classificazione morfologico-decimale di Giuseppe Pillitteri

Nel **1963**, pochi anni dopo la classificazione di Novarese, Giuseppe Pillitteri pubblica l'*Atlante tipologico* dove, a scopo didattico e pratico, suddivide i caratteri da stampa secondo una classificazione morfologico-decimale e crescente.
Questo significa che egli li cataloga su basi che si rifanno alla loro forma, profilo o sagoma, contrassegnandoli con numeri ordinati in modo decimale.
Poiché lo stile dei caratteri non è sempre univoco, l'ordinamento numerico di Pillitteri nasce con l'intento di facilitarne la classificazione.
Il gruppo di appartenenza (quello cioè stilisticamente prevalente) viene indicato con una cifra, seguita da una seconda che identifica dei sottogruppi che, in ordine di importanza, contengono delle varianti che influenzano lo stile principale.

0. Lineari

Cioè **senza grazie** come, per esempio, l'*Univers*, l'*Helvetica*, il *Gill sans* o il *Futura*, anche se l'assortimento generale è vasto e comprende molte forme alfabetiche (larghe, strette, verticali, inclinate o altro).
Di questo primo insieme, i sottogruppi si distinguono in:

0.0 Bastoni o grotteschi
0.1 Tubiformi
0.2 Ad aste contrastate
0.3 Con tagli obliqui
0.4 Con aste cuneiformi
0.5 Con aste arrotondate
0.6 Con aste sovrapposte
0.7 Masse caratteriformi

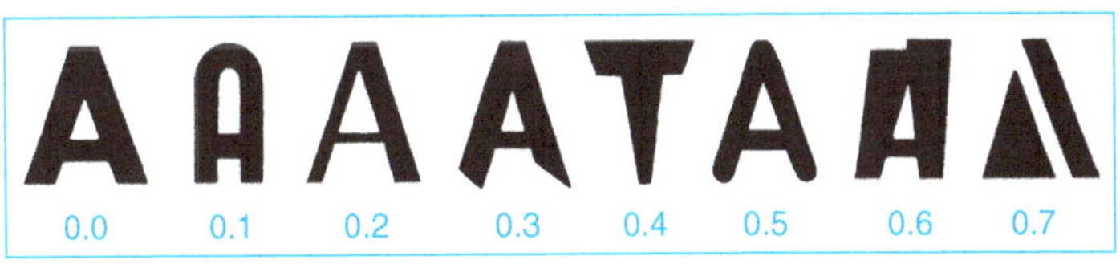

1. Rettiformi

Con **grazia quadrata** e, spesso, **consistente**. Comprendono caratteri dal disegno prevalentemente largo, anche se la collezione raccoglie tipologie di lettere anche dal disegno più stretto, mentre le ascendenti e le discendenti sono caratterizzate sempre da un tratto piuttosto corto.
Nei sottogruppi contenuti in questo insieme possiamo trovare:

1.0 Congiunzione tra aste e terminali ad angolo retto
1.1 Congiunzione tra aste e terminali con raccordo concavo

1.2 Terminali con tagli obliqui
1.3 Terminali trapezoidali
1.4 Terminali più vistose delle aste
1.5 Terminali solo da un lato
1.6 Terminali biforcute

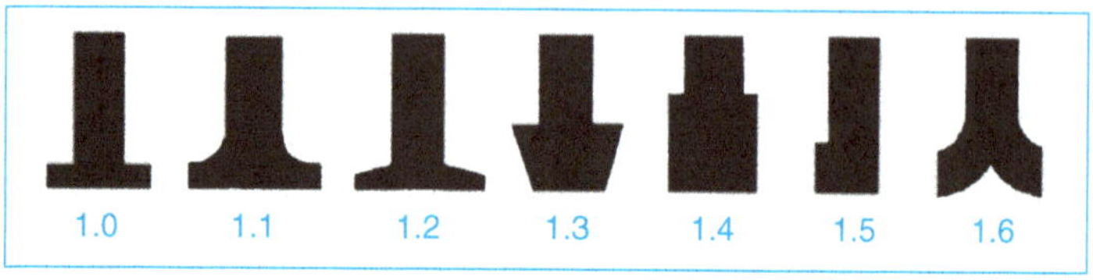

2. Angoliformi

Con **grazia triangolare**. È un gruppo che non contempla lo stile corsivo e che, come il precedente, conserva le aste delle ascendenti e delle discendenti sempre corte. Grazie e terminazioni delle aste hanno un disegno appuntito e dalla forma triangolare.
Sottogruppi:

2.0 Angoliformi simmetrici
2.1 Angoliformi con aste cuneiformi
2.2 Monoangoliformi
2.3 Aste con estremità lievemente angolari

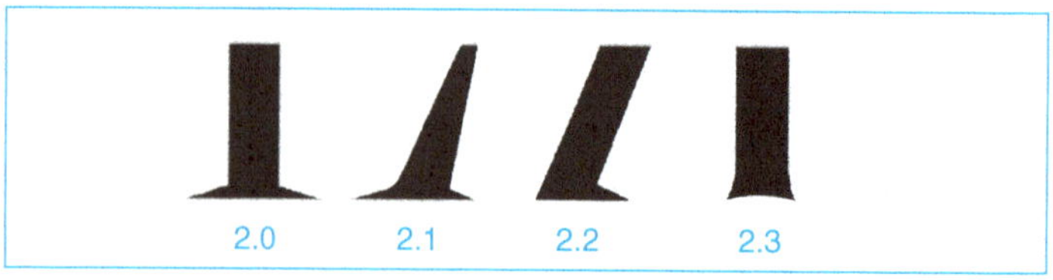

3. Curviformi

Con **grazia modulata**. Nei curviformi i caratteri presentano un disegno delle grazie utilizzato nel Rinascimento. Tipico carattere è il famosissimo *Garamond* (classe 3.0).
I sottogruppi di appartenenza sono:

3.0 Curviformi modellati
3.1 Curviformi simmetrici
3.2 Curvi-rettiformi
3.3 Curvi-contrastiformi
3.4 Curvi-angoliformi
3.5 Convessiformi
3.6 Rotondiformi
3.7 Svolazziformi
3.8 Con aste cuneiformi
3.9 Con terminali sinuose

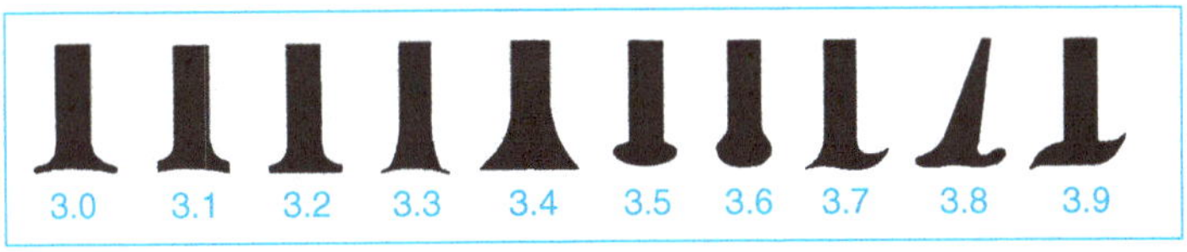

4. Digradanti

Con **grazia curvi-filiforme**. Esempio tipico è il carattere *Baskerville* (classe 4.0) considerato uno tra i più leggibili caratteri inglesi di transizione.

Per i sottogruppi si parla invece di:

4.0 Terminali vagamente digradanti
4.1 Terminali digradanti corti
4.2 Terminali digradanti fusiformi
4.3 Con aste cuneiformi

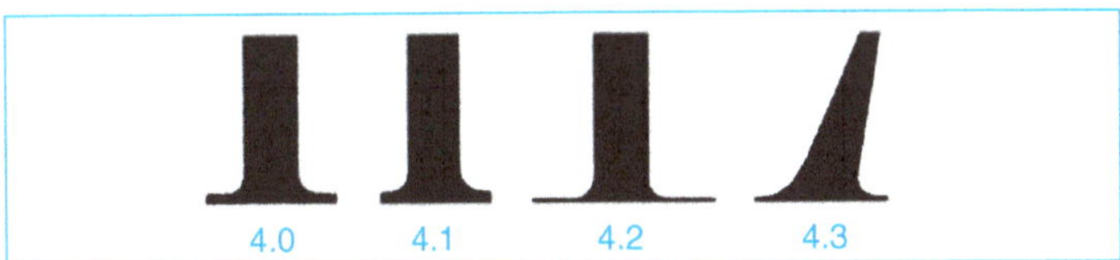

5. Contrastanti

Con **grazia filiforme**. Hanno prevalentemente aste verticalizzate con discendenti lunghe e tratti terminali delle lettere corsive che non si discostano da quelle dello stile tondo. Tipico carattere di questo gruppo è il *Bodoni* (classe 5.1).

I sottogruppi sono cinque e così suddivisi:

5.0 A fortissimo contrasto (Didot)
5.1 A forte contrasto (Bodoni)
5.2 Con aste larghissime (Normanni)
5.3 Oblunghi con terminali corte
5.4 Con aste cuneiformi

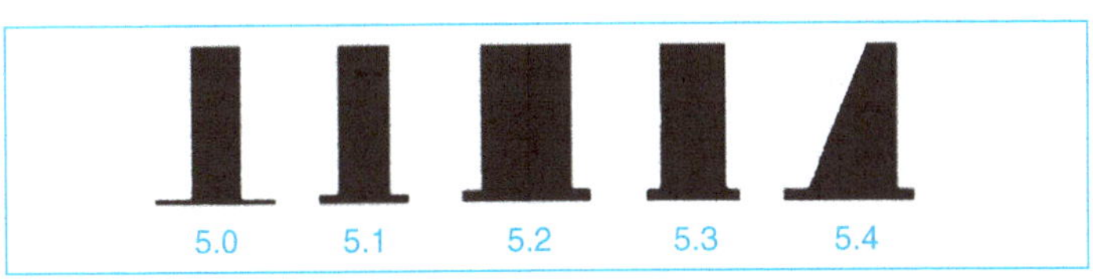

6. Scritti, Manuali, Estemporanei

Comprendono scritture varie. Sono l'**espressione della scrittura a mano**, dal tono medio e dalle discendenti molto lunghe.

Il maiuscolo risulta poco inclinato con lettere che presentano spesso ornati e fronzoli. Il disegno di molti di questi caratteri può ricordare lo stile gotico. Esempio di carattere appartenente a questo gruppo è il *Legend* (classe 6.1).

I sottogruppi si dividono in:

6.0 A matita
6.1 A penna
6.2 Con pennello
6.3 Con carboncino
6.4 Con bulino
6.5 Con scalpello
6.6 Con forbici
6.7 Con macchina per scrivere

7. Fratti

Scritture gotiche e rotonde. Gruppo di caratteri praticamente dal disegno gotico.

I sottogruppi si chiamano:

7.0 Textur (con tratti decisamente spezzati)
7.1 Schwabacher (con certe rotondità spesso terminanti in punte aguzze e incroci caratteristici)
7.2 Fraktur (transizionali)
7.3 Rotonda (assimilabile parzialmente alle umanistiche carolinge, ma con taluni tratti spezzati)

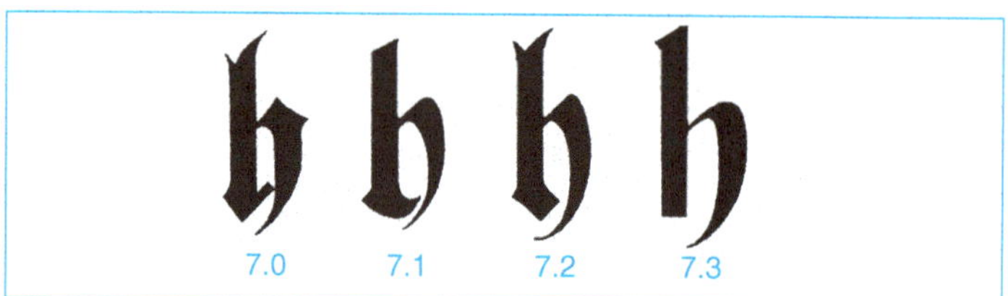

8. Fregiformi

Con **terminali fregiati**. Sono tutti caratteri contraddistinti dall'esistenza delle sole lettere maiuscole.

Tridimensionali, egiziani, elaborati, ombreggiati, superornati floreali e molti altri sono i disegni che caratterizzano questo particolarissimo gruppo. Nei sottogruppi troviamo:

8.0 A svolazzi
8.1 Tipi superornati
8.2 Fregiformi assimilabili a qualche stile decorativo

9. Fantasie, Ibridi, Aberrazioni
Caratteri **senza stile**. Praticamente il gruppo comprende tutti gli altri stili che non hanno caratteristiche, per così dire, "tradizionali". Non a caso i sottogruppi si chiamano:

- 9.0 Ibridi (combinazioni di vari gruppi stilistici)
- 9.1 Aberrazioni
- 9.2 Figuriformi
- 9.3 Pseudoesotici

I raggruppamenti stilistici che si sono succeduti negli anni sono stati molteplici (come quelli non citati tipo la *classificazione onomastica*, dove i caratteri vengono suddivisi secondo i più disparati criteri: dal tipografo che ha utilizzato un certo stile al nome del disegnatore, del punzonista o del fonditore che lo ha realizzato, dall'autore del libro di successo in cui il carattere è stato usato al nome di una località o di un referente politico e così via; o *la classificazione DIN 16518*, che suddivide i caratteri in 11 famiglie); averne anche semplicemente "scoperchiati" alcuni nelle pagine precedenti fa capire la complessità dell'argomento.
È quindi facile intuire che riuscire a muoversi con coscienza in questo dedalo di grafismi può risultare sconcertante, soprattutto per i meno esperti.
Nelle due pagine seguenti, un piccolo aiuto per consentire di mettere a fuoco alcuni dei caratteri citati finora, e permettere di familiarizzare con il loro disegno e i loro tratti stilistici, lo possono offrire gli esempi seguenti. Si tenga conto che tutti i testi sono stati composti con lo stesso corpo.

Anche i caratteri hanno un'anima

Districarsi oggi in questa selva di caratteri nel tentativo di scegliere il più giusto come traduzione grafica di contenuti letterali può risultare, soprattutto per chi è alle prime armi, piuttosto complesso.
È utile quindi non ignorare, a questo proposito, l'esistenza di regole che, unitamente alla sensibilità individuale, possono agevolare di molto il lavoro di chi esercita questa professione.

L'espressività dei caratteri editoriali

Come prima cosa è importante sapere che il significato delle parole scritte può essere facilmente reso graficamente anche dal disegno stesso del carattere.
Infatti, l'espressività e la personalità intrinseca nella sua forma possono accentuare il significato di una parola o di un concetto e suggerire l'idea di ciò che si sta leggendo.
La scelta del tipo di carattere è quindi importante per accompagnare e rafforzare il concetto di ciò che si intende scrivere, e sbagliarla può rendere meno efficace il risultato finale.

Helvetica corpo 10

Le donne, i cavallier, l'arme, gli amori, le cortesie, l'audaci imprese io canto, che furo al tempo che passaro i Mori d'Africa il mare, e in Francia nocquer tanto, [...]

Futura corpo 10

Le donne, i cavallier, l'arme, gli amori, le cortesie, l'audaci imprese io canto, che furo al tempo che passaro i Mori d'Africa il mare, e in Francia nocquer tanto, [...]

Egizio corpo 10

Le donne, i cavallier, l'arme, gli amori, le cortesie, l'audaci imprese io canto, che furo al tempo che passaro i Mori d'Africa il mare, e in Francia nocquer tanto, [...]

Clarendon corpo 10

Le donne, i cavallier, l'arme, gli amori, le cortesie, l'audaci imprese io canto, che furo al tempo che passaro i Mori d'Africa il mare, e in Francia nocquer tanto, [...]

Rockwell corpo 10

Le donne, i cavallier, l'arme, gli amori, le cortesie, l'audaci imprese io canto, che furo al tempo che passaro i Mori d'Africa il mare, e in Francia nocquer tanto, [...]

Romain Elzévir corpo 10

Le donne, i cavallier, l'arme, gli amori, le cortesie, l'audaci imprese io canto, che furo al tempo che passaro i Mori d'Africa il mare, e in Francia nocquer tanto, [...]

Garamond corpo 10

Le donne, i cavallier, l'arme, gli amori, le cortesie, l'audaci imprese io canto, che furo al tempo che passaro i Mori d'Africa il mare, e in Francia nocquer tanto, [...]

Baskerville corpo 10

Le donne, i cavallier, l'arme, gli amori, le cortesie, l'audaci imprese io canto, che furo al tempo che passaro i Mori d'Africa il mare, e in Francia nocquer tanto, […]

Bodoni corpo 10

Le donne, i cavallier, l'arme, gli amori, le cortesie, l'audaci imprese io canto, che furo al tempo che passaro i Mori d'Africa il mare, e in Francia nocquer tanto, […]

SnellRoundhand corpo 10

Le donne, i cavallier, l'arme, gli amori, le cortesie, l'audaci imprese io canto, che furo al tempo che passaro i Mori d'Africa il mare, e in Francia nocquer tanto, […]

Fraktur corpo 10

Le donne, i cavallier, l'arme, gli amori, le cortesie, l'audaci imprese io canto, che furo al tempo che passaro i Mori d'Africa il mare, e in Francia nocquer tanto, […]

WilhelmKlingsporGotisch corpo 10

Le donne, i cavallier, l„arme, gli amori, le cortesie, l„audaci imprese io canto, che furo al tempo che passaro i Mori d„Africa il mare, e in Francia nocquer tanto, […]

DAVIDA CORPO 10

LE DONNE, I CAVALLIER, L'ARME, GLI AMORI, LE CORTESIE, L'AUDACI IMPRESE IO CANTO, CHE FURO AL TEMPO CHE PASSARO I MORI D'AFRICA IL MARE, E IN FRANCIA NOCQUER TANTO, […]

STENCIL CORPO 10

LE DONNE, I CAVALLIER, L'ARME, GLI AMORI, LE CORTESIE, L'AUDACI IMPRESE IO CANTO, CHE FURO AL TEMPO CHE PASSARO I MORI D'AFRICA IL MARE, E IN FRANCIA NOCQUER TANTO, […]

Figura 3.30
Le tabelle "Caratteri graziati a confronto" e "Caratteri lineari a confronto" sono tratte da *Delle lettere* di Ivana Tubaro, edito da Hoepli.

Caratteri graziati a confronto

Bembo 1496	Garamond XVI sec	Caslon XVIII sec	Baskerville XVIII sec	Bodoni XVIII sec	Times New Roman 1932
A	A	A	A	A	A
G	G	G	G	G	G
J	J	J	J	J	J
Q	Q	Q	Q	Q	Q
R	R	R	R	R	R
a	a	a	a	a	a
e	e	e	e	e	e
f	f	f	f	f	f
g	g	g	g	g	g
t	t	t	t	t	t

I diversi tipi di carattere e l'uso degli stili appropriati, se ben utilizzati, possono valorizzare il contenuto di un testo suscitando determinate associazioni mentali.
Il carattere scelto può dipendere dall'argomento trattato, dal pubblico a cui ci si rivolge, dal gusto di chi lo sceglie e da molte altre variabili.
In questo, alcuni caratteri sembrano essere più indicati di altri a rappresentare le loro potenzialità espressive (Figura 3.31).
Se ci pensate, in effetti, un carattere lineare e dal disegno pesante può facilmente evocare il concetto di solidità; una forma chiara, stretta e magari inclinata, porta la mente a un delicato giunco

Caratteri lineari a confronto

Akzidenz 1898	Futura 1926	Gill Sans 1927	Univers 1955	Helvetica 1957	Optima 1958
A	A	A	A	A	A
G	G	G	G	G	G
J	J	J	J	J	J
Q	Q	Q	Q	Q	Q
R	R	R	R	R	R
a	a	a	a	a	a
e	e	e	e	e	e
f	f	f	f	f	f
g	g	g	g	g	g
t	t	t	t	t	t

Figura 3.31
È molto importante riuscire a individuare delle relazioni o delle analogie, seppur modeste, tra disegno del carattere e contenuto da esprimere.

mosso dal vento, una scrittura cancelleresca sembrerebbe appropriata per il nome di un prodotto per la cura del corpo femminile e così via.

Esistono quindi già "in natura" caratteri potenti, maschili, pesanti, virili, femminili, delicati, leggeri, frivoli, giocosi, aggressivi, deboli, festosi, austeri, eleganti, secchi, pastosi, morbidi o altro ancora.
Questo modo di abbinare il testo al contenuto, tipico per esempio di loghi, scritte pubblicitarie *et similia*, lo spiega molto bene Alfred Hohenegger in un passaggio del suo *Graphic Design* edito da Peruzzi:

> È evidente che un carattere chiaro sottolinea la "leggerezza" con la quale si muove una "graziosa" fanciulla, aumentando visivamente l'espressione dell'aggettivo. Così quando il contenuto di una parola o di una frase lo consenta, o di più quando lo esige il designer, egli farà appello alla sua sensibilità di interprete servendosi di caratteri lineari pesanti quando voglia esprimere il concetto della solidità; sceglierà, invece, un carattere chiaro stretto per sottolineare la fragilità di un fiore; cercherà, forse, un carattere cancelleresco inglese per il nome di un profumo: egli ricorrerà a tipi di caratteri potenti, eleganti, pesanti, gravi, maschili, femminili, delicati, aggressivi, frivoli, per aumentare l'espressione di un contenuto.

Quindi, secondo questo assunto, il significato di un concetto può essere espresso, valorizzato e interpretato per mezzo della forma grafica del carattere adottato.
Diciamo, a questo proposito, che anche l'uso della tonalità del carattere (scuro o chiaro) può essere in grado di esprimere o di accentuare visivamente l'idea che si vuole esprimere.
Ecco che allora la leggiadria di una graziosa fanciulla è meglio non esprimerla con l'uso di un carattere visivamente lineare e pesante, più adatto a rivelare un concetto di solidità e quindi più maschile; e delle lettere esili e delicate saranno da preferire se si vuole descrivere, come spiega bene Hohenegger, la fragilità di un fiore.
Infatti, in modo del tutto indipendente dal contenuto del testo e dalla loro leggibilità, i caratteri sono in grado di esprimere emozioni e suscitare reazioni differenti; e lo stesso testo, composto in caratteri diversi, è in grado di restituire sentimenti diversi.

Un carattere, una lingua

Il **lettering** (cioè la progettazione di una scritta) è quindi un momento molto importante nelle scelte grafiche, perché è la descrizione di ciò che si intende esprimere.
Alcuni studiosi, consapevoli del fatto che i caratteri sono in grado di rivelare molto su chi li ha disegnati, in quale epoca o in quale Paese, consigliano di mantenere il legame che esiste tra lingua del testo e luogo di nascita del carattere.
Infatti, molti caratteri conservano determinate forme proprio per meglio adeguarsi alle diverse scritture: maiuscole frequenti e parole lunghe nel tedesco; frequenza degli accenti nel francese e così via.

Sulla leggibilità

Da *La forma del libro*, scritto da Jan Tschichold per Edizioni Sylvestre Bonnard, 2005:

> Primo e principale dato: la forma stessa delle lettere contribuisce in ampia misura alla leggibilità o al suo opposto. Poche persone si soffermano a considerare la forma di un carattere, e per una persona inesperta è quasi impossibile scegliere dai caratteri a disposizione quello più adatto al lavoro che si sta compiendo. La scelta non è solo una questione di gusto.

La leggibilità dei caratteri

Diverse sono le regole che sottintendono alla scelta di un carattere e, molto spesso, eseguito un primo lavoro di scrematura, ci si trova di fronte alla difficoltà di decidere tra quelli selezionati.

In questo caso una sola regola deve valere su tutte: la scelta deve assolutamente cadere sul carattere maggiormente leggibile!

Il fattore leggibilità, è quasi superfluo sottolinearlo, dovrebbe essere sempre messo al primo posto nella scelta dei caratteri da parte del grafico, in quanto rappresenta il primo fondamento di una buona composizione: farsi cioè leggere con estrema facilità e scorrevolezza.

La scelta di un buon carattere risulta quindi il primo elemento da considerare in relazione alla tipologia del prodotto da confezionare.

Un **libro di studio**, in cui la lettura si prolunga nel tempo e in una condizione di grande concentrazione, avrà delle esigenze del tutto diverse da una **rivista** di attualità o di gossip in cui la lettura avviene in maniera veloce e assai poco concentrata e dove l'attenzione del fruitore medio deve essere necessariamente catturata da qualche *escamotage* grafico.

Nel primo caso, un carattere con un **disegno classico**, armonico nelle linee, semplice nella struttura, con una tonalità non eccessiva (non deve essere, cioè, né troppo pesante né troppo chiaro) e con un rapporto di proporzione tra altezze e larghezze delle lettere, dovrebbe essere la scelta migliore.

Nel secondo caso, invece, proprio nel tentativo di catturare l'attenzione del lettore, è necessario usare degli **accorgimenti grafici**, a volte anche "significativi".

Questo espediente è però meglio utilizzarlo nei titoli mentre, per il testo dell'articolo è preferibile attenersi alle normali esigenze di leggibilità, per esempio utilizzando un romano di transizione.

Leggibilità e visibilità

La **leggibilità** è consentire una lettura facile, scorrevole, fluida e continua. Questo fatto dipende dalla forma propria del carattere, dall'armonia e dall'equilibrio, ma non è prescindibile da un altro concetto, e cioè che l'occhio riconosce con maggiore facilità le forme note. Risultato: più una forma è familiare e più è leggibile. I caratteri studiati per essere letti dovranno quindi avere forme conosciute e abituali.
Visibilità significa, invece, permettere di vedere qualcosa catturando l'attenzione di qualcuno.
Questo concetto è molto diffuso in campo pubblicitario dove è importante stimolare l'attenzione del pubblico nelle situazioni più disparate. Pensate per esempio a un manifesto, strumento pubblicitario per eccellenza, che deve catturare l'interesse anche di chi è alla guida di un'auto, fornendo un'informazione rapida che deve avere una grafica che richiami l'attenzione e un testo breve e dal corpo grande che possa essere letto velocemente.

Condizioni di leggibilità

Le condizioni che rendono un testo più o meno facile da leggere sono diverse e, a volte, insospettabili: dal disegno del carattere al corpo utilizzato, dall'ingombro delle lettere alla proporzione tra neri e bianchi (grafismi e contrografismi), dalla spaziatura delle lettere a quella delle parole, dalla lunghezza della riga di testo alle battute che la compongono, dalla distanza verticale tra le righe di testo alla condensazione delle lettere, dalla carta utilizzata ai colori dominanti e così via. Ma vediamo per ordine di cosa si tratta.

1. Il corpo

Prima cosa da sapere è che, se un carattere risulta bello, leggibile e con un'ottima percezione visiva nei corpi piccoli, questo non significa che possa mantenere la stessa chiarezza anche nei corpi più grandi, e viceversa. Attenzione quindi a quando esigenze di spazio o di dimensione dei testi costringono a rivedere l'impianto grafico, soprattutto se questo coinvolge il corpo del testo.

San Tommaso

È buona regola, soprattutto se non si ha esperienza, non fidarsi della prima impressione. Prima di iniziare un lavoro, sarebbe meglio stampare il carattere scelto in tutti i corpi che si intendono utilizzare e, soprattutto, inserirlo nella struttura definitiva della pagina per valutarne la resa complessiva.
Questo semplice accorgimento permetterà di essere sicuri del risultato finale e di risparmiare tempo prezioso.

Tanto per offrire delle basi da cui partire, si sappia che, in generale e per un adulto, una lettura comoda è offerta dall'utilizzo di un **corpo 10**, mentre il **corpo 8** viene considerato il corpo minimo da scegliere per i testi correnti, e che il **6** è tollerabile solo nell'impiego di testi brevi come per esempio, note e didascalie, o per volumi di sporadica consultazione come i dizionari.
Per i titoli vengono solitamente usati caratteri di corpo più grande rispetto a quello del testo, mentre per i testi di secondo piano o di supporto (come note, didascalie, inserti e citazioni) il corpo utilizzato dovrà essere più piccolo.
Ma attenzione, ricordate che famiglie di caratteri diverse possono non avere lo stesso risultato in fatto di corpi.

2. Il minuscolo

Generalmente un testo viene ritenuto leggibile quando possiede un buon disegno distintivo della parte superiore delle sue lettere minuscole, quando, cioè, è decifrabile anche coprendone la parte inferiore.
L'operazione contraria, come si può osservare nella Figura 3.32 non dà, invece, lo stesso risultato.

Figura 3.32
Una scritta minuscola è maggiormente leggibile se non è coperta la parte superiore delle lettere.

È pertanto importante che il disegno superiore dei caratteri del testo non venga mai coperto o disturbato da immagini, colori o particolari effetti grafici.
Nel *minuscolo* alcune lettere hanno aste ascendenti e altre discendenti, conferendo alla scrittura un aspetto irregolare e frastagliato.
Le **discendenti** sono quelle lettere le cui aste, posta una linea immaginaria sui cui poggiano i caratteri (chiamata *linea di base*), scendono al di sotto di questa linea.
Le **ascendenti** sono invece le lettere le cui aste superano l'occhio medio del carattere, o se volete, la testa del carattere.
Per completezza di esposizione, l'**occhio medio** è la distanza fra la linea di base e la testa di un qualsiasi carattere minuscolo; è cioè, per dirla in parole povere, l'altezza delle lettere minuscole escluse ascendenti e discendenti, come mostrato nella Figura 3.33.

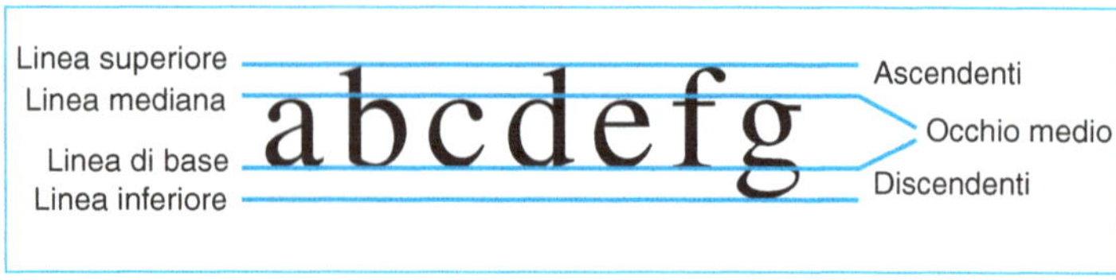

Figura 3.33
Discendenti, ascendenti e occhio medio.

Di seguito sono indicate in colore tutte le lettere ascendenti e discendenti presenti nell'alfabeto latino (Figura 3.34).

Figura 3.34
Lettere ascendenti e discendenti presenti nell'alfabeto latino.

Figli di un Dio minore

A volte capita di essere indecisi sull'utilizzo del maiuscolo o del minuscolo. Si sappia che è stato riscontrato che il nostro occhio percepisce e memorizza più facilmente forme irregolari e frastagliate rispetto a quelle più lineari e monotone. Per questo motivo il minuscolo risulta essere più adatto alla lettura e quindi alla composizione dei testi lunghi. Il profilo della scrittura minuscola è, infatti, maggiormente riconoscibile di quello della scrittura maiuscola che non restituisce sagome con elementi distinguibili.

3. Il maiuscolo

Testi composti esclusivamente con lettere maiuscole sono già di per sé di difficile lettura perché generano un risultato visivo sempre uguale, mentre leggere significa cogliere l'immagine della parola. Infatti, il lettore, non distingue le singole lettere, ma vede l'intera parola che evoca un'immagine del concetto.
La scarsa leggibilità di questo stile è facilmente dimostrabile (Figura 3.35) applicando la stessa prova di copertura del testo utilizzata per le lettere minuscole (Figura 3.36).

Il sesso dei numeri

Ebbene sì, anche i numeri possono essere scritti in maiuscolo e minuscolo, ma attenzione: alcuni caratteri, e di tutto rispetto come il Gill Sans, il Futura o il Meridien solo per citarne alcuni, sono privi dei numeri in stile minuscolo.

Numeri minuscoli 1 2 3 4 5 6 7 8 9 0

Numeri MAIUSCOLI 1 2 3 4 5 6 7 8 9 0

In generale si può dire che i numeri maiuscoli hanno un disegno più moderno rispetto a quelli minuscoli definiti più *old style*. I primi vengono maggiormente apprezzati in campo pubblicitario, mentre i secondi, segno di cultura e di tradizione tipografica, sono utili per qualsiasi altro tipo di testo.
Va da sé che di fronte a un lavoro comprendente numeri in gran quantità, potrebbe valer la pena scegliere un carattere in cui risultino ben disegnati.

Figura 3.35
La scarsa leggibilità del maiuscolo è data dalle lettere che non restituiscono elementi distinguibili.

A B C D E F G H I J K L M N O P Q R S T U V W X Y Z
a A b B c C d D e E f F

Figura 3.36
Le lettere maiuscole (a differenza di quelle minuscole) hanno tutte la stessa altezza.

Nel *maiuscolo*, chiamato anche stampatello dai ricordi di scuola, non esistono né ascendenti né discendenti.
Le lettere hanno tutte la stessa altezza che è più grande di quella delle lettere minuscole, e la sagoma che restituiscono non possiede elementi riconoscibili.
Il maiuscolo deve essere usato con criterio e parsimonia, in quanto un intero testo scritto in questo modo non invoglia di certo alla lettura. Prendiamo come esempio un frammento di testo e verifichiamo quanto appena detto.

LA PRIMA DELLE LEGGI NATURALI È CHE IL DIRITTO DI TUTTI SU UNO NON DEVE ESSERE MANTENUTO. LA SECONDA DELLE LEGGI NATURALI DERIVATE È CHE BISOGNA STARE AI PATTI, OSSIA CHE BISOGNA MANTENERE LA PAROLA DATA.
LA VIOLAZIONE DI UN PATTO (CHE CONSISTE SEMPRE IN UNA QUALCHE AZIONE OD OMISSIONE) PRENDE IL NOME DI TORTO.

È abbastanza evidente che la lettura non risulta di certo agevole. Anche nel caso in cui l'uso venga limitato ai soli titoli può generare, a volte, risultati indesiderati.
I testi composti solo con le maiuscole non sono in grado di dare respiro allo scritto rendendo il risultato pesante.

L'avreste mai detto?

La lettura viene compiuta per gruppi di parole focalizzando l'attenzione solo su alcune parti delle lettere.
Leggere significa, infatti, cogliere l'immagine della parola.
Il lettore tende a non vedere più le singole lettere, ma l'intera parola che genera nel cervello l'immagine del concetto.
Provate a leggere le righe di testo seguenti:

Seocndo uon stiduo di uan univretisà inlegse l'oridne dlele letetre all'intreno di uan praola nno è improtatne, ciò ceh improta è al pirma e l'utlia letetra. Il retso nno improta motlo in qulael oridne si trvoa, lo leeggrai comnuque sezna prbloema.

Questo concetto è molto importante, soprattutto per chi è addetto alla rilettura dei testi e alla correzione delle bozze.
Chi è preposto a questa funzione deve infatti essere sempre in grado di leggere quello che è scritto e non ciò che pensa possa essere scritto.

4. Il maiuscoletto

Nel *maiuscoletto* il carattere possiede il disegno di quello maiuscolo ma con le dimensioni di quello minuscolo.
Ha però, rispetto al primo, le iniziali maiuscole differenziate che lo rendono meno uniforme e quindi leggermente più "mosso".
A differenza del maiuscolo, il maiuscoletto riesce a restituire una certa grazia al carattere, anche se continua comunque a imprimergli un'aria austera.

LA PRIMA DELLE LEGGI NATURALI È CHE IL DIRITTO DI TUTTI SU UNO NON DEVE ESSERE MANTENUTO. L'A SECONDA DELLE LEGGI NATURALI DERIVATE È CHE BISOGNA STARE AI PATTI, OSSIA CHE BISOGNA MANTENERE LA PAROLA DATA.
LA VIOLAZIONE DI UN PATTO (CHE CONSISTE SEMPRE IN UNA QUALCHE AZIONE OD OMISSIONE) PRENDE IL NOME DI TORTO.

Il maiuscoletto può essere usato come ultima forma di gerarchia dopo l'impiego del corsivo e del grassetto.
Normalmente viene utilizzato per:

- nomi di sigle;
- parole o frasi riportate nel testo come scritte altrove ("sul cancello del parco pendeva una targa con scritto ATTENTI AL CANE");
- trascrizioni di iscrizioni;
- firme di artisti;
- nome degli autori nella bibliografia;
- slogan e motti.

Tre scritture a confronto

Proviamo a mettere a confronto le tre modalità di scrittura (minuscolo, maiuscolo, maiuscoletto) utilizzando per tutti lo stesso carattere e lo stesso corpo: l'Helvetica 13.

a b c d e f g h i j k l m n o p q r s t u v w x y z

A B C D E F G H I J K L M N O P Q R S T U V W X Y Z

A B C D E F G H I J K L M N O P Q R S T U V W X Y Z

È subito chiaro quanto il carattere maiuscolo sia decisamente più invadente degli altri due e quanto spazio in più occupi.
Allo stesso modo, è immediatamente visibile che il maiuscoletto mantiene il disegno del maiuscolo ma le dimensioni del minuscolo.

5. La lunghezza delle righe: la giustezza

Una componente importante che influenza in modo decisivo la fluidità di lettura di un testo è la lunghezza delle righe, che non devono essere né troppo lunghe né troppo corte.
Se la riga è troppo lunga, l'occhio sarà infatti costretto a fare uno sforzo eccessivo per seguirla fino in fondo senza perdersi.
Se la riga è troppo corta, l'occhio verrà invece affaticato dal continuo andare a capo. Diciamo che una buona riga dovrebbe contenere dalle **otto** alle **dieci parole**, oltre potrebbe risultare pesante.
La lunghezza che viene attribuita alla linea di composizione si chiama giustezza.
La *giustezza* è quindi la misura orizzontale, cioè la larghezza del massimo ingombro di una riga di testo. Si misura in millimetri e deve rapportarsi al formato della pagina (Figura 3.37).

GLI ZINGARI FELICI

I bambini di Soroca frequentano regolarmente la scuola pubblica. 81 sono al liceo.

danza e le case della cultura rom e, cosa mai avvenuta prima, di ottenere la cittadinanza. Abbiamo rinunciato alla nostra natura nomade, in cambio, però, ci hanno dato terreni da coltivare e la possibilità di fare commercio. Qui, abbiamo avuto la possibilità di scegliere - restare a queste condizioni o andare via - che altri Rom non hanno avuto, soprattutto in Europa. Quello di Kruscev è stato un tentativo di integrazione tra i Rom e la popolazione locale che continua a dare i suoi risultati ancora oggi».

L'INTEGRAZIONE. A Soroca, secondo baron Artur, i Rom sono assolutamente integrati e se è vero che abitano sulla "collina dei ricchi", è anche vero che vanno a fare la spesa al mercato centrale della città, dove, tra le bancarelle-boutiques, gli abiti femminili che spiccano di più sono quelli di seta a fiori sgargianti che portano le donne Rom. Ma la scolarizzazione? «I nostri figli vanno alla scuola pubblica, esattamente come tutti gli abitanti di Soroca», dice Cerari. «Anzi, visto che il più grande errore del mio popolo è quello di non mandare i figli a scuola, se posso, vorrei approfittare di questa occasione per fare un proclama a tutto il popolo Rom d'Europa». Il baron assume la sua posizione di capo e detta il suo proclama:

AMICA 180

Figura 3.37
La giustezza è il massimo ingombro orizzontale delle righe di testo. A volte può coincidere con la gabbia (per esempio nel caso di un romanzo).

La cartella editoriale

Spesso, in editoria, per indicare la lunghezza di un testo, soprattutto se ancora da comporre, si fa riferimento alla cosiddetta cartella editoriale.
La cartella editoriale è un'unità di misura utilizzata per indicare una quantità predefinita di testo.
Equivale a circa 1800 caratteri distribuiti in 30 righe di circa 60 battute ognuna (intendendo per battuta anche gli spazi tra una parola e l'altra).

Numeri utili

Come indicazione generale, la lunghezza media di una riga di testo in una pagina standard di un libro a giustezza intera si aggira attorno ai **50/70 caratteri**.

Il limite massimo di sopportabilità è stato registrato intorno agli **80 caratteri**, mentre pare che quello ideale sia di **circa 60**.
Per un quotidiano la media delle righe di una colonna di testo è all'incirca di **30/40 battute**, mentre per la rivista le colonne di testo contengono mediamente **dalle 40 alle 50 battute**.
Si tenga presente che studi sull'argomento hanno riscontrato che di fronte a una giustezza corta aumentano gli impulsi nervosi dell'occhio nell'andare a capo, facendo diventare la lettura troppo sollecitata e stressante. Viceversa, con righe di testo troppo lunghe diminuiscono gli impulsi nervosi, ma la lettura diventa meno stimolante e più noiosa. Cogliere la giustezza ottimale significa quindi offrire al lettore una lettura tranquilla, facile e scorrevole.
Le indicazioni appena fornite si riferiscono a lunghezze medie delle righe di testo, ma se si vuole essere più precisi, basta servirsi della Tabella 3.1.
La prima **colonna** rappresenta la lunghezza, espressa in punti, dell'alfabeto minuscolo (abcdefghijklmnopqrstuvwxyz) secondo il carattere e il corpo utilizzato.
La prima **riga** riporta, invece, la giustezza del testo espressa in righe tipografiche.
Il risultato che si ottiene dall'**incrocio** tra riga e colonna rappresenta il numero medio di battute, rispetto al carattere scelto, in riferimento alla giustezza utilizzata.

6. La spaziatura tra le lettere: crenatura o kerning

La crenatura altro non è che lo spazio che esiste tra le lettere che compongono una parola.
A differenza della vecchia macchina da scrivere dove le lettere battute sul foglio si presentavano tutte con la stessa spaziatura, con la crenatura lo spazio ottico viene corretto e bilanciato in un insieme più gradevole.
Questo accorgimento si nota particolarmente in alcune coppie di lettere, come quelle riportate nella Figura 3.38.

Figura 3.38
L'avvicinamento delle lettere, visibile nella seconda riga, migliora la lettura e l'aspetto grafico delle coppie, donando un aspetto più naturale alla loro combinazione.

Tabella 3.1 Numero medio di battute rispetto al carattere. Nella prima colonna la lunghezza in punti dell'alfabeto minuscolo. Nella prima riga la giustezza del testo in righe tipografiche.

	10	12	14	16	18	20	22	24	26	28	30	32	34	36	38	40
80	40	48	56	64	72	80	88	96	104	112	120	128	136	144	152	160
85	38	45	53	60	68	76	83	91	98	106	113	121	129	136	144	151
90	36	43	50	57	64	72	79	86	93	100	107	115	122	129	136	143
95	34	41	48	55	62	69	75	82	89	96	103	110	117	123	130	137
100	33	40	46	53	59	66	73	79	86	92	99	106	112	119	125	132
105	32	38	44	51	57	63	70	76	82	89	95	101	108	114	120	127
110	30	37	43	49	55	61	67	73	79	85	92	98	104	110	116	122
115	29	35	41	47	53	59	64	70	76	82	88	94	100	105	111	117
120	28	34	39	45	50	56	62	67	73	78	84	90	95	101	106	112
125	27	32	38	43	48	54	59	65	70	75	81	86	91	97	102	108
130	26	31	36	41	47	52	57	62	67	73	78	83	88	93	98	104
135	25	30	35	40	45	50	55	60	65	70	75	80	85	90	95	100
140	24	29	34	39	44	48	53	58	63	68	73	77	82	87	92	97
145	23	28	33	37	42	47	51	56	61	66	70	75	80	84	89	94
150	23	28	32	37	41	46	51	55	60	64	69	74	78	83	87	92
155	22	27	31	36	40	45	49	54	58	63	67	72	76	81	85	90
160	22	26	30	35	39	43	48	52	56	61	65	69	74	78	82	87
165	21	25	30	34	38	42	46	51	55	59	63	68	72	76	80	84
170	21	25	29	33	37	41	45	49	53	57	62	66	70	74	78	82
175	20	24	28	32	36	40	44	48	52	56	60	64	68	72	76	80
180	20	23	27	31	35	39	43	47	51	55	59	62	66	70	74	78
185	19	23	27	30	34	38	42	46	49	53	57	61	65	68	72	76
190	19	22	26	30	33	37	41	44	48	52	56	59	63	67	70	74
195	18	22	25	29	32	36	40	43	47	50	54	58	61	65	68	72
200	18	21	25	28	32	35	39	42	46	49	53	56	60	63	67	70
210	17	20	23	27	30	33	37	40	43	47	50	53	57	60	63	67
220	16	19	22	25	29	32	35	38	41	45	48	51	54	57	60	64
230	15	18	21	24	27	30	33	36	40	43	46	49	52	55	58	61
240	15	17	20	23	26	29	32	35	38	41	44	46	49	52	55	58
250	14	17	20	22	25	28	31	34	36	39	42	45	48	50	53	56
260	14	16	19	22	24	27	30	32	35	38	41	43	46	49	51	54
270	13	16	18	21	23	26	29	31	34	36	39	42	44	47	49	52
280	13	15	18	20	23	25	28	30	33	35	38	40	43	45	48	50
290	12	15	17	20	22	24	27	29	32	34	37	39	41	44	46	49
300	12	14	17	19	21	24	26	28	31	33	35	38	40	42	45	47
320	11	13	16	18	20	22	25	27	29	31	34	36	38	40	43	45
340	10	13	15	17	19	21	23	25	27	29	32	34	36	38	40	42
360	10	12	14	16	18	20	22	24	26	28	30	32	34	36	38	40

Una crenatura equilibrata offre una maggiore leggibilità del testo. Il risultato è un fattore ottico che permette all'occhio di scorrere indisturbato la sequenza di lettere senza interrompersi.

Sarebbe più giusto dire che la crenatura è un intervento "di bellezza" in quanto migliora l'aspetto generale della pagina da leggere, ma non assicura automaticamente un miglioramento della leggibilità in senso stretto. La quasi totalità delle font in commercio hanno insiti i valori di crenatura da attribuire alle varie combinazioni di lettere (si tratta delle cosiddette tavole di crenatura). È quindi un comportamento di buon senso modificare la crenatura con criterio e misura o, addirittura, non modificarla affatto. Si sappia che nessun intervento è preferibile a un qualsiasi intervento sconsiderato (Figura 3.39).

n o v e m b r e
novembre

Figura 3.39
Un'eccessiva spaziatura tra le lettere restituisce un'immagine poco armoniosa della parola. Riducendo lo spazio la parola torna ad avere un aspetto più naturale.

Solo alcune font, come per esempio il Courier, sfuggono a questa logica, ma solitamente per un motivo specifico.
Nel caso del Courier, infatti, il compito a cui è preposto questo particolare carattere è quello di imitare la scrittura della macchina da scrivere, presentandosi quindi intenzionalmente monospaziato.

La legatura

Un altro concetto importante quando si parla di carattere è quello di *legatura*. Esistono, infatti, delle combinazioni di lettere **minuscole** che possono interferire tra di loro come, per esempio, la grazia dell'ascendente della "f" con il puntino della lettera "i":

fi ﬁ

oppure le grazie, vicine, di due coppie di discendenti come due "f" o come la "f" accanto alla "l".

ff ﬀ fl ﬂ

In questi casi le lettere, anziché essere separate, vengono unite da una legatura.

Gli spazi tra le singole lettere dipendono dagli accostamenti delle diverse lettere unite tra loro e non è quindi possibile stabilire distanze costanti. Esse sono studiate e impostate dai disegnatori di caratteri in rapporto alla loro struttura e alle loro forme, e sono direttamente proporzionali al corpo del carattere.
L'impostazione di questo spazio viene gestita direttamente dal software di scrittura, di grafica o di impaginazione che consente però all'utente di intervenire direttamente sul *kerning*, variando personalmente gli spazi.
Ma attenzione: se uno spazio eccessivo tra le lettere fa sembrare la composizione poco armonica, una riduzione di spazio, che solitamente viene impostata quando si desidera avere più testo sulla stessa riga, può causare una sovrapposizione eccessiva tra i caratteri, rendendoli indistinguibili (Figura 3.40).

Figura 3.40
La scritta della prima riga non ha subìto alcuna alterazione. Nella seconda riga i caratteri sono stati troppo distanziati, mentre nella terza troppo ravvicinati.

La bottega delle idee

L a b o t t e g a d e l l e i d e e

Labottegadelleidee

Un classico esempio di riduzione *self-made* di spazi si ha quando viene impostata un'impaginazione con il testo giustificato.
In questo caso la riga di testo può presentarsi con parole eccessivamente allargate, soprattutto in presenza di parole troppo lunghe che non vengono sillabate dal software.
Il consiglio che può essere dato in questo caso è quello di preferire la sillabazione manuale, ma con un'accortezza, che verrà esplicitata nel capitolo successivo. Nella stampa, la spaziatura si compone di tre valori, tutti a loro volta dipendenti dal corpo del carattere.

- L'**em** è un'unità di misura del carattere, ed è uguale al quadrato del corpo calcolato in punti. Equivale all'ingombro occupato dalla lettera "m", che normalmente tende al quadrato e, per questo motivo, viene anche chiamato *quadratone*.
  L'em è usato, solitamente, anche come spazio per i rientri.
  Il **rientro** è lo spazio bianco posto all'inizio di una riga di testo. Stacca l'inizio del testo dall'allineamento precedente e sta a indicare l'attacco di un nuovo concetto. Anche se oggi è meno usato che in passato, continua a costituire un importan-

Spaziare o non spaziare?

Come regola generale dovrebbe valere quella in cui il minuscolo non dovrebbe mai essere spaziato.
Il risultato finale potrebbe essere quello di rovinarne la leggibilità e di alterare l'immagine armoniosa della parola.
Questo non è altrettanto vero per il maiuscoletto e, soprattutto, per il maiuscolo.
Infatti, proprio per la sua scarsa leggibilità, il maiuscolo può richiedere una spaziatura più ampia tra le parole.
In ogni caso si tenga presente che parole composte con lettere larghe avranno proporzionalmente spazi più larghi di quelle composte con lettere più strette, che contempleranno spazi più stretti.

Amerigo Vespucci A m e r i g o V e s p u c c i	Il minuscolo spaziato perde di leggibilità.
Amerigo Vespucci A m e r i g o V e s p u c c i	Il maiuscoletto e il maiuscolo spaziati risultano più leggibili.
AMERIGO VESPUCCI A M E R I G O V E S P U C C I	

te elemento visuale in quanto segnala una pausa nella lettura, indicando in modo sicuro l'inizio di un nuovo paragrafo.
Per *paragrafo* si intende una o più frasi raggruppate tra di loro e ordinate in modo da formare un pensiero di senso compiuto.
Nel caso in cui un paragrafo sia preceduto da un titolo o da un sottotitolo, il rientro non ha ragione di esistere.
Un'altra misura standard che può essere assegnata al rientro è l'equivalente del valore dell'interlinea.

- L'**en** è, invece, lo spazio occupato dalla lettera "n", equivale alla metà di un em ed è chiamato anche *quadratino*.
- Il **thin**, detto anche *spazio fine*, è lo spazio occupato da un punto.

Sulla spaziatura

Da *La forma del libro*, scritto da Jan Tschichold per Edizioni Sylvestre Bonnard, 2005:

> Usando esattamente lo stesso carattere è possibile creare una riga piacevole, che si legge facilmente, oppure una riga faticosa. La spaziatura, se è troppo larga o troppo compressa, può rovinare quasi ogni carattere.

7. La spaziatura tra le parole: il tracking

La spaziatura tra le parole, chiamata anche *tracking*, permette di individuarne facilmente il capo e la coda.
Deve essere sufficientemente ampia da soddisfare questa esigenza, ma sufficientemente modesta da non compromettere la visione unitaria della linea di testo.
Pare che valori sperimentalmente collaudati non dovrebbero considerare spazi inferiori a quello occupato dalla lettera "**i**", e superiori a quello impiegato per la lettera "**e**" (ovviamente dello stesso carattere e corpo utilizzati per il testo).
È altrettanto vero che parole più lunghe preferiscono spazi più larghi rispetto a parole più corte.
Una corrente di pensiero ritiene che, in assoluto, un terzo della misura del corpo utilizzato sia la distanza ideale.
Si tenga comunque presente che la spaziatura massima accettabile non può essere superiore alla larghezza media delle lettere dell'alfabeto usato.
Inoltre, se in una composizione è presente il *kerning* (cioè le parole risultano con le lettere più o meno spaziate tra di loro), potrebbe essere sensato introdurre anche il *tracking* (cioè la spaziatura tra parola e parola).
Anche in questo caso i software professionali di trattamento del testo presentano spaziature standard, ma che possono essere agevolmente modificate secondo esigenze grafiche e impaginative.
Comunque sia, lo spazio tra le parole non dovrà mai essere superiore allo spazio tra le righe (cioè all'interlinea).

8. La spaziatura tra le righe: l'interlinea

La distanza che intercorre tra una riga di testo e l'altra si chiama *interlinea* e si calcola in punti tipografici.
Per avere una buona leggibilità le righe di testo non devono essere né troppo vicine né troppo lontane tra di loro.
L'unica eccezione è prevista quando determinate esigenze grafiche, soprattutto nella realizzazione di titoli o di slogan, prevedono giochi di sovrapposizione (Figura 3.41).
L'interlinea non può prescindere dalla giustezza. Infatti, due blocchi di testo esattamente identici per quanto riguarda l'uso del carattere, del corpo e dell'interlinea, offriranno due risultati visivi differenti se impaginati in colonne di diversa giustezza: un testo inserito in una colonna più larga apparirà più pesante e per questo richiederà un'interlinea più ampia.
Infatti, quando la giustezza risulta essere eccessivamente larga, una maggiore interlinea permetterà di non confondere le righe di testo.

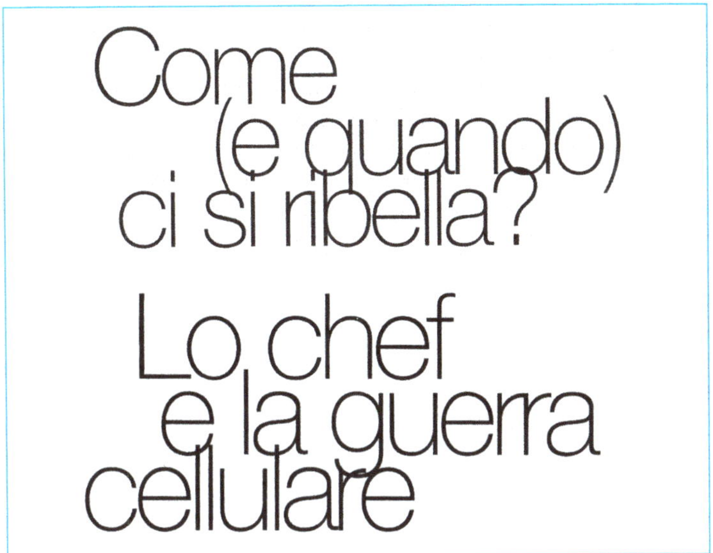

Figura 3.41
I titoli rappresentati a lato utilizzano un'interlinea ridotta. L'effetto desiderato, piuttosto usato in grafica per titoli e slogan, è proprio quello di avere righe ravvicinate al punto di creare intrecci tra le discendenti e le ascendenti.

Se la giustezza dovesse essere invece troppo corta, sarà bene cercare di non creare spazi eccessivi tra le righe per offrire all'occhio un senso di continuità.
Ma non è tutto.
L'interlinea dipende anche dall'ampiezza dei margini della pagina: margini larghi richiedono un'interlinea più ampia per dare al testo maggior risalto.
Nella scelta dell'interlinea rimane importante che le discendenti della riga superiore non si tocchino con le ascendenti di quella inferiore. Si può dire che un giusto rapporto medio fra corpo e interlinea è quello del **120%**, e cioè che l'interlinea deve essere il 120% superiore alla dimensione del carattere. Per esempio, un carattere in corpo 10 avrà un'interlinea di 12 punti.

Diciamola giusta

Aumentare lo spazio tra una riga e l'altra si dice **interlineare**.
Diminuire lo spazio tra una riga e l'altra si dice **sterlineare**, ma si può anche definire **interlinea negativa**.
10/12 × 20 si legge "dieci su dodici per venti", e significa che il carattere ha il corpo di 10 punti e l'interlinea di 12, mentre la sua giustezza equivale a 20 righe tipografiche.

Solitamente il rapporto tra interlinea e corpo è quello di default (cioè impostato automaticamente dal programma di impaginazione o di videoscrittura), ma questa proporzione può tranquilla-

mente variare di fronte a specifiche esigenze grafiche del prodotto o del disegno del carattere.
Esistono infatti casi in cui un'interlinea più ampia dà maggior respiro alla pagina e altri in cui un minor spazio tra le righe consente una migliore integrazione tra di esse generando una visione più unitaria e di maggior impatto.
Un'interlinea un po' più ampia è comunque apprezzata se la pagina è composta con caratteri senza grazie.
Lo stesso dicasi per l'utilizzo del maiuscolo, soprattutto se grassettato.

9. Condensazione ed espansione dei caratteri

Un altro elemento che influisce sulla leggibilità del testo è la cosiddetta condensazione del carattere, cioè il suo schiacciamento orizzontale.
Questo accorgimento può essere il risultato in un intervento manuale o della scelta di un vero e proprio carattere *condensed*.
La condensazione delle lettere non permette all'occhio di distinguerle facilmente quindi, se si decide di utilizzare questo stile, è consigliabile scegliere un corpo un po' più grande.
Viceversa, l'espansione ne facilita la lettura consentendo l'uso di un corpo più piccolo.
La condensazione standard del carattere è del **75%**, mentre l'espansione è del **125%**, ma l'uso del computer permette una serie quasi illimitata di deformazioni delle font.
Come sempre, anche in questo caso, un buon risultato dipende dal buon senso.
La Figura 3.42 mostra la stessa scritta realizzata con un carattere normale (l'*Univers*) e condensed (l'*Univers condensed*). Il corpo, in entrambi i casi, è di 10,5 punti.

Figura 3.42
La stessa scritta, realizzata con lo stesso corpo e con lo stesso carattere (uno normale e uno condensed), offre risultati visibilmente diversi.

Bello di fama e di sventura baciò la sua petrosa Itaca Ulisse.

Bello di fama e di sventura baciò la sua petrosa Itaca Ulisse.

10. L'uso del colore

Anche il colore ha un peso non indifferente per quanto riguarda la leggibilità del testo, sia che si tratti di un fondino sul quale batte un testo nero, sia che si tratti semplicemente di un testo colorato o di una combinazione di colori che coinvolge fondino e testo.

Che tipo sei?

Il carattere si può presentare in più varianti semplicemente allargando e stringendo le proprie forme o assottigliando e inspessendo i propri connotati.
Le più comuni tra queste trasformazioni si definiscono attraverso i seguenti termini:

- strettissimo (*compressed*);
- stretto (*condensed*);
- normale (*regular* o *medium*);
- largo (*wide*);
- larghissimo (*extended*);
- chiarissimo (*extra light*);
- chiaro (*light*);
- neretto (*semibold*);
- nero (*bold*);
- nerissimo (*extra bold* o *black*).

Per quanto riguarda il fondino posto sotto al testo, è bene ricordarsi che la resa del video non è mai uguale a quella della stampa. Infatti, lo schermo del computer è retroilluminato e di conseguenza farà apparire tutti i colori, comprese le tonalità di grigio, sempre più chiari di come risulteranno in stampa.
Per essere sicuri del risultato finale sarebbe quindi buona cosa fare una prova di stampa, a colori e in alta qualità o, se ne esiste la possibilità, un *cromalin* (cioè un procedimento che simula la stampa tipografica utilizzando la sovrapposizione a registro delle pellicole fotografiche e il passaggio dei quattro colori di quadricromia: cyan, magenta, giallo e nero).
In alternativa esiste sempre l'atlante cromatico (Figura 1 dell'inserto a colori).
L'atlante cromatico è un libro che riporta tutte le combinazioni di colori stampabili, con un intervallo del 10% per ogni composizione di colore, che vi permetterà di verificare come sarà la resa del colore una volta stampato.
Anche usare un colore per evidenziare una scritta non è un'azione di poco conto.
Esistono infatti colori più o meno adatti a inviare determinati messaggi e colori più o meno leggibili. Avete mai provato a leggere, per esempio, un testo scritto in giallo?
L'utilizzo del colore viene influenzato anche dal disegno del carattere.
Infatti, caratteri graziati o dal disegno sottile rischiano di "perdersi" in stampa se trattati con colori troppo chiari come, per esempio, quelli pastello.
Infine, anche abbinare i colori tra di loro non è uno scherzo: azzeccare o sbagliare una combinazione di colori è solo una questione di consapevolezza (Figure 2 e 3 dell'inserto a colori).

11. I bianchi perimetrali

Il complesso del campo visivo e la distribuzione delle parti bianche giova alla leggibilità.
Ecco perché si è data grande importanza, nel capitolo precedente, alla costruzione della gabbia, ai suoi margini e a tutti gli accorgimenti del caso.

12. Il tipo carta

Per affrontare questo punto è utile una piccola anticipazione su quello che sarà un argomento trattato in seguito.
Un piccolissimo atto di fede sarà necessario per tutti quei termini e concetti non ancora familiari.
Anche la carta entra in un rapporto di leggibilità con il testo, e questo per almeno tre fattori:

- la sua superficie;
- la sua opacità;
- il suo colore.

La **superficie** della carta può essere sostanzialmente di tre tipi.

- *Liscia*, caratterizzata da una superficie mai perfettamente omogenea e mai lucida. È poco adatta per la stampa in rotocalco ma consigliabile per la stampa offset. Le aste del carattere usato possono apparire ingrossate dopo la stampa, quindi è consigliabile scegliere caratteri dalle aste preferibilmente leggere.
- *Calandrata*, levigata e resa omogenea grazie all'azione meccanica di rulli che la lucidano e la compattano. Su questo tipo di supporto vanno benissimo caratteri con aste di medio spessore, poiché questo tipo di lavorazione della carta evita alterazioni del disegno delle lettere e fornisce una stampa nitida.
- *Patinata*, distinguibile per il fatto che la sua superficie è ricoperta da una sottilissima patina che la rende ben livellata e priva di qualsiasi rugosità. Il suo impiego migliore è nella stampa tipografica e offset. Su questo tipo di carta è preferibile usare caratteri con aste abbastanza pesanti perché, con il procedimento di stampa, hanno la tendenza a ridursi. Questo tipo di supporto, infatti, limita la penetrazione dell'inchiostro che, quindi, non si allarga sul foglio.

Una regola che vale per tutti i tipi di carta quando si parla di testo è che è meglio non usare mai una carta lucida, in quanto potrebbe generare fastidiosi riflessi di luce.
L'**opacità** è una condizione necessaria della carta che evita che ciò che viene stampato su una facciata del foglio sia visibile anche sull'altro lato, disturbando così la lettura.

Fattore a volte disatteso quando la grammatura è troppo bassa. In questo caso, infatti, la carta rischia di essere troppo sottile e trasparente.
Il **colore**, infine, è il requisito della carta per ottenere una buona riflessione della luce.
Per rispettare parametri ritenuti ottimali, la carta non dovrebbe mai essere né troppo bianca (il bianco è accecante e molto fastidioso per gli occhi) né troppo scura. Nel caso si verificasse questa seconda ipotesi, è consigliabile utilizzare caratteri dal disegno più marcato e pesante.
La condizione migliore è quella di una colorazione avorio, che non disturba e riposa la vista.

13. Il tipo di stampa

Anche in questo caso è necessario anticipare un argomento che verrà trattato in seguito, ma il contesto è tale che tralasciarlo sarebbe ancora peggio.
Qui basti per il momento sapere che i procedimenti di stampa si dividono in stampa tipografica, offset e rotocalco.

- La **stampa tipografica** (chiamata anche procedimento *rilievografico diretto*) è quella che offre il miglior risultato di leggibilità. I caratteri vengono restituiti con i bordi marcati (sia quelli esterni sia quelli interni alle lettere) offrendo un effetto complessivamente tridimensionale.
- L'**offset** (detto anche procedimento *planografico indiretto*) è un metodo di stampa in cui è molto importante l'equilibrio che si deve ottenere tra acqua, inchiostro, pressione e lastra utilizzata. Il risultato è un carattere dall'effetto bidimensionale, ma che restituisce, se il procedimento di stampa è ben bilanciato, un buon testo da leggere.
- La **rotocalco** (procedimento *incavografico diretto*) presenta, invece, un carattere dai contorni smangiati e meno nitidi. Il risultato di stampa è modesto e la lettura viene disturbata dalla scarsa definizione delle lettere. Questo perché il testo, a causa del procedimento di stampa, viene prodotto retinato.

Stili, formattazioni e utilizzi

Lo stile è l'aspetto del carattere, cioè la sua conformazione grafica. È indipendente dal tipo e dalla dimensione adottati ed è definito dalla forma, dall'inclinazione e dalla forza del disegno delle lettere. Stili differenti utilizzati nel testo servono per evidenziare elementi

diversi come, per esempio, i titoli o le didascalie; oppure per dare una maggiore enfasi, rispetto al testo corrente composto in tondo, a parole o a parti di un discorso.
Ogni testo che si rispetti ha quindi bisogno di una sua "caratterizzazione" per renderlo utile allo scopo.
La possibilità di attribuire uno stile al testo è presente in qualsiasi programma di scrittura, impaginazione, grafica o fotoritocco. L'importante è che non venga attribuito da tastiera, ma che venga selezionato direttamente nel menu della scelta dei caratteri. Questo perché potrebbe rischiare di non essere riconosciuto da un altro computer o periferica di stampa, se non individuato direttamente all'interno della sua famiglia di appartenenza.

La formattazione o caratterizzazione

Il termine *formattazione*, come anche *caratterizzazione*, sono vocaboli di uso gergale che stanno a indicare l'azione di attribuzione dello stile (Figura 3.43).

■ **Le attività terziarie sono in continua crescita**

Le attività ***terziarie*** *occupano sempre più un ruolo fondamentale per l'economia della pianura padana.*
Oltre ai servizi destinati all'industria e all'agricoltura, si sono sviluppate enormemente le **attività bancarie**, **assicurative**, **finanziarie**, d'**informazione**. Per quanto riguarda i **servizi sociali**, hanno ricevuto grande impulso le **attività sanitarie**, **assistenziali**, **sportive**, **culturali**, e **professionali**.
In questo modo gli abitanti della pianura padana godono di servizi mediamente superiori a quelli del resto dell'Italia.

■ **I centri più grandi sono nell'alta pianura**

L'attuale distribuzione della popolazione e dei centri abitati nella pianura padana si presenta differenziata: *nella* ***bassa pianura*** *il* ***popolamento*** *umano è* ***scarso*** *e le città che vi sorgono hanno un limitato numero di abitanti.*
Le aree industriali sono poco estese e ovunque prevalgono **centri di piccole dimensioni**, molto distanziati tra loro.
Le campagne sono quasi spopolate, a eccezione delle **cascine isolate**, che ormai ospitano un numero ridotto di contadini.
*Nell'****alta pianura*** *non mancano le aree agricole, ma la scarsa fertilità dei terreni assegna loro un ruolo ridotto, subordinato rispetto alle vaste superfici edificate.*
A partire dall'ultimo dopoguerra molti centri dell'alta pianura hanno visto aumentare la propria popolazione e le due città maggiori, **Milano** e **Torino**, si sono trasformate rapidamente in **metropoli**, abitate da più di un milione di persone.
Anche altre città hanno dilatato le proprie periferie, fino a inglobare i comuni circostanti e con il loro progressivo sviluppo hanno dato vita ad altrettante ***conurbazioni***.

▲ **Torino**, situata nell'alta pianura piemontese, è un centro industriale e terziario di prima grandezza.

■ **Due allineamenti di città delimitano la pianura**

Le ***città dell'alta pianura*** *padana hanno una disposizione non casuale, ma tendono a formare* ***due allineamenti urbani***.
Il primo, settentrionale, inizia da **Torino** e si spinge fino a **Trieste**. Il secondo, meridionale, da **Torino** raggiunge **Rimini**.
In entrambi casi, la posizione delle città ha una motivazione di carattere ambientale, perché le città sorgono tutte al di **sopra** della **linea dei fontanili**, il limite delle aree più adatte all'agricoltura, e allo **sbocco** di importanti **vallate prealpine** o **appenniniche**.
In origine, questi centri erano il luogo di scambio tra i prodotti di montagna e quelli di pianura; inoltre, essi controllavano il traffico e i commerci attraverso i **valichi** che da un lato conducevano al di là delle Alpi, dall'altro portavano verso l'Italia centrale.
In tempi recenti, il loro sviluppo si è accompagnato alla costruzione dei maggiori ***assi viari***, *serviti da strade, autostrade e ferrovie* (vedi pag. 130).

▲ Alta pianura urbanizzata in provincia di **Varese**.

Unità didattica 13 Pianura padana: come l'uomo ha modificato l'ambiente 181

Figura 3.43
Esempio di pagina di libro scolastico. In questa tipologia di testi la caratterizzazione dello stile, spesso unita all'uso del colore, è particolarmente utilizzata perché facilita la comunicazione nella didattica.

Per quanto riguarda gli stili e il loro utilizzo, alcuni piccoli suggerimenti sono riportati nelle righe seguenti.

Utilizzo degli stili

Il **tondo** è lo stile che solitamente viene usato per la composizione del testo di base.
In corpo più piccolo può essere utilizzato per inserimenti particolari come le note a piè di pagina o le didascalie.
È generalmente impiegato anche per le tabelle e, in corpo più grande, per i titoli.
Il **corsivo** è la versione inclinata del tondo ed è la caratterizzazione per eccellenza quando si desidera mettere in evidenza una parte del testo. Si tenga presente che, quando si vuole evidenziare una parola accompagnata dalla sua punteggiatura, quest'ultima dovrà rimanere con la caratterizzazione del testo normale e non seguire lo stile di evidenziazione (la stessa regola vale, ovviamente, anche quando si utilizza il grassetto).
Se il testo corrente è però scritto in corsivo, sarà allora lo stile tondo a essere utilizzato per enfatizzare le parti del testo.
In questo caso il tondo, utilizzato per "evidenziare" delle parole, fungerà da "corsivo".
Qualunque sia il carattere scelto, non bisogna mai dimenticare che il corsivo rimane comunque uno stile poco leggibile e quindi faticoso per la vista.
Non è per questo consigliato per la scrittura di lunghe pagine di testo, in quanto rischia di stancare eccessivamente il lettore.
Il **grassetto** (chiamato anche nero o bold) è prevalentemente utilizzato per i titoli. In alcuni casi può essere inserito nel testo al posto del corsivo per termini o preposizioni a cui si cerca di dare un rilievo particolare, a patto che non se ne abusi. Unitamente all'impiego del colore viene spesso utilizzato per i testi didattici.
Il **maiuscoletto** può essere utilizzato per i titoli delle tabelle o delle immagini o per altri casi particolari regolamentati dalle cosiddette "regole redazionali" (vedi *Manuale di redazione*, Apogeo).
Il **sottolineato** è diventato, invece, la tipica caratterizzazione che sta a indicare che la parte di testo sottolineata ha un collegamento ipertestuale (*link*).
Utilizzare una differenziazione di stili all'interno di una pubblicazione permette di creare immediatamente una distinzione tra le diverse componenti della pagina (titoli, testo, didascalie e così via), facilitandone la lettura.
È però necessario cercare di evitare di lasciarsi prendere la mano.
Infatti, un utilizzo eccessivo e disorganizzato di caratteri e di caratterizzazioni rischia di rendere piuttosto confusa e difficile la lettura di qualsiasi tipo di prodotto editoriale.
La prima cosa che istintivamente fa chi deve leggere una pagina è quella di scorrerla rapidamente con lo sguardo alla ricerca di un

ordine tipografico: titoli, sommari, didascalie e altro possono essere di grande aiuto per il lettore, in quanto servono a inquadrare e a riassumere il contenuto del testo.
È quindi chiaro che differenziare e distinguere queste informazioni, con caratteri e stili adeguati, è un accorgimento importante che investe qualsiasi prodotto editoriale (Figura 3.44).

Scheda

Nei loro spettacoli, i prestigiatori sanno usare le debolezze della nostra mente per creare effetti che sembrano impossibili

Il trucco? È nel cervello

Un coniglio che appare e un oggetto che scompare? Sono il frutto di percezioni distorte, che solo ora i neuroscienziati stanno iniziando a studiare.

Il prestigiatore gira il cappello verso il pubblico. Niente. Vuoto. Tutti ne sono convinti. Poi pronuncia la formula magica, uno sbuffo di fumo esce dal cilindro e... *Voilà*! Nel cappello, compare un coniglio bianco, in carne e ossa! Il pubblico applaude, il prestigiatore sorride e una graziosa assistente prende in consegna l'animale.

Al temine dello spettacolo, ciascuno fa la sua ipotesi; ma più ci si arrovella per spiegare il trucco, più l'apparizione del coniglio sembra magia. Fra gli spettatori, infatti, nessuno sospetta che a ingannarli è stato il loro cervello, che quando vede due eventi in successione, tende istintivamente a credere che il secondo sia causato dal primo.

Inganno fotografato. Così, anche se razionalmente sappiamo che una frase magica e uno sbuffo di fumo non fanno apparire nessun coniglio, il nostro cervello è portato a crederci. Sfruttando questo meccanismo, e spostando l'attenzione su di sé mentre pronuncia la formula magica, un bravo prestigiatore ha tutto il tempo di infilare un coniglio nel cappello, prendendolo magari da sotto il tavolo.

I neuroscienziati chiamano "correlazione illusoria" l'attitudine del cervello ad associare due eventi che si presentano in successione. E un gruppo di ricercatori dell'Università di Exeter, in Inghilterra, è riuscito anche a fotografare, con tecniche che permettono di visualizzare l'attività cerebrale, le zone responsabili dell'illusione. Ma questa non è l'unica illusione cognitiva che permette ai prestigiatori di ingannare la nostra mente.

Gorilla in campo. Gli psicologi sanno, per esempio, che abbiamo molte difficoltà a percepire oggetti che compaiono in una scena, se la nostra attenzione è concentrata su altro. Due ricercatori della Harvard University (Usa) lo hanno dimostrato chiedendo ad alcuni volontari di contare il numero di passaggi di palla fra tre giocatori di basket. Durante l'esecuzione del compito, è stato mandato in campo un uomo vestito da gorilla, che si è fermato nel centro della scena e si è battuto il petto con le mani. La metà dei volontari impegnati nel conteggio non se n'è neppure accorta.

Sfruttando questo fenomeno, che gli psicologi chiamano "cecità dovuta all'inattenzione", un prestigiatore può far apparire in mezzo al palco qualsiasi cosa, purché sappia coinvolgere gli spettatori in un compito che devia la loro attenzione da ciò che accade.

La palla scomparsa. A volte, poi, a ingannarci sono anche le nostre aspettative: se siamo certi che qualcosa accadrà siamo anche convinti di vederla. Questo fenomeno è usato sulla scena per far sparire gli oggetti, come nel trucco della palla che scompare. Il prestigiatore lancia più volte una palla in aria. Poi la fa cadere, la riprende e la lancia nuovamente. Ma... a mezz'aria la palla svanisce! Che cosa è successo? L'ultimo lancio è stato soltanto mimato, mentre la palla veniva nascosta. Vedendo il movimento delle braccia e lo sguardo del prestigiatore che si spostava verso l'altro, come nei lanci precedenti, il pubblico ha creduto di vedere anche la palla... accorgendosi che non c'era soltanto quando, stando ai tempi del lancio, doveva trovarsi a mezz'aria.

Margherita Fronte

Il più classico dei giochi L'apparizione del coniglio sembra dovuta a una formula magica, che però ci inganna.

La zona del cervello che "si accende" nella correlazione illusoria.

Un prestigiatore d'altri tempi, ritratto da Hieronymus Bosch (1450-1516).

Extra 35

Figura 3.44 Uso di caratteri e stili differenti.

Caratteri per titoli e sommari di articoli

Se il titolo è composto con il carattere della stessa famiglia utilizzata per il testo, il sommario sarà meglio sceglierlo in un carattere appartenente a un altro gruppo. Se invece il titolo ha un disegno completamente diverso dal testo corrente, allora il sommario potrà avere lo stesso carattere di quest'ultimo, ma con uno stile diverso. Magari utilizzando il corsivo. Comunque sia, il corpo del sommario dovrà essere sempre maggiore di quello del testo, ma inferiore a quello del titolo.

Quale carattere scegliere?

Nell'editoria tradizionale esistono una serie di caratteri tipografici il cui utilizzo è preferito rispetto ad altri.
Un esempio è il Times New Roman, considerato uno dei migliori caratteri creati nel Novecento.
Nella carta stampata, i disegni delle lettere dell'alfabeto più apprezzati sono quelli che presentano un tratto essenziale, non privo di grazie e chiaroscuri, ma che mostrano proporzioni molto curate tra pieni e vuoti, e che mantengono costante la spaziatura tra le lettere.
In campo editoriale, tra i caratteri più ricorrenti e quindi maggiormente utilizzati figurano:

AvantGarde	Baskerville	Bembo
Berkeley	Bodoni	Bookman
Caledonia	Caslon	Century Clearface
Excelsior	Frutiger	Futura
Garamond	Helvetica	NewBaskerville
Memphis	Officina	Optima
Palatino	Rockwell Times	Times New Roman

Dimmi con chi vai

Già scegliere un singolo carattere, come si è visto, non è cosa di poco conto... figuriamoci cosa diventa dover combinare tra di loro più famiglie.
Nella scelta, si può infatti incappare in casi come dire... incestuosi e poco tollerati di accostamenti di caratteri o, al contrario, imbattersi in situazioni di grande empatia visuale e di compatibilità di intenti tra le forme degli stessi.
Per fornire un piccolo aiuto a chiunque si trovi di fronte a questo dramma, può essere un regalo gradito il *prontuario degli accostamenti* studiato da Aldo Novarese (Figura 3.45).

Un corpo da maestro

Dovrebbe essere a questo punto già abbastanza chiaro che la buona lettura di una pagina dipende dall'equilibrio che si riesce a creare tra le parti che la compongono.
Il testo, le illustrazioni, il colore e i bianchi sono gli elementi che danno origine, nel loro insieme, alla comunicazione visiva, e l'obiettivo che devono raggiungere è sempre lo stesso: rendere la comunicazione facile da comprendere.

Figura 3.45
La tabella proposta da Aldo Novarese per facilitare la scelta e l'accostamento tra i diversi stili di caratteri.

Prontuario degli accostamenti di caratteri

	Lapidari	Medioevali	Veneziani	Transizionali	Bodoniani	Scritti	Ornati	Egiziani	Lineari	Fantasia
Lapidari		consigliabile	sconsigliabile	sconsigliabile	sconsigliabile	consigliabile	consigliabile	sconsigliabile	consigliabile	sconsigliabile
Medioevali	consigliabile		consigliabile	consigliabile	consigliabile	sconsigliabile	consigliabile	sconsigliabile	consigliabile	sconsigliabile
Veneziani	sconsigliabile	consigliabile		sconsigliabile	sconsigliabile	consigliabile	consigliabile	sconsigliabile	consigliabile	sconsigliabile
Transizionali	sconsigliabile	consigliabile	sconsigliabile		sconsigliabile	consigliabile	consigliabile	sconsigliabile	consigliabile	sconsigliabile
Bodoniani	sconsigliabile	consigliabile	sconsigliabile	sconsigliabile		consigliabile	consigliabile	sconsigliabile	consigliabile	consigliabile
Scritti	consigliabile	sconsigliabile	consigliabile	consigliabile	consigliabile		consigliabile	consigliabile	consigliabile	consigliabile
Ornati	consigliabile	consigliabile	consigliabile	consigliabile	consigliabile	consigliabile		consigliabile	consigliabile	consigliabile
Egiziani	sconsigliabile	sconsigliabile	sconsigliabile	sconsigliabile	sconsigliabile	consigliabile	consigliabile		consigliabile	consigliabile
Lineari	consigliabile	consigliabile	consigliabile	consigliabile	consigliabile	consigliabile	consigliabile	consigliabile		consigliabile
Fantasia	sconsigliabile	sconsigliabile	sconsigliabile	sconsigliabile	consigliabile	consigliabile	consigliabile	consigliabile	consigliabile	

● CONSIGLIABILE ● SCONSIGLIABILE

Qualità di un testo

Quando si lavora sul testo non si dovrebbero mai dimenticare quali devono essere le sue qualità.

Innanzitutto deve essere **intellegibile**, cioè deve essere compreso in modo chiaro e inequivocabile.

Deve essere **qualitativo**, non solo dal punto di vista del contenuto ma anche dal punto di vista dell'impatto visivo e della sua correttezza formale. La sua facilità e la piacevolezza nella lettura dipendono, infatti, anche da come viene presentato.

Deve essere **organizzato**, cioè deve permettere al lettore di distinguere in modo automatico e istantaneo le parti che rappresenta. Per esempio, le didascalie dovranno essere diverse e distinguibili dal testo corrente; i titoli si dovranno riconoscere dai sottotitoli che, a loro volta, dovranno differenziarsi dal sommario e così via.

Può infine essere utilizzato anche in modo **creativo** diventando un elemento grafico importante o, addirittura, rappresentare l'elemento portante del prodotto, fino a diventarne l'unica componente grafica.

Il concetto di carattere, utilizzato come elemento essenziale dell'immagine, è portato all'eccesso nel caso di creazione di loghi o di marchi, dove è particolarmente importante che il significato delle parole sia legato al loro valore figurativo.

Il corpo

Abbiamo visto quanto sia importante scegliere una famiglia di caratteri; ora vediamo cosa significa sceglierne il corpo.

Il corpo è la misura delle dimensioni del carattere da stampa, indica cioè la grandezza delle lettere (Figura 3.46).

Figura 3.46
Riferimenti per la misura del corpo del carattere.

Tale misura si esprime in punti tipografici e corrisponde all'altezza complessiva del carattere considerando la distanza che intercorre tra l'estremo superiore delle maiuscole e delle ascendenti e quello inferiore delle discendenti.
Questo significa che un corpo 10 è alto, comprese maiuscole, ascendenti e discendenti, 10 punti.
Fino agli anni Quaranta si usavano prevalentemente corpi in misura pari, ma successivamente si affermarono anche quelli dispari.
Il corpo del carattere è importante anche perché determina fisicamente il **numero di pagine** di cui sarà composta l'opera e, proprio per questo motivo, deve essere studiato e impostato correttamente nella fase progettuale.
Inoltre, come nella scelta del carattere, anche nella scelta del corpo non è da sottovalutare il **destinatario** del prodotto, tenendo presente che, ovviamente, per un pubblico di bambini o di persone anziane, il corpo dovrà essere sufficientemente grande da permetterne la fruizione e una comoda lettura.

Effetti grafico-ottici

- A parità di corpo, un carattere "nero" risulterà otticamente più piccolo di un carattere "chiaro".

botte botte

- Se si delimita un carattere con una cornice, apparirà subito più grande.

A **A**

- Un carattere scritto in negativo risulterà visivamente più grande dello stesso in positivo.

A **A**

Il punto tipografico

L'unità di misura dei caratteri, più comunemente chiamata punto tipografico ma conosciuta anche come **punto Didot**, fu introdotta nel Settecento dallo stampatore francese Francois Ambroise Didot. Il punto tipografico non appartiene al sistema metrico decimale, ma deriva dalla divisione in 1728 parti dell'unità di misura dell'epoca: il piede reale francese.

Per cui: **1 punto tipografico = 0,376 mm**

La riga tipografica

In editoria viene utilizzata anche un'altra misura: la riga tipografica.

La riga tipografica è un multiplo del punto e corrisponde a 12 punti tipografici.

Per cui: **12 punti = 4,512 mm = 1 riga**

Un carattere in corpo 12 è quindi equivalente a 1 riga tipografica. Questo sistema di misurazione è valido in quasi tutti i Paesi europei, ma non in quelli di lingua inglese.

Nei Paesi anglosassoni, infatti, il sistema utilizzato è il **Pica** dove il punto corrisponde a **0,351 mm** e, di conseguenza, la riga tipografica misura 4,217 mm.

La Tabella 3.2 riporta la conversione in millimetri, punti Didot, punti Pica e pollici di alcune utili misure tipografiche.

Il corpometro

Il corpo del carattere può essere misurato sostanzialmente in due modi:

- confrontandolo con quello che si trova stampato sul campionario dei caratteri (strumento indispensabile nella fase di progettazione e che riproduce svariate serie di caratteri da stampa suddivisi per stile, disegno o per ordine alfabetico e con diversi corpi e interlinee);
- oppure rilevandolo con uno strumento chiamato corpometro, una specie di righello di plastica trasparente che si sovrappone ai caratteri da misurare.

Il corpometro (Figura 3.47) non segue la regola delle ascendenti e delle discendenti ma misura le lettere maiuscole, dalla base all'altezza.

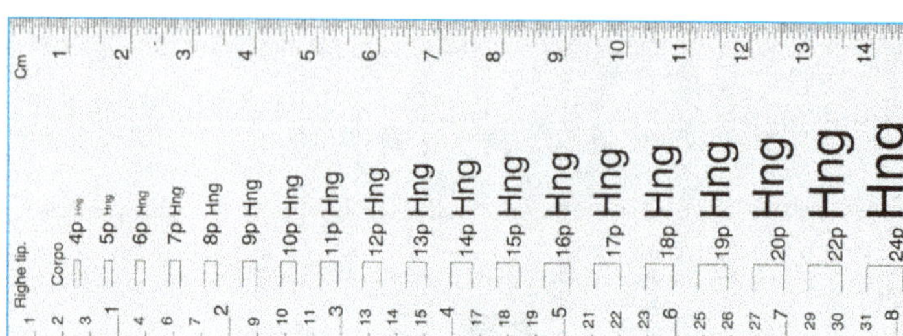

Figura 3.47
Corpometro.

Tabella 3.2 Numero medio di battute rispetto al carattere.

Misurazione Didot				Misurazione Pica			
Punti Didot	mm	Punti Pica	Pollici	Punti Pica	Pollici	Punti Didot	mm
1	0,376	1,070	0,0148	1	0,0138	0,935	0,351
2	0,752	2,139	0,0296	2	0,0276	1,869	0,703
3	1,128	3,210	0,0444	3	0,0415	2,804	1,054
4	1,504	4,280	0,0592	4	0,0553	3,738	1,406
5	1,879	5,349	0,0740	5	0,0690	4,673	1,757
6	2,255	6,419	0,0888	6	0,0830	5,608	2,108
7	2,361	7,489	0,1036	7	0,0968	6,542	2,460
8	3,007	8,559	0,1184	8	0,1107	7,477	2,811
9	3,383	9,629	0,1332	9	0,1245	8,411	3,163
10	3,759	10,699	0,1480	10	0,1383	9,346	3,514
11	4,135	11,769	0,1628	11	0,1521	10,281	3,865
12	4,512	12,839	0,1776	12	0,1660	11,215	4,217
24	9,023	25,678	0,3552	24	0,3320	22,430	8,434
36	13,532	38,516	0,5328	36	0,4980	33,646	12,650
48	18,043	51,355	0,7104	48	0,6640	44,861	16,867
60	22,554	64,194	0,8880	60	0,8301	56,076	21,084
72	27,065	77,032	1,0656	72	0,9960	67,291	25,301
84	31,577	89,871	1,2432	84	1,1620	78,506	29,518
96	36,088	102,710	1,4208	96	1,3280	89,721	33,735
108	40,599	115,548	1,5984	108	1,4940	100,936	37,952
120	45,110	128,387	1,7760	120	1,6600	112,151	42,169
132	49,621	141,226	1,9536	132	1,8260	123,367	46,385
144	54,132	154,065	2,1312	144	1,9920	134,582	50,602

Le caselle rettangolari disegnate corrispondono infatti alle misure delle maiuscole e recano scritto vicino la misura in punti e in centimetri della maiuscola che rientra nella casella.

Il tipometro

Un altro strumento di misurazione tipografica molto utile, quando si parte da un testo già stampato di cui si ignorano le specifiche, è il tipometro (Figura 3.48).

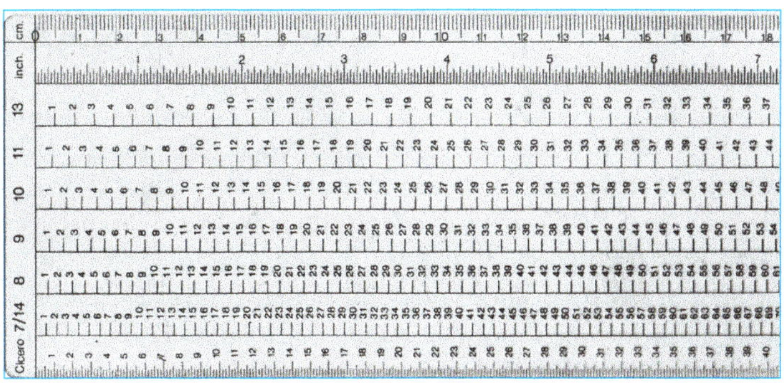

Figura 3.48
Tipometro.

Anche in questo caso si tratta di un righello di plastica trasparente (detto anche regolo graduato) che permette di misurare interlinee e giustezze.
Presenta tre possibilità di lettura:

- su un lato riporta i centimetri e i millimetri, utili per la misurazione delle giustezze;
- sull'altro le righe e i punti tipografici;
- al centro le scale di interlinea calcolate in relazione ai diversi corpi.

Sul tipometro vengono riportate le principali interlinee e cioè quelle di 7, 9, 10, 11, 13 e 14 punti. Si noti che l'interlinea 12 non è indicata espressamente ma, corrispondendo alla riga tipografica, è riportata sul bordo del righello.
Per esattezza di esposizione è utile ricordare che il corpo è la misura in verticale del carattere e non il suo effettivo ingombro.
Infatti, una lettera in corpo 10 non è escluso che possa essere più larga di un'altra in corpo 11.
È quindi importante non dimenticare che, a parità di corpo, non è detto che caratteri diversi occupino lo stesso ingombro e che determinino, di conseguenza, lo stesso numero di battute per riga e, quindi, la medesima foliazione.

Piccoli consigli

Si ricorda che il corpo del carattere deve essere scelto in modo direttamente proporzionale alla giustezza del testo.
Inoltre, la sua dimensione è strettamente legata al grado di scolarità e all'età media del fruitore: per le scuole elementari si va da un corpo **24** (per la prima) a un **12** (per la quinta); per le medie ci si orienta sugli **11** punti e sui **10** per i lettori adulti.

Come hai detto che si chiama?

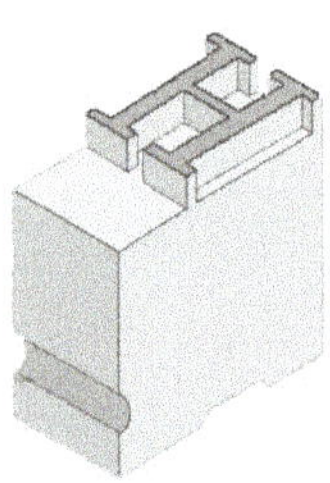

Figura 3.49
Carattere tipografico in piombo.

Per evitare brutte figure, soprattutto con gli addetti ai lavori, introduciamo un rapido e veloce corso di terminologia e nomenclatura. Iniziamo con il dire che il carattere tipografico (Figura 3.49) è solo un elemento singolo appartenente all'insieme delle lettere dell'alfabeto utili alla composizione e alla stampa.
Ha la forma di un piccolo parallelepipedo provvisto di una parte in rilievo, che corrisponde al grafismo di stampa inciso al rovescio.
Le parti principali di cui è composto sono descritte di seguito.

- **Occhio**. È tutto ciò che si vede della lettera stampata: l'altezza, la larghezza, lo spessore. È, in poche parole, quella parte del parallelepipedo che si trova in rilievo, chiamata grafismo, e che costituisce la figura del carattere tipografico. Per intenderci, quella che viene inchiostrata e che lascia l'impronta sul supporto. L'occhio si articola in:

- *occhio superiore*, che comprende le aste ascendenti;
- *occhio medio* che, come già spiegato, è una prorogativa delle sole lettere minuscole e rappresenta la distanza tra la linea di base e la testa del carattere, escluse, quindi, ascendenti e discendenti;
- *occhio inferiore*, che comprende le aste discendenti.

- **Spalla**. È la parte del carattere (cioè del parallelepipedo), superiore e inferiore, non occupata dall'occhio.
- **Asta**. È una parte essenziale dell'occhio. Può essere di diversi tipi, come si vedrà più avanti.
- **Terminale o grazia**. È la parte finale di un'asta ed è molto importante per definire lo stile di appartenenza a una collezione alfabetica.
- **Corpo**. È lo spessore del fusto del carattere, quindi la distanza tra la sua parte anteriore e quella posteriore, e cioè la distanza (misura) intercorrente tra il limite superiore dell'asta ascendente e quello inferiore dell'asta discendente.
- **Larghezza o ampiezza**. Distanza tra limite destro e sinistro del carattere ed è relativa allo sviluppo in senso orizzontale delle lettere.
- **Altezza**. Distanza tra base del fusto e limite superiore del grafismo.
- **Tacca**. È una piccola scanalatura che permette di riconoscere l'orientamento delle lettere e i caratteri simili.

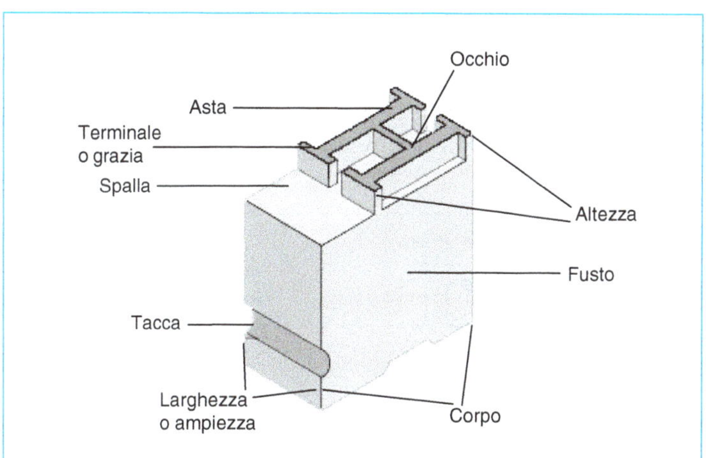

Figura 3.50
Nomenclatura di un carattere tipografico.

Detto questo, proviamo a considerare gli elementi costitutivi che definiscono il disegno delle lettere, che si dividono in **aste** e **tratti terminali**.

Aste

La struttura delle *aste* può essere *retta*, *curva*, *spezzata* o *mista*.

La struttura **retta** si divide a sua volta in:

Aste verticali

- *verticale*, come nel caso delle lettere maiuscole tipo la **L**, la **I**, la **E** e così via.

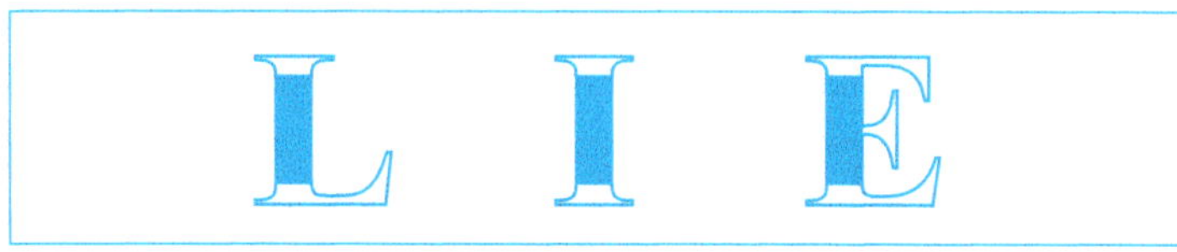

Aste mediane, ascendenti e discendenti

- *mediana*, *ascendente* e *discendente* nel caso, delle lettere minuscole come, per esempio, **m**, **u**, **b**, **p**;

Aste montanti

- *montanti*, quando si tratta di aste non perpendicolari alla linea di base, come nella **A** o nella **V**;

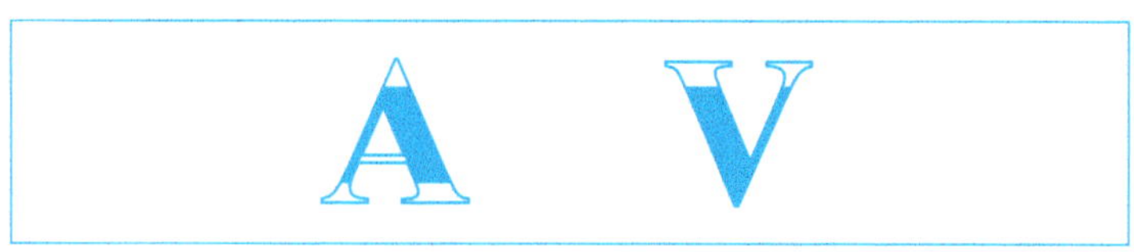

Aste trasversali o barre

- *trasversali* o *barre*, come quelle che uniscono orizzontalmente tra di loro le aste verticali o i montanti delle lettere **H** o **A**;

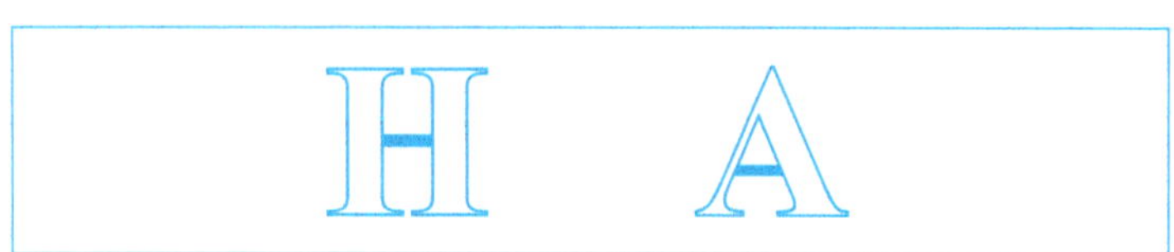

Bracci

- *bracci*, cioè le aste unite al carattere solo da un lato come, per esempio, nella **L** o nella **Y**;

Aste oblique o spezzate

- *oblique*, cioè che uniscono due aste verticali come nella lettera **M** o **Z**; possono venire chiamate anche aste spezzate.

Le aste **curve** si dividono in:

Aste ad arco

- *archi* cioè aste curve aperte come, per esempio, la **D**, la **c**, la **U** o la **h**;

Aste ad anelli o occhielli

- *anelli* o *occhielli* che individuano le aste curve chiuse tipo la **O**, la **P**, la **e**;

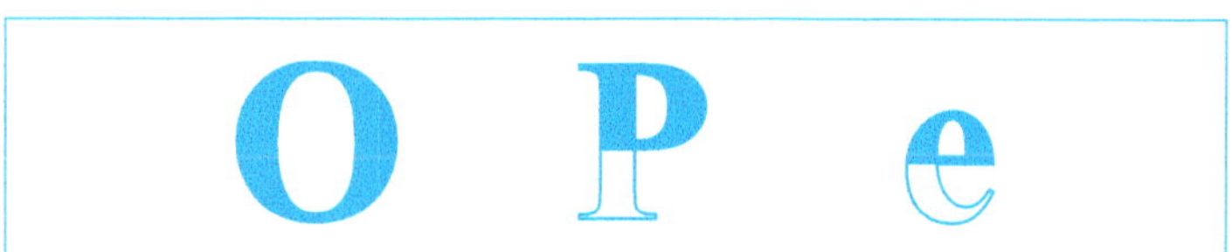

Aste ondulate o spine curve

- *ondulate* o *spine curve* come la **S** o la **a**.

Aste uniformi e modulate

Le aste, infine, possono avere un disegno caratterizzato da tratti **uniformi** quando mantengono costante il loro spessore; oppure **modulati** quando lo variano.

Tratti terminali (grazie)

I *tratti terminali* delle lettere possono essere identificati, rispetto alla loro posizione nella lettera, in tratti di **testa** o **iniziali**; di **piede** o di **base**; **becchi** o **ganci** (come nella **a**, nella **g** o nella **f**); **apici** o **orecchi** (come nella **o** e, ancora, nella **g**).

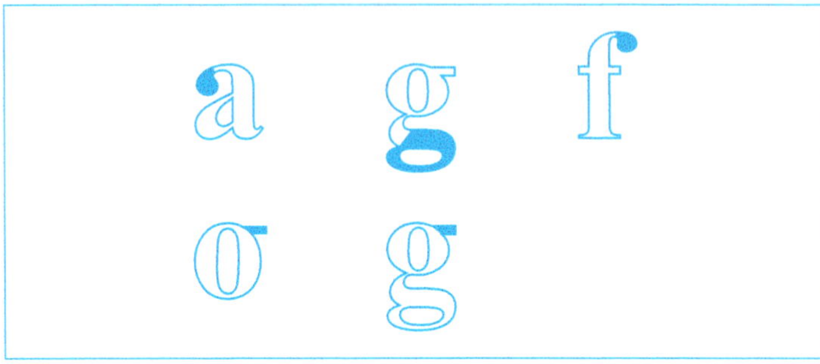

Possono inoltre cambiare conformazione presentandosi con disegni diversi (Figura 3.51). A tale proposito si possono avere sagome a **bandiera** (tipiche dei primi caratteri umanistici del XV e XVI secolo; un esempio è il Bembo), a **goccia** (come negli alfabeti tardo rinascimentali e neoclassici come il Caslon e il Baskerville) a **bottone** (come molti caratteri della fine del XVIII secolo, tipo il Bodoni) e a **becco** o **uncino** (molto più comuni nel disegno dei caratteri del XX secolo).

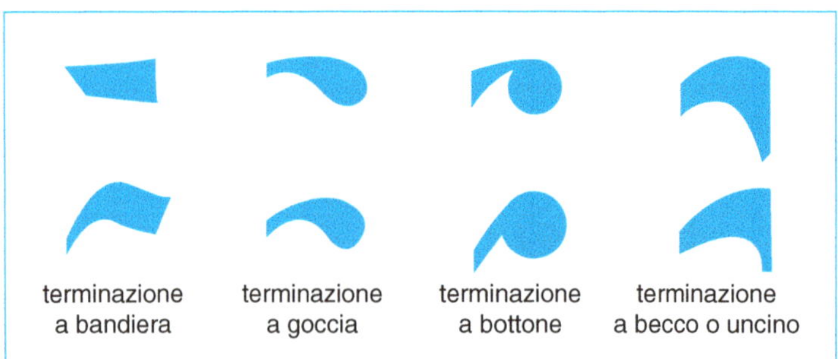

Figura 3.51
Diversi disegni dei tratti terminali delle lettere.

Loghi, marchi & C.

Fino a questo punto si è cercato di esaminare il carattere tipografico nel contesto della composizione.
Ma il carattere può essere visto e utilizzato anche come singola immagine comunicativa. Il significato intrinseco nel suo stesso disegno, nel suo stesso stile o nella sua stessa forma è, infatti, in grado di restituire associazioni con ciò che esso stesso esprime o rappresenta.

Con l'introduzione della fotocomposizione prima e dell'impiego del computer dopo, i caratteri hanno via via perso la loro identità di oggetti per trasformarsi in immagini. Imparare a guardare all'interno del loro aspetto esteriore permettere di ottenere risultati importanti, anche in termini di percezione visiva di accostamento e di legame tra le lettere.
Oggi la produzione di caratteri esistente è vastissima, ma il progettista, chiamato a realizzare l'idea grafica, ama solitamente intervenire personalmente per modificare quel qualcosa che possa imprimere una certa personalità alla sua composizione.
Nello svolgere questa attività è buona regola ricordarsi che, pur non sacrificando la propria creatività, la semplicità e l'equilibrio estetico sono alla base di un risultato sicuro.
Oltre a questo, ovviamente, alcuni consigli pratici possono essere, come sempre, di aiuto.
Le lettere sono captate dal nostro occhio come figure che, indipendentemente dalla loro costruzione geometrica, devono offrire un'immagine armoniosa ed equilibrata.
È per questo motivo che alcune combinazioni possono avere bisogno di piccoli interventi, definiti **correzioni ottiche**.

Cerchi, triangoli, quadrati, rettangoli

Iniziamo con il dire che ogni carattere viene disegnato all'interno di quattro linee: l'*ascendente*; la *mediana superiore*; la *mediana inferiore*; la *discendente*.
Il suo allineamento, all'interno di queste quattro linee costruttive, non è, però, sempre di carattere geometrico.
Infatti, l'allineamento, che deve svolgere anche una funzione ottica, può richiedere dei piccoli accorgimenti su alcune lettere per poter restituire la giusta sensazione percettiva.
Un cerchio e un triangolo, anche se di uguale altezza, vengono letti dall'occhio umano come più bassi di un quadrato o di un rettangolo (Figura 3.52).

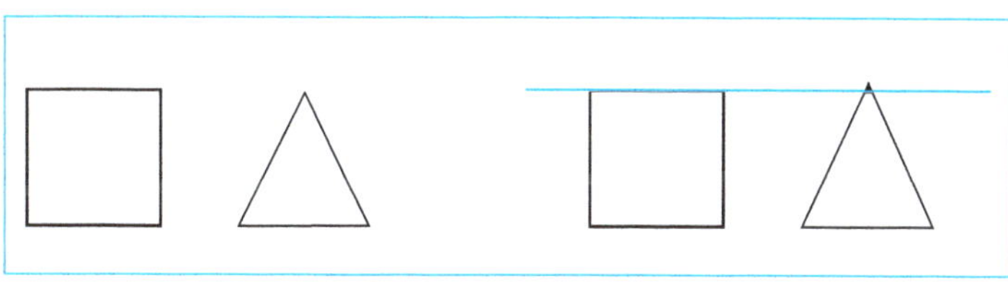

Figura 3.52
Un triangolo e un quadrato, anche se di uguale altezza, vengono letti dall'occhio umano in modo diverso.

Ecco che allora, nel caso di una **O** (lettera a **schema circolare** come, per esempio, anche la **G**, la **C**, la **Q**) e di una **A** (a **schema triangolare** come anche la **M**, la **N**, la **V**, la **W**) poste vicino a **lettere squadrate** come, per esempio, una **I**, una **E**, una **T** e così via, devono essere leggermente regolate d'altezza.

Infatti, se rimanessero tutte uguali, le prime si vedrebbero più piccole delle seconde, e sembrerebbero non rispettare gli allineamenti.

Barre, piani, centro ottico e centro geometrico

Inoltre, dividendo esattamente un piano a metà, la parte superiore, per un effetto ottico, apparirà più grande di quella sottostante. Ecco che allora, per restituire pari dignità alle due metà, sarà necessario che i tratti mediani della **B**, della **H**, della **E**, della **S** o della **X** vengano posizionati sul **centro ottico**, e non sul **centro geometrico**, posto leggermente sotto al primo (Figura 3.53).

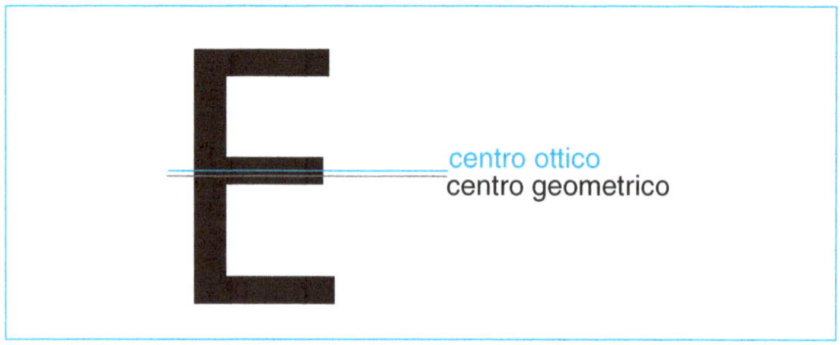

Figura 3.53
Centro ottico e centro geometrico.

Spessori e incroci

Inoltre, si sappia che, a parità di spessore delle aste, i **tratti orizzontali** vengono visti come più spessi di quelli **verticali**.
Per riportare l'equilibrio visivo basterà assottigliare il disegno di quelli orizzontali (Figura 3.54).
Lo stesso dicasi per **i tratti curvi**.

Figura 3.54
Aste orizzontali e aste verticali non vengono viste nello stesso modo.

Infine, proprio parlando di tratti curvi, non è da ignorare il fatto che quando si incontrano con un'asta retta, vanno **alleggeriti nel punto di contatto**. Si vedano per esempio la **b**, la **a**, la **d** e simili (Figura 3.55).
Lo stesso vale per l'incontro di due tratti obliqui come nella **V**, nella **M**, nella **X** e via dicendo.

Sagome portate al limite

Come si sa, le lettere sono segni a noi atavicamente familiari. L'occhio non ha quindi bisogno di riconoscerle nei minimi particolari, perché per distinguerle bastano pochi tratti e non la loro forma completa.

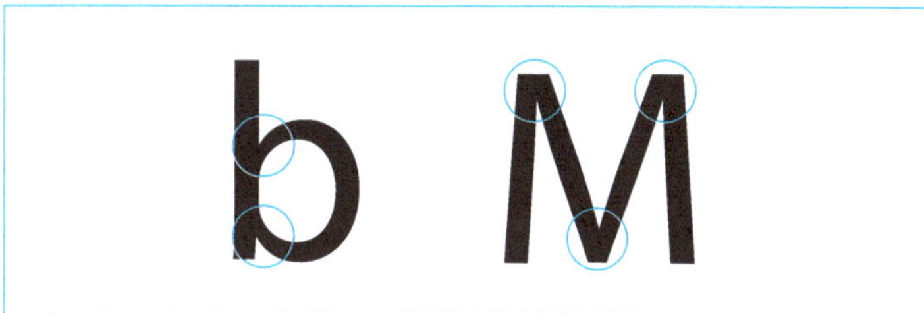

Figura 3.55
I tratti curvi e retti, o i tratti obliqui, sono alleggeriti nel punto di contatto.

È possibile, esasperando questo concetto, elaborare la forma delle lettere fino a raggiungere **sagome estreme** che, seppur modificate nella leggibilità, non la vanificano del tutto, fornendo un'**immagine inconsueta** del carattere (Figura 3.56).

Figura 3.56
Mantenere visibili i segni distintivi delle lettere consente di renderle riconoscibili anche se estremizzate nella forma.

Nell'operare in questo modo sarà però necessario riuscire a metterne in risalto i **tratti identificativi**, utili al fine del riconoscimento anche in situazioni esagerate. Lo stesso gioco vale per l'alternanza tra positivo e negativo.

Giochi con le lettere

Con le lettere si possono creare texture, fregi, sigle, monogrammi, marchi, logotipi, tipogrammi, calligrammi o altro.

Texture

La texture è un esempio di adeguamento del segno alfabetico con finalità **rappresentative** o **ornamentali** (Figura 3.57). Può essere utilizzata con valore pubblicitario o decorativo.

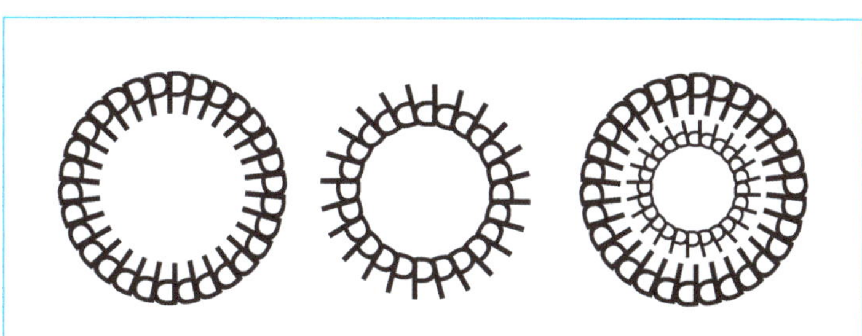

Figura 3.57
Texture.

L'effetto finale e la bellezza del risultato dipenderanno chiaramente dal gusto dell'ideatore, ma non potranno prescindere dalle conoscenze di base sulla carica espressiva della forma usata.

Monogrammi

I monogrammi sono l'espressione di un gruppo di **lettere** (solitamente **due**; nel caso di più lettere si deve parlare di sigla) combinate e intrecciate tra loro nei modi più svariati al fine di ottenere sovrapposizioni o legami in una forma originale.

Possono rappresentare una **firma**, un **sigillo**, un **simbolo di proprietà** o un **marchio di individuazione di merci e manufatti**.

Le origini del monogramma sono antichissime (risalgono all'antica Grecia del V secolo a.C., dove sono stati trovati incisi su monete), ma il suo sviluppo si è avuto soprattutto nel periodo medievale e successivo, dove ha seguito la stessa evoluzione dei caratteri da stampa.

Una caratteristica del monogramma è spesso quella di non presentarsi con caratteri leggibili separatamente, ma riconoscibili solo nel contesto della composizione, in un processo di interpretazione del disegno complessivo.

Tipogrammi

Quando si parla di tipogramma (noto anche con il nome di **parola-immagine**) si deve intendere una soluzione grafica a cui ci si rifà quando la semplice scrittura alfabetica non viene ritenuta sufficiente per l'effetto finale che si vuole dare.

In questo caso le parole scritte devono necessariamente essere interpretate come immagini per poterne fruire la lettura. Chi le guarda deve infatti essere in grado di percepire il contenuto rappresentato dalla figura e dal suo vocabolo (Figura 3.58).

Figura 3.58
Tipogrammi.

Calligrammi

Il calligramma è l'ottenimento di una **forma figurata** con l'impiego della **scrittura calligrafica**, cioè manuale.
L'artista preposto a questo compito deve avere una forte sensibilità alla forma, una spiccata fantasia e una forte propensione al riconoscimento e alla valorizzazione del messaggio contenuto in un testo.
L'alfabeto occidentale è però meno adatto di altre scritture, come per esempio quella araba, a questo tipo di pratica, poiché presenta una struttura piuttosto rigida nel disegno delle forme e, di conseguenza, risulta meno plasmabile.

Marchi

Il marchio, termine sicuramente più conosciuto dei precedenti, è l'espressione di un **gruppo di lettere** combinate tra loro nei modi più disparati al fine di creare un simbolo che consenta il **riconoscimento** di una **persona**, un'**azienda**, un **ente** o altro.
È, per dirla in breve, la sintesi visuale di ciò che rappresenta e, se si pensa ai graffiti rupestri, è anche il più elementare e primitivo dei linguaggi.

Logotipi

Infine, il logotipo (o logo) è la raffigurazione di **una o più parole** esprimenti il nome di un'**azienda**, un **ente**, un'**organizzazione** o altro. Può sostituire il marchio o presentarsi abbinato a esso nel tentativo di rafforzarne l'immagine.
La concezione di una forma grafica è influenzata dal periodo storico, culturale e sociale di un'epoca, e lo studio del logo di un'azienda può fornire importanti elementi circa la sua esistenza negli anni o, addirittura, nei secoli.

Curiosità

Il carattere *AvantGarde* viene considerato dai più, forse per la sua duttilità, quello che maggiormente ha influenzato il modo di progettare la grafica e, in particolare, la creazione di marchi e loghi.

Capitolo 4

Chi ben impagina è a metà dell'opera

Prima di tutto: essere organizzati

Quando si lavora alla produzione di un oggetto editoriale è fondamentale essere a conoscenza di una serie di regole e di comportamenti, tanto semplici quanto necessari, che permettano il tranquillo svolgimento dei compiti, propri e altrui.
Quindi, sia che si operi in assoluta indipendenza o che si abbia uno specifico ruolo nella catena produttiva, essere organizzati significa lavorare sempre con una marcia in più.

Figura 4.1
Vignetta tratta da *Celebrazione del tipografo*, editrice Il quadratino, Torino 1968.

In questo capitolo

Infatti, chi non ha mai smarrito un file, lanci la prima pietra! Oppure lo faccia chi non ha mai aperto (spendendoci magari sopra preziose ore di lavoro) il file sbagliato.
O ancora, chi non ha mai lavorato su un documento senza averne fatto prima una copia per poi rendersi conto che la versione migliore era quella precedente?
E chi non si è mai accorto che ciò che sta guardando "terrorizzato" a video non corrisponde alla stampa che sta stringendo tra le mani?
E ancora, che il materiale cartaceo dove erano indicati gli interventi da effettuare si è trasformato dallo stato solido a quello gassoso senza lasciare traccia alcuna?
Oppure, chi non si è mai trovato nella difficoltà di dover giustificare delle correzioni che erano state indicate, ma che al momento opportuno, non si è più in grado di mostrare?
E così via, gli esempi, come ben sapete, possono essere infiniti...
Quando si parla di organizzazione del lavoro si deve essere coscienti del fatto che non ci si sta riferendo a fatti isolati, ma a una condizione che coinvolge tutte le componenti presenti nel processo di realizzazione del prodotto, compresi i comportamenti dei singoli.

L'organizzazione del materiale digitale

Una buona organizzazione del lavoro parte da una buona organizzazione del pc su cui si lavora.
Chi non si è mai trovato a dire: "Questo intanto lo appoggio lì, poi un posto glielo trovo...", per poi scoprire di non essere più in grado di risalire a quel "lì"? E così via per decine di file?
Diventa quindi un fatto di primaria importanza riuscire a dare un'organizzazione adeguata al materiale digitale.
Cercare di impostare un **metodo**, il più possibile **standard**, potrebbe consentire di superare questo primo comune disagio.
Per far questo sarà utile riuscire a schematizzare, sin dall'inizio, tutti i passaggi di lavorazione.
Detto in parole povere, significa creare tutte le cartelle, di cui si avrà bisogno durante il processo produttivo, secondo una struttura ad albero che si sviluppa orizzontalmente (per quanto riguarda gli argomenti da trattare) e verticalmente (per quanto riguarda la profondità dei singoli argomenti).
Si partirà, quindi, con la creazione della cartella di **inizio opera** che dovrà contenere tutte le lavorazioni inerenti a quel determinato prodotto.
Ogni lavoro (o cliente, o progetto, o altro) dovrà avere a disposizione una sua "scatola" in cui verrà racchiuso insieme a tutte le componenti utili alla sua realizzazione.
Prendiamo, come esempio, la lavorazione di un libro illustrato.

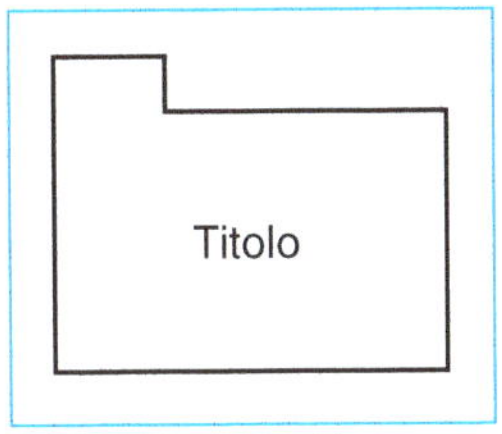

In questo caso la cartella di partenza (chiamata con il titolo dell'opera) potrebbe essere il contenitore di tutti i capitoli che lo compongono, anch'essi organizzati in cartelle.

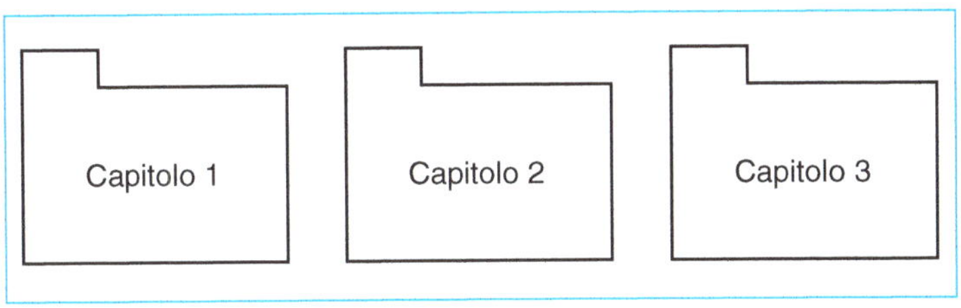

Ogni cartella di capitolo dovrà contenere, a sua volta, altre cartelle per dare una collocazione a tutti gli elementi di costruzione di quel capitolo.

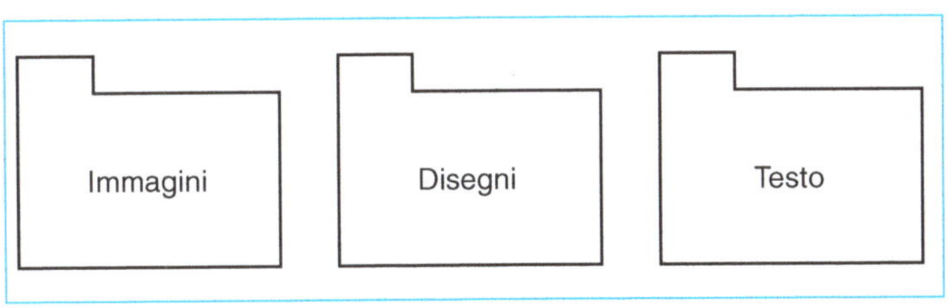

All'interno di queste cartelle verranno a trovare posto i file di lavorazione. Ma non solo. Sarebbe buona abitudine farci rientrare anche due specifici contenitori: la cartella *Scarto* e la cartella *OLD*. La prima verrà utilizzata per parcheggiare tutto ciò che è stato elaborato ma non utilizzato in quanto niente deve essere buttato e tutto deve essere conservato poiché, in questo lavoro, non si può mai sapere...

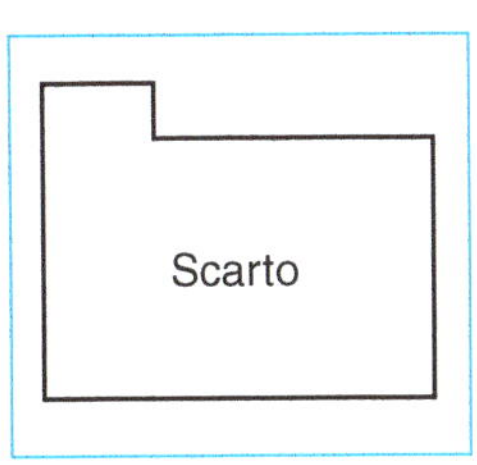

La seconda servirà invece a contenere tutti i file di lavorazione precedenti all'ultimo e diventati obsoleti allo stato dell'arte. La sua funzione deve essere quella di archivio storico, per intenderci.

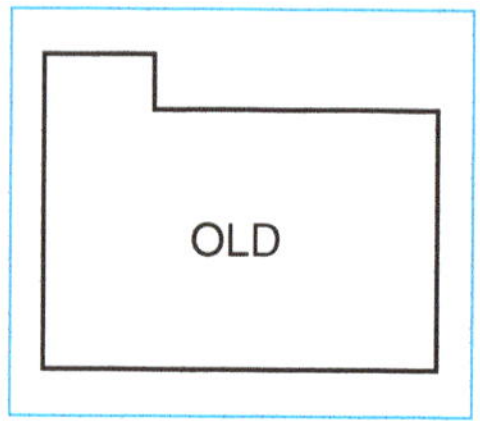

Volendo entrare nel merito della cartella **Testo**, potrebbe essere utile usarla per mantenere, a questo livello, i diversi passaggi di lavorazione di questa componente, a condizione che non sia una duplicazione della cartella *OLD*.

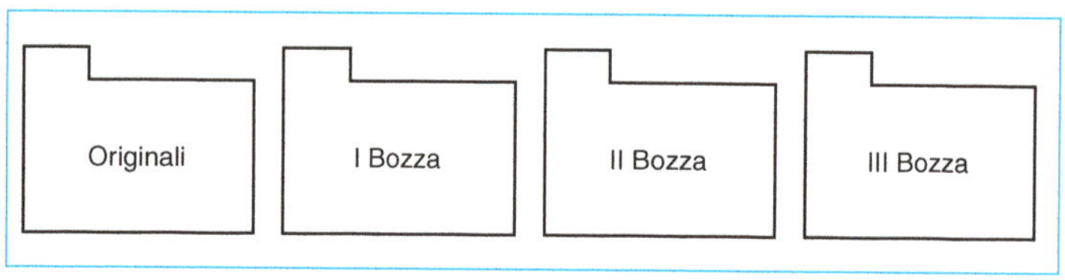

È facile a questo punto immaginare che, con un'organizzazione di questo tipo, risulta piuttosto agevole orientarsi all'interno del prodotto in lavorazione, in tutte le sue parti e in tutte le sue fasi, fino alla consegna dei file definitivi per la stampa (Figura 4.2).
Essere riusciti a organizzare le cartelle e il loro contenuto significa aver impostato un buon lavoro preliminare, ma non basta. Il passaggio successivo, affinché tutto sia facilmente fruibile, è quello del corretto *naming* dei file (cioè del nome da attribuire loro).

Il naming dei file

Una buona organizzazione del lavoro digitale dipende anche dal nome assegnato ai documenti elettronici.
Infatti, ogni cartella e ogni file devono essere nominati in modo semplice, chiaro e appropriato, tale da consentire, a chi li legge, di capirne il contenuto senza doverli aprire.
Una corretta nomenclatura sarà sicuramente di grande supporto sia a chi li ha generati sia a chi prenderà in mano il lavoro in una fase successiva. Nel naming delle componenti digitali, la prima regola da seguire è che non possono esistere cartelle e file con nomi uguali.
Significherebbe innanzitutto creare confusione e poi generare conflitti tra i file o le cartelle con lo stesso nome, rischiando che l'ultimo generato "sostituisca" quello precedente con la conseguente perdita di dati.

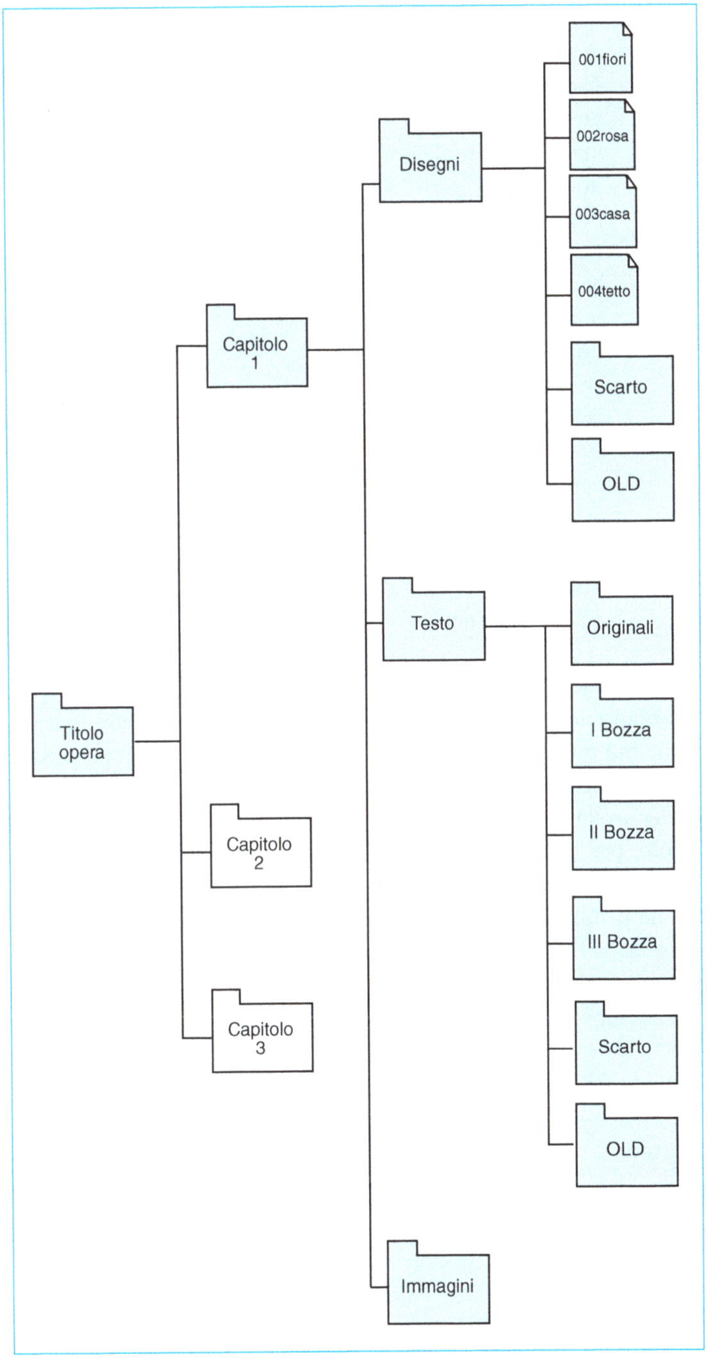

Figura 4.2
La figura mostra lo sviluppo ad albero dell'esempio citato. È evidente che una struttura ben organizzata permette di muoversi agevolmente all'interno delle diverse fasi di lavorazione.

Inoltre, per poter leggere i file da computer con sistemi operativi differenti è opportuno non utilizzare nel nome caratteri come quelli indicati di seguito:

	spazio all'inizio
	spazio alla fine
	spazi doppi
"	virgolette inglesi
'	virgoletta semplice o apostrofo
:	due punti
;	punto e virgola
,	virgola
/	barra
-	trattino
#	cancelletto
@	chiocciola
^	apice
*	asterisco
%	percento
°	grado
<	minore
>	maggiore
&	è commerciale

Non ci sono controindicazioni per l'utilizzo di caratteri maiuscoli, ma mantenere le **minuscole** nei nomi dei file permette una visione più pulita, rapida e immediata. Si ricorda, a questo proposito, che il minuscolo si legge meglio del maiuscolo.
Nella scelta del naming, ogni unità di lavorazione (sezione, capitolo, paragrafo, modulo, rubrica, articolo e via dicendo), oltre alla specifica del nome, sarebbe bene che riportasse, tra parentesi, anche il numero di pagine corrispondenti alla prima e all'ultima presenti nel file. In questo modo si avranno sempre dei riferimenti molto precisi.
Per esempio:

Sezione 02 (27-74);

oppure:

Capitolo 05 (219-260);

e così via.

Se i **file** da nominare fossero **numerosi**, riguardassero, per esempio, la componente immagini o disegni, e dovessero aver bisogno di un inserimento in pagina secondo una data sequenza (come le fotografie di un catalogo), sarebbe opportuno che il naming

contenesse anche un **riferimento numerico** che agevoli tale operazione (Figura 4.2).
Nell'utilizzare questo accorgimento è bene ricordarsi di non partire dal numero 1, ma dal numero 01 in caso di un'elencazione che comprende decine di file o dal numero 001 nel caso in cui i file fossero, invece, nell'ordine delle centinaia. In questo modo si presenterebbero ordinati dal primo all'ultimo.
In caso contrario, se si partisse a numerare con il numero 1 e si andasse avanti così, arrivati alle decine il numero 10 si posizionerebbe sotto al numero 1 e non sotto al 9; il numero 20 troverebbe la sua collocazione sotto al 2 e non dopo il 19 e così via, creando un certo disagio nella ricerca dei file, essendo costretti a farli scorrere avanti e indietro.

Un prefisso nel nome

L'utilizzo di un prefisso nel nome di un documento digitale è comodo quando si vuole che i file visualizzati nelle cartelle si raggruppino tra di loro secondo la tipologia di appartenenza (per esempio, il prefisso A potrebbe stare a indicare tutti i file di una stessa categoria, quello B i file di un'altra e così via).
Se dovesse succedere di non ricordarsi più il nome di un documento, basterà impostarne la visualizzazione nella forma *elenco per nome* per ritrovarsi tutte le categorie raggruppate in ordine.

Stabilita l'importanza di nominare in maniera chiara e trasparente le cartelle per tenervi in modo ordinato i file, battezzati a loro volta in modo tale da non doverli aprire per riconoscerli, vediamo alcuni altri piccoli suggerimenti.

L'estensione dei formati dei file

Il primo è quello di utilizzare sempre le estensioni dei formati dei file (.jpg, .tif, .gif, .doc e così via), caratteristica automatica per gli utenti Windows, ma abitudine poco nota soprattutto agli utenti Mac che non hanno bisogno dei suffissi identificativi del formato dei file per poterli aprire.

La verifica

Il secondo consiste nel verificare, prima di buttarsi a capofitto in nuove lavorazioni, che la bozza cartacea corrisponda a quanto aperto a video.
Se questo non accade, le ipotesi possono essere solo due:

- non si ha tra le mani l'ultima bozza;
- non si è aperto a video l'ultima versione del documento.

Solo dopo aver verificato la bontà di quanto disponibile, è possibile partire con un nuovo giro di interventi, ma non sull'ultima versione digitale, bensì sulla sua copia, avendo fatto prima il noto "salva come" e mantenendo in archivio (cartella *OLD*) la versione di partenza. Un ripensamento sugli interventi apportati è sempre dietro l'angolo, e avere a disposizione l'"originale" può salvare da situazioni, a volte, disperate.

Il backup

Infine, durante la giornata di lavoro, sarebbe buona norma fare dei backup di sicurezza per step di lavorazione: potrebbe sempre verificarsi un imprevisto che può richiedere il ritorno a qualche passaggio precedente di lavoro.
A fine giornata, una copia di backup definitiva di tutti i dati lavorati deve essere eseguita e mantenuta in un archivio offline, per esempio su una chiave USB, un CD-ROM , un DVD o un hard disk esterno.

Controlli e risultato

Per ottenere un buon prodotto editoriale è fondamentale seguirlo in ogni fase della sua realizzazione verificando la qualità dei risultati ottenuti nei singoli passaggi, risultati che influenzeranno in maniera determinante il prodotto finale.

Essere un anello della catena

Non sempre chi svolge questo tipo di attività ha la fortuna di potersi muovere in assoluta autonomia. Molto spesso, infatti, chi pratica questa professione deve costantemente interagire e confrontarsi con gli altri "addetti ai lavori". In questo secondo caso, come ognuno di voi può aver verificato di persona, incomprensioni e arrabbiature non sono poi così rare...
Per ovviare a qualsiasi tipo di "costosi" malintesi, alcuni piccoli accorgimenti possono essere un'accessibile soluzione al problema.

Il passaggio delle informazioni

La prima regola da applicare, quando si entra in un circuito produttivo, è quella di cercare, e soprattutto di riuscire, a trasferire le informazioni in modo **corretto**, **preciso** e **inequivocabile**.
"Spaziare" è un'indicazione approssimativa e imprecisa: è necessario specificare chiaramente "Aggiungere mezzo punto di spaziatura" oppure "Spaziare di un punto"; allo stesso modo dire "Un po' di più" o "Un po' di meno" non significa nulla, "Due punti" o "Mezzo punto" sono, invece, misure precise.
È importante fornire indicazioni chiare su cosa si vuole ottenere e, soprattutto, collocarle nel punto esatto dove la richiesta che viene fatta deve essere eseguita.
Utilizzare sempre una penna rossa (comunque, se non rossa, di colore diverso da quello del testo) per permettere di individuare subito ciò che viene richiesto e, cosa non da poco, abituarsi a scrivere in modo leggibile.

Niente foglietti volanti (si perdono), post-it (si staccano) o, ancora peggio, comunicazioni verbali (si dimenticano).
Qualunque sia il messaggio da trasferire deve avere una sua dignità. Quindi, abituarsi a usare mail, report e comunicazioni ufficiali.
Se si ha la necessità di intervenire su una bozza già spedita in produzione, è vietato alzare il telefono per comunicare variazioni o aggiunte. In questo caso si dovrà utilizzare la fotocopia (che sicuramente avrete fatto!) del materiale licenziato e rimandare in produzione, solo le pagine con le nuove indicazioni tassativamente scritte in rosso (la fotocopia ha il testo in nero) affinché saltino subito all'occhio. E anche di queste pagine farete una fotocopia, vero?
È molto importante, in un processo di questo tipo, dove il lavoro di ognuno serve a migliorare il risultato finale, che tutti partecipino all'attività realizzativa in modo tale da rendere più agevole e facile il lavoro a chi gli succede.
Ovviamente, più grande è l'organizzazione in cui si lavora, più queste regole sono auree.
Poiché l'obbiettivo di qualsiasi prodotto editoriale è quello di trasferire in modo corretto, preciso e semplice il messaggio o l'informazione all'utente finale, non è pensabile che tra le figure che partecipano alla sua realizzazione non si verifichi la stessa cosa.

Figura 4.3
È molto importante che nel passaggio delle informazioni tra professionisti non si ricorra alla "tradizione orale" ma che si utilizzino strumenti adeguati allo scopo.

La gestione del materiale cartaceo in entrata

Ma come ci si deve comportare quando ci viene consegnato il materiale da lavorare?
Semplice: se si tratta di materiale digitale, dopo averne considerato la bontà e la compatibilità con i propri standard di lavorazione (sistema operativo, font, software o altro) dovrà essere copiato e organizzato in modo tale da risultare facilmente accessibile e reperibile all'interno del proprio computer.
Se si tratta, invece, di materiale cartaceo, per prima cosa sarebbe utile farne una **fotocopia**, meglio se con l'inserimento della **data di arrivo**. Anche in questo caso, una collocazione chiara e precisa all'interno del proprio ufficio faciliterà ordine ed efficienza.

Tutto deve essere a portata di mano e a disposizione per potervi attingere in qualsiasi momento e per qualsiasi motivo.
Questo vi permetterà, in ogni situazione, di verificare i diversi documenti cartacei ricevuti, di confrontarne la sequenza e riscontrare la corrispondenza delle richieste.
Non vi siete mai sentiti dire che quell'intervento era già indicato sulla bozza precedente e che non è stato fatto?
Ogni tipo di materiale in entrata deve avere una sua precisa collocazione fisica ed essere organizzato secondo l'opera di riferimento (non è escluso che ci si trovi a lavorare più di un prodotto contemporaneamente) e la data di arrivo (è sempre importante sapere quanto tempo viene trattenuto il materiale prima di rispedirlo lavorato).
Sarebbe anche opportuno tenere un quaderno di "carico e scarico", niente di impegnativo mi raccomando (non si sta lavorando in un ministero), ma un semplice diario che permetta di avere sempre sotto controllo e a portata di mano i tempi di arrivo e di consegna dei materiali nei diversi passaggi. Inutile dire che tutte queste indicazioni possono essere tenute aggiornate in un semplice foglio Excel.
Annotare sempre la data di arrivo e di consegna dei materiali permette di risalire ai tempi di lavorazione propri e altrui, cosa importante per almeno tre motivi:

- permette di individuare eventuali colli di bottiglia;
- consente di fare previsioni sulle date intermedie di passaggio dei materiali (mettendo in evidenza gli eventuali momenti di maggior impegno) e su quella finale di consegna del prodotto;
- agevola nel controllo del rispetto dei tempi consentendo il confronto tra quanto stimato in calendario e quanto sta effettivamente avvenendo, permettendo quindi di potervi porre rimedio in tempo utile.

La calendarizzazione

La calendarizzazione dei tempi di lavorazione è un passaggio cruciale per tutti coloro che partecipano alla filiera produttiva. Chiunque intervenga nella realizzazione del prodotto editoriale dovrà avere a disposizione un calendario che preveda, per ogni tipologia di lavorazione, le date di ricevimento del materiale da lavorare e quelle in cui lo stesso materiale dovrà essere licenziato per passare alla fase successiva.
Il rispetto dei tempi sarà una garanzia di continuità e di sicurezza per tutti e nessuno dovrà essere chiamato a recuperare ritardi altrui.

Il tempo che viene impiegato per creare ordine non è mai tempo perso.
Una delle regole fondamentali quando si riceve il materiale dall'esterno è quella di non dare mai nulla per scontato.
Premesso che qualsiasi cosa arrivi nelle proprie mani deve essere corredata da un documento che indichi esattamente cosa ci viene consegnato, quando e da chi, prima di compiere qualsiasi altra azione sarebbe meglio verificare in tempo reale (e non dopo cinque giorni! Si darebbe l'impressione, in caso di richiesta di chiarimenti, di aver messo quel lavoro in coda a qualcos'altro) se il materiale ricevuto corrisponde a quanto specificato.
Perdere due originali, quattro fogli di bozza, un CD con i documenti definitivi, il libro con le immagini da digitalizzare o altro ancora non è mica poi una cosa tanto rara... e, ovviamente, il responsabile è l'ultimo che si trova in mano il "pacco" (di nome e di fatto).
In più, il materiale dovrà essere corredato da indicazioni chiare, esaustive e inequivocabili, poiché nulla può essere dato per scontato. Se qualcosa non è chiaro, non esitate a chiedere spiegazioni: niente deve essere interpretato o lasciato al caso.

Che figura...

Dal più semplice al più complesso, la realizzazione di un prodotto editoriale nasconde un articolato processo, a carattere sequenziale, che si avvale del contributo di specifiche figure professionali alle quali sono affidate le singole fasi di lavorazione.
Queste figure lavorano in modo sinergico, ciascuna con propri compiti, conoscenze, competenze e responsabilità.
È quindi molto importante, affinché tutto proceda per il meglio, che i membri di uno stesso team:

- comunichino tra di loro con delle regole;
- si passino le informazioni in modo unico e inequivocabile;
- conoscano i flussi del processo in cui sono coinvolti;
- siano al corrente delle tipologie delle diverse fasi di lavorazione;
- siano organizzati nel loro lavoro;
- collaborino tra loro;
- rispettino il ruolo di ognuno;
- parlino la stessa lingua;
- mettano sempre chi viene dopo di loro (nel processo produttivo) in grado di lavorare senza problemi affinché l'impegno di tutti consenta il raggiungimento del fine comune;
- siano in grado di adeguarsi alle esigenze degli altri, riuscendo a pensare e a comunicare non solo secondo la propria specializzazione.

Il sistema editoriale

I sistemi editoriali, rimasti per molto tempo strumento esclusivo delle redazioni dei quotidiani, sono stati successivamente apprezzati anche in altri ambiti, consentendo a tutti gli utilizzatori di gestire in maniera ordinata grandi moli di dati. Si tratta di una vera e propria tecnologia che ha permesso di ottimizzare l'integrazione tra le diverse figure che partecipano alla creazione di un prodotto editoriale. La collaborazione tra gli addetti ai lavori è stata di gran lunga migliorata grazie a metodologie standard, che si articolano all'interno del *workflow*, che permettono a tutti gli attori coinvolti nel processo realizzativo di scambiarsi materiali e di intervenire sul prodotto riducendo tempi, costi e margini di errore.

La gestione del materiale in uscita

Le stesse regole valgono anche per il materiale in uscita. Anche in questo caso, infatti, si dovrebbe provvedere a mantenerne una copia, ma non solo digitale, anche cartacea, da riporre archiviata in ordine di titolo dell'opera e di data di uscita.
Quando si passa il proprio lavoro a qualcun altro, è fondamentale trasferirlo in modo tale che chi lo riceve non debba perdere tempo a capire cosa si ritrova tra le mani.
Un **documento accompagnatorio** del materiale che indichi esattamente data, mittente e destinatario, contenuto, eventuali osservazioni o specificazioni è fortemente raccomandato.
Ovviamente, anche quest'ultimo documento dovrà essere mantenuto in copia da chi lo compila.
Come si sarà capito, è molto importante tenere traccia di tutto quanto viene prodotto e fatto, passaggio per passaggio: non vi è mai capitato di ricevere una bozza corretta in cui non sono stati eseguiti tutti gli interventi richiesti e di sentirsi dire che non erano stati indicati?
Quando si trasferisce **materiale iconografico** "fisico" (diapositive, fotocolor, stampe o altro ancora) è bene che venga consegnato ordinato, numerato e codificato: è molto importante dare, a chi lo riceve, la possibilità di riconoscere subito il soggetto a cui si fa riferimento e la rispettiva posizione nell'impaginato. Se, in più, si dovessero richiedere lavorazioni particolari (come tagli, scontorni, sfumature, ricostruzioni, pixel copy o altro), queste dovranno essere perfettamente indicate e allegate all'oggetto a cui si riferiscono.
Se si tratta invece di materiale digitale, il tutto dovrà essere organizzato in modo tale da permettere a chi lo riceve di aver chiaro fin da subito il contenuto delle cartelle e dei documenti.
Ricordarsi, inoltre, di allegare sempre ai documenti da inviare:

- le **font utilizzate** per permettere una corretta visualizzazione del lavoro, eliminando, invece, quelle che non sono state usate ma che sono rimaste "agganciate" a spazi o a ritorni a capo nel programma di impaginazione;

- le immagini in **alta risoluzione** (soprattutto in caso di lavorazioni particolari e di impaginato complesso). Se queste mancano, si rischia che il lavoro stampato in laser presenti un'area bianca di delimitazione delle immagini che potrebbe coprire il testo che vi scorre a fianco (per non parlare del fatto che se il prodotto arriva così nelle mani dello stampatore è inutilizzabile!). Allo stesso modo, sarà importante mantenerne sempre aggiornati i **collegamenti**;
- una **bozza** (in bianco e nero o a colori, secondo le necessità) recante ogni indicazione utile per chi dovrà gestire il lavoro dopo di voi, in dimensioni reali, cioè al 100%.

Non dimenticarsi, oltre a ciò, di:

- controllare le **aree esterne alla pagina** digitale, che spesso sono utilizzate come scrivania e dove, altrettanto spesso, vi vengono dimenticati gli oggetti appoggiati "provvisoriamente";
- attivare la **separazione in quadricromia** (CMYK) quando si lavora un prodotto a colori, eccezion fatta per i colori Pantone se non dovranno essere separati;
- nel caso di prodotti di una certa qualità, attivare il **profilo colore**, indispensabile per una stampa che restituisca un risultato di un certo livello, e di cui si parlerà nel seguito del capitolo;
- controllare la **corrispondenza** tra stampa e file digitale prima dell'invio del materiale alla fase successiva. Il controllo visivo sulla qualità dello stampato è, infatti, un passaggio fondamentale per verificare che tutte le fasi di lavorazione siano state correttamente effettuate, siano prive di imperfezioni e tecnicamente conformi.

Gli accorgimenti possono essere molti altri a seconda dei lavori, ma questi sono sicuramente quelli principali.
La raccomandazione rimane comunque quella di cercare di non usare scorciatoie nella costruzione di una pagina, ma di utilizzare sempre procedimenti consolidati e funzioni standard dei programmi.
A questo proposito, quindi, non usare mai la barra spaziatrice al posto delle tabulazioni per gli allineamenti verticali nelle elencazioni e per portare a giustezza righe di testo "scomode" o, ancora, non impiegare i box di inserimento delle immagini per disegnare i quadratini delle *checklist*, ma utilizzare delle pi-font adatte allo scopo e così via.

Regole di buona condotta

Quando si produce del materiale inseriti in un circuito professionale, troppo spesso si pensa che, una volta trasferito il "plico"

all'anello successivo della catena produttiva, il proprio compito sia momentaneamente terminato in attesa della fase successiva di lavorazione. Niente di più sbagliato.
Se ciò che viene prodotto non è stato creato in modo corretto e organizzato, il minimo che può capitare è che torni al mittente come un boomerang e che costringa a rifacimenti e miglioramenti che a volte sono tutt'altro che sinergici con altri impegni che, nel frattempo, potreste aver preso.
Trasferire il materiale lavorato in modo che agevoli il lavoro a chi lo riceve significa ottenere dei sicuri vantaggi quando vi verrà restituito per il passaggio successivo di lavorazione.

Verba volant, scripta manent

Il concetto di impaginazione ha i suoi precedenti storici nei libri manoscritti e nei primi incunaboli quando questi, più che per il contenuto intrinseco, venivano apprezzati per la forma artistica e spesso preziosa con cui erano realizzati.
Con il trascorrere del tempo, però, la loro bella ma pesante impaginazione sviluppa la necessità di trasformarsi in un risultato più sobrio, privo di tutte quelle parti non ritenute essenziali.
Con il diffondersi della stampa, poi, le esigenze funzionali e l'efficacia nella forma dell'informazione prendono il sopravvento su tutto il resto. Oggi, l'impaginazione, rompendo con gli schemi più antichi, ma mantenendo sempre attuali le regole sui rapporti della pagina, introduce nuove varianti e moderne soluzioni.

La definizione di impaginazione

Volendo dare una definizione il più possibile esaustiva del concetto di impaginazione, si può dire che è la rappresentazione del giusto **rapporto tra parti bianche e stampate** della pagina, in relazione a un'adeguata distribuzione (orizzontale e verticale) dei grafismi (immagini e testo), in funzione di una **presentazione formale dei contenuti** secondo una sequenza ordinata di concetti.
In un buon lavoro impaginativo, ogni singolo elemento deve essere in **relazione** con ogni altro, e il loro rapporto viene costruito passo dopo passo senza mai dimenticare che più il libro e il suo contenuto sono importanti e significativi, più la sua impaginazione dovrà essere bilanciata e perfetta. Pagine armoniose e ben costruite sono il risultato di abilità e competenza.

Gli elementi costitutivi dell'impaginato

Gli elementi che compongono un impaginato sono sostanzialmente due: il **testo** e le **immagini** (nella loro più ampia accezione), più la componente *colore* che rappresenta l'elemento più instabile di tutto il processo.
La sua presenza, pur donando una forte carica espressiva e permettendo una ricca modulazione di proposte, pone problematiche di

carattere tecnico, funzionale, soggettivo, estetico ed economico, come vedremo in seguito.

Campionatura dei colori

Saper scegliere i colori e le loro combinazioni rappresenta un momento importante nella realizzazione del prodotto. La campionatura preliminare dei colori, utilizzati come elemento distintivo all'interno dell'opera, permette di individuare quelli che si accostano meglio tra di loro e di non utilizzare lo stesso colore per indicare due elementi differenti.

La gestione del testo

Il testo, una volta stabilito il carattere, il corpo, l'interlinea e la disposizione in una o più colonne, può essere composto e disposto in diversi modi, ognuno dei quali può influenzarne la leggibilità e sollevare problemi differenti.

La disposizione del testo

Le disposizioni più utilizzate sono l'allineamento a sinistra (detto anche a **bandiera**); l'allineamento a destra (**bandiera rovesciata**); a pacchetto o **giustificato** (quando cioè le righe hanno tutte la stessa lunghezza e riempiono l'intera giustezza); a epigrafe (o **centrato**), impiegato per brevi diciture; a **sagoma** (quando il testo segue le linee di una figura).

Allineamento a sinistra o a bandiera

Nella composizione a bandiera, particolarmente utilizzata per i testi poetici, quelli pubblicitari, per le didascalie e le note, la spaziatura tra le parole è sempre uguale e le righe di testo non sono mai della stessa lunghezza.

Il testo è allineato sul suo lato sinistro e quindi, da questa parte, le linee partono tutte con lo stesso allineamento verticale.

La parte destra risulta invece frastagliata, poiché le righe vi arrivano con lunghezze diverse (viceversa nella bandiera rovesciata).

Questo tipo di disposizione del testo **non accetta la sillabazione** e la parola che non può essere contenuta nella riga viene mandata a capo, ma con l'accortezza di non creare troppi "gradini" nella composizione (Figura 4.4 e Figura 4.5).

Allineamento a destra o a bandiera rovesciata

La composizione a bandiera rovesciata va utilizzata con estrema **parsimonia**, in quanto questa disposizione della composizione non agevola la leggibilità del testo (Figura 4.4).

Comunque, se si decide di usarla, è meglio rispettare alcune indicazioni.

Innanzitutto deve essere impiegata per testi corti e dal corpo non troppo piccolo.

Poi, le righe devono avere una lunghezza proporzionata tra loro e senza eccessivi *bianchi parassiti*, cioè quegli antiestetici cunei di

344 **CUCINA OLTRE LE APPARENZE**

INVOLTINI AGLI AGRUMI
2 fette di pane raffermo, prezzemolo, basilico, 1 limone e 1 arancia, 1 finocchio, 10 g di pepe verde fresco, 12 fette di carpaccio di branzino, olio extravergine, sale.
Ridurre il pane in briciole, nel mixer. Tostarle in padella, versare sopra 40 g di olio e mescolare. Fuori dal fuoco unire 40 g di prezzemolo e basilico tritati, 5 g di scorza di arancia e 5 di scorza di limone grattugiate. Salare e fare raffreddare. Condire il pesce con sale e succo di limone, cospargere di pane e arrotolare. Cuocere 2-3 minuti, girandolo. Schiacciare il pepe, aggiungerlo a 2 cucchiaini di limone, 4 di succo di arancia e 4 di olio, 5 g di scorza di arancia e limone tritata e sale. Servire con il pesce e il finocchio in insalata.

HAMBURGER AL SESAMO
4 focaccine, 1 cipolla rossa, farina, birra, 1 pomodoro, 4 filetti di orata, 4 cucchiai di semi di sesamo, insalata riccia, olio extravergine di oliva, senape di Digione, sale.
Salare il pesce, lasciarlo in frigo per 15 minuti poi sciacquarlo e asciugarlo. Tagliarlo a dadini, formare 4 hamburger e passarli nel sesamo. Stemperare qualche cucchiaio di farina con la birra per ottenere una pastella fluida. Affettare la cipolla, infarinarla, passarla nella pastella e friggere in olio ben caldo. Scolarla bene. Cuocere gli hamburger sulla piastra, unta di olio, e salare. Tostare le focacce divise a metà, farcirle con l'insalata, le cipolle, fette di pomodoro, gli hamburger e la senape.

Figura 4.4
La figura riporta un bell'esempio di convivenza di allineamenti a bandiera (destra e sinistra). Le righe sono, in entrambi i casi, ben equilibrate. La bandiera rovesciata è utile in caso di simmetrie impaginative, anche se è consigliabile non abusarne, in quanto l'occhio fatica a ritrovare l'inizio riga nell'andare a capo.

Delizie del palato e il triangolo degli asparagi

**La naturale compresenza in Alto Adige
di canederli (Knödel) e spaghetti, tanto
per citare i due capisaldi della doppia
cucina che domina la zona, offre piaceri
inconfondibili. La cultura culinaria
alpina si affianca in mille modi alla
raffinata e leggera cucina tipica italiana.**
Tutto ciò che in Alto Adige esce da cucine e
cantine, in tutti i locali, dalla malga al risto-
rante raffinato, ha l'ambizione di saper offrire
piacere al palato e gioia dello stare assieme.
Da non perdere: assaggiare in un Gasthaus
tradizionale canederli in brodo o asciutti, agli
spinaci, al formaggio o una delle altre mille
varianti; sperimentare contaminazioni gastro-
nomiche, anche ardite, tra cibo mediterraneo
e tradizione alpina in uno dei ristoranti della
nuova cucina altoatesina; gustare una me-
renda al tagliere con Speck, Schüttelbrot
(schiacciata croccante), Kaminwurz (salume
affumicato), formaggio e concludere

Asparagi con salsa bolzanina, un bicchiere di Gewürztraminer e un distillato: un vero piacere per il palato, da gustarsi all'aperto al primo sole di primavera...

sorseggiando un gustoso distillato tipico
locale.
L'Alto Adige è dunque per eccellenza la terra
delle delizie. Ma fra mele, speck, strudel e
vino, tra un fiorire di ricette tradizionali tipi-
che o di altre deliziose proposte, non vanno
dimenticati gli asparagi altoatesini, che vi
stupiranno per gusto e morbidezza. Non sarà
famoso come quello delle Bermude, ma in
Alto Adige esiste il "triangolo degli aspa-
ragi". Tre caratteristici paesini, Terlano, Vi-
piano e Settequerce, tutti e tre non lontani da
Bolzano lungo la val d'Adige che porta in di-
rezione di Merano, propongono da fine
marzo a fine maggio ottimi piatti a base di
questo nobile ortaggio.

Figura 4.5
In questo caso, nell'allineamento a bandiera è stata erroneamente inserita la sillabazione.

bianco che si creano quando una riga risulta troppo corta rispetto a quelle attigue. Pure in questo caso è **vietato sillabare**.

Allineamento centrato

Anche nella composizione a epigrafe **non è ammessa la sillabazione**. Generalmente questo allineamento si presenta con righe di diversa lunghezza disposte su un asse centrale. Il loro sviluppo è quindi simmetrico, cioè uguale sia sulla sinistra sia sulla destra dell'asse.

L'allineamento centrato, generalmente utilizzato per titoli, targhe e citazioni, è piuttosto gradevole a vedersi, ma solamente nei casi in cui la colonna di testo non appaia troppo lunga e le sue righe si presentino proporzionalmente diseguali come lunghezza.

Cercare di ottenere, collegando le estremità delle righe di testo, una **forma di stile classico** come un calice, un'anfora, un vaso, una clessidra e così via, può essere un valido suggerimento nella creazione di testi a epigrafe (Figura 4.6).

Allineamento giustificato o a blocchetto

Nell'allineamento giustificato, le **righe** sono tutte della **stessa lunghezza**, ma proprio per questo lo **spazio tra le parole non è mai uguale** (Figura 4.7).

Questo accade perché l'ingombro residuo di fine riga, quando non esiste lo spazio fisico per inserire una parola, o la sillabazione impostata nel programma non prevede un certo modo di spez-

Figura 4.6
Esempio di allineamento centrato o epigrafe dalla struttura a vaso.

Figura 4.7
Allineamenti giustificati: in un caso l'effetto visivo è gradevole e armonioso; nell'altro, invece, la presenza di spazi eccessivi tra le parole rende la composizione assai grossolana e poco apprezzabile. In particolare, anche la "risicata" giustezza delle colonne non restituisce eleganza alla composizione.

È come New York, ma dentro una bottiglia. Tel Aviv è la città che non dorme mai, ed è la metropoli senza spigoli. Da una parte ci sono i quattromila edifici bianchi e curvilinei, progettati dai discepoli ebrei di Walter Gropius e della Bauhaus tedesca in fuga dal nazismo. Dall'altra, c'è la piccola Manhattan di grattacieli del suo centro, scena dell'Israele ipercontemporaneo. «Con la voglia di vivere contagiosa. Con la parola "integrazione" che non è tabù. Con la distanza dalle tensioni di quello che succede in questo periodo a Gerusalemme, nonostante anche qui ci siano stati attentati durante la prima e la seconda Intifada. Perché alla fine a Tel Aviv, sulle lacerazioni prevale la convivenza».
Realtà troppo rosea questa descritta da Edgar Keret, scrittore e regista di *Meduse*, film premiato a Cannes 2007? Le prove che invece ha ragione, si trovano seguendolo in quelle che lui chiama "passeggiate d'ispirazione" a Rehov Shenkin, quartiere alternativo e al tempo stesso snob. Ecco le soldatesse "bambine" con fucile a tracolla e rossetto carminio sulle labbra, che entrano curiose negli atelier di moda vintage. Intanto, gli studenti ultraortodossi dalle lunghe treccine, le *peiòt*, passano veloci, dando però un'occhiata fugace alle vetrine di dividono i medesimi "riti". Jogging sul lungomare o hip hop da ballare nei party notturni. È un dato di fatto che in questa città israeliani e arabi si scambiano lavoro e cultura. Questo grazie anche a un benessere economico più diffuso. Convivere, aiutandosi, è un vantaggio per entrambi i popoli».
Il lungomare arriva nel cuore di Jaffa, l'antico porto dove attraccano vecchi pescherecci arrugginiti e cargo di arance. Nei vicoli che da qua risalgono la collina, tra Gan Hapisga e Rehov Pasteur, con le vecchie porte dai battenti in ferro, le coppie "miste" vanno in cerca di tranquillità. Ed è in questo quartiere che artisti, registi e scrittori hanno trasformato le vecchie case d'arenaria in dimore-atelier, con i bovindi fioriti. La sera, dalle stradine, si gode lo spettacolo di luci che accendono i grattacieli del centro e risalgono il cilindro di 49 piani del centro commerciale Azrieli. L'edificio è l'emblema della vitalità economica nella più popolata metropoli d'Israele, con 2 milioni e 600mila abitanti e il 60% delle industrie del paese: comunicazione, tecnologia, informatica.
In fuga dalle frenesie del centro, nella quiete di Jaffa, lavora Ilana Goor, l'artista contemporanea più celebrata del paese. La sua casa-factory è stato il primo ostello per molti ebrei in arrivo nella Nuova Terra Promessa. Dagli angoli del suo ate-

Il Mattogether è un nuovo programma di allenamento a corpo libero che si ispira ai principi del metodo Pilates, trasferendoli però in lezioni di gruppo da fare "together", cioè insieme ad altre persone, senza l'uso di attrezzi o macchinari particolari.
• Chi lo pratica impara a sentire il proprio corpo e i messaggi che questo invia. I benefici riguardano soprattutto la postura e il tono muscolare. Senza contare la possibilità di sciogliere le tensioni psicofisiche e di sentirsi più rilassate o maggiormente cariche, quando si è giù di tono.
• Una volta fatto proprio il metodo in palestra con l'aiuto di un istruttore, naturalmente è possibile proseguire l'allenamento a casa propria. La pratica costante assicura benefici fin da subito.

zarla, viene automaticamente distribuito tra tutti gli spazi presenti nella riga.
Infatti, per ottenere la forma a blocco ogni riga subisce delle compensazioni negli spazi tra le parole, rischiando di restituire un'antiestetica distribuzione del testo.
Questo problema è sentito soprattutto quando la giustezza delle colonne è troppo stretta rispetto al corpo utilizzato. In questo caso è sicuramente meglio una composizione del testo a bandiera. In più, è assolutamente sconsigliato utilizzare la spaziatura manuale, cioè da tastiera, per arrivare alla fine di una riga con le lettere di una parola. Se si vuole impaginare al meglio una composizione a pacchetto si deve ricorrere alla **sillabazione**.

Allineamento a sagoma

Infine, l'allineamento a sagoma è una particolare distribuzione del testo che viene utilizzata quando si desidera che lo scritto segua i profili delle immagini a corredo (Figura 4.8)

Uri Geller

Per alcuni anni, l'israeliano Uri Geller (1946) è stato considerato la prova vivente dell'esistenza delle facoltà paranormali. Negli anni '70 esplose una vera e propria "gellermania", dovuta al fatto che quest'uomo sapeva piegare metalli, indovinare disegni chiusi in buste sigillate, deviare l'ago di una bussola grazie, diceva, ai poteri conferitigli dagli alieni. **Abili trucchi.** L'illusionista James Randi, però, studiò attentamente le esibizioni televisive e dal vivo di Geller e individuò alcuni ingegnosi trucchi. Nel 1975 scrisse un libro e iniziò lui stesso a riprodurre pubblicamente le stesse cose che Geller faceva. In seguito sfidò più volte il sensitivo a dimostrare le sue capacità in condizioni che avrebbero impedito tali trucchi. Geller si rifiutò sempre e la sua fama iniziò a declinare. Oggi è un personaggio televisivo.

Uri Geller, oggi personaggio televisivo, presenta il suo show alla tv.

Extra 71

UNIVERSITARI
bocciati a tavola

Secondo un recente sondaggio, gli studenti universitari, in particolare quelli fuori sede, sono scarsamente preoccupati della propria alimentazione: saltano la prima colazione, mangiano spesso fuori e in fretta, prediligono cibi pronti. I nutrizionisti sottolineano gli effetti negativi sulla salute di queste cattive abitudini. La colazione è fondamentale e deve comprendere latte o yogurt e fette biscottate o fiocchi. A pranzo va bene un panino poco elaborato o un secondo caldo con verdure mentre la sera è meglio fare una cena leggera ma completa.

Figura 4.8
Nell'allineamento a sagoma, il testo circonda il profilo dell'immagine.

La sillabazione

La sillabazione permette di dividere le parole in sillabe per mezzo di un trattino a fine riga, consentendo così di spezzare le parole, soprattutto quelle lunghe, evitando che vadano a capo creando eccessivi e antiestetici buchi bianchi nella riga.
Quando si dividono le parole, è però opportuno osservare alcuni piccoli **accorgimenti** in grado di rendere sicuramente più gradevole l'intervento.

- Innanzitutto sarebbe meglio non sillabare la parola lasciando la parte più breve sulla riga precedente.
- Poi, sarebbe utile non lasciare mai come ultima riga di un paragrafo una parola (troncata o no) con meno di 4 lettere.
- In più, sarebbe auspicabile non ritrovarsi il trattino della sillabazione per più di tre righe di seguito.
- Infine, ma non meno importante, quando il testo è in lingua straniera, è necessario seguire le regole di sillabazione della lingua.
- Se poi si vuole esagerare, i virtuosi dello stile sapranno che un trattino come ultimo segno grafico nell'ultima riga di una pagina è proprio di cattivo gusto.

La sillabazione forzata

La divisione delle parole con gli a capo avviene automaticamente quando si utilizzano programmi di scrittura o di impaginazione, ma talvolta si verifica la necessità di intervenire manualmente e di sillabare una parola finita nella riga sottostante per portare alla riga sopra parte del vocabolo e stringere gli spazi che si sono venuti a creare tra le parole.
In questo caso, solitamente, si usa la "sillabazione forzata", inserendo un trattino nel punto dove si intende dividere la parola.
Questo procedimento può però causare spiacevoli inconvenienti quando il testo slitta nel momento in cui cambia la giustezza o ne viene aggiunto di nuovo.
Il problema che sorge è la presenza nel testo di tutta una serie di trattini che slittano insieme alla parola e che obbligano l'operatore a intervenire, anche in questo caso manualmente, cancellandoli tutte le volte che si presentano in mezzo al blocco di testo.
Per ovviare a questo inconveniente basta digitare il trattino che spezzerà la parola tenendo premuto il tasto **Ctrl** (nel sistema Windows) o il tasto **Mela** o **Cmd** (nel sistema Macintosh).
Con questo accorgimento, quando il testo slitta, il trattino magicamente scomparirà.
La sillabazione è vivamente sconsigliata nel caso di stringhe di numeri, di unità di misura, di parole straniere, di indirizzi di siti, sigle o abbreviazioni.

Così non si fa

Sillabazione a parte, esistono alcuni casi in cui la divisione tra di loro degli elementi costitutivi un insieme logico non andrebbe mai effettuata tra inizio e fine riga. Ecco alcuni esempi:

- i nomi propri di persona quando il nome è puntato (A. Manzoni);
- il titolo accademico, professionale o altro quando si trova in forma abbreviata davanti al nome proprio (ing. Gatti);
- le espressioni algebriche, numeriche e le formule chimiche;
- i simboli chimici e l'elemento a cui si riferiscono (alluminio Al);
- le lettere di descrizione (il segmento AB, il vertice C);
- i numeri e le parole, se correlati tra loro (4 aprile, Giovanni XXIII, 10 euro);
- la parola e il richiamo di nota a essa legata;
- un'abbreviazione in fin di riga non si divide mai, mentre può esserlo, anche se poco elegante, una sigla (per esempio FIAT, NATO e così via).

Orfane e vedove

Un altro accorgimento che permetterà di ottenere un gradevole aspetto grafico del testo impaginato è quello di evitare la presenza di orfane e di vedove (Figura 4.9 e Figura 4.10).

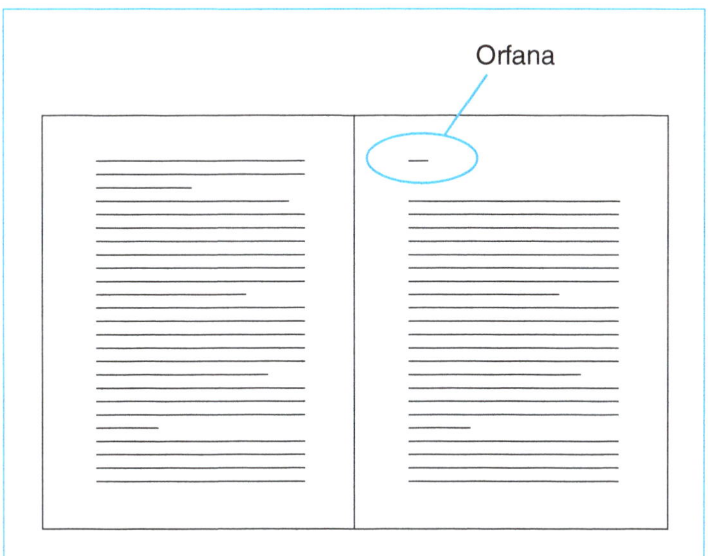

Figura 4.9
Si definisce "orfana" l'ultima riga di testo di un paragrafo, solitamente composta da una parola o da una o più sillabe, che slitta all'inizio della pagina (o della colonna di testo) successiva, rimanendo isolata.

Non esiste alcun prontuario di tipografia che non abbia insegnato che la riga finale di un periodo non può iniziare una nuova pagina; e che la riga iniziale di un periodo compaia quale ultima di una pagina.

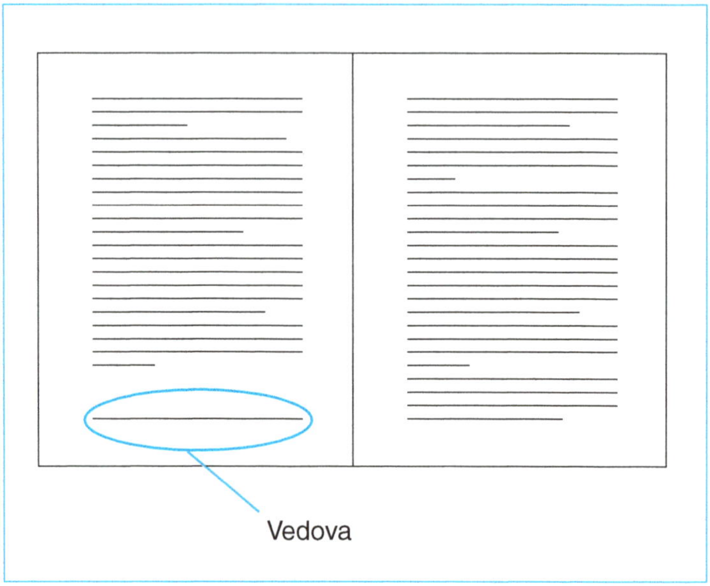

Figura 4.10
Si chiama "vedova" la prima riga di testo di un paragrafo quando risulta essere l'ultima della pagina (o della colonna di testo) precedente.

Ma come risolvere questo inconveniente quando si presenta? Semplice: in caso di prodotti editoriali ricchi di immagini, disegni, didascalie, tabelle e così via basterà modificare leggermente le misure di uno o più di questi elementi per aggiungere o togliere una o più righe di testo.
In caso di libri di solo testo si può chiedere all'autore di intervenire direttamente sullo scritto.
Nel caso in cui l'autore non fosse più in vita sarà invece opportuno esaminare le pagine precedenti o successive al problema e cercare, dove possibile, di stringere o di spaziare un po' il testo per guadagnare quei pochi spazi utili a far scivolare l'orfana o la vedova al posto giusto.
In molti altri casi rimane compito del redattore.

Come la lama di un rasoio...

Niente si improvvisa, tutto è previsto.
Niente è approssimativo, tutto è calcolato.
Niente è vago, tutto è preciso.
Niente è implicito, tutto è detto.
Niente è casuale, tutto è sequenziale.
Nell'impaginare un prodotto editoriale, esistono una serie di operazioni (processi) e di regole (editoriali e tipografiche) che, se conosciute, possono facilitare la vita di chi lo lavora e condizionare, in modo a volte anche significativo, il risultato finale.

Prima fra tutte è l'utilizzo delle *pagine mastro* nel momento in cui si deve organizzare l'impaginazione di una nuova opera.

Le pagine mastro

Tutte le impostazioni di pagina quali la gabbia, le testatine, i numeri di pagina e tutti gli altri **elementi fissi** devono essere inseriti nella pagina mastro, una particolare pagina del file di impaginazione che riporta in tutte le pagine del documento le specifiche in essa contenute. Ogni elemento, ogni caratterizzazione ogni personalizzazione presente in una pagina mastro sarà quindi riportata su ogni pagina del file in cui verrà applicata.

Se, per esempio, tutte le pagine del documento dovessero riportare al piede della gabbia un filetto colorato sul quale collocare il numero di pagina scritto in Times corpo 9 e, in testa alla pagina un'icona grafica di riconoscimento dell'argomento trattato, basterà inserire questi elementi nelle pagine mastro (ne esiste una per le pagine di sinistra e una per quelle di destra) per far sì che tutte le pagine del file includano queste componenti.

Si possono creare più pagine mastro nel caso in cui si fosse di fronte a un prodotto complesso che può richiedere diverse soluzioni grafiche come margini differenti, numero di colonne variabile, presenza o meno di filetti, testatine, icone, fondini o altro: è il caso, tanto per fare alcuni esempi, delle rubriche di una rivista o delle sezioni di un libro scolastico o, ancora, delle parti di un catalogo e via discorrendo. In questo caso è opportuno creare una pagina mastro per ogni utilizzo.

Inserimento degli elementi in pagina

Fatto questo, il passo successivo vede l'inserimento degli elementi nella pagina secondo le indicazioni dettate dal progetto grafico. Il progetto grafico fornisce però "solo" le linee guida del prodotto; far "quadrare" ogni pagina è compito riservato all'abilità e all'esperienza del grafico impaginatore, figura che può anche coincidere con quella del grafico progettista.

È già stata discussa l'importanza degli allineamenti tra le diverse componenti: ogni elemento presente in una pagina deve essere allineato a un altro elemento presente nella stessa pagina.

A volte, però, non è così facile come sembra.

Interventi tipici di *taglia e cuci*, tanto utili a perseguire questo scopo, possono risultare rovinosi in relazione ai **ritmi** presenti nella pagina.

Quando si parla di ritmi si fa riferimento, oltre alla diversificazione tra corpo e serie del carattere, anche ai distacchi per differenziare delle parti nel tutto. Le separazioni tra un blocco e l'altro possiedono un loro significato logico che non deve essere alterato, se non in minima parte e in modo quasi impercettibile. Eventuali interventi dovranno quindi essere distribuiti su più "bianchi" e non concentrati solo su uno.

Lo stesso dicasi per le **immagini**: un intervento minimo, in testa o al piede della fotografia, di riduzione o ingrandimento, non scandalizzerà nessuno, a condizione che non venga alterata l'immagine, il suo significato o il messaggio che deve trasmettere.

La pagina

La pagina, nel suo insieme, deve essere sempre ben equilibrata e presentare una certa continuità con quelle precedenti e con quelle successive.

Il testo deve essere facilmente fruibile e distinguibile; gli stili ben calibrati; i ritmi ben proporzionati; le parti evidenziate secondo la gerarchia della loro importanza; l'insieme sobrio, visibile e comprensibile.

La Figura 4.11 mostra alcuni esempi di impaginazione poco leggibile a colpo d'occhio, causa la "pesantezza" grafica.

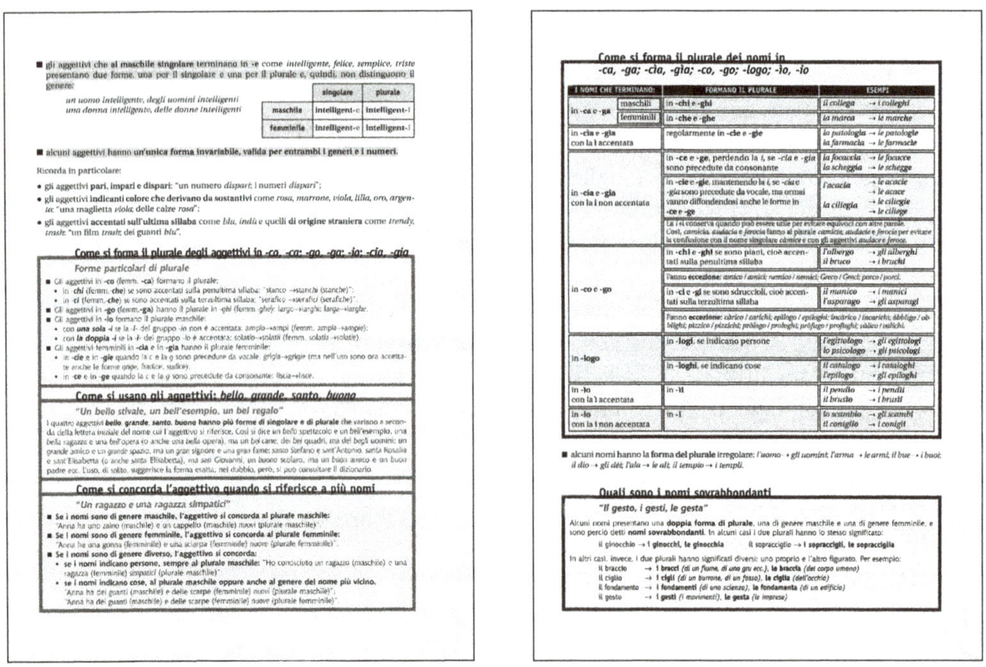

Figura 4.11
La grafica utilizzata in queste pagine non agevola la loro fruizione.

Nella costruzione di una pagina dovrebbero essere sempre tenuti presenti alcuni **princìpi**.

Data per scontata la bontà e la correttezza del testo, che nella sua veste definitiva deve risultare soddisfacente dal punto di vista linguistico e rispettare precisi criteri grafici e tipografici secondo corretti standard redazionali, vediamo di cosa si tratta.

Il principio della coerenza

Il primo principio da rispettare è quello della coerenza. Quando si decide di utilizzare una certa soluzione grafica per rappresentare un determinato elemento (una tabella, un'elencazione, un grafico o altro), sarà necessario applicarla tutte le volte che si ripresentano componenti simili, della stessa categoria o con lo stesso significato.
Il lettore deve essere abituato a ritrovare sempre nella **stessa forma** ciò che è di **uguale valore**. La realizzazione di un testo richiede una particolare attenzione ai dettagli, tale da non generare confusione e disorientamento in chi legge.
Se, per esempio, una serie di dati vengono rappresentati per mezzo di un grafico a torta, è consigliabile utilizzare sempre grafici a torta tutte le volte che devono essere rappresentati dati analoghi. In questa maniera non si correrà il rischio di disorientare il lettore.
Allo stesso modo, non devono esistere parti in conflitto. È estremamente importante che ogni elemento, inteso nel senso più ampio del termine, sia conforme a quello usato prima e a quello che seguirà dopo.

Il principio dell'uniformazione

In particolare, ogni componente dovrà essere resa uniforme in ogni sua rappresentazione e risultare **uguale in ogni sua parte** e priva di difformità. Così, se si decide di bordare le immagini con un filetto colorato, non solo dovrà diventare la caratteristica di ogni immagine, ma dovrà anche essere sempre dello stesso spessore e dello stesso colore, a meno che precise esigenze, per esempio cognitive o didattiche, richiedano volutamente condizioni diverse.
Allo stesso modo, decidere come utilizzare la formattazione (cioè scegliere stili diversi per evidenziare alcune parole dando loro una certa enfasi grafica) o come presentare le elencazioni è una scelta che, fatta una volta, dovrà essere riportata per tutta l'opera.
Infatti, individuato e applicato un determinato criterio, sarà fondamentale continuare a utilizzarlo, sempre uguale, fino alla fine dell'opera. In questo modo il lettore avrà sempre la stessa omogeneità di lettura e sarà agevolato nella fruizione del prodotto perché guidato da uno standard.
Quando si lavora all'uniformazione è buona regola riportare, magari con l'ausilio di una piccola **legenda**, tutti gli interventi che si effettuano, al fine di ripeterli sempre uguali.

Il troppo stroppia

Riguardo alla formattazione del testo, non si deve cedere alla tentazione di usare più stili sommati insieme per lo stesso termine. Scrivere una parola o una frase in corsivo+grassetto+sottolineato significa ottenere una ridondanza sgradevole.

Le elencazioni

Parlando di elencazioni, molto spesso capita di imbattersi in parti di testo che devono necessariamente essere strutturate in forma di **elenco**.

Altrettanto spesso, all'interno di un'opera sono presenti più elencazioni che devono rispettare un criterio omogeneo.

Qualche consiglio sul loro trattamento non può certo guastare.

Normalmente l'inizio di ogni riga dell'elenco è regolato da un segno grafico come un trattino, un punto, un numero o una lettera.

Stabilito che il trattino e i pallini sono i più usati quando l'elenco riguarda una serie di informazioni correlate, e che i numeri e le lettere sono da preferire in caso di successione temporale dei termini della lista, o per individuare eventuali riferimenti all'interno del testo, è importante che, una volta scelto un criterio, questo rimanga uniforme per tutto il prodotto.

Se si decide di utilizzare le lettere minuscole seguite dalla parentesi tonda, è inopportuno impiegare, per la stessa tipologia di elencazioni successive, le lettere maiuscole seguite dal punto e così via. Questa mancanza di uniformazione può generare una certa confusione nel lettore, che si troverebbe di fronte a criteri disomogenei.

Per facilitare la scelta delle possibili soluzioni con cui si possono rappresentare le liste verticali, di seguito sono riportati alcuni esempi di quelle più comuni.

- I numeri puntati:

  1. secchiello;

  2. paletta;

  3. formina;

- Le lettere minuscole puntate:

  a. secchiello;

  b. paletta;

  c. formina.

- Le lettere maiuscole puntate:

  A. secchiello;

  B. paletta;

  C. formina.

- I numeri seguiti da parentesi tonda:

  1) secchiello;

  2) paletta;

  3) formina.

- Le minuscole seguite da parentesi tonda:

  a) secchiello;

b) paletta;

c) formina.

- Le maiuscole seguite da parentesi tonda:

  A) secchiello;

  B) paletta;

  C) formina.

- I trattini (o eventualmente altri simboli grafici come pallini, asterischi o altro):

  – secchiello;

  – paletta;

  – formina.

L'uso del trattino

Il trattino può essere:

- breve;
- lungo.

Il **trattino breve** (mai spaziato) è usato in specifici casi:

- per unire due parole, due espressioni, due date:

  la guerra del 1915-18

- per indicare una parola composta da due termini:

  e-mail (electronic mail)

- per indicare una relazione tra due termini:

  la relazione causa-effetto
  il legame A-B

- per unire una coppia di aggettivi, di sostantivi o di nomi propri:

  la tratta ferroviaria Milano-Roma

- come divisione di una parola di fine riga nella sillabazione.

Si ricordi che nel caso di opposizione è preferibile usare la barra obliqua. Per esempio:

e/o
vita/morte

Il **trattino lungo** (sempre spaziato) va usato:

- per gli incisi:

  Fache passò lo sguardo sulle cinque punte del corpo di Saunière – braccia, gambe e testa – e si ravvivò i capelli.

- per il discorso diretto (al posto delle virgolette doppie basse):

  Federico non esitò a rispondere: – Non è come sembra! – e distolse subito lo sguardo dal suo accusatore.

Continua

- come segno grafico che indica le voci una lista verticale e negli indici analitici:

  – mele;
  – pere;
  – mandarini.

- in alternativa alle virgole e alle parentesi:

  il nomadismo pastorale puro – cioè non associato all'agricoltura – è molto raro.

- per indicare nel testo la mancanza di una parola o di una parte di essa:

  la pratica n. – relativa al dott. – è stata vista da – che l'ha approvata.

- per inserire un commento all'interno di un brano di testo:

  possiamo anche concludere – le conclusioni di cui si parla sono semplicemente oggetto di deduzioni da parte dell'autore – che i modelli sono da considerarsi validi.

Si ricordi inoltre che i segni di punteggiatura, quali il punto esclamativo e il punto interrogativo, vanno posti sempre all'interno del trattino lungo e non dopo.

Come regola generale, gli elenchi vengono solitamente preceduti dai due punti nella proposizione che li introduce. Questo significa che la prima riga della lista non dovrà mai iniziare con la lettera maiuscola.

Gli unici casi in cui si può usare la maiuscola si hanno quando la frase precedente l'elencazione termina con il punto o, ovviamente, quando la prima parola è un nome proprio. In questi casi la punteggiatura a fine voce potrà anche essere assente.

Inoltre, normalmente, ogni voce della lista è chiusa da un punto e virgola, e la lettera iniziale della voce successiva deve essere di conseguenza minuscola. L'ultima voce dell'elenco, invece, è sempre chiusa con il punto.

Di seguito è mostrata prima un'elencazione corretta, subito dopo una sbagliata.

Gli ingredienti per la torta sono:
1. farina;
2. zucchero;
3. uova;
4. burro.

Gli ingredienti per la torta sono:
1. Farina
2. Zucchero
3. Uova
4. Burro

Nel caso in cui vi fosse la necessità di dare maggiore rilevanza alle liste, queste possono essere rientrate rispetto al testo base.
Il rientro si ha quando l'inizio della riga di testo è più spostato verso l'interno della gabbia. Buona regola sarebbe quella di lasciare una riga di interlinea vuota prima e dopo la porzione di testo rientrata.

Le pagine di un testo devono essere tutte numerate a eccezione di quelle che normalmente non riportano il numero di pagina come:

- le pagine iniziali recanti l'occhiello, il frontespizio e il colophon;
- le pagine che per esigenze di impaginazione devono essere lasciate bianche;
- le pagine che dividono le sezioni o i capitoli di un libro e che ne riportano solamente il titolo.

Comunque sia, tutte le righe degli elenchi devono essere perfettamente allineate. A questo proposito si possono suggerire due interventi grafici.
Quando si usano i numeri e l'elencazione va oltre il 9, passando quindi all'utilizzo delle decine, i numeri dall'1 al 9 dovranno essere allineati ai numeri che rappresentano le unità nelle decine.

 1.
 2.
 ...
 8.
 9.
10.
11.

Quando il testo di un elenco occupa più di una riga, le righe successive devono essere allineate all'inizio del testo e non scivolare sotto i segni grafici (i numeri puntati, nell'esempio sotto riportato). In questo modo è più facile individuare l'inizio di ogni punto di elencazione e la scrittura appare più ordinata.
Di seguito è mostrata prima un'elencazione allineata correttamente e subito dopo quella sbagliata.

1. Una lettera ripetuta per un massimo di tre volte moltiplica il proprio valore per tutte quelle volte.
2. La lettera antecedente quella di valore superiore deve sottrarre il suo valore da quello di quest'ultima.

1. Una lettera ripetuta per un massimo di tre volte moltiplica il proprio valore per tutte quelle volte.
2. La lettera antecedente quella di valore superiore deve sottrarre il suo valore da quello di quest'ultima.

È comunque una buona regola utilizzare gli elenchi per informazioni semplici e brevi.

Liste e sottoliste

Nel caso in cui in una lista sia prevista una sottolista, quest'ultima dovrà rientrare rispetto all'elencazione primaria.
In questo modo sarà evidente la gerarchia presente nel testo e l'attribuzione delle sottoliste ai relativi punti della lista primaria sarà di facile comprensione.
Un esempio facile per tutti è quello di un indice, di un libro o di una rivista o altro che riporta nella lista primaria l'argomento principale (il capitolo, la sezione, la rubrica e così via) e nella lista secondaria gli argomenti trattati in quella voce (Figura 4.12).

Figura 4.12
La figura rappresenta l'indice di un libro. La lista principale è costituita dai titoli dei capitoli, quella secondaria di primo livello dai titoli dei paragrafi contenuti nel capitolo mentre, mentre quella di secondo livello è rappresentata dai sottotitoli compresi nei paragrafi.

10 *Indice*

Le elencazioni orizzontali

Oltre agli elenchi verticali, esistono anche quelli orizzontali, che permettono di evidenziare una serie di termini presenti nel testo corrente. In questo caso il segno grafico davanti alla voce è rappresentato da un numero o da una lettera (in corsivo per differenziarlo dal testo) racchiuso fra parentesi tonde.

Per preparare e gustare una buona tazza di tisana è importante (*a*) riscaldare bene l'acqua sul fuoco, (*b*) mettere in infusione la miscela in una tazza con l'acqua calda, (*c*) lasciarla decantare per qualche minuto, (*d*) sorseggiare l'infuso dopo aver eliminato i residui solidi.

Il principio della corrispondenza

Un altro principio importante è quello della corrispondenza.
Quando si intende far navigare il lettore attraverso le pagine statiche di un libro è basilare che lo strumento utilizzato a questo scopo, il cosiddetto rimando, lo porti esattamente nella posizione corretta. Ritrovarsi in un punto non ben definito dell'opera, che non ha nulla a che vedere con quanto ci si aspetta di trovare, può generare sgomento.
Il **rimando** è una segnalazione all'interno del testo che indica altri punti dell'opera dove trovare informazioni sull'argomento trattato; generalmente viene introdotto con i termini "vedi", "vedi anche", "confronta" o con il simbolo grafico della freccina (Figura 4.13).
Una regola di buon senso è quella di non eccedere nell'uso dei rimandi in quanto troppi cambi di pagina rendono la lettura estremamente scomoda e dispersiva.
Il principio della corrispondenza non si limita al solo testo, ma coinvolge anche le immagini a corredo.

calcare roccia sedimentaria fra le più diffuse, costituita essenzialmente da carbonato di calcio (calcite, $CaCO_3$). Si hanno *c. puri* se la calcite supera il 95%, *marnosi* (→ marne) fino al 25% di argilla, *dolomitici* fino al 50% di → dolomite. Secondo la genesi si distinguono *c. autoctoni* e *alloctoni*. I primi si trovano là dove si sono formati per opera di organismi costruttori (*c.* biohermali, p.e. atolli), per deposizione di gusci o esoscheletri di invertebrati (*c.* biostromali), o per deposizione da acque ricche di carbonato di calcio (*c.* oolitici, stalattiti, stalagmiti, travertini, alabastri calcarei); i *c.* alloctoni si formano invece per accumulo di detriti o resti animali calcarei, spesso ricementati fra loro dopo aver subito un trasporto dal luogo di formazione. I *c.* ricristallizzati per metamorfismo sono detti → marmi.

Figura 4.13
Le *Garzantine* hanno precorso i tempi inserendo al loro interno i rimandi ipertestuali.

Quando nel testo è presente il rimando a un'immagine, è buona regola che questa si trovi nella stessa pagina dove viene citata, al massimo in quella a fronte. Risulta infatti piuttosto antipatico dover scorrere le pagine per trovare il richiamo a cui il testo si riferisce.

È superfluo dire che quanto viene scritto in riferimento a una determinata fotografia, tabella o a un determinato disegno debba trovare l'esatta corrispondenza nell'immagine, ma basta osservare la Figura 4.14 per capire che non è poi così scontato. Infatti, due dei tre riferimenti inseriti sono sbagliati.

A volte la mancata corrispondenza è generata da modifiche avvenute nel testo alle quali non sono seguiti i controlli per verificare se qualcosa andava corretto (Figura 4.15).

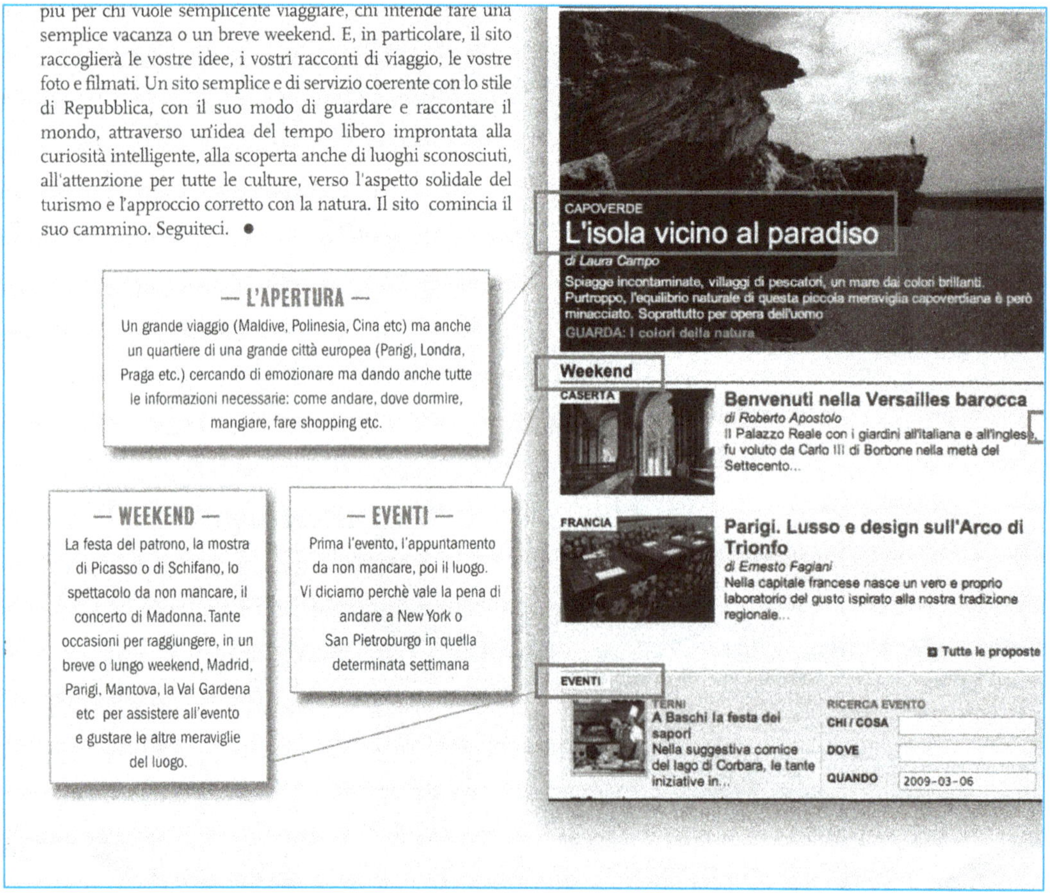

Figura 4.14
I box di testo utilizzati per spiegare i contenuti delle rubriche sono stati maldestramente impaginati. Infatti, o è stato sbagliato il titolo dei box esplicativi, oppure sono state invertite le due segnalazioni (Eventi e Weekend). Inutile dire che situazioni di questo tipo generano confusione in chi legge.

Figura 4.15
La pagina di apertura dell'oroscopo di questo segno zodiacale è piuttosto ambigua: il testo si riferisce al segno dell'Ariete, ma l'icona utilizzata è quella del Cancro. Il simbolo del primo segno dello zodiaco è riportato a destra.

Le didascalie

Ogni inserimento iconografico deve avere la sua esatta **descrizione** posizionata accanto: la didascalia.
Lo stile e la struttura della didascalia sono in funzione del tipo di prodotto e dipendono sostanzialmente dal progetto grafico dell'opera.
Si può comunque dire che, come regola generale, e se l'impaginazione lo consente, è preferibile collocarle sotto o a fianco l'immagine a cui si riferiscono, tutt'al più riunirle nella pagina a fronte nel caso di una sequenza di immagini. Raggrupparle in una pagina a sé, magari alla fine del capitolo e lontane dalle relative illustrazioni, può rendere la lettura piuttosto disagevole.
Nel posizionarle accanto all'oggetto iconografico a cui si riferiscono sarà necessario fare attenzione alle **distanze**.
Se la didascalia è posizionata sotto l'immagine, un esempio di distanza corretta tra la base dell'immagine e la base della prima riga di testo della didascalie può essere all'incirca di 5 mm; ovviamente il corpo del carattere deve essere adeguato.
Se la didascalia è collocata a lato, lo spazio che in questo caso si dovrebbe lasciare è di circa 4 mm, a meno che nella gabbia di impaginazione non sia stato previsto di utilizzare lo spazio che divide le colonne.

Il **carattere** che normalmente viene utilizzato per la didascalie è quello del testo in corpo minore, ma caratterizzato con lo stile corsivo o, a volte, con quello in grassetto. Buoni risultati si ottengono comunque anche con caratteri decisamente diversi da quelli del testo corrente.

Per l'**allineamento** è consigliata la bandiera. In questo modo si evita che le parole vengano spezzate dalla sillabazione o che le righe risultino eccessivamente corte.

L'unica accortezza, in questo caso, è quella di cercare di evitare le antiestetiche "scale" (Figura 4.16).

Figura 4.16
Due esempi di didascalia. Nella seconda figura sono piuttosto evidenti quei "gradini" di testo che sarebbe meglio evitare nella composizione della didascalia.

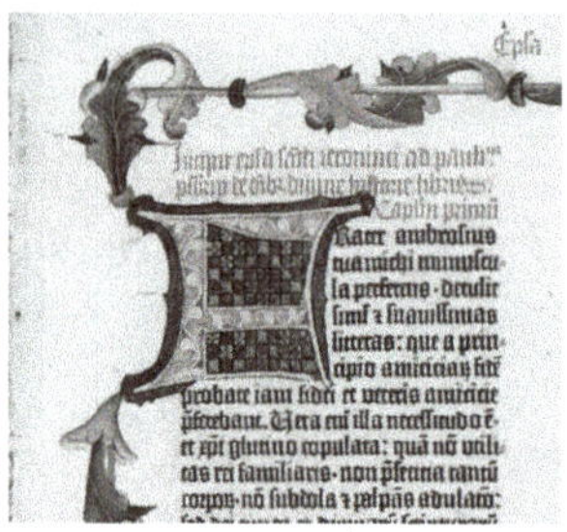

Particolare di miniatura decorativa di un incunabolo, cioè di un prodotto realizzato con la tecnica della stampa a caratteri mobili di Gutenberg.

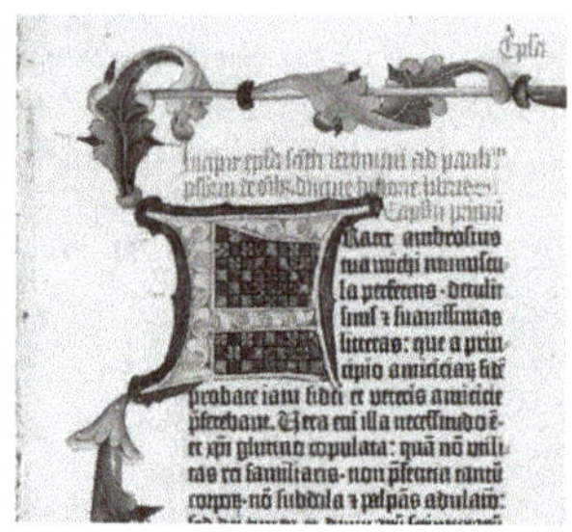

Particolare di miniatura decorativa di un incunabolo, cioè di un prodotto realizzato con la tecnica della stampa a caratteri mobili di Gutenberg.

Testo e immagini

Nei libri illustrati, nelle riviste di un certo livello e, più in generale, nei prodotti editoriali di qualità, è importante creare una buona armonia tra blocco di testo e immagini.

Gli allineamenti dovranno essere perfetti. Si ricorda, a tale proposito, che il taglio superiore dell'immagine dovrà essere allineato con la testa dei caratteri della prima riga di testo che la comprende, e la parte inferiore dell'immagine allineata con la base dei caratteri dell'ultima riga a filo dell'immagine (Figura 4.17).

Le distanze tra il testo corrente, le fotografie o le illustrazioni con le relative didascalie dovranno essere sempre uguali per tutto il volume.

Quando si parla di immagini (fotografiche, disegnate, semplici, complesse o altro) ci si riferisce a dei complementi dal contenuto didattico, descrittivo, documentario o di altra forma, utilizzati a corredo del testo e che possono essere combinati anche con gli altri elementi dello stampato. Possono essere di supporto al testo o, addirittura, diventare il punto di partenza del prodotto editoriale che si sviluppa attorno a esse come nel caso delle riviste di gossip, libri illustrati, atlanti (storici, geografici e così via) o altro ancora (Figura 4.18).

SPUNTANO ANCHE DAL SUOLO
Sotto, un branco di cervi sika (*Cervus nippon*) e alcune formiche argentine. Queste ultime formano enormi colonie sulle coste del Mediterraneo e dell'Atlantico.

che ha un grosso impatto sugli ecosistemi acquatici. Tra i vegetali più dannosi ci sono invece la caulerpa (*Caulerpa taxifolia*), un'alga che ha ricoperto centinaia di chilometri quadrati nel Mediterraneo, e l'ambrosia (*Ambrosia artemisiifolia*), il cui polline causa forti allergie.

Anche se ora solo il 15% di invasori causa danni alla biodiversità e un altro 15% provoca danni ecologici, secondo gli oltre 1.600 ricercatori che sono stati coinvolti nel progetto il loro impatto potrebbe aumentare in futuro, quando il cambiamento climatico spingerà molte specie tropicali verso nord. Un elenco degli invasori, con database ricercabile e continuamente aggiornato insieme a schede delle singole specie, è disponibile al sito *www.europe-aliens.org*.

MEDICINA

La proteina che ripara il Dna

» Si chiama Sirt1 e potrebbe nascondere il segreto dell'eterna giovinezza. È una proteina finora ritenuta importante solo nel determinare gli effetti benefici delle diete con poche calorie. Ma che, secondo genetisti della Harvard Medical School di Boston, **svolge anche un ruolo nel governare l'invecchiamento dei geni.** Con il passare degli anni, infatti, non peggiora solo il nostro aspetto, ma anche il funzionamento delle cellule, determinato ovviamente dal Dna. «Quello che abbiamo scoperto» spiega David Sinclair dell'Harvard Medical School «è che la proteina Sirt1 svolge un duplice ruolo nel Dna: attiva o disattiva i geni, ma provvede anche a ripararlo quando subisce danni. E quando questi si accumulano, la proteina non riesce più a svolgere entrambi i compiti». Ecco allora che il Dna funziona male e noi inevitabilmente invecchiamo. La soluzione per evitarlo e prolungarci la vita, pensano gli studiosi, **potrebbe essere aumentare la quantità di Sirt1 nelle cellule, come fanno le sostanze di alcuni alimenti,** come il resveratrolo presente nei vini rossi. O come potrebbero fare appositi farmaci, che però sono ancora tutti da sviluppare. *Riccardo Oldani*

PER SEMPRE GIOVANE?
Una molecola aggiusta i danni che il tempo causa al Dna. Se potenziata, potrebbe allungare la vita.

PSICOLOGIA

Un secco "no!" è meglio del "forse"

» Per chi non resiste allo stress, è preferibile una risposta negativa all'incertezza: lo sostiene una ricerca dell'Università di Toronto appena pubblicata su *Psychological Science*. Lo studio ha investigato, in alcuni volontari, l'attività di una porzione del cervello interessata al controllo degli errori e all'ansia generata dai conflitti. I ricercatori hanno scoperto che le persone più ansiose, ricevendo risposte di tipo diverso riguardo alle prove che avevano sostenuto, reagivano meglio ai feedback negativi rispetto a quelli ambigui. «L'incertezza può essere molto stressante» afferma Hirsh, studente di dottorato e primo autore dell'articolo. Tanto che le persone con i nervi deboli la sopportano male, anche quando potrebbe nascondere qualcosa di positivo. *Flavia Farina*

CHISSÀ COSA MI DIRÀ
In alcune personalità, una risposta incerta a una situazione intricata conduce a uno stress maggiore che un ritorno decisamente negativo.

Figura 4.17
Un esempio di impaginato in cui testo e immagini convivono secondo precisi canoni grafici ed estetici.

Figura 4.18
Cataloghi, riviste di gossip, libri illustrati, sono solo alcuni esempi di prodotti editoriali in cui l'immagine rappresenta la colonna portante dell'intero stampato.

Titoli e sottotitoli

Un capitolo importante è quello che riguarda il trattamento dei titoli e dei sottotitoli in quanto, molto spesso, le semplici regole che stanno alla base della loro corretta composizione vengono ignorate.

Tanto per iniziare, è bene chiarire che i **titoli** hanno il compito di individuare e specificare l'argomento contenuto in un testo.

Quando si deve impostare un titolo (preferibilmente scritto con la sola iniziale maiuscola e senza punto finale), si dovrebbe cercare di redigerlo in forma breve ma sufficientemente significativa del contenuto trattato.

Nell'impostare un titolo non si dovrebbe mai dimenticare che si tratta di scritte che attirano subito l'attenzione sulla pagina e che rivestono un'importanza primaria nella struttura e nella visualizzazione della pagina stessa.

Devono essere messi in risalto proporzionalmente alla loro importanza e sempre in armonia con tutte le altre parti dello stampato.

Possono essere impaginati centrati (rispetto al testo corrente) o allineati a sinistra. Meno utilizzato è l'allineamento a destra.

Una volta scelta una soluzione, essa dovrà essere mantenuta per tutta l'opera: mischiare forme diverse, infatti, potrebbe generare "rumore" e rendere la pagina esteticamente poco elegante.

Generalmente sono posizionati in testa alla pagina e costituiscono un riferimento importante per la consultazione del prodotto.

Sono composti nello stesso carattere usato per il testo, ma con corpi ben più grandi e caratterizzati, solitamente, in modo diverso rispetto al tondo della composizione corrente (in genere si utilizza il grassetto o il corsivo), ma possono avere anche un disegno del carattere completamente diverso da quello del testo. In questo caso, per non incorrere in combinazioni poco fortunate, si faccia riferimento alla Figura 3.45 nel Capitolo 3.

Sono separati dal resto del testo da un'ampia spaziatura verticale che può essere enfatizzata, nei volumi più curati, dalla presenza di un fregio in stile.

Anche i **sottotitoli** sono da considerarsi come indicazioni che introducono una parte più o meno importante del testo, e devono essere composti in modo tale da essere percepiti dal lettore come subordinati rispetto al titolo da cui dipendono.

Graficamente devono avere una presenza scalare (in riferimento al corpo, alla serie, al colore, ai ritmi e così via) rispetto all'elemento da cui dipendono e secondo il grado di importanza che ricoprono (si tenga presente che, in un testo, possono essere presenti anche dei sottotitoli di secondo livello).

Titoli e sommari in riviste e giornali

Se il titolo è composto con il carattere della stessa famiglia utilizzata per il testo, il sommario sarà meglio sceglierlo in un carattere appartenente a un altro gruppo. Se invece il titolo ha un disegno completamente diverso dal testo corrente, allora il sommario potrà avere lo stesso carattere di quest'ultimo, ma con uno stile diverso. Magari utilizzando il corsivo. Comunque sia, il corpo del sommario dovrà essere sempre maggiore di quello del testo, ma inferiore a quello del titolo (Figura 4.19).

LAURA WILDERMUTH

Milano

Triumph, giovani stilisti in gara per disegnare l'intimo più bello

Tremila studenti di trenta paesi del mondo partecipano quest'anno al concorso ideato dall'azienda nata nel 1886 in Germania e diventata nel tempo una delle più grandi case produttrici del settore

Dopo il successo dello scorso anno giunge alla sua seconda edizione il Triumph Inspiration Award, concorso ideato da Triumph International per invitare i giovani creativi a dedicarsi alla lingerie e, nel medesimo tempo, offrire ai migliori tra loro un trampolino di lancio per una nuova carriera. Diviso in due fasi, una nazionale ed una internazionale, il 12 maggio prossimo il vincitore della finale italiana sarà premiato durante una sfilata al settimo piano della Rinascente a Milano. Oltre ad un premio in denaro il vincitore, scelto tra un centinaio di studenti delle tre scuole selezionate per il concorso (Ied Moda Lab, Naba e l'Accademia Italiana di Firenze) avrà la possibilità di partecipare alla finale internazionale alla Triennale di Milano il 23 settembre prossimo, in concomitanza con l'avvio della Fashion Week.

Al vincitore non solo denaro ma anche l'occasione di far carriera

Il tema di quest'anno è "Icone" e quasi 3000 studenti di 30 Paesi del mondo potranno mettere alla prova talento e fantasia nella creazione di un modello innovativo di reggiseno e slip. Triumph International è un'azienda con una lunga storia che ha attraversato, seguendo le mutazioni di mode e costumi, tutto il secolo scorso. Nata nel 1886 nel Wurttemberg, regione meridionale della Germania, come piccolo laboratorio di corsetteria, assume definitivamente il nome Triumph nel 1902, quando i fondatori, il mercante Michael Braun ed il fabbricante Johann Gottfried Spiesshofer, aprono la loro prima piccola fabbrica. Oggi è una delle più grandi aziende al mondo di abbigliamento intimo e moda mare ed una delle pochissime di cui l'intera proprietà sia rimasta nelle mani delle famiglie dei fondatori. La holding del gruppo che controlla altre 50 società sparse nel mondo ha sede in Svizzera, a Bad Zurzach, una cittadina termale al confine della Germania, ma Triumph International è presente in oltre 120 Paesi con i propri quattro brand: Triumph, l'intimo e la moda mare per tutte le "curve" femminili, Sloggi nato negli anni '70, per un pubblico giovane, Valisère più sofisticato e di alta gamma e infine Hom, la linea di alta gamma dedicata all'uomo.

In questi paesi Triumph disegna e produce abbigliamento intimo, da notte e costumi da bagno con tagli, misure ed i materiali più adatti a soddisfare desideri, gusti e abitudini di donne e uomini di ogni latitudine. Nel 1960 inaugura la prima fabbrica ad Hong Kong per sviluppare le linee di intimo dedicate alla diversa struttura del fisico femminile delle clienti orientali. Con oltre 43.000 dipendenti ed un fatturato di oltre 2,5 miliardi di franchi svizzeri, i migliori mercati per volume di vendite sono Giappone, Germania, Gran Bretagna, Francia e Italia, ma crescono nel frattempo anche le controllate asiatiche di Cina, Malesia e India. Nel 1955 apre i suoi primi uffici commerciali a Milano e dieci anni più tardi li trasferisce, con sito produttivo e magazzino, in provincia di Bergamo, a Trescore Balneario, dove ad oggi lavorano più di 240 persone.

Il completo premiato verrà prodotto e messo in vendita in Italia

Per Triumph, l'Italia è uno dei maggiori mercati e quello che registra le migliori performance. Lo scorso anno ha fatturato circa 80 milioni di Euro con un lieve incremento rispetto all'anno precedente, ma in crescita del 5% rispetto al 2006, aumentando così le sue quote di mercato; anche i primi mesi del 2009, nonostante la situazione congiunturale, hanno registrato un trend positivo con un +3,5% rispetto all'anno precedente. Nel frattempo, continua il piano di sviluppo con l'apertura di negozi monomarca nelle principali città e nei centri commerciali in tutta Italia: lo scorso anno è stato aperto un nuovo e quinto *outlet*, mentre 5 nuovi Triumph Stores si sono aggiunti ai 12 già esistenti. E sarà in uno di questi che il completo vincitore del premio dello scorso anno, prodotto in edizione limitata di circa 10.000 pezzi, sarà messo in vendita, realizzando così il sogno di un potenziale protagonista della moda mondiale dell'intimo.

Figura 4.19
Esempio di titolo e sommario. Per sommario si intende, in gergo giornalistico, un brevissimo riassunto esposto per sommi capi che riferisce i punti principali dello scritto escludendone i particolari.

Numeri esponenti e note

In molti testi possono essere presenti le cosiddette note e i relativi richiami.

Per quanto riguarda i **numeri esponenti**, si sappia che devono essere composti con lo stesso carattere del testo ma con il corpo inferiore e che, tra la parola e la nota, deve essere presente uno spazio sottile o, addirittura, nullo. In entrambi i casi non devono essere racchiusi tra parentesi né essere seguiti dal punto. La numerazione sarà progressiva dall'inizio alla fine del volume o, almeno, essere tale per ogni capitolo.

I numeri dovranno mostrarsi discreti ma, allo stesso tempo, ben visibili perché il lettore, cercandoli, deve essere in grado di trovarli agevolmente.

Le **note** sono parti di testo, staccate dal testo corrente, che servono per riportare informazioni o commenti a corredo su quanto scritto nell'opera.

Vengono solitamente indicate nel testo mediante riferimenti numerici posti ad apice sulla parola o sulla frase che invia alla nota. In particolare, quando un riferimento numerico a una nota compare alla fine di un periodo di testo, verrà posizionato dopo il punto fermo per indicare che la nota si riferisce all'intero periodo (Figura 4.20); sarà invece collocato prima del punto se la nota si riferisce all'ultimo termine (Figura 4.21).

Possono essere posizionate al piede della pagina dove è presente il riferimento nel testo o raggruppate alla fine del capitolo o dell'opera (Figura 4.22).

Le più gradite sono quelle contestualizzate nella pagina dove si trova il richiamo: in questo modo si evita al lettore di scorrere il volume avanti e indietro complicandogli la lettura.

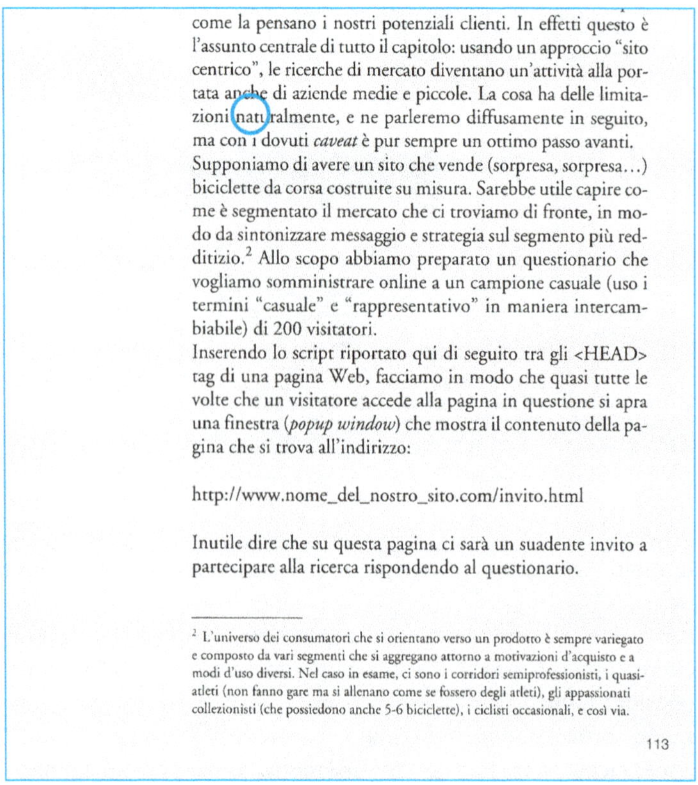

come la pensano i nostri potenziali clienti. In effetti questo è l'assunto centrale di tutto il capitolo: usando un approccio "sito centrico", le ricerche di mercato diventano un'attività alla portata anche di aziende medie e piccole. La cosa ha delle limitazioni naturalmente, e ne parleremo diffusamente in seguito, ma con i dovuti *caveat* è pur sempre un ottimo passo avanti.
Supponiamo di avere un sito che vende (sorpresa, sorpresa...) biciclette da corsa costruite su misura. Sarebbe utile capire come è segmentato il mercato che ci troviamo di fronte, in modo da sintonizzare messaggio e strategia sul segmento più redditizio.[2] Allo scopo abbiamo preparato un questionario che vogliamo somministrare online a un campione casuale (uso i termini "casuale" e "rappresentativo" in maniera intercambiabile) di 200 visitatori.
Inserendo lo script riportato qui di seguito tra gli <HEAD> tag di una pagina Web, facciamo in modo che quasi tutte le volte che un visitatore accede alla pagina in questione si apra una finestra (*popup window*) che mostra il contenuto della pagina che si trova all'indirizzo:

http://www.nome_del_nostro_sito.com/invito.html

Inutile dire che su questa pagina ci sarà un suadente invito a partecipare alla ricerca rispondendo al questionario.

[2] L'universo dei consumatori che si orientano verso un prodotto è sempre variegato e composto da vari segmenti che si aggregano attorno a motivazioni d'acquisto e a modi d'uso diversi. Nel caso in esame, ci sono i corridori semiprofessionisti, i quasi-atleti (non fanno gare ma si allenano come se fossero degli atleti), gli appassionati collezionisti (che possiedono anche 5-6 biciclette), i ciclisti occasionali, e così via.

113

Figura 4.20
In questo caso, il numero esponente è posizionato dopo il punto fermo del periodo e la nota si riferisce all'intera frase.

rete solo qualche graffio. Pensate al personaggio di Bill Murray in *Ricomincio da capo*. Ma non è sempre così. Come abbiamo già detto, in-world ci sono zone in cui la violenza non solo è permessa, ma è anche incoraggiata. Se volete provare l'ebbrezza della trasgressione, dovete prima sapere alcune cose sull'uccidere e sull'essere uccisi in Second Life. Per maggiori informazioni su come «rezzare»[2] un bel casino, leggete il capitolo *Quando cala la notte*.

[2] Il termine inglese *rez*, diminutivo di *resolve* (*definire l'immagine*), viene utilizzato molto nei mondi vituali on-line come Second Life. Il verbo si riferisce al processo con cui viene creata l'immagine virtuale di un oggetto o di un avatar. [N.d.T.]

47

Figura 4.21
In questo caso il numero esponente si rifà al termine accanto al quale si trova il numeretto.

NOTE

Capitolo 2

1. Prima di imbarcarmi nella storia della congettura di Poincaré ho fatto una promessa. Nello spirito del matematico tedesco David Hilbert (1862-1943) – il contemporaneo di Poincaré che affermava che si dovesse essere in grado di spiegare i risultati matematici "alla prima persona incontrata per strada" – mi sono ripromesso che questo libro non dovesse contenere equazioni matematiche. La notazione matematica è peraltro molto utile alla letteratura matematica per inquadrare un fatto. Dopo tutto, è per questo che è stata sviluppata. La palla è descritta dall'equazione $x^2+y^2+z^2 = 1$, mentre la superficie della palla è descritta da $x^2+y^2+z^2 = 1$. (L'unica altra eccezione alla mia promessa è nel capitolo 5.)

2. Purtroppo l'espressione "al di sopra del livello del mare" non è priva di ambiguità. Quando Svizzera e Germania, nel 2003, costruirono un ponte sul Reno, scoprirono una differenza di altezza di 54 centimetri fra i due lati. I tedeschi avevano preso come riferimento il Mare del Nord, gli svizzeri il Mediterraneo.

3. Si tratta di caratteristiche ciambelle, intrecciate in modo tale da avere non un foro, come le ciambelle classiche, né due, come un 8, ma addirittura tre fori.

4. Un interessante problema matematico – del tutto slegato dalla topologia – è come una palla possa essere trasformata in due palle dello stesso volume. La costruzione, che richiede un attento taglio della palla e il riarrangiamento dei pezzi, è noto come paradosso di Banach-Tarsky. Per saperne di più su questo paradosso si veda *The Pea and the Sun* di Leonard Wapner.

5. Stranamente le risposte sono note per le dimensioni 8 e 24. Per saperne di più su questo argomento si veda il mio libro *Kepler's Conjecture: How some of the greatest minds in history solve one of the oldest math problems in the world* (New York: John Wiley 2003). Attenzione: la

Figura 4.22
Note raggruppate in una sezione ad hoc alla fine di un'opera.

Le note a piè pagina dovranno essere separate dal resto del testo da uno spazio bianco, a volte comprensivo di filetto (continuo e sottile, e non necessariamente della giustezza del testo).
In questo secondo caso, lo spazio sopra e sotto la linea di interruzione non dovrà essere inferiore all'interlinea utilizzata per il testo corrente.
Saranno composte con lo stesso carattere del testo, ma con un corpo di uno o due punti inferiore. I numeri possono anche essere posizionati all'esterno della gabbia in modo che siano più facili da trovare.
Il blocchetto che formano sarà appoggiato alla base della gabbia (nello stesso punto dove si allinea il testo corrente), ma si sappia che lo spazio tra la fine del testo e l'inizio delle note, se oltre al corpo si riduce anche la loro interlinea, non potrà mai essere costante, e che non dovrà mai essere inferiore a una riga dell'interlinea del testo e superiore alle due righe.
Se in una pagina sono presenti molte note brevi, la cosa migliore sarà quella di non inserirle una sotto l'altra, ma l'una di seguito all'altra, chiuse da un punto fermo e separate da spazi "quadrati".
Nel caso di note molto lunghe (che comunque risultano sempre faticose da leggere ed estenuanti da vedere), queste possono essere distribuite, per necessità, sulle due pagine a fronte. Prassi che dovrebbe comunque essere usata con discrezione.
Nel caso in cui la giustezza della gabbia fosse molto ampia, si può anche pensare di impaginare le note su due colonne.

Come ti compongo il numero

I numeri possono essere scritti con le cifre o con le lettere. Si scrivono in cifre nei testi scientifici o in quelli tecnici. Quando sono superiori alle decine di migliaia, non andrebbero mai scritti con il punto per distinguere i gruppi di cifre, ma uno spazio bianco. Anzi, la soluzione migliore sarebbe il mezzo spazio bianco ottenibile con il *kerning* (il regolatore della spaziatura tra caratteri). La virgola verrà invece utilizzata per le cifre decimali.
Si scrivono sempre con le **lettere** quando vengono usati in opere a carattere letterario, ma con alcune eccezioni:

- quando si tratta di cifre decimali, frazioni o percentuali;
- per quantità superiori alle decine si possono utilizzare le cifre (a meno che il numero non si trovi a inizio di periodo o indichi un elemento specifico come per esempio "la figura 3 di pagina 5");
- in presenza di termini come miliardo, milione o mila si può usare una scrittura mista (35 mila; 10 milioni; 1 miliardo);
- quando indicano numeri civici, di matricola e di mezzi di trasporto.

Oltre le apparenze

Il libro è da considerarsi, ancora oggi e a tutti gli effetti, il prodotto editoriale per eccellenza.
Abbiamo libri sotto gli occhi tutti i giorni da quando, già in tenera età, abbiamo imparato a guardarne le figure.
Li vediamo, li scegliamo, li acquistiamo, li leggiamo, in alcuni casi proviamo anche a scriverli, li studiamo e li usiamo per diletto e per lavoro.
Ma ci siamo mai accorti che possiedono anche altre pagine oltre a quelle che tutti conosciamo?
Esistono, infatti, due tipologie di gruppi di pagine che anticipano e seguono quelle occupate dal "corpo" vero e proprio dell'opera.

Le pagine iniziali

Le pagine iniziali di un libro, quelle che precedono il testo vero e proprio dell'opera, prendono il nome di **pagine di servizio**.
Si tratta delle pagine che vengono inserite e utilizzate per dare informazioni tecniche e di complemento al contenuto del prodotto.
Si possono suddividere in tre gruppi.
Il primo gruppo comprende:

- occhiello;
- frontespizio;
- colophon;
- finito di stampare;
- eventuale dedica.

Il secondo gruppo è costituito da:

- presentazione;
- sommario o indice.

Nel terzo gruppo si hanno:

- prefazione;
- introduzione;
- ringraziamenti.

L'ordine in cui queste pagine vengono inserite è a discrezione dell'editore, ma in ogni caso deve essere tale da non far confondere queste con il testo dell'opera.
La dicitura **finito di stampare**, per scelta dell'editore può essere collocata all'interno del colophon o come ultima pagina del volume.

Occhiello

L'*occhiello* (Figura 4.23) è la prima pagina che si incontra aprendo un libro. È la pagina che contiene esclusivamente e semplicemente la ripetizione del titolo dell'opera, senza alcun riferimento all'autore, all'editore o altro, e precede il frontespizio.

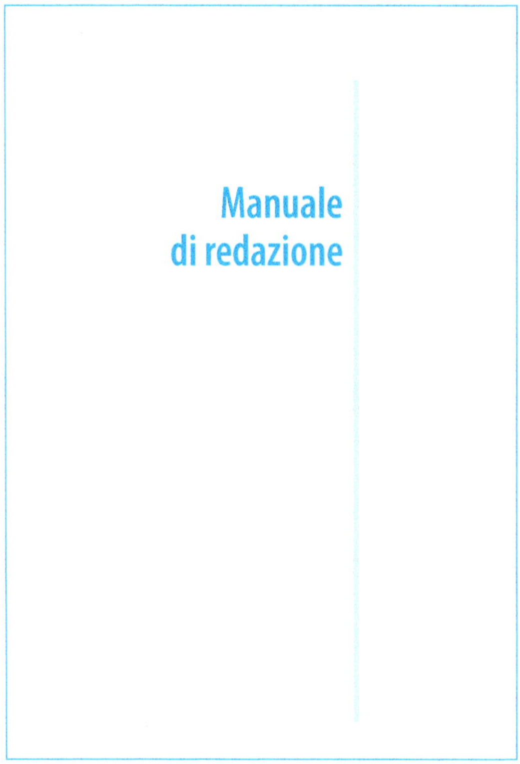

Figura 4.23
Pagina di occhiello.

Frontespizio

Il *frontespizio* (Figura 4.24) è forse la pagina più importante. Riporta e contiene le informazioni principali che riguardano la pubblicazione stessa.

Nell'ordine, il frontespizio contiene:

- il nome dell'autore;
- il titolo del libro;
- un eventuale sottotitolo (se esiste);
- il marchio della casa editrice.

Il frontespizio rappresenta, insieme al colophon, la carta di identità dell'opera, ne fornisce le generalità e permette di identificarlo riassumendone contenuto e provenienza.

In particolare, la sua stessa composizione dovrebbe essere in grado di trasmettere al lettore le caratteristiche proprie del prodotto

Mariuccia Teroni

Manuale
di redazione

APOGEO

Figura 4.24
Pagina di frontespizio.

mantenendo il medesimo "tono" del volume (vivace, austero, serioso, divertente e via dicendo).
Nell'impaginare un frontespizio, il titolo dovrebbe essere in grado di "riempire" la pagina, anche se si tratta di un titolo breve. Il corpo utilizzato può essere di almeno due volte più grande di quello utilizzato per il testo all'interno dell'opera (se per esempio l'opera è composta in corpo 10, per il frontespizio si potrà utilizzare fino a un corpo 30); ma anche corpi decisamente più piccoli, se la disposizione è indovinata, possono "riempire" ugualmente la pagina.
Per la scelta del carattere si può dire che, per non sbagliare, si può usare quello del testo o quello di una famiglia dello stesso gruppo di classificazione.
Sconsigliato, per la maggior parte dei casi, lo stile grassetto. Un titolo troppo lungo dovrebbe venire spezzato per dare più equilibrio a tutta la pagina, cercando di tenere la sua riga più lunga all'interno della giustezza della gabbia del testo.
Quando si divide un titolo, si tenga presente che righe sovrapposte di uguale lunghezza sono sempre da evitare.
Nella scelta dell'interlinea si ricordi che ampi margini e spazi bianchi richiedono un'interlinea adeguata.

Per quanto riguarda il posizionamento rispetto all'altezza della pagina, il rigo principale del titolo dovrebbe essere collocato entro il terzo superiore dello spazio in pagina, e mai nel centro ottico.
Lo spazio bianco tra il titolo e il nome dell'editore dovrà rappresentare un unico insieme, e non risultare vuoto in modo imbarazzante. In particolare, se dovesse essere inserito il marchio editoriale, si dovrà tenere presente che, pur dovendosi mantenere leggero per armonizzarsi con il grigio del testo, non dovrà essere troppo piccolo da trasmettere riserbo, né troppo invadente come, per esempio, quelli realizzati con le lettere in negativo. Qualora venga usato, sarebbe bene che le sue linee più marcate non risultassero più grosse delle aste dei caratteri del titolo, e che le sue linee più sottili non abbiano uno spessore inferiore alle aste dei caratteri più piccoli presenti nella pagina del frontespizio.Il nome dell'autore trova posto prima del primo rigo di testo del titolo, oppure di seguito al titolo, ma è a esso collegato con la preposizione *di*. L'editore non dovrebbe mai essere più importante dell'autore, tutt'al più potrà essere composto nello stesso corpo.

Colophon

Il *colophon* (Figura 4.25) è l'elenco di tutti coloro, tecnici e professionisti, autori e aziende, che hanno collaborato alla realizzazione del prodotto.

Figura 4.25
Pagina con colophon.

Manuale di redazione

Autore:
Mariuccia Teroni

Copyright © 2007 – APOGEO srl
Socio Unico Giangiacomo Feltrinelli Editore S.r.l.
Via Natale Battaglia 12 – 20127 Milano (Italy)
Telefono: 02289981 – Fax: 0226116334
Email **apogeo@apogeonline.com**
U.R.L. **www.apogeonline.com**

ISBN 978-88-503-2656-3

Tutti i diritti sono riservati a norma di legge e a norma delle convenzioni internazionali. Nessuna parte di questo libro può essere riprodotta con sistemi elettronici, meccanici o altri, senza l'autorizzazione scritta dell'Editore.

Nomi e marchi citati nel testo sono generalmente depositati o registrati dalle rispettive case produttrici.

Fotocopie per uso personale del lettore possono essere effettuate nel limite del 15% di ciascun volume dietro pagamento alla SIAE del compenso previsto dall'art. 68, comma 4, della legge 22 aprile 1941 n. 633 ovvero dell'accordo stipulato tra SIAE, AIE, SNS e CNA, CONFARTIGIANATO, CASA, CLAAI, CONFCOMMERCIO, CONFESERCENTI il 18 dicembre 2000

Le riproduzioni a uso differente da quello personale potranno avvenire, per un numero di pagine non superiore al 15% del presente volume, solo a seguito di specifica autorizzazione rilasciata da AIDRO, c.so di Porta Romana, n.108, 20122 Milano, telefono 02 89280804, telefax 02 892864, e-mail aidro@iol.it.

Impaginazione:
Infostudio S.r.l. – via Perosi 10, Monza

Responsabile di produzione:
Vitiano Zaini

Redazione:
Francesca Cappennani

Copertina e progetto grafico:
Enrico Marcandalli

Finito di stampare
nel mese di settembre 2007
presso Legoprint – Lavis (TN)

Vi si possono quindi trovare specificati il grafico che ha curato il progetto, l'editor che ne ha revisionato il testo, il disegnatore che ha illustrato le pagine o la copertina, l'agenzia fotografica che ha fornito le immagini, la fotolito che le ha lavorate, il service che ha impaginato il libro, il tipografo che infine lo ha stampato e il luogo dove è avvenuta la stampa (il cosiddetto *finito di stampare*).

Il colophon, oltre a queste indicazioni, offre anche una serie di informazioni di servizio, quali l'edizione, il numero di ristampa, le note di copyright e il numero di ISBN, un codice standard internazionale di identificazione di un titolo che permette la gestione automatizzata del libro.

Può contenere anche brevi ringraziamenti quando non sono presentati in una o più pagine *ad hoc*.

Dedica

La *dedica* (Figura 4.26) è una frase scritta dall'autore, che ha appunto la funzione di dedicare l'opera a qualcuno.

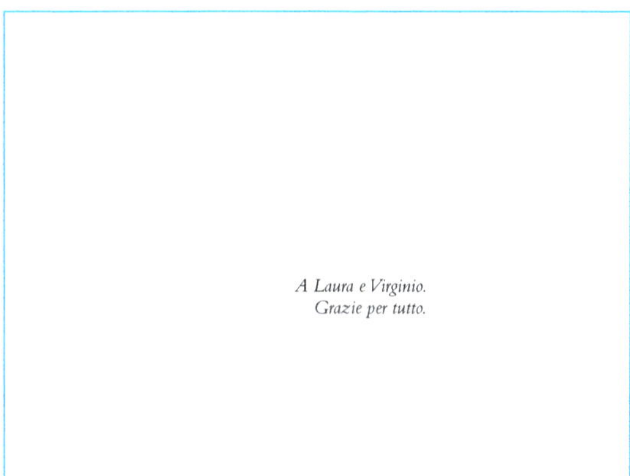

A Laura e Virginio.
Grazie per tutto.

Figura 4.26
Particolare di pagina in cui è riportata la dedica.

Presentazione

La *presentazione* (Figura 4.27) è solitamente scritta a opera dell'editore che presenta il prodotto ai lettori, descrivendone il contenuto e le motivazioni.

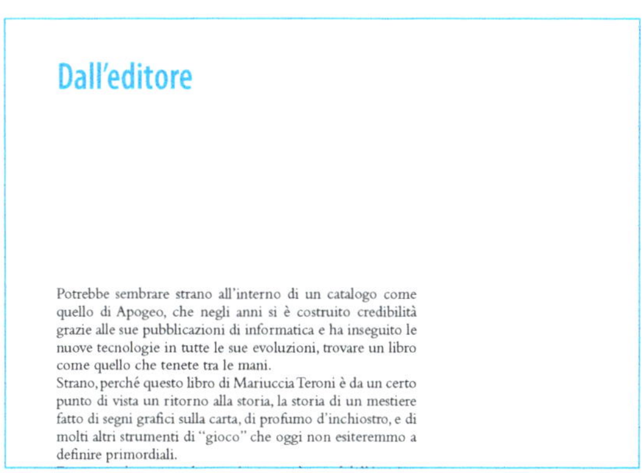

Dall'editore

Potrebbe sembrare strano all'interno di un catalogo come quello di Apogeo, che negli anni si è costruito credibilità grazie alle sue pubblicazioni di informatica e ha inseguito le nuove tecnologie in tutte le sue evoluzioni, trovare un libro come quello che tenete tra le mani.

Strano, perché questo libro di Mariuccia Teroni è da un certo punto di vista un ritorno alla storia, la storia di un mestiere fatto di segni grafici sulla carta, di profumo d'inchiostro, e di molti altri strumenti di "gioco" che oggi non esiteremmo a definire primordiali.

Figura 4.27
Particolare di pagina in cui è riportata la presentazione.

Sommario o indice

Il *sommario* o *indice generale* (Figura 4.28) è una presentazione schematica dei contenuti del libro, utile per la consultazione, nella quale vengono indicate le parti in cui è diviso il testo con i numeri di pagina corrispondenti. Si tratta di un elenco ordinato di elementi informativi che chiarisce i contenuti dell'opera e ne facilita la consultazione.

È riportato prevalentemente all'inizio dell'opera (solitamente sulla prima pagina dispari dopo il frontespizio), ma si può trovare anche nelle ultime pagine della pubblicazione. Non sono poche le persone che decidono l'acquisto di un libro dopo averne letto l'indice, perciò è bene curarlo sempre con attenzione.

Figura 4.28
Particolare di pagina in cui è riportato l'indice.

Indice generale

Prefazione

La *prefazione* (Figura 4.29), dal latino *praefari* (dire avanti, cioè dire prima), è la parte che precede la scrittura vera e propria del volume.

È una parte preliminare in cui l'autore stesso o un personaggio autorevole presentano l'opera con informazioni adeguate.

Figura 4.29
Particolare di pagina in cui è riportata la prefazione.

Prefazione

Nella stesura di un libro capita a volte di partire da un'idea iniziale e vederla trasformare man mano in qualcosa che ha acquisito caratteristiche diverse. È il caso di questo lavoro di Mariuccia Teroni, che, partendo dall'idea di realizzare un testo che fosse utile a chiunque avesse il problema di dover gestire testi o prodotti editoriali anche di piccola entità, ha accumulato talmente tanta informazione, "pescata" in venti anni di attività nel mondo editoriale, da convincere l'editore a realizzare un'opera più "ampia" per quello che riguarda tanto il contenuto quanto i possibili lettori. Si è così arrivati

Introduzione

L'*introduzione* (Figura 4.30) è la parte preliminare del testo vero e proprio che illustra la struttura e i temi in esso trattati.

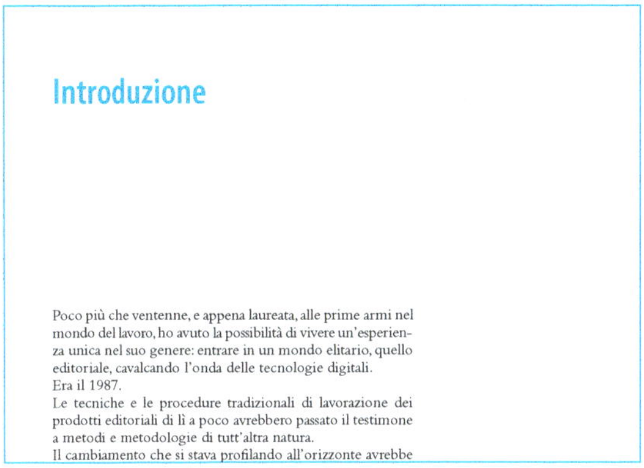

Introduzione

Poco più che ventenne, e appena laureata, alle prime armi nel mondo del lavoro, ho avuto la possibilità di vivere un'esperienza unica nel suo genere: entrare in un mondo elitario, quello editoriale, cavalcando l'onda delle tecnologie digitali.
Era il 1987.
Le tecniche e le procedure tradizionali di lavorazione dei prodotti editoriali di lì a poco avrebbero passato il testimone a metodi e metodologie di tutt'altra natura.
Il cambiamento che si stava profilando all'orizzonte avrebbe

Figura 4.30
Particolare di pagina in cui è riportata l'introduzione.

Ringraziamenti

I *ringraziamenti* (Figura 4.31) costituiscono il riconoscimento da parte dell'autore verso tutti coloro che, in diversi modi, hanno contribuito alla composizione dell'opera.

Ringraziamenti

Nello scrivere questo libro ho ricevuto consigli e suggerimenti da diverse persone e in vario modo. Nando Paveri e Franco Monopoli mi hanno consentito un utile confronto con le loro conoscenze specialistiche di stampatore il primo e di fotolitista il secondo. Daniele Vagnini, con la sua esperienza di tecnico informatico, mi ha supportato nell'approfondimento degli argomenti più tecnici. Claudia Ligorio non mi ha mai fatto mancare il suo aiuto nella riorganizzazione dei materiali. Marica Leone con la sua attenta rilettura mi ha consentito un ulteriore controllo sulla struttura dell'esposizione.

Figura 4.31
Particolare di pagina in cui sono riportati i ringraziamenti.

Le pagine finali

Esiste un'altra serie di pagine, stavolta inserite nella parte finale di molti libri, che contengono informazioni organizzate a supporto della lettura del volume e che vengono raggruppate a volte con il nome di **apparati**, a volte con quello di **appendici** e a volte vengono semplicemente indicate con i singoli nomi di ciascun apparato o appendice (per esempio indice analitico, indice dei nomi e così via).

Tali apparati servono a:

- facilitare la ricerca delle informazioni interne al testo (alcuni indici sono veri e propri "motori di ricerca" interni al libro);

- portare fuori dal testo dell'opera informazioni di vario genere che renderebbero la lettura discontinua e appesantita;
- fornire un unico luogo in cui trovare raggruppate tutte queste informazioni;
- presentare tutte le informazioni o segnalazioni che possono essere utili ma non strettamente attinenti all'opera (per esempio il catalogo dell'editore).

In particolare le appendici vengono inserite nel volume per completarlo di tutte quelle informazioni aggiuntive che, se comprese nel testo, rischierebbero di appesantirlo, oppure vengono utilizzate per particolari trattazioni o argomenti di corredo al prodotto.
Vediamo di seguito gli apparati più frequentemente utilizzati:

- bibliografia o sitografia;
- indici;
- glossario;
- scheda catalografica;
- catalogo dell'editore.

Bibliografia

La *bibliografia* (Figura 4.32) di un libro è l'elenco dei testi a corredo che sono stati consultati dall'autore per la stesura della propria opera.

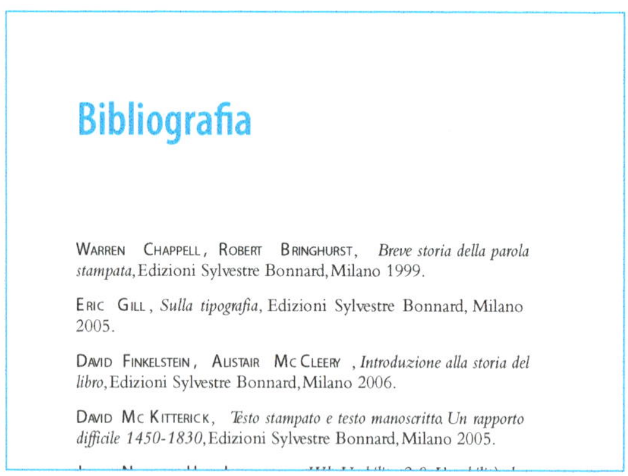
Bibliografia

WARREN CHAPPELL, ROBERT BRINGHURST, *Breve storia della parola stampata*, Edizioni Sylvestre Bonnard, Milano 1999.

ERIC GILL, *Sulla tipografia*, Edizioni Sylvestre Bonnard, Milano 2005.

DAVID FINKELSTEIN, ALISTAIR MC CLEERY, *Introduzione alla storia del libro*, Edizioni Sylvestre Bonnard, Milano 2006.

DAVID MC KITTERICK, *Testo stampato e testo manoscritto. Un rapporto difficile 1450-1830*, Edizioni Sylvestre Bonnard, Milano 2005.

Figura 4.32
Particolare di pagina in cui è riportata la bibliografia.

La bibliografia deve permettere al lettore di reperire ulteriori approfondimenti sull'argomento trattato dall'autore attingendo agli scritti esaminati dallo stesso. Deve quindi contenere:

- nome e cognome dell'autore;
- titolo dell'opera ed eventuale sottotitolo;
- nome dell'editore;
- luogo e data di pubblicazione;
- numero dell'edizione;

- collana di appartenenza, se esiste;
- eventuale ristampa;
- numero di pagine e, se è il caso, numero del tomo di riferimento;
- una segnalazione che indichi se si tratta di un'opera straniera o di una traduzione della stessa.

Con l'avvento del Web è invalso l'uso che indica anche gli elenchi delle fonti provenienti da Internet con il nome di *sitografia*.

Indici

Gli apparati più frequenti sono gli *indici*. Vediamone alcuni:

- l'*indice analitico* (Figura 4.33) è probabilmente l'elenco più utile in assoluto, in quanto contiene in ordine alfabetico i termini principali e gli argomenti trattati, con il rimando a tutte le pagine che li contengono;

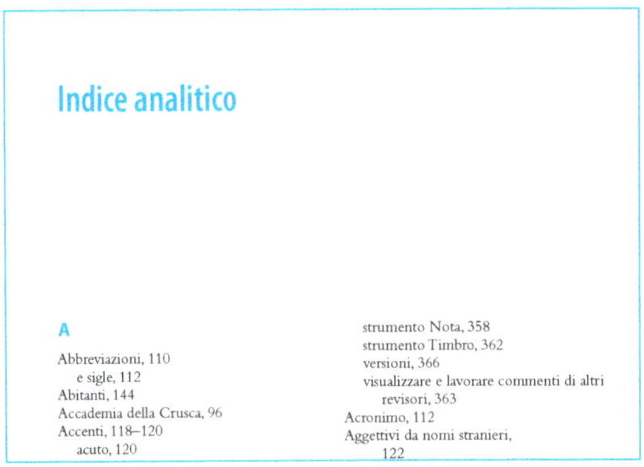
Indice analitico

A

Abbreviazioni, 110
e sigle, 112
Abitanti, 144
Accademia della Crusca, 96
Accenti, 118–120
acuto, 120
strumento Nota, 358
strumento Timbro, 362
versioni, 366
visualizzare e lavorare commenti di altri revisori, 363
Acronimo, 112
Aggettivi da nomi stranieri, 122

Figura 4.33
Particolare di pagina in cui è riportato l'indice analitico.

- l'*indice degli acronimi* è un elenco esplicativo delle sigle e delle abbreviazioni usate nel testo;
- l'*indice dei nomi* riporta, sempre in ordine alfabetico, l'elenco delle persone citate;
- l'*indice delle illustrazioni* elenca tutte le illustrazioni, le cartine, gli schemi, i diagrammi e così via contenute nel libro, con la specificazione della fonte e della collocazione in pagina.

Ovviamente esistono molti altri i tipi di indici possibili (indice delle opere citate, indice dei luoghi, delle tabelle, degli inserzionisti e così via) in base al contenuto dell'opera.

Glossario

Il *glossario* (Figura 4.34) è un elenco in forma di dizionario, anche questo organizzato in ordine alfabetico, che riporta i termini poco noti per cui si ritiene necessaria una spiegazione del loro significato o del loro impiego.

Scheda catalografica

La *scheda catalografica* (Figura 4.35) è molto utile alle biblioteche per la compilazione delle schede del loro catalogo.

Figura 4.34
Particolare di pagina in cui è riportato il glossario.

338 GLOSSARIO DI TERMINI TIPOGRAFICI

un complesso mettifogli, di uno levafogli, di un gruppo di macinazione e inchiostrazione.
b) In litografia è detta piú propriamente macchina piana ed è simile alle pianocilindriche tipografiche, salvo l'aggiunta di un complesso di bagnatura per fornire l'acqua necessaria al sistema di stampa.

PICA *Vedi* Riga tipografica.

PIEDE Il lato opposto alla testa (*v.*).

PIEGATRICE
a) In una rotativa (*v.*), dispositivo posto al termine del percorso del nastro di carta per piegare e tagliare opportunamente il nastro stesso in segnature (*v.*).
b) In legatoria, macchina per piegare i fogli di stampa. Le pieghe possono essere parallele, incrociate, alternate, ecc., in modo da permettere l'esecuzione di qualsiasi tipo di stampato (libro, album, pieghevole, ecc.).

PLATINA Macchina da stampa tipografica in cui il piano portaforma, fisso, è verticale, e il piano di pressione o platina (mobile) viene avvicinato al primo con un sistema a cerniera oppure a glifo. Il principio costruttivo è, in sostanza, una mec-

Figura 4.34
Particolare di pagina in cui è riportata la scheda catalografica.

Gilardi, Ando.
Storia sociale della fotografia / Ando Gilardi. – [Milano]: Bruno Mondadori, [2000].
480 p.: ill.; 21x24,5 cm. – (Sintesi).
ISBN 88-424-9756-8: L. 95.000.
1. Fotografia – Storia.

770.9

Scheda catalografica a cura di CAeB, Milano.

Catalogo dell'editore

Il *catalogo dell'editore* (Figura 4.36) è uno strumento promozionale dell'editore stesso verso gli altri titoli della collana alla quale appartiene l'opera, le recenti novità della casa editrice o, nel caso di piccoli editori, l'intero catalogo.

Figura 4.36
Particolare di pagina in cui è riportato il catalogo dell'editore.

Biblioteca di cultura storica
Ultimi volumi pubblicati

226 Michele Sarfatti, *Gli ebrei nell'Italia fascista.*
227 Karl Ferdinand Werner, *Nascita della nobiltà. Lo sviluppo delle élite politiche in Europa.*
228 Chaim Cohn, *Processo e morte di Gesú. Un punto di vista ebraico.*
229 Michael Mitterauer, *Antenati e santi. L'imposizione del nome nella storia europea.*
230 Christopher R. Browning, *Procedure finali. Politica nazista, lavoratori ebrei, assassini tedeschi.*
231 Alain Ducellier, *Cristiani d'Oriente e Islam nel Medioevo. Secoli* VII-XV.
232 Elisabeth Crouzet-Pavan, *Venezia trionfante. Gli orizzonti di un mito.*
233 Jože Pirjevec, *Le guerre jugoslave. 1991-1999.*

La pagina bianca

Una pagina bianca alla fine del libro è sempre gradita.

Who's who

Nella realizzazione di un prodotto editoriale è necessario servirsi di figure con una professionalità specifica e in grado di operare con una precisa organizzazione sia dal punto di vista dello svolgimento del proprio lavoro, individuandone anche i punti critici, sia dal punto di vista della gestione dei tempi, della calendarizzazione delle lavorazioni e del rispetto delle date di consegna.
La quantità di informazioni che dovranno essere tenute sotto controllo sono così elevate, e le persone coinvolte in un ciclo produttivo sono, a volte, così numerose da richiedere un'organizzazione capace non solo di gestire la routine, ma anche e soprattutto di far fronte agli imprevisti e i contrattempi che in questo lavoro sono sempre dietro l'angolo.
Ma andiamo per gradi, e vediamo a "volo d'uccello" di chi si sta parlando.
Alcune delle figure professionali esposte di seguito sono l'evoluzione di figure che già esistevano, altre nascono invece dal mondo delle tecnologie digitali e dal desktop publishing.
Diamo per scontata la figura dell'*autore*, cioè di colui che crea i testi del prodotto editoriale, e proseguiamo.

Direttore editoriale

Il *direttore editoriale* è il responsabile delle scelte editoriali, di quanto viene pubblicato e della bontà del prodotto finale.
Può svolgere le funzioni dell'editore o collaborare con lui alla scelta delle novità. È colui che analizza il prodotto in tutti i suoi aspetti e che ha il compito di mantenere funzionale e organizzata la sua struttura di produzione, di coordinare le risorse umane impiegate nella realizzazione dell'oggetto editoriale verificando il buon andamento dei flussi di lavorazione, la qualità del lavoro svolto, la conformità agli obiettivi prefissati e il rispetto dei tempi di consegna.

Editor

Nelle case editrici di piccole dimensioni molto spesso questa figura coincide con quella del direttore editoriale (il principale collaboratore dell'editore). Nelle aziende editoriali di dimensioni più grandi le due figure sono separate e svolgono funzioni diverse.
L'*editor* è chi, sin da subito, si affianca ai creatori di contenuto, lavora e si confronta con loro dando il proprio contributo in termini di consigli e di verifiche per il miglioramento dell'opera.
È colui che si occupa della selezione dei contenuti e delle informazioni, che propone il testo da pubblicare e che segue l'opera in tutte le sue fasi di realizzazione, ne controlla i costi e tiene conto dei profitti o delle perdite.
La sua formazione è solitamente di carattere umanistico, ma il trattamento di contenuti specialistici può richiedere anche altri percorsi di studio.

Grafico

Qualsiasi prodotto editoriale non può prescindere da un buon progetto grafico, e la figura preposta a curare la veste grafica e artistica dell'opera è il *grafico*.

Il grafico è colui che si occupa della componente visiva del prodotto, che gestisce gli spazi, che sceglie le font e l'interlinea, che calcola le giustezze e studia le combinazioni di colori, che costruisce la gabbia e realizza il layout, è colui che, insomma, dà l'impronta all'oggetto. Partecipa direttamente, in maniera creativa e propositiva, alla creazione delle idee e dello stile del prodotto, ed è in grado di gestire in modo corretto testo, immagini e colori.

È preferibile che abbia una certa formazione artistica o specifica, che si mantenga sempre aggiornato sulle novità grafiche e che sappia utilizzare i principali pacchetti software, nonché possedere le conoscenze di stampa in quanto non deve ignorare le problematiche a essa inerenti.

Nelle strutture di grandi dimensioni è coadiuvato dall'*art director*, figura professionale tipica della comunicazione. L'art director è colui che si occupa di congegnare l'aspetto visuale del prodotto, di curarne l'immagine ed eventualmente il lancio.

Impaginatore

L'*impaginatore*, seguendo le indicazioni del grafico e del redattore, è colui che "costruisce" il prodotto assemblando elettronicamente tutti gli elementi che lo compongono. In prima battuta dovrà quindi realizzare le pagine che fanno parte dell'opera seguendo in modo pedissequo le informazioni contenute nel progetto grafico e nel layout. Successivamente dovrà riportare sul documento digitale tutti gli interventi che saranno richiesti dalla redazione, dal grafico e dall'autore.

È, in sostanza, nella catena di produzione ideale, un mero esecutore (con una certa esperienza e capacità di risolvere i frequenti problemi che un'impaginazione può presentare), e deve possedere una preparazione specifica sui pacchetti software che utilizza.

In realtà, sempre a seconda delle dimensioni della struttura, questa figura può coincidere con quella del grafico (che diventa grafico impaginatore, differenziandosi dal grafico progettista visto in precedenza, anche se non mancano casi in cui le due funzioni vengono svolte dalla stessa figura) o con quella del redattore.

Redattore

Il *redattore* di una casa editrice è colui che tiene i rapporti con gli autori e i collaboratori, che elabora i contenuti dell'opera correggendoli e uniformandoli, che controlla nel suo insieme l'opera e ne svolge la revisione, ne verifica la sostanza, la forma, la coerenza e la corrispondenza, cura l'uniformazione e lo stile del prodotto. È, praticamente, chi cura e segue, dalla sua ideazione, nascita e pubblicazione il prodotto finito (libri, riviste, enciclopedie o altro). I requisiti richiesti sono, in generale, un'elevata conoscenza e padronanza della lingua italiana, una cultura adeguata, istruzione universitaria (generalmente in campo umanistico, filosofico o linguistico, ma non esclusivamente), precisione e pazienza, amore per i libri e la lettura, capacità di organizzazione dei contenuti e conoscenza delle cosiddette **regole redazionali**.

Le regole redazionali

Solitamente le case editrici forniscono un loro vademecum di regole redazionali, ma se avete bisogno di indicazioni complete e sistematiche, in commercio esistono pubblicazioni che possono esservi d'ausilio.

Correttore di bozze

Anche il *correttore di bozze* interviene sul testo, ma non per quanto riguarda il contenuto, come invece fa il redattore, bensì per verificare la bontà degli interventi effettuati dopo specifiche richieste da parte della redazione, e per controllare che nel testo non siano rimasti errori o refusi, riscontrando le correzioni effettuate.

Il refuso

Il termine *refuso*, che significa "rimescolato", "fuori posto", deriva proprio dal fatto che, quando il compositore della tradizione tipografica scomponeva le righe di testo per ricollocare i singoli caratteri nelle apposite celle della cassa tipografica, poteva erroneamente inserire "fuori posto" delle lettere mettendole nella cella sbagliata, "rimescolandone" così il contenuto.

Ricercatore iconografico

Contemporaneamente alle lavorazioni sul testo, vengono svolte le lavorazioni sulla parte iconografica di corredo all'opera.
Il *ricercatore iconografico*, seguendo le indicazioni della redazione e dell'autore, seleziona e propone le immagini che verranno prima approvate, poi lavorate (digitalizzate e corrette, o semplicemente corrette se si tratta di immagini già in digitale) e, infine, inserite in pagina.

Disegnatore (o illustratore)

Il *disegnatore*, sempre su indicazioni della redazione e dell'autore, realizza i disegni che verranno successivamente utilizzati nell'opera. Questi possono essere eseguiti dal disegnatore direttamente in digitale (cioè direttamente a computer con un software adeguato) o essere forniti in forma di bozzetto (disegni realizzati su carta o cartoncino con tecniche che vanno dalla matita, alla tempera, all'acquerello o altro). In quest'ultimo caso il prodotto del disegnatore dovrà subire un ulteriore passaggio, quello della digitalizzazione attraverso la ripresa da scanner.

Fotolitista

Il *fotolitista* è colui che esegue le lavorazioni sulle fotografie, direttamente se si tratta di immagini già in digitale, dopo l'acquisizione

se si tratta invece di immagini riprese da originali non digitali (fotocolor, diapositive, bozzetti o altro).
Effettua le scansioni, le corregge e le mette in prova restituendole all'ufficio tecnico (reparto che gestisce i fornitori di una casa editrice di grandi dimensioni) per il controllo qualità.

Altre figure

All'interno del processo produttivo è inoltre possibile che si verifichino particolari esigenze che richiedano l'intervento di altre figure specializzate quali, per esempio, il *fotografo* per la realizzazione di immagini proprietarie; il *consulente editoriale* chiamato a valutare e giudicare il materiale a disposizione; il *direttore di collana* responsabile dei contenuti delle singole collane; il *traduttore* o altro ancora.

Tutta una questione di metodo

Controllare, redazionare e correggere il testo dell'oggetto editoriale è un'attività che, quanto più viene svolta con criterio, coscienza e professionalità, tanto più restituirà un prodotto qualitativamente apprezzabile.
Per poter svolgere al meglio questo delicatissimo compito è fondamentale seguire alcune regole.
Innanzitutto, fatto salvo il lavoro di revisione letteraria, di copyright, di verifica di quanto scritto (anche in termini di date, citazioni, nominativi, fonti o altro ancora), di coerenza e di uniformazione del testo, è necessario utilizzare un metodo che comprenda i seguenti passaggi:

- verificare che siano rispettate le regole di punteggiatura, di composizione di virgolette, parentesi, accenti (acuto e grave), apostrofi, numeri di pagina o altri segni ortografici e tipografici;

La punteggiatura

I segni di interpunzione devono essere sempre composti in tondo, anche se sono attaccati a una parola formattata in corsivo o in grassetto, con l'eccezione di quando si trova all'interno di un brano interamente scritto in uno stile diverso dal tondo.
Inoltre, la punteggiatura è sempre attaccata alla parola che la precede ed è seguita da uno spazio bianco di battuta.

- verificare che siano rispettate le regole redazionali in generale;
- verificare l'uniformità del carattere, la spaziatura, i ritmi, le rientranze, le distanze, i doppi spazi, gli allineamenti, l'uso dei trattini e delle maiuscole;

- verificare sillabazioni, troncamenti, separazioni di testo, orfane e vedove;
- riportare sulle bozze eventuali interrogativi per l'autore;
- riscontrare gli interventi segnalati sulla bozza precedente;
- controllare l'esatta successione delle pagine del prodotto, l'indice generale e altri apparati, le tabelle, le figure e la loro numerazione progressiva;
- controllare il testo e l'esatta successione di titoli, sottotitoli e sommari;
- verificare l'esatta corrispondenza di richiami, rimandi e note;
- leggere sempre attentamente quello che è scritto e non quello che si pensa possa esserci scritto;
- utilizzare una penna rossa per indicare le correzioni. In questo modo, tutti gli interventi richiesti saranno ben visibili;
- impiegare la simbologia standard di correzione.

La regola delle tre fonti

È importante che qualsiasi contenuto dubbio venga *verificato*. La verifica deve avvenire attraverso il confronto con documenti originali testimoniali. Questi documenti sono le cosiddette fonti.
Possono essere dizionari, enciclopedie, testi specialistici, atlanti o altre fonti di informazione ufficiali e autorevoli.
È buona regola consultare sempre due fonti differenti per ogni verifica che si intende fare. Una terza fonte sarà necessaria nel momento in cui le prime due presentino difformità o informazioni contrastanti.

La correzione delle bozze

La correzione delle bozze avviene in genere manualmente, anche se il metodo elettronico delle "correzioni d'autore" per i documenti in Word e Acrobat si rivela in molti casi piuttosto utile, soprattutto quando chi lavora in questo ambito ha bisogno di interagire con i propri colleghi in tempi rapidi, senza troppe sovrapposizioni e, magari, a diversi chilometri di distanza.
Primo requisito importante per un buon correttore di bozze è quello di essere un attento e paziente lettore, con una buona cultura generale, preciso e rispettoso dei tempi di consegna.
Secondariamente (ma non in ordine di importanza!), deve conoscere la norma UNI 5041 preposta alla correzione delle bozze di stampa.
Lo scopo della norma è quello di unificare e standardizzare le modalità di correzione.

La norma UNI 5041

Le regole principali sono le seguenti.

- Se più professionisti correggono sulla stessa copia di bozze, dovranno usare colori diversi per poterle distinguere fra loro.
- Nel caso in cui le correzioni fossero indicate su copie di bozze differenti, sarà necessario collazionarle su un'unica copia.

La collazione delle bozze

Collazionare significa, in questo contesto, riportare su un'unica bozza tutte le correzioni presenti sulle altre copie al fine di ottenere un solo documento comprensivo e completo di tutti gli interventi da effettuare.

- I simboli utilizzati per indicare la correzione (chiamati *segni di riporto*) non dovranno confondersi con le lettere dell'alfabeto utilizzato.
- I segni di riporto utilizzati nel testo dovranno essere ripetuti a margine della gabbia (a destra o a sinistra) in corrispondenza della riga dove viene richiesto l'intervento.
- Se sulla stessa riga sono presenti più correzioni, è necessario utilizzare simboli diversi e riportarli a margine nello stesso ordine di successione in cui si presentano nel testo.
- È vivamente sconsigliato disegnare linee trasversali sul testo per indicare il punto in cui inserire la correzione.
- Non inserire mai le correzioni direttamente nelle righe di testo, luogo destinato esclusivamente ai segni convenzionali.
- Annotazioni diverse dalle correzioni (per esempio richieste di chiarimenti per l'autore, per il redattore o altro) devono essere inserite in un circoletto.
- I punti dubbi dovranno essere indicati sulle bozze con il punto di domanda. Dopo aver effettuato la correzione il punto di domanda dovrà essere depennato.
- Utilizzare la simbologia standard.

È inoltre buona regola, ogni volta che sarà effettuata una correzione, fare un segno di spunta per indicare che è stata eseguita. Quando la bozza verrà riscontrata per verificare che gli interventi richiesti siano stati fatti, un secondo segno di spunta permetterà di accertare che nulla sia sfuggito.

Esempi di segni da scrivere sulle singole lettere del testo e da riportare a margine del foglio per sostituire la lettera.

Esempio:

Segni da riportare sulle parole (o parti di parole) che si intendono sostituire. A margine verrà disegnato lo stesso simbolo insieme alla parola corretta.

Esempio:

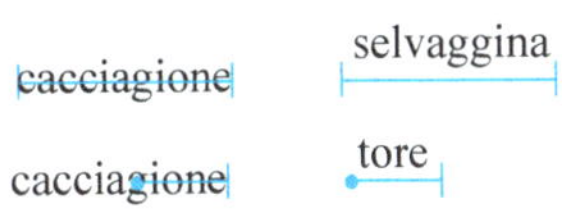

Segno da utilizzare quando si vuole segnalare una cancellazione.

Esempio:

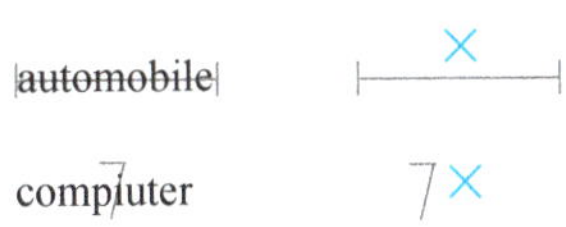

Segno che indica di togliere una spaziatura eccessiva.

Esempio:

Segno che indica di aggiungere una spaziatura.

Esempio:

Segno che indica di unire due righe di testo eliminando l'interlinea.

Esempio:

Quel ramo del lago di Como

che volge a mezzogiorno

Segno che indica di separare due righe di testo inserendo un'interlinea.

Esempio:

Quel ramo del lago di Como
che volge a mezzogiorno

Segno che indica di mandare a capo il testo.

Esempio:

L'automobile era rossa. Aveva le maniglie cromate.

Segno che indica di eliminare l'andata a capo e di portare il testo che si trova nella riga sotto di seguito a quello della riga sopra.

Esempio:

La mela
era rossa.

Segno che indica lo scambio di parole. I numeri indicano la successione giusta.

Esempio:

Il pomeriggio sereno era (1 sopra "era", 2 sotto "sereno")   2 1

Segno che indica di inserire il testo scritto a margine nel punto dove è presente il segno grafico.

Esempio:

Quel ramo di Como — del lago

Segno che indica che la riga di testo è scivolata verso destra e che quindi manca l'allinemaneto tra le righe.

Esempio:

Quel ramo del lago di Como
 che volge a mezzogiorno
tra due catene non interrotte di monti

Segno che indica che la riga di testo è scivolata verso sinistra e che quindi manca l'allinemaneto tra le righe.

Esempio:

 Quel ramo del lago di Como
che volge a mezzogiorno
 tra due catene non interrotte di monti

Segno che indica un chiarimento circa quanto scritto nel testo. Va posto a fianco delle righe dubbie

Segni che indicano apici, pedici, apostrofo o virgola.

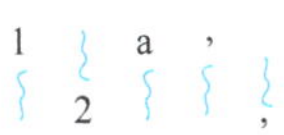

Segno che indica di portare un righino alla riga sopra.

Esempio:

Quel ramo del lago di Como che volge a mezzo-
giorno

Segno che indica di spaziare una parola che risulta avere le lettere troppo vicine.

Esempio:

Quel ramo di Como che volge a mezzogiorno

Segno che indica di restringere una parola che risulta avere le lettere troppo spaziate

Esempio:

Quel ramo di Como che volge a m e z z o g i o r n o

Segno che indica di formattare la parola sottolineata con lo stile corsivo.

c.vo

Esempio:

Quel ramo del lago di Como c.vo

Segno che indica di formattare la parola sottolineata con lo stile maiuscoletto.

M.tto

Esempio:

Quel ramo del lago di Como M.tto

Segno che indica di formattare la parola sottolineata "a onda" con lo stile grassetto o nerissimo.

Esempio:

Quel ramo del lago di Como bold

Quel ramo del lago di Como extrabold

Segno che indica di formattare la parola sottolineata con lo stile tondo.

(t.do)

Esempio:

Quel *ramo* del lago di Como (t.do)

Quel **ramo** del lago di Como (t.do)

Segno che indica di scrivere la parola con l'iniziale maiuscola. La lettera scritta a margine ha tre sottolineature. Se si desidera si può anche aggiungere la scritta "M.lo", ma non è necessaria.

(M.lo)

Esempio:

Quel ramo del lago di como C

Segno che indica di scrivere la parola con l'iniziale minuscola. La lettera scritta a margine ha tre sottolineature poste sopra di essa per indicare che deve essere scritta "piccola".
Se si desidera si può anche aggiungere la scritta "m.lo", ma non è necessaria.

(m.lo)

Esempio:

Quel ramo del lago di CoMo m

Segno che indica che la lettera cerchiata potrebbe essere stata composta in un altro carattere rispetto a quello standard utilizzato per il testo.

Esempio:

Quel ramo del lago di Como (e)

Segno che indica di usare l'allineamento centrato per il testo.

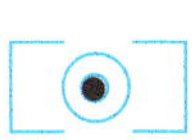

Segno che indica di spostare una o più righe di testo.

Esempio:

si indicano in questo modo.
Una o più righe da spostare
in un altro punto dello scritto

Un altro modo per indicare la corretta successione di righe di testo è quello dell'utilizzo dei numeri per ordinarle.

1 2 3

Esempio:

3 si indicano in questo modo.
1 Una o più righe da spostare
2 in un altro punto dello scritto

Una correzione da annullare si indica con la dicitura vive com'è o semplicemente vive.

Esempio:

vive com'è

Quel ramo del lago di Como c

Se invece si desidera ripristinare una correzione annullata, basterà scrivere vive correzione.

Segno che indica di alzare una o più parole per allineare la riga.

Esempio:

Tanto va la gatta al lardo

Segno che indica di abbassare una o più parole per allineare.

Esempio:

Tanto va la gatta al lardo

Il breve frammento di testo che segue riporta alcuni esempi di utilizzo dei segni di riporto impiegati nella correzione delle bozze.

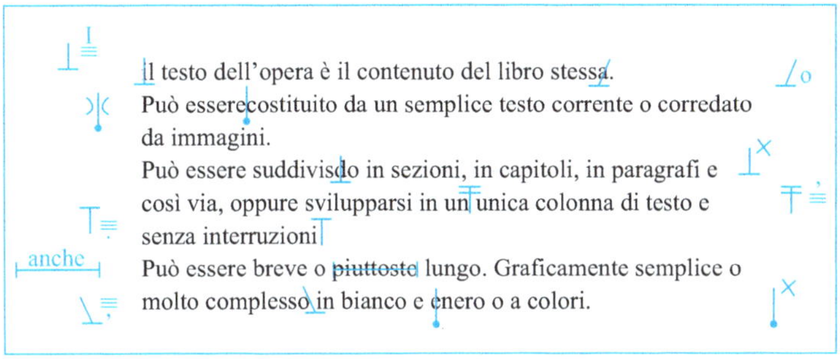

Visto si stampi

Il processo industriale del libro inizia quando l'autore consegna il testo all'editore, quando cioè il testo viene considerato definitivo. Da questo momento la fucina che muove delicatissimi ingranaggi inizia a plasmare l'oggetto di carta.

- Per prima cosa viene analizzato il contenuto proposto per potere impostare correttamente la "forma" del prodotto.
- Quindi, si procede con la progettazione grafica, momento in cui viene stabilito anche il formato, cioè le dimensioni dello stampato.
- Si definiscono i criteri di impaginazione.
- Si scelgono i caratteri per la composizione del testo.
- Si scelgono le immagini e i disegni a corredo del testo.
- Si impostano le didascalie.
- Si lavorano le diverse componenti del prodotto.
- Si correggono le bozze per poi licenziarle.
- Si prepara il file per la stampa.
- Si vistano le cianografiche (chiamate anche semplicemente ciano, sono le copie definitive delle pagine, formate a segnatura, sulle quali si controlla che lo stampato sia a posto sotto ogni aspetto: editoriale, grafico e tipografico).
- Si dà il "visto si stampi" per la messa in macchina del prodotto.

Il *visto si stampi* è il momento più sofferto di tutto il processo. È il risultato di scrupolosi controlli redazionali volti a scovare l'errore nascosto o l'imprecisione ambigua, e arriva alla fine di accaniti riscontri di bozze alla ricerca del refuso che, impietoso, si palesa inesorabilmente solo dopo la messa in macchina.

Con in visto si stampi si conclude tutta quella parte di lavorazioni che va sotto il nome di **prestampa**.
Il passo successivo, lo dice la parola stessa, è quello della stampa.

L'industria grafica

L'industria grafica viene definita dall'Istat (*Istutito Nazionale di Statistica*) come l'insieme di tutti i processi tecnologici che concorrono alla creazione di uno stampato attraverso le fasi di *preparazione*, *stampa* e *poststampa*.
Quando si parla di **preparazione** dello stampato si intende l'intera fase di prestampa che dall'originale porta, attraverso le varie tipologie di lavorazione dei diversi materiali, all'ottenimento del supporto definitivo idoneo alla stampa.
Per **stampa** si intende la riproduzione industriale dello stampato in più copie sempre uguali a se stesse.
La fase di **poststampa** comprende tutta una serie di operazioni di allestimento finale del prodotto quali la piegatura, la rilegatura, la rifilatura, la copertinatura e altro svolte da legatorie specializzate che confezionano lo stampato nella sua veste definitiva, pronto per essere portato al pubblico.

File PDF e profili per la stampa

Preparare i file per la stampa non è un lavoretto da sottovalutare e raggiungere un buon risultato significa non trascurare alcun dettaglio.
La prima cosa da fare, quando si deve preparare un file per la tipografia, è quella di renderlo **universale**, di rilasciarlo cioè in un **formato standard** e non più proprietario.
I formati proprietari sono quelli leggibili solo dallo stesso programma applicativo con cui sono stati creati (esempi di formati proprietari sono FreeHand, Illustrator, Xpress, InDesign, Photoshop e via dicendo).
Nel caso in cui lo stampatore non fosse provvisto di tale software, o non avesse a disposizione la versione utilizzata nella lavorazione del file, potrebbero essere dolori...

PDF: formato standard

Il formato standard d'eccellenza per i lavori destinati alla stampa industriale è il famoso PDF (*Portable Document Format*) di Adobe.
Peculiarità di questo formato grafico è quella di poter contenere, in un unico file, tutte le informazioni e i dati necessari per la stampa di qualità come, per esempio, l'impaginazione di qualsiasi documento, le font utilizzate, l'alta risoluzione delle immagini, informazioni sul formato e il rifilo, sul trapping, i profili colore, le trasparenze, la grafica vettoriale, gli elementi multimediali (audio e video) e altro ancora.

Trapping e registro

Il *trapping* è un accorgimento che permette di evitare quegli antiestetici filetti bianchi che si possono creare tra colori attigui quando esiste un problema di fuoriregistro. Consiste in un allargamento dell'area occupata da uno dei due colori che permetterà di avere un bordino comune fra i due che garantirà la presenza del colore anche in caso di registro non prefetto.
Il registro è l'esatta corrispondenza dei colori di quadricromia.
Il fuori registro è l'errata sovrapposizione dei singoli colori.

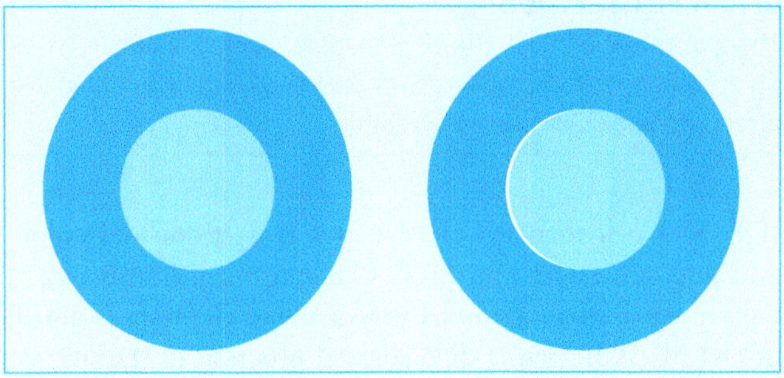

È in grado di descrivere documenti di qualunque peso contenenti qualsiasi combinazione di questi elementi, garantendo file di dimensioni compatte, trasmissioni rapide, condivisione con qualsiasi sistema operativo, stampa su qualsiasi periferica e visualizzazioni immediate (quest'ultima proprietà grazie all'applicazione Acrobat Reader scaricabile gratuitamente da Internet).
Nato nel 1991, il formato PDF è diventato, nel tempo, lo standard tecnologico (ISO 32000-1:2008) per la rappresentazione, la distribuzione e lo scambio di documenti digitali in tutto il mondo.
Può essere creato in due modi: tramite un interprete PostScript come Acrobat Distiller; oppure utilizzando la semplice funzione di *esportazione*, presente in molti pacchetti software, come Photoshop, Illustrator, InDesign, Xpress e altri ancora, ma non in tutti.
Il PDF è anche il formato con cui vengono trasmessi i documenti alla tipografia. Per questo motivo è necessario crearlo con molta cura inserendo tutte le informazioni utili allo scopo ed eliminando tutte quelle dannose come, per esempio, quelle multimediali, gli script o altro.
Proprio per soddisfare le esigenze del mondo editoriale tradizionale sono state create delle varianti *ad hoc* del formato PDF che utilizzano solo dei sottoinsiemi delle funzioni dell'intero formato grafico: funzioni esclusive, adatte e affidabili per la stampa industriale.
Si tratta della versione PDF-X, dove la lettera X sta per *eXchange* (cioè scambio, intendendo appunto quello tra grafici e tipografi).

PDF-X

Le norme PDF-X sono state sviluppate dal comitato TC130 (Graphic Technology) e cono contenute nella norma **ISO 15930**.
Questo particolare formato esiste in diverse versioni, ma quelle più utilizzate, divenute standard internazionali ISO nel 2002, sono il **PDF/X-1a** e il **PDF/X-3**. Il PDF/X-1a è quello più diffuso in ambito pubblicitario, ma con alcune restrizioni come, per esempio, la mancanza delle funzioni di gestione della trasparenza.

Sotto il vestito niente

La **trasparenza** è una delle funzioni maggiormente apprezzate in campo grafico. Permette di modificare l'opacità degli oggetti in primo piano e di far trasparire quelli posizionati sotto.

Il PDF/X-3 è il formato elettivo per la gestione del colore in quanto può contenere i profili ICC e le immagini in RGB.

Il PDF certificato

Nella stampa di qualità, molto spesso, viene richiesta la certificazione del file PDF prima di iniziare il processo di stampa, sottoponendo a un determinato processo di verifica (*preflight*) l'intero documento digitale.
Fare il **preflight** di un documento significa, in buona sostanza, controllarlo in ogni sua parte e in ogni suo elemento costitutivo eseguendo dei controlli sistematici che incrociano una serie di parametri predefiniti e personalizzabili che consentono, all'occorrenza, di individuare errori di procedura (umani e tecnici) che potrebbero condizionare, anche sensibilmente, il risultato della stampa. Il processo di preflight può essere realizzato solo con software specifici, e la certificazione del PDF si basa su pacchetti **PitStop** professionali che permettono un controllo su tutta l'impostazione del documento (con la segnalazione degli errori che potrebbero insorgere in fase di stampa), consentendo di memorizzare informazioni riguardanti lo stato del file, i possibili interventi che possono essere stati effettuati su di esso e chi li ha eseguiti.
Si tratta di una certificazione di qualità che permette di tracciare chi ha fatto cosa e quando.

Il profilo colore

Il profilo colore è una particolare tecnologia utilizzata per fornire indicazioni chiare su come i colori di un documento devono essere stampati e si basa sul principio della fedeltà cromatica di riproduzione. Questa indicazione è assolutamente necessaria se si desidera ottenere un risultato qualitativamente apprezzabile, anche dal punto di vista della resa dei colori in esso presenti. Il

tutto considerando l'insieme di tutti gli strumenti utilizzati per il raggiungimento di questo obiettivo.
Le diverse tecnologie di stampa, i diversi inchiostri utilizzati, le diverse carte impiegate possono generare risultati altrettanto diversi. Se viene consegnato allo stampatore un file in quadricromia senza nessuna specifica di profilo colore, il risultato è imprevedibile e potrà essere differente per ogni combinazione macchina/inchiostro/carta.
La tecnologia di profilo colore più diffusa è quella standardizzata dall'*International Color Consortium* (profilo ICC) ma, per onor di cronaca, anche Adobe è presente in questo settore, proponendone una tutta sua: la *PostScript Color Management* (PCM) che agisce solo in fase di stampa e su periferiche PostScript.
La tecnologia ICC, invece, sfruttando lo spazio colorimetrico XYZ e Lab (vedi capitolo seguente) e avendo una struttura bidirezionale, è in grado di lavorare anche su periferiche RGB, quindi anche sui monitor.
Il profilo colore serve a definire in modo preciso come il colore visto a monitor deve essere stampato in base alla macchina da stampa utilizzata (le macchine offset a foglio stampano in un modo, le rotative in un altro, le digitali in un altro ancora) caricata con un determinato set di inchiostri e utilizzando un preciso tipo di carta (patinata, lucida, opaca, uso mano).
È facile intuire che ogni combinazione di queste variabili necessita di un preciso profilo personalizzato che, preferibilmente, dovrà essere impiegato (quindi caricato negli applicativi utilizzati) in tutto il processo produttivo.
Per procurarsi i profili si può ricorrere direttamente al tipografo che stamperà il prodotto, oppure rifarsi alle norme ISO (scaricabili gratuitamente dal sito della ECI, *European Color Initiative*), che indicano come le diverse macchine da stampa devono stampare.
Una volta impostato il profilo giusto, tutte le indicazioni di colore contenute nel file si riferiranno esattamente al colore riprodotto da quella tecnologia, con quell'inchiostro e su quella carta: il lavoro deve essere preparato per le condizioni nelle quali verrà stampato e usare i profili colore significa fornire tutte le indicazioni necessarie a stampare il colore desiderato.
I colori corretti potranno essere verificati con la prova a monitor (*soft proof*) a condizione di possedere un monitor calibrato (la calibrazione può avvenire attraverso strumenti e software dedicati), o con la prova su una stampante di qualità (*hard proof*), solitamente fornita dallo stampatore.

Capitolo 5

Un mondo di immagini e colori

Vedo in technicolor

Il colore è luce. La luce è vita. Il colore è vita. È difficile immaginare un mondo senza colore. La sua percezione è una delle attività più comuni dell'esistenza e ci permette di riconoscere gli oggetti che ci circondano. Il colore è un fattore emotivo e psicologico, oltre che una qualità fisica; come tale viene percepito da ognuno di noi in modo diverso: la valutazione è soggettiva e dipende dal gusto personale. "Questo colore è gradevole", "Questo è troppo forte", "Quest'altro è spento" sono sensazioni individuali, nessuno di noi vede i colori esattamente come un altro.

Figura 5.1
Vignetta tratta da *Celebrazione del tipografo*, editrice Il quadratino, Torino 1968.

In questo capitolo

Il sole è la più importante sorgente energetica di vita.

Senza luce non esiste colore

Da Aristotele (che aveva ordinato i colori secondo uno schema lineare) ed Euclide (è suo il postulato che tutti conosciamo sulla propagazione della luce in linea retta), per secoli illustri scienziati hanno discusso e indagato sui segreti della luce.

Se si fa entrare in una stanza buia, da una fessura, un raggio di sole, e questo raggio lo si fa cadere su un prisma di vetro, si potrà vedere che esso si scompone in un ventaglio di colori (è il fenomeno della **dispersione della luce**), lo stesso che si ottiene in natura quando nasce un arcobaleno. Da ciò ne deriva che per la percezione dei colori è fondamentale la sorgente luminosa.

Isaac Newton

Verso la fine del XVII secolo, Isaac Newton (1642-1727), riuscì, proprio in questo modo, a dividere la luce in tanti raggi colorati, per l'esattezza sette: violetto, indaco, blu, verde, giallo, arancio e rosso, scoprendo che la luce solare era scomponibile e ricomponibile attraverso la miscela dei colori dello spettro visibile.

Elaborò un diagramma a forma di torta (il **cerchio cromatico**) dove collocò i sette colori nell'ordine in cui apparivano attraverso il prisma (Figura 5.2). Al centro di questo diagramma pose il bianco a rappresentare la sintesi dei colori nella luce bianca.

Il cerchio cromatico di Newton fu un'intuizione che permise di comprendere i rapporti tra i colori: quelli simili stavano vicini, quelli in contrasto si trovavano in posizione diametralmente opposta (Figure 4 e 5 dell'inserto a colori).

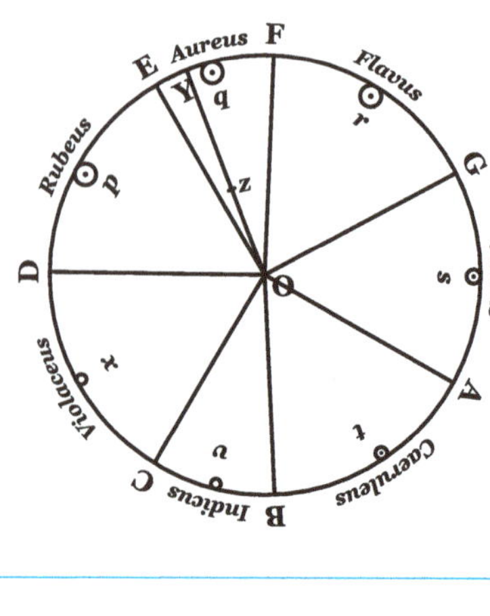

Figura 5.2
Il cerchio cromatico originale di Newton è del 1666. Con questo diagramma Newton scompose la luce in sette raggi colorati e li collocò in sette spicchi all'interno di un cerchio dividendoli in due metà: i colori caldi e i colori freddi. In mezzo vi pose il bianco, che era la risultante della somma di tutti quei colori.

Dopo Newton, furono elaborate molte varianti del cerchio cromatico a opera di numerosi teorici del colore, ma a tutt'oggi restano ancora senza risposta diversi interrogativi sui meccanismi di interpretazione dei segnali neurali che sono elaborati all'interno dell'occhio e che ci permettono di percepire i colori.

La retina, nella parte posteriore dell'occhio, racchiude una smisurata quantità di elementi microscopici: i *coni* e i *bastoncelli*.

Mentre i bastoncelli riescono solamente a distinguere le differenze di luminosità, i coni, posti al centro della retina, sono i responsabili della percezione del colore.

L'occhio umano percepisce soltanto tre colori

L'occhio umano percepisce solo i tre colori primari (rosso, verde e blu), tutti gli altri sono composti nel nostro cervello da una miscela di due o tre di questi colori.

I coni, posti all'interno della retina, si differenziano a seconda delle tre diverse parti dello spettro visibile a cui sono sensibili.

Una tipologia di coni reagisce alle onde corte – quelle della zona dei blu – , un altro tipo è sensibile alle onde medie – zona dei verdi – e un'ultima varietà risponde alle sollecitazioni delle onde lunghe – zona dei rossi (Figura 5.3).

Il tutto tenendo presente che siamo in grado di vedere solo un ristretto gruppo di onde elettromagnetiche, e precisamente quelle che vanno dai 380 ai 780 nm (si sta parlando di nanometri, cioè di milionesimi di millimetro).

Infatti, i cosiddetti raggi X, i raggi gamma, quelli UV o i raggi infrarossi, che sono al di fuori di questo intervallo, non sono visibili dall'occhio umano.

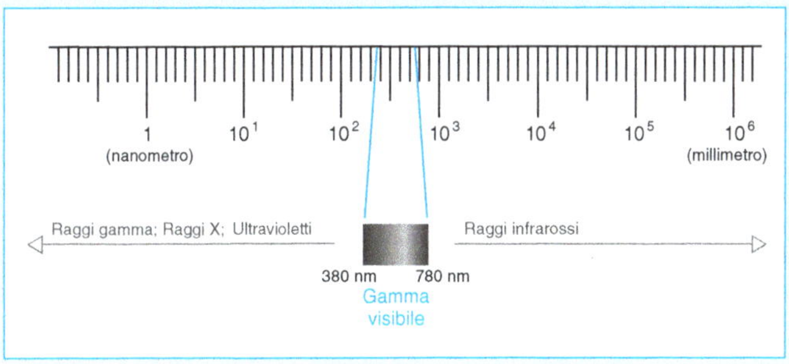

Quando la luce colpisce un oggetto, una parte viene assorbita e una parte viene riflessa, colpisce il nostro occhio e noi vediamo il colore che riflette. Una mela ci appare rossa perché assorbe tutti i colori dello spettro eccetto il rosso che ci viene riflesso: il rosso è quindi il colore che percepiamo.

Se un oggetto assorbe tutta la luce, assorbe anche tutti i colori e di conseguenza il nostro occhio non percepirà nulla, non avrà cioè nessuno stimolo e noi vedremo il nero.

Se un oggetto riflette tutta la luce, significa che rifletterà tutti i colori e di conseguenza tutti i recettori del nostro occhio saranno stimolati in ugual misura e noi vedremo il bianco.

Gli oggetti non hanno colori propri e costanti, ma reagiscono in funzione della luce che li colpisce e che quindi riflettono.

Se la luce emessa da una fonte luminosa viene direzionata su un oggetto, il suo colore apparirà più intenso; viceversa, se si tratta di una luce cosiddetta "diffusa", il colore risulterà più opaco e meno saturo. È la natura stessa della fonte luminosa a determinare il colore degli oggetti.

L'occhio umano è in grado di distinguere anche le differenze più lievi tra un colore e l'altro. La corretta riproduzione dei colori diventa quindi un fattore fondamentale vista la sensibilità dell'occhio alle alterazioni cromatiche.

La temperatura del colore

Luce e colore sono la stessa cosa, e mutamenti nella luce provocano mutamenti nel colore. La luce si misura in base alla sua **temperatura cromatica** (chiamata anche temperatura colore), la cui unità di misura assoluta è il grado Kelvin (dal fisico inglese Lord Kelvin). Maggiore è la temperatura di colore espressa in gradi Kelvin, più la luce sarà fredda, cioè azzurrognola; viceversa, minore è la temperatura Kelvin, più la fonte luminosa avrà connotazioni calde, avvicinandosi a un colore più dorato.

La luce neutra, cioè quella ideale per cogliere la vera essenza del colore, è la cosiddetta luce bianca che si ottiene a una temperatura di **5000° Kelvin**.

La temperatura del colore si calcola in base ai raggi emessi da un corpo nero (per esempio una barra di ferro) quando viene surriscaldato. All'aumentare della temperatura, emanerà dapprima radiazioni infrarosse, poi rosse, poi gialle, e la quantità di luce blu emessa dall'oggetto sarà in funzione della quantità di luce rossa emessa.

Psicologia o fisica?

Il colore può essere analizzato da due punti di vista: quello psicologico e soggettivo, che si rifà al concetto di sensazione, di percezione associata ai dati dell'esperienza, della memoria, della cultura e del proprio bagaglio, i cui meccanismi non sono ancora completamente noti; e quello della fisica, in cui i colori vengono visti come tali in quanto il nostro occhio interpreta le tre lunghezze d'onda fondamentali della luce: il rosso, il verde e il blu.

Il colore, osservato dal punto di vista della fisica, è uno stimolo oggettivo. Come tale possiede dei metodi di misurazione e lo si può considerare come funzione di tre variabili: la tonalità, la luminosità e la saturazione (Figura 6 dell'inserto a colori).

Tonalità

La tonalità (chiamata anche *tinta*) è la variabile più importante. È la caratteristica del colore, quella che definisce, con il nome del colore, il colore stesso: rosso ferrari, blu cina, giallo canarino, arancione, viola e così via.

È il colore reale, l'attributo assoluto del colore e si dice che sia l'equivalente psicologico della *lunghezza d'onda*.

Thomas Young (1773-1829) scoprì che la luce è composta da una successione di onde elettromagnetiche, le cui caratteristiche determinano il colore (Figura 5.3).

La tonalità permette di dividere i colori in due macrocategorie: i **colori caldi** e i **colori freddi**.

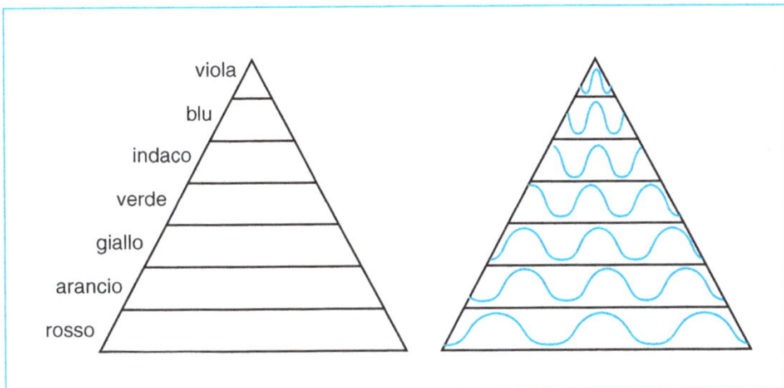

Figura 5.3
Le onde elettromagnetiche possiedono tre caratteristiche: la lunghezza, la frequenza e l'ampiezza. Ogni minima variazione viene percepita dall'occhio umano e interpretata come colore, in ogni sua più piccola sfumatura. Il rosso è il colore visibile con la frequenza più bassa. Al di sotto si trovano i raggi infrarossi.

I primi vanno dal giallo al rosso passando attraverso l'arancione, il rosa, il marrone e il bordeaux. Si chiamano *colori caldi* perché in tutti è compresa una componente di giallo e di rosso.
I colori caldi sono colori che "si vedono", sono sgargianti, quasi aggressivi, vistosi, allegri, esuberanti e catturano sempre l'attenzione di chi li vede.
I *colori freddi* vanno dal viola al verde passando per i blu e comprendendo tutte le gradazioni del grigio. In tutti i colori freddi è compresa una componente di blu e di verde.
Trasmettono sensazioni opposte a quelle dei colori caldi: sono colori calmanti, che danno un senso di pulizia, quasi di purezza.
L'uso dei termini "caldo" e "freddo" non è un abuso linguistico. L'arancione è infatti fisicamente più caldo del blu: è una semplice questione di lunghezza d'onda.

Luminosità

La **luminosità** (o *brightness*, brillantezza) esprime l'intensità di luce emessa da un colore e ne rappresenta l'aspetto **chiaro** o **scuro**. È la **gradazione** del colore, cioè la quantità di bianco o di nero mischiata alla tonalità.
Si dice che sia il corrispondente psicologico dell'*energia luminosa* percepita come quantità di luce.
Un colore chiaro è un colore che dà un senso di leggerezza, mentre quelli scuri, al contrario, esprimono pesantezza (come le nuvole cariche di pioggia), ma anche solidità e regalità. I colori scuri vengono utilizzati per dare risalto a progetti grafici in sintonia con colori più chiari e convenzionali.

Saturazione

La **saturazione** si riferisce alla **purezza** del colore, alla sua intensità. È la percentuale di tinta pura presente in un colore.
Nel linguaggio comune viene indicata con i termini *carico*, *puro*, *intenso*, e si riferisce a quanto un colore può risultare brillante, cioè senza la presenza di altri colori; oppure con gli aggettivi *opaco*, *spento*, *insaturo*, e indica i colori che contengono anche una parte di altri colori. I colori che più si avvicinano alla purezza ideale si dicono **brillanti**.

Freschi sono quelli che non contengono alcun fondo nerastro; *intensi* quelli che appaiono del tutto esenti da bianco.
I colori brillanti (per esempio il giallo, il fucsia, il verde acido) che devono essere allo stesso tempo freschi e intensi, esprimono una certa personalità, ma usati in quantità eccessiva potrebbero risultare poco eleganti e stancare presto l'occhio.
Quando si mischiano due colori, la risultante è sempre meno fresca dei due componenti presi singolarmente. Si tenga presente che, per limitare tale perdita, è meglio scegliere componenti vicini nel cerchio cromatico. Se, quindi, si desidera ottenere un verde fresco, sarà meglio mescolare un giallo limone con un turchese.
Se invece si mescolano un giallo oro e un blu laccato, si otterrà un verde olivastro, un colore decisamente poco brillante.
Un colore **spento** (per esempio il grigio) è invece un colore dalla personalità piuttosto attenuata, che crea una sensazione di sfocatura e di immagini confuse.
Se utilizzati correttamente, i colori spenti possono trasmettere un'atmosfera tranquilla, quasi fantastica, ma l'uso di troppi colori di questo tipo potrebbe generare un'immagine slavata, sbiadita.
L'impiego di un colore brillante potrebbe essere utile per creare risalto in una combinazione di colori insaturi.

La parola ai colori

Siamo nati in un mondo di colori, siamo immersi nei colori in ogni momento della nostra vita, il colore è intorno a noi e ci influenza.
Usiamo i colori per comunicare: la nascita di una bambina viene annunciata con il fiocco rosa, quella di un bimbo con un fiocco azzurro; i collegamenti dei fili elettrici si riconoscono per i colori che li differenziano; il giallo, il rosso e il verde controllano il traffico di una città; una mela rossa ci dice che è matura e così via.
Usiamo i colori per esprimere i sentimenti: una persona può essere verde d'invidia, rossa di rabbia, bianca di paura o, ancora, nera d'umore.
Viviamo il tempo in base al ritmo dei cambiamenti di colore: il verde brillante della primavera, quello più scuro dell'estate, gli arancioni e i giallo oro dell'autunno, i bianchi e grigi dell'inverno; e poi ancora il blu dell'alba che si trasforma nell'azzurro mattutino a cui fa seguito il giallo pomeridiano che diventa rosso al tramonto.
I colori hanno influenza sul comportamento umano, sulla mente e sul corpo, ma non siamo tutti uguali davanti al colore, e questo per ragioni di cultura, educazione, sesso, latitudine. Se vogliamo provare a dare un significato a quelli più comuni, teniamo però presente

che le interpretazioni dei colori nel mondo occidentale non sono le stesse che si possono riscontrare nella cultura orientale.

Rosso

Il rosso è passione, energia, forza, azione.
È associato all'idea di virilità, stimolo, eccitazione, pericolo.
È il colore del cuore, dell'amore, del sangue, del fuoco, dell'aggressività. È in grado di attrarre l'attenzione e, secondo alcuni, di accelerare il metabolismo.
È il colore della sera, del tramonto, della vita e del suo senso pratico. Esprime volontà.
È consigliabile in zone di attività e nei corridoi, ma assolutamente da evitare nelle stanze da letto, negli uffici e negli ambienti di forte stress.

Rosa

Il rosa è un rosso miscelato con il bianco, ma che non porta con sé la violenza del colore rosso.
È il colore delle bambine, dell'Amore (quello con la A maiuscola: l'amore sereno, felice, appagato), dei bastoncini di zucchero, della delicatezza, della grazia, della femminilità.

Giallo

Il giallo è un colore dal significato ambiguo.
È il colore della felicità, della vivacità, dell'allegria, dell'estroversione, dell'estate.
È associato all'intelletto, all'illuminazione, all'intuizione (per Jung era il lampo che arriva, dall'emisfero destro del cervello, quando uno meno se lo aspetta).
Indica ricerca del nuovo, del cambiamento, del distacco e della liberazione dagli schemi.
È il colore dell'oro, del sole, della luce. Tuttavia indica anche invidia, frode, tradimento (nell'iconografia Giuda ha un mantello giallo quando tradisce Gesù), viltà, gelosia, azzardo.
Aumenta la facoltà critica di giudizio e toglie sicurezza.
È un colore "eccessivo", che tende a stancare.
È difficile da usare ed è indicato per le stanze utilizzate da una persona sola. Sconsigliato per gli uffici, zone di lavoro e di studio. Può rendere nervosi.

Arancione

L'arancione non trasmette particolari stati d'animo. Può essere abbinato all'idea di calore o di fuoco, ma anche in questo caso presenta un'enfasi decisamente inferiore rispetto a quella del rosso. Il rosso che si trasforma in una gradazione aranciata perde la sua identità di aggressività, di pericolo, e si trasforma in un'energia positiva, nell'energia costruttiva (fisica e mentale) della vita e della creatività. È il colore dell'indipendenza e della fiducia in se stessi. Arancione è il colore delle tuniche dei monaci buddisti, dell'autunno, degli agrumi.
È adatto per le zone di conversazione e di ricevimento poiché favorisce l'allegria e i movimenti, ma sicuramente è da evitare nelle stanze da letto, negli studi e nelle zone di lavoro.

Marrone

Il marrone si ottiene dalla mescolanza dell'arancione con un colore scuro che ne mortifica l'intensità luminosa e smorza la vitalità data dall'arancione.

Indica ricchezza e fertilità (è il colore della terra) oltre che comodità materiali e soddisfazioni fisiche, ma spesso viene anche utilizzato per indicare tristezza e nostalgia. È, del resto, il colore delle foglie morte dell'autunno.

Nei toni chiari è particolarmente gradito, forse perché richiama i colori mediterranei.

Viola

Il viola è un colore sofisticato che in passato ha contraddistinto le classi superiori, il potere e il coraggio.

Viene associato a sentimenti profondi come, per esempio, il cordoglio per una morte.

È formato dalla mescolanza del blu (che indica spiritualità) con il rosso (colore della materialità) e per questo si dice che è anche il colore della metamorfosi.

È un colore scuro in quanto riflette poco la luce. Il suo complementare è il giallo che, di contro, è il colore più chiaro (riflette tantissimo i raggi luminosi) del cerchio cromatico. I due colori utilizzati insieme esprimono saggezza (giallo) e potere (viola).

Da usare per creare ambienti dignitosi, luoghi di culto e di meditazione. Favorisce la determinazione, la preghiera e la meditazione. Indica anche dignità.

Blu

Il blu è il colore del cielo e del mare. Richiama l'idea di vuoto, di spazi aperti, di grandi distanze. È un colore etereo, quasi irreale.

Come il verde ha un effetto calmante, ma come il rosso è un colore forte e potente.

Nelle sue gradazioni più scure è simbolo di autorità, di successo.

Nelle sue gradazioni più chiare rappresenta invece la serenità, la felicità, la lealtà, la fedeltà (nell'iconografia il manto della Madonna è blu).

È anche il colore della tristezza e della malinconia, ma anche della tranquillità e della pace.

È adatto a zone di forte stress, uffici e stanze da letto perché rilassa, distende e concilia il sonno. Da non utilizzare in sala da pranzo o zone di ricevimento e conversazione.

Verde

Il verde è il colore della natura, degli alberi e dell'erba, è riposante, pastorale e fa sentire liberi.

Occupa una posizione centrale nello spettro visibile, il che gli dona un'energia elettromagnetica di grande equilibrio.

È il colore del benessere fisico e psichico. Esprime armonia, equilibrio, speranza, gioia, tenacia.

Ha però una duplice lettura: in senso positivo indica quiete, salute, fertilità, ma in senso negativo indica muffa, veleno, gelosia, invidia, malattia.

È il complementare del rosso e, come il colorito roseo è indice di buona salute, quello verdastro indica malattia (basti pensare al colore della bile).
È adatto alle zone dove è necessario un giudizio equilibrato, come nelle sale operatorie. Incoraggia le scelte.

Nero

Il nero è il colore della notte, dell'assenza di luce, dell'ignoto e del mistero. Nel nero tutto esiste ma niente si vede, simboleggiando così tutto quanto è nascosto o si nasconde.
È il colore della morte, del lutto, delle vedove e del clero.
Nella nostra cultura è spesso legato a qualcosa di nefasto: il lato oscuro, il male oscuro, la magia nera, l'umore nero.
Nonostante tutto, è un colore molto utilizzato dagli artisti e nella moda. È anche associato all'idea di ricchezza e di eleganza. Esprime inoltre potenza, formalità, stile, profondità.

Bianco

Il bianco è purezza. È il colore in antitesi con il nero.
Simboleggia verginità, innocenza, purezza, pace: bianco è l'abito nuziale, bianche sono le vesti dei neonati al battesimo, bianca è la colomba che porta il ramoscello d'ulivo.
Gli antichi identificavano nel bianco la divinità.

Grigio

Il grigio è il colore della malinconia, della depressione, delle uggiose giornate invernali, della routine.
È definito neutro e privo di qualsiasi stimolo.
È il colore dell'incertezza, della rinuncia, della chiusura, della paura di esporsi al giudizio altrui, della mancanza di impegno.
È associato all'idea dell'invecchiamento (i capelli grigi degli anziani), ma può essere anche sinonimo di dignità, maturità, intelligenza.

Un linguaggio colorato

Il colore è una cosa per noi così scontata che raramente ci soffermiamo a pensarci.
Eppure, secondo la teoria dello psicologo Max Luscher, il colore è linguaggio, condizionamento, espressione.
Se utilizzato nella realizzazione della confezione di un prodotto, sarà bene sceglierlo in base all'esigenza che il prodotto deve soddisfare.
Per esempio, è stato riscontrato che prodotti contenuti in confezioni blu o con dominati di tale colore darebbero un senso di sicurezza, mentre prodotti contenuti in confezioni rosso-arancione soddisferebbero il desiderio di ottenere risultati vincenti per chi li compra.
I cosiddetti creativi studiano e utilizzano per i loro progetti grafici le associazioni e le preferenze di colore che meglio di altre potrebbero far aumentare le vendite ai loro clienti.
Per esempio, nel caso dello zucchero, o prodotti derivati, i colori che più evocano l'idea di dolcezza sono il rosa e il blu.

Il caffè impacchettato in una scatola marrone può sembrare troppo forte agli occhi del consumatore finale mentre, se confezionato in una scatola di colore rosso, potrebbe essere ritenuto troppo intenso, in una blu eccessivamente leggero e in una gialla esageratamente acquoso (Figura 2 dell'inserto a colori). Insomma, come diceva un noto scienziato, tutto è relativo.

Le combinazioni di colori

Il problema che maggiormente affligge chi si occupa di grafica è quello della scelta del colore specifico e del suo abbinamento con gli altri.
Combinare i colori tra di loro non è, infatti, un esercizio semplice, tanto meno scontato.
Esistono **combinazioni armoniche**, in cui ogni colore ha in sé una presenza di colore comune a tutti, e **combinazioni contrastanti**, dove i colori presenti non hanno alcuna componete comune.
La capacità di abbinare i colori, pur mantenendo una forte valenza soggettiva di sensibilità individuale, di creatività e di gusto personale, può essere anche il risultato dell'applicazione di alcune regole.
Si tenga comunque presente che, in commercio, esistono delle pratiche pubblicazioni che riproducono gamme molto estese di combinazioni di colori, come la *Guida creativa alle combinazioni di colori* edita da Il Castello.

Come scegliere i colori

- Una premessa fondamentale nella scelta dei colori è quella di conoscere la **destinazione** del prodotto che si sta realizzando. Se si tratta della copertina di un libro, sarà utile essere a conoscenza dell'argomento trattato, del pubblico a cui è rivolto e riuscire a immaginare come l'oggetto potrebbe risaltare nello scaffale di una libreria. Il passo successivo sarà invece quello di mettere a fuoco il tipo di effetto che si desidera ottenere, con quali colori e le eventuali alternative.
- Solo dopo essersi chiariti le idee su quanto appena esposto, si potrà procedere alla scelta del **colore di sfondo**. La regola generale vorrebbe che prima di ogni altra cosa venisse scelto il colore destinato a coprire l'area più estesa, poi quello della seconda zona in ordine di grandezza e così via fino ad arrivare ai dettagli. Si tenga presente che nella scelta dei colori di sfondo è stato provato che i colori chiari funzionano meglio di quelli scuri, che quelli caldi vengono preferiti a quelli freddi e quelli brillanti a quelli spenti. Scelti i colori di sfondo, si potrà passare alla campionatura dei colori di spicco.
- Nel selezionare i colori è decisamente meglio (si legga anche *più facile*) scegliere dapprima le **gradazioni** e solo successivamente

le tonalità, e non viceversa. Le gradazioni, come si sa, vengono influenzate dalla luminosità: tutti i colori chiari o tutti i colori scuri. Scegliere la gradazione significa quindi decidere sull'aspetto generale: brillante, vistoso, delicato, spento e così via.

- Nel tentativo di ottenere una buona **armonia cromatica**, ricordate di utilizzare tonalità simili, o gradazioni diverse della stessa tonalità.
- Per conseguire un risultato apprezzabile quando si utilizzano le tonalità, è bene fare in modo di **mischiare** un po' della prima con la seconda e viceversa. Rosso e blu sono notoriamente due tonalità che insieme non sono proprio il massimo della riuscita cromatica, ma se vengono reciprocamente mischiate il risultato è una combinazione di rosso-violetto e blu-violetto. Molto meglio della prima ipotesi!
- Nella scelta, sarebbe meglio non eccedere oltre i **due o tre colori** (quattro potrebbero essere già troppi) avendo l'accortezza che uno solo sia quello dominante. Gli altri colori dovranno risultare subordinati a questo in termini di tonalità, luminosità o saturazione.
- Usate i colori **brillanti** con parsimonia, preferibilmente come elemento di spicco e su un fondo chiaro o spento. Nel caso fosse necessario un secondo colore di spicco, sarà bene sceglierlo tra le gradazioni più scure del colore brillante già utilizzato.
- Una combinazione di colori troppo decisi o **contrastanti** rischia di annullarli a vicenda.
- In caso di indecisione, colori **acromatici** come il bianco, il nero e il grigio dovrebbero riuscire a togliere dall'imbarazzo. Trasmettono semplicità ed eleganza, anche se tendono a ridurre l'impatto sul pubblico.
- Abbinamenti di colori **stridenti** e inconsueti sono permessi solo nel caso in cui l'intenzione sia quella di scuotere il pubblico, ma a condizione che questo sia in grado di reggere la sfida. Per un pubblico formale è meglio utilizzare colori convenzionali.
- I colori vengono visti in modo diverso a seconda di quelli **vicini**. Se, per esempio, poniamo un quadrato blu al centro di quadrati colorati, la percezione che avremo del colore sarà diversa a seconda del colore accostato. In mezzo al giallo risulterà più scuro che in mezzo al verde (Figura 3 dell'inserto a colori).

Uso dei colori caldi e freddi

Quando, in una combinazione di colori, si utilizzano colori caldi, la preferenza dovrebbe solitamente andare agli arancioni, i gialli, i rosa, i marroni e i bordeaux.

Generalmente il rosso viene utilizzato poco perché potrebbe risultare troppo "invadente", rischiando di "scaldare" eccessivamente una composizione di questo tipo.
Anche i colori freddi, come per esempio il verde, con una piccola aggiunta di rosso si possono "scaldare".
Occorre tenere presente che, se si utilizzano colori freddi in una combinazione a colori caldi, questi ultimi tendono ad avere una predominanza sui primi, affievolendoli.
I colori caldi ricordano i colori della natura (il legno, la terra, il sole, i fiori; un fiore giallo o arancione riconduce la pianta, anche se verde, in sintonia con i colori caldi). I colori freddi sono invece visti come colori artificiali (i grigi delle costruzioni edili, dei grattacieli, delle fabbriche) e in questo senso tendono a trasmettere solitudine, impersonalità (Figura 6 dell'inserto a colori).

Uso dei colori chiari e scuri

I colori chiari (azzurro, rosa, beige e tutte le tinte pastello) sono quelli che trasmettono una sensazione riposante e di tranquillità, di intimità, indipendentemente dalla tonalità (calda, come il beige o fredda come l'azzurro) (Figura 6 dell'inserto a colori).
Sono particolarmente indicati quando si desidera rappresentare un'ambientazione naturale e sembrano prediligere **linee sinuose** rispetto alle **linee rette**, più tipiche dei colori scuri (come, per esempio, il blu, il marrone, il bordeaux).

Uso dei colori abbaglianti

Alcuni colori possono essere brillanti al punto di arrivare quasi ad abbagliare (Figura 6 dell'inserto a colori).
L'esempio più eclatante rimane quello del rosso, che più di tutti riesce a catturare lo sguardo e che non si confonderà mai con gli altri colori presenti in una combinazione. Inoltre il rosso è un colore "esaltante" che può far sembrare le cose più grandi e più vicine di come sono.
I colori abbaglianti sono quelli più indicati per immagini urbane e per rappresentare situazioni moderne.
Nero e bianco sono abbaglianti. Il grigio è invece riposante.

La teoria del colore

Nel 1861, il matematico e fisico scozzese James Clerk Maxwell (1831-1879) presentò la sua teoria secondo la quale si poteva ottenere una qualunque luce colorata con la sovrapposizione, in diverse proporzioni, di tre luci monocromatiche: rossa, verde e blu. Questo concetto, che prende il nome di *teoria della tricromia*, è rappresentato dal cosiddetto **triangolo di Maxwell**.

Il triangolo di Maxwell

Il triangolo di Maxwell (Figura 7 dell'inserto a colori) presenta nei tre vertici tre diverse luci colorate, rispettivamente di rosso, di verde e di blu (tali colori costituiscono i colori che vengono de-

finiti "primari"). Lungo i lati del triangolo si trovano i colori più saturi, e nel loro punto medio si compongono i colori cosiddetti "complementari": il ciano, il magenta e il giallo.
Dai vertici del triangolo, andando verso il centro, i colori perdono di saturazione mischiandosi, fino ad arrivare al bianco, centrale ed equidistante dai vertici.
Maxwell provò che attraverso dei semplici calcoli geometrici era possibile determinare numericamente la quantità presente di ogni singola luce nella luce colorata risultante.
Dimostrò la sua teoria fotografando lo stesso soggetto tre volte attraverso l'impiego di tre filtri colorati (rosso, verde e blu). Successivamente proiettò su uno schermo bianco, con l'utilizzo contemporaneo di tre proiettori, le tre immagini perfettamente sovrapposte. Ciò che ne risultò fu l'immagine a colori del soggetto originale.
La teoria tricromatica di Maxwell è ancora oggi alla base dei diversi metodi di riproduzione del colore, sia che questo avvenga attraverso la sintesi additiva (i colori additivi sono quelli che vengono utilizzati nell'illuminazione, nella TV e nei computer) o sottrattiva (come nel caso della stampa).

La sintesi additiva

La sintesi additiva si riferisce al colore inteso come *luce*.
I colori della **sintesi additiva** vengono anche chiamati **colori primari** e sono in tutto tre:

- rosso;
- verde;
- blu.

Questi sono i colori che il nostro occhio percepisce; tutti gli altri che vediamo (circa 10 milioni) sono composti nel nostro cervello dalla mescolanza dei tre colori primari.
I colori primari vengono chiamati **colori RGB** dalle iniziali inglesi dei tre colori (**R**ed, **G**reen, **B**lue).
Quando si parla di sintesi additiva si intende che sommando (addizionando) i tre colori primari si ottiene una luce bianca (Figura 8 dell'inserto a colori).
Ognuno dei colori primari può assumere un valore tonale che va da 0 a 255. Al valore 255 corrisponde la massima intensità del colore primario prodotto, al valore 128 un'intensità media, al valore 0 un'intensità nulla.
Questo significa che, poiché i colori RGB si basano sul concetto di luce, a valori alti di luce corrispondono colori più chiari e quindi più vicini al valore 255.
Per contro, una minor presenza di luce genera colori più scuri, quindi più vicini al valore 0.

Per intenderci, il colore bianco è dato da:

Rosso = 255
Verde = 255
Blu = 255

Il colore nero si otterrà con:

Rosso = 0
Verde = 0
Blu = 0

Le varie combinazioni dei tre colori primari danno origine a tutti i colori visibili con il metodo RGB.
Per esempio, per ottenere un arancione si possono impostare i valori:

Rosso = 255
Verde = 150
Blu = 0

Per un verde si avrà:

Rosso = 0
Verde = 200
Blu = 60

E così via.

La sintesi sottrattiva

La sintesi sottrattiva si riferisce al colore inteso come *pigmento*.
I colori della **sintesi sottrattiva** vengono anche chiamati **colori complementari** e sono in tutto quattro:

- Cyan;
- Magenta;
- Yellow;
- blacK.

Questa serie di colori si ottiene quando uno dei tre colori primari viene rimosso, cioè sottratto (Figura 9 dell'inserto a colori).
Partendo quindi dai tre colori primari:

- sottraendo il rosso si ottiene il colore ciano;
- sottraendo il verde si ottiene il magenta;
- sottraendo il blu si ottiene il giallo.

Il ciano, il magenta e il giallo sono quindi chiamati *colori sottrattivi* perché si ottengono dalla sottrazione di uno dei tre colori primari.
Sommando nelle loro massime percentuali i tre colori sottrattivi ottenuti si origina il nero (Figura 11 dell'inserto a colori):

C = 100%
M = 100%
Y = 100%

Il bianco (cioè l'assenza totale di pigmento) si otterrà invece con le percentuali dei colori azzerate:

C = 0%
M = 0%
Y = 0%

I colori sottrattivi **CMYK** (dalle lettere **C**yan, **M**agenta, **Y**ellow e blac**K**) sono anche chiamati *colori complementari*.
Ogni colore primario (RGB) ha quindi il suo colore complementare che è dato dalla sommatoria di due colori primari:

- il rosso (Red) e il verde (Green) uniti danno il giallo (Yellow);
- il rosso (Red) e il blu (Blue) uniti danno il magenta (Magenta);
- il blu (Blue) e il verde (Green) uniti danno il ciano (Cyan) (Figura 10 dell'inserto a colori).

Di fronte alla figura che mostra quanto appena esposto, anche se questi concetti possono apparire un po' complessi, è comunque abbastanza facile orientarsi tra i colori primari (RBG) e complementari (CMYK).
Se però non si ha a portata di mano un supporto visivo, tutto sembra essere molto più complicato, a meno che non si conosca a memoria una facile formula in grado di risolvere la situazione.
Si tratta di ricordarsi la frase:

Bu**Y** a **G**eneral **M**otors **C**a**R**

Le lettere evidenziate devono essere lette accoppiate:

BY GM CR

A questo punto la formula si traduce in quanto segue:

- sottraendo il **B**lue (blu) si ottiene lo **Y**ellow (giallo);
- sottraendo il **G**reen (verde) si ottiene il **M**agenta (magenta);
- sottraendo il **R**ed (rosso) si ottiene il **C**yan (ciano).

Quindi:

Rosso + Verde = Giallo
Blu + Rosso = Magenta
Blu + Verde = Ciano

La somma dei tre colori sottrattivi al massimo della loro percentuale (ognuno dei colori complementari può assumere un valore che va da 0 a 100) genera il nero ma, per la stampa, un nero così ottenuto non è un colore facile da gestire: si pensi, per esempio, al nero dei caratteri del testo.
È quindi stato aggiunto un quarto colore: il "K" (blac*K*, il nero puro) che, oltre che per il testo, è utilizzato anche per stampare zone scure e ombre, e permette di dare profondità e dettaglio alle immagini.
Con l'inserimento di questo quarto colore si giunge alla cosiddetta **quadricromia** (Figura 12 dell'inserto a colori).
Per quadricromia si intende, quindi, la riproduzione dei colori mediante la sintesi sottrattiva, a cui viene aggiunto l'inchiostro nero.
Ciano, magenta, giallo e nero rappresentano i pilastri della tipografia. La loro mescolanza nelle diverse singole percentuali dà origine a tutti i colori stampabili.

Non è tutto nero quello che luccica

Se il nero rappresenta il fattore che dona alle immagini gradevoli sfumature e contorni ben marcati, non si può dire che il suo impiego sia altrettanto apprezzato quando viene utilizzato da solo, per esempio, per colorare ampie aree di nero.
In questo caso l'utilizzo del solo nero rischia di restituire un colore slavato, pallido, scolorito.
Per ovviare a questo inconveniente si consiglia (a condizione che si stia già lavorando a quattro colori) di unire al nero una percentuale di **ciano** (50% o 60% può andare bene), che rafforza il nero migliorandone la densità e la saturazione, restituendo in stampa un nero deciso e forte.
Viene generalmente utilizzato il ciano perché è un colore freddo che "indurisce" il nero, mentre il giallo o il magenta rischierebbero di renderlo opaco e troppo caldo.

Riassumendo, tutti i colori visibili si possono produrre in due modi: con la mescolanza additiva e con la mescolanza sottrattiva.
Non sempre però questo assunto risulta essere assoluto.
Supponiamo, infatti, di voler riprodurre un colore metallico, o fosforescente o, ancora, un oro o un argento da utilizzare per la copertina di una rivista natalizia.

L'ottenimento di questi colori non si raggiunge con la normale selezione dei quattro colori di quadricromia, ma è necessario ricorrere a dei colori speciali, i cosiddetti colori **Pantone**.

Il Pantone

Si tratta di colori già formati, come le vernici comprate nei barattoli o gli smalti per le unghie, tanto per intenderci.
L'inserimento di un colore Pantone, chiamato anche colore *spot*, in una lavorazione può andare a sostituire uno dei quattro colori di quadricromia o aggiungersi a essi. In questo secondo caso, le selezioni che si ottengono saranno, ovviamente, più di quattro: ciano, magenta, giallo, nero e Pantone (uno o più, a seconda della quantità richiesta. Per esempio, oro e argento sono due colori Pantone).Quindi, per stampare un colore speciale è inevitabile avere una pellicola e/o lastra a parte e un inchiostro preparato appositamente.
È un'operazione che viene impostata in fase di prestampa, dove la corretta preparazione del file con le giuste separazioni di colore (dividendo cioè il documento nel numero di canali adatti alla stampa) diventa la condizione necessaria per un risultato accettabile. Ovviamente lo stampatore dovrà disporre di una tecnologia in grado di stampare più di quattro colori.
Lavorazioni particolari di questo tipo rischiano di far aumentare, a volte anche considerevolmente, i **costi** di stampa perché ogni singolo colore stampato significa maggiori costi di tipografia a causa di un maggior impiego di matrici, di inchiostri e di tempo.
Utilizzare i colori speciali può però voler anche dire generare **economie** di scala perché, se è vero che il Pantone può aumentare i costi quando usato come colore aggiuntivo agli altri quattro, è altrettanto vero che può consentire un risparmio se utilizzato in sostituzione di un colore composto.
Essendo infatti un colore già fatto, può essere utilizzato quando si stampa a due colori e, come secondo colore (quello oltre a nero del testo), non si desideri utilizzare uno dei classici ciano, magenta o giallo (quest'ultimo peraltro non consigliabile perché poco leggibile).
Se, per esempio, si vuole pubblicare uno stampato che presenti dei fondini, dei filetti, delle scritte o altro in verde, colore che notoriamente si ottiene con la mescolanza del giallo e del ciano con il conseguente passaggio in tipografia di tre colori (ciano, giallo e nero), basterà utilizzare il Pantone verde e i passaggi saranno solo due (nero e Pantone verde). Quale verde? Sarà sufficiente riportare il codice di riferimento come illustrato nella Figura 13 dell'inserto a colori.

Il sistema CIE

Nel 1931, la CIE (*Commission Internationale de l'Eclairage*, Commissione Internazionale per l'Illuminazione), ente incaricato della standardizzazione nel settore dell'illuminazione, allo scopo di soddisfare un bisogno assoluto, adottò un sistema di specificazione del colore (basato sulla combinazione di tre variabili) secondo la **percezione** dell'osservatore medio.

Il diagramma cromatico che ne è scaturito riporta tutti i colori che un uomo normale può vedere, con l'obiettivo di definirli in modo preciso ai fini di una loro corretta riproduzione (Figure 14 e 15 dell'inserto a colori).

Con questa premessa, sono stati creati degli spazi cromatici definiti da appropriati modelli.

Il libro dei colori di Munsell

Il CIE è un complesso sistema scientifico di identificazione dei colori accettato e utilizzato a livello internazionale, ma nella pratica quotidiana, soprattutto di artisti e designer, molto spesso viene utilizzato un sistema più semplice: il libro dei colori di Munsell, una pubblicazione che contiene oltre 1500 campioni di colori.

Lo spazio colore CIE XYZ

Questo sistema, denominato **CIE XYZ**, si basa sulle solite tre luci trasformate in coordinate: rossa (coordinata X), verde (coordinata Y), blu (coordinata Z). La combinazione di queste tre variabili, usando una miscela additiva, restituisce un colore preciso.

La distribuzione cromatica all'interno del diagramma CIE, risultato di una trasformazione matematica, è in funzione del grado di saturazione dei colori presenti che, a sua volta, dipende dal valore della luminosità. Tra saturazione e luminosità esiste una relazione inversamente proporzionale tale che all'aumentare dell'una diminuisce l'altra e viceversa. Questo significa che non è possibile mantenere costante la saturazione di un colore al variare della sua luminosità.

Lo spazio colore CIE Lab

Nel 1976 la CIE introduce lo spazio colore **CIE Lab**, una "deformazione" dello spazio del 1931 che era risultato limitato nell'ottenimento di precise distanze geometriche in corrispondenza di uguali distanze percettive.

Il metodo Lab fu ideato al fine di risolvere il problema della variabilità della riproduzione del colore in base alla periferica utilizzata. Le tre lettere indicano le tre coordinate attraverso le quali si individua in modo preciso un colore. La lettera *L* si riferisce al colore in relazione al valore chiaro o scuro (cioè la Luminosità); la componente *a* indica la sua posizione sull'asse dei verdi e dei rossi; la componente *b* si estende, invece, dai blu ai gialli.

Quindi, a ogni colore corrisponde una precisa terna di valori.

Se, per esempio, il colore ottenuto dalla tipografia non è conforme a quanto richiesto, è possibile ricavare la differenza tra quanto atteso e quanto ottenuto (cioè l'errore) utilizzando le coordinate Lab dei due colori.

La caratteristica dello spazio Lab è quella di essere indipendente da qualsiasi periferica (di input e di output) rendendolo la base preferita per la produzione dei profili che possono essere applicati a tutte le periferiche (di input e di output).
Questo perché, mentre esiste un unico spazio CIE XYZ, esistono diversi spazi CIE Lab, uno per ogni bianco di riferimento, essendo tale metodo basato sul valore della luminosità.

La colorimetria

La colorimetria è un metodo analitico che si occupa della misura quantitativa del colore, esprimendolo cioè mediante dei numeri assoluti.
È la scienza della definizione e della misurazione del colore.
I parametri utilizzati possono essere di due tipi: riferirsi alle tre variabili tonalità, saturazione e luminosità; oppure rifarsi alle sue coordinate cromatiche.

Gestione o correzione?

È importante non confondere il concetto di **gestione del colore** con quello di **correzione del colore**.
Nel primo caso si tratta di mantenere, su periferiche diverse, sempre lo stesso risultato in termini di colore: una fotografia vista su diversi monitor, stampata più volte, deve essere sempre uguale a se stessa, cioè all'originale scattato dal fotografo.
La correzione del colore riguarda, invece, gli interventi sull'immagine al fine di renderla più bella, migliore, più accattivante.
Anche la tecnologia utilizzata è diversa: nella gestione del colore sono importanti concetti come quello del profilo colore e la sua applicazione; nell'altro caso si fa uso di strumenti quali curve, livelli ed entrate.

Gestione del colore

La gestione del colore non può prescindere dalla **periferica** utilizzata. Le periferiche in questione possono essere sostanzialmente di due tipi: quelle che catturano il colore e quelle che lo riproducono.
Periferiche di tipo 1 sono le moderne fotocamere digitali e i più classici scanner; periferiche di tipo 2 sono i monitor, le varie stampanti digitali e le macchine da stampa.
La **fotocamera** è una periferica di input che rilascia i dati in modalità di colore RGB. Restituisce l'immagine nel formato JPEG, TIFF ed, eventualmente, RAW (torneremo sui formati delle immagini nella seconda metà di questo capitolo).
Anche lo **scanner** è una periferica di input che restituisce il risultato in RGB, e può essere di due tipi: a tamburo o piano.
Il **monitor** è, invece, insieme alle varie stampanti, una periferica di output.

La **periferica di stampa** comprende più soluzioni, da quelle più economiche come le stampanti da tavolo a getto d'inchiostro alle laser a toner e quelle a sublimazione; dai plotter alle stampanti digitali e da laboratorio fotografico fino ad arrivare alle macchine da stampa vere e proprie. Tutte queste tecnologie non interpretano in modo univoco le informazioni di colore. Per ottenere una corrispondenza precisa su tutta la catena produttiva il colore va gestito, e questo si ottiene con la **calibrazione** e l'applicazione dei **profili di colore** a tutte le periferiche.
E quando dico tutte, intendo proprio tutte quelle utilizzate.
Se, per esempio, si farà uso di due diversi monitor, anche se della stessa marca e modello, la calibrazione (condizione necessaria a garantire l'uniformità del colore) dovrà essere effettuata su entrambi. Non esistono monitor uguali. Così come non esistono due stampanti uguali. Ogni monitor e ogni stampante ha bisogno di interventi personalizzati in quanto non esistono gamut standard.
La calibrazione degli strumenti garantisce la ripetibilità del risultato, e l'obiettivo che si deve raggiungere è quello di ottenere a monitor una corrispondenza alla prova di stampa e al risultato di stampa.
Il **gamut** è l'insieme dei colori che una determinata periferica è in grado di riprodurre. Pertanto, se nell'applicare un profilo colore il risultato non dovesse essere quello sperato, è probabile che la colpa sia del gamut. Infatti, può succedere che il gamut di origine contenga colori estranei al gamut di destinazione. In questo caso si dice che il colore è fuori gamut e, per riprodurlo, è necessario ricorrere a valori vicini a quelli mancanti, ottenendo il colore per approssimazione.
In tutto ciò, non si perda mai di vista il fatto che la gamma dei colori RGB è più ampia di quella, utilizzata per la stampa, dei colori di quadricromia (CMYK) e che, quindi, tutti i colori visualizzati a monitor con il metodo RGB non usciranno mai in stampa quando poi si cambierà il metodo in CMYK (Figura 5.4).
Fatto importante non solo per la correzione cromatica di una fotografia, ma anche nel caso della realizzazione di un logo o di un marchio. In questo specifico caso, chi lo progetta deve essere in grado di fornire un **risultato stampabile**, scegliendo colori riproducibili su qualsiasi periferica.

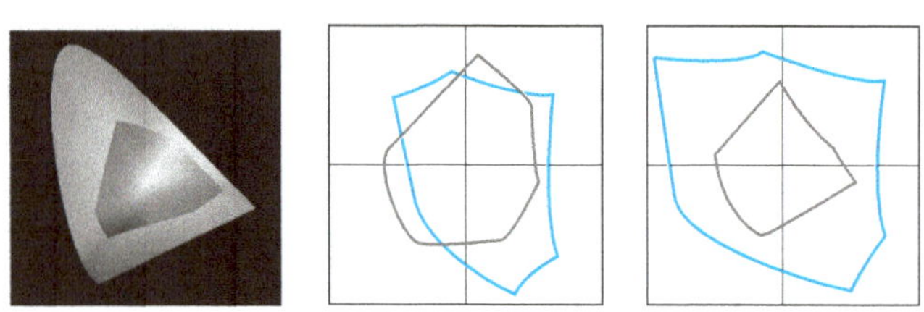

Figura 5.4
Il gamut è rappresentato da un poligono, tracciato nel diagramma cromatico, che racchiude tutti i colori che è in grado di raggiungere. La figura 1 riporta lo spazio dei colori di una stampante sul diagramma della cromaticità. La figura 2 rappresenta i gamut di un monitor standard (in colore) e di una buona stampante a getto di inchiostro (in grigio). La figura 3 riporta (sempre in colore) il gamut di un monitor qualitativamente più sofisticato di quello della figura 2 e (in grigio) il gamut di una macchina offset.

Una volta assicurata la coerenza cromatica in tutte le fasi di lavorazione, si può passare alla correzione del colore per la sua ottimizzazione in termini di qualità. È importante essere a conoscenza del fatto che ciò che si osserva è un'elaborazione del nostro cervello che vede sempre più di quanto si possa riprodurre. Ecco perché siamo portati a confrontare in continuazione. L'uomo non possiede la capacità di memorizzare il colore, riesce solo a giudicarlo per comparazione.

Correzione del colore

La correzione del colore rappresenta un insieme di **tecniche** di lavorazione applicate a un'immagine al fine di migliorarla. Tali metodi possono rifarsi alla luminosità, alla regolazione del contrasto, al bilanciamento dei grigi o all'eliminazione della dominante di colore e così via.

La bilancia dei colori

Bilanciamento dei grigi significa ottenere dei grigi neutri, cioè senza alcuna dominante di colore.

Poiché tutti e tre i colori, in diverse percentuali, vengono usati per stampare il grigio, se è possibile riprodurre il grigio, si dovrebbe essere in grado di riprodurre qualsiasi altro colore. Si ricorda che, poiché il rosso è il colore che si vede di più, nel bilanciamento dei grigi la percentuale di magenta presente deve risultare leggermente inferiore rispetto a quella del ciano che, a sua volta, sarà leggermente inferiore a quella del giallo (che è il colore che si vede di meno).

Tale tecnica è particolarmente apprezzata nella stampa di colori chiari o neutri, in quanto è proprio nei confronti di queste tinte che l'occhio umano aumenta la propria sensibilità.

È un'attività creativa e soggettiva che non può prescindere dal fatto che la valutazione del colore è una faccenda personale: ciò che per qualcuno è troppo rosso, può risultare troppo arancione per qualcun altro.

Buona regola, quando non è espressamente indicato il contrario, è quindi quella di restituire un risultato uguale all'originale. In questo modo non ci sarà pericolo che il vostro lavoro venga contestato.

Condizione necessaria per una correzione cromatica dal risultato ineccepibile è che l'originale utilizzato per le lavorazioni di fotolito sia il più possibile fedele all'originale vero e proprio, soprattutto se si è di fronte a riproduzioni di un certo livello come, per esempio, le opere d'arte. A questo proposito, voglio ricordare un fatto che molto mi colpì all'inizio della mia carriera, quando ebbi la fortuna di lavorare con un grande maestro della fotolito tradizionale, responsabile della qualità di una delle più importanti case editrici d'arte, e non solo in Italia. Ebbene, per la produzione di un catalogo su Van Gogh, egli si recò in tutti i musei che ospitavano le opere che erano state riprodotte per il volume; in questo modo poté effettuare il controllo delle prove di stampa direttamente con l'"originale". Quando si dice fare la differenza... (Figura 16 dell'inserto a colori).

Tre metri sopra il cielo

Quando si impaginano sulla stessa pagina foto di soggetti simili, per esempio immagini che riproducono soggetti con dei cieli, molto spesso è preferibile, anche se questo significa non tener conto dei colori originali, uniformare gli azzurri per non avere cieli troppo diversi in foto vicine. Ovviamente quanto appena detto non è valido nel caso di scatti effettuati in condizioni climatiche diverse (per esempio una giornata soleggiata e una uggiosa) o in momenti diversi della giornata (il mezzogiorno e il crepuscolo).

Quando si corregge cromaticamente un'immagine è importante ricordare un paio di cose. La prima è che il monitor, essendo retroilluminato, mostra i colori più brillanti di quanto non siano nella realtà; la seconda è che lo spazio colorimetrico del metodo RGB è maggiore rispetto a quello CMYK.

Poiché la stampa avviene in quadricromia, forse la cosa migliore sarebbe quella di lavorare l'immagine nel formato appropriato.

A questo punto, rifacendoci alla vecchia scuola dei maestri di fotolito, il primissimo intervento da effettuare sul file aperto in Photoshop è quello della corretta **distribuzione** dei colori, risultato che si ottiene con quella che viene chiamata **entrata del bianco e del nero**.

Le entrate del bianco e del nero

Si tratta di indagare l'immagine ottenuta a video utilizzando il densitometro elettronico (lo strumento *Contagocce*) alla ricerca del punto più *nero*, cioè più scuro, e di quello più *bianco*, cioè più chiaro, e assegnare a ognuno i corretti valori di nero e di bianco, che non devono essere in assoluto il punto più nero e più bianco, ma due punti distribuiti in una zona dell'immagine più scura e più chiara che indagati con il contagocce risultino tra i più vicini al 100% per il punto più scuro, e allo 0% per il punto più chiaro (Figura 5.5).

Il densitometro

Il densitometro è uno strumento utilizzato per la misurazione della densità ottica e del grado relativo di assorbimento della luce, o di opacità, di un soggetto. Più scuro è il soggetto, più luce assorbe e più elevata risulta la sua densità ottica.

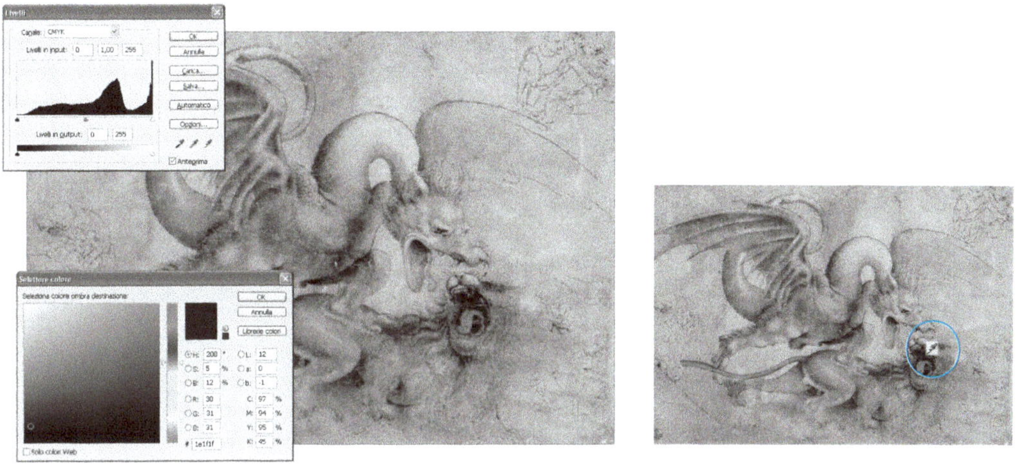

Figura 5.5
Curva dei livelli di Photoshop con i valori assegnati per l'entrata del nero. A destra, la scelta del punto più scuro su cui applicare l'entrata.

Per far questo si dovrà aprire la curva dei livelli presente nei programmi di fotoritocco e attribuire al **nero** i valori:

C = 97
M = 94
Y = 95
K = 45

a condizione che l'immagine non sia già troppo scura. In questo caso specifico è consigliabile alleggerire le percentuali di ciano, di magenta e di giallo e rafforzare quella del nero per non "chiudere" eccessivamente l'immagine.
Per l'entrata del **bianco** (Figura 5.6) i valori da utilizzare saranno invece:

C = 6
M = 4
Y = 4
K = 0

Quest'ultimo colore viene anche chiamato *bianco carta* e permette di non ritrovarsi con zone "bruciate" sull'immagine (cioè prive di colore. In pratica, si tratta di zone completamente "bianche" che sembrano "buchi" nell'immagine).

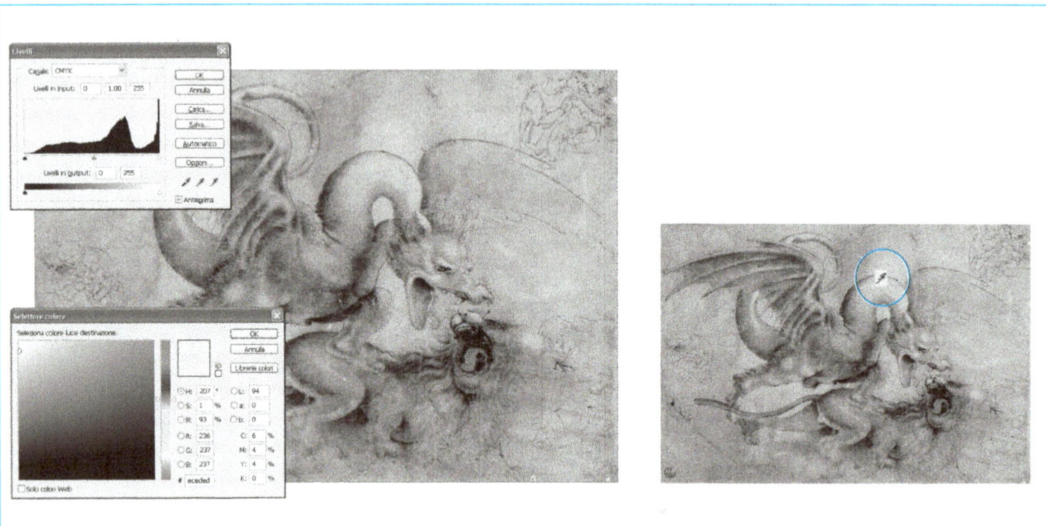

Figura 5.6
Curva dei livelli di Photoshop con i valori assegnati per l'entrata del bianco. A destra, la scelta del punto più chiaro su cui applicare l'entrata.

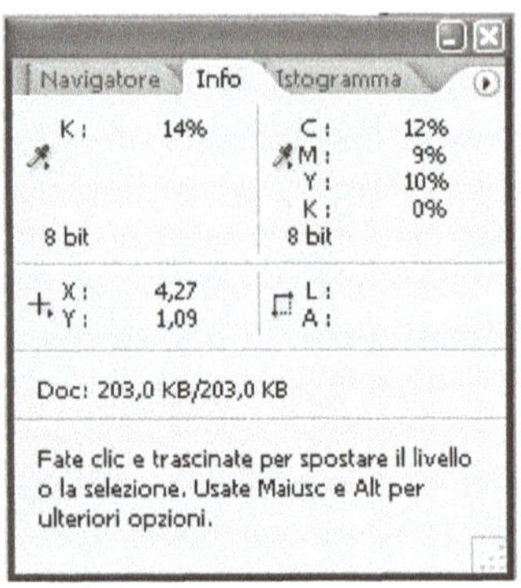

Figura 5.7
Il pannello Info di Photoshop permette di verificare ogni singolo pixel dell'immagine attraverso lo strumento Contagocce.

Una buona immagine dovrà quindi risultare, alla prova dello strumento *Contagocce* (Figura 5.7), con zone scure non superiori ai valori assegnati con l'entrata del nero (altrimenti si rischierebbe di "chiudere", cioè rendere troppo scura, l'immagine) e zone chiare con valori non inferiori a quelle del bianco carta; retini in percentuale inferiore a quelle indicate in questo caso rischierebbero infatti di non essere stampati, restituendo un'immagine con le luci bruciate, quindi con la sensazione di "buco" (Figura 5.8).

Figura 5.8
L'immagine di sinistra presenta i bianchi "bruciati". L'effetto è visibile nel confronto con una correzione più morbida effettuata sull'immagine di destra.

Una volta fatte le entrate, se l'immagine richiede qualche altro piccolo aggiustamento, si può intervenire sulle **curve dei colori**.

Le curve dei colori

Ogni colore ha infatti una sua specifica curva che indica come viene distribuito nell'immagine.
Ovviamente ogni immagine ha le sue curve di colori (Figura 17 dell'inserto a colori).
Quando si interviene su una fotografia è sempre meglio procedere a piccoli passi, quasi per approssimazioni successive, ricordandosi che è sempre più facile togliere che aggiungere laddove è stato tolto.
Senza entrare nello specifico della lavorazione, argomento trattato nei manuali dei software di fotoritocco, qui vediamo il significato dei diversi colori per sapere cosa rappresentano e in quale modo influiscono sull'immagine, tenendo presente che interagiscono e si completano tra di loro, e che eccedere nella carica cromatica chiude i colori e appesantisce l'immagine.

- Il **ciano** è il colore, in unione al magenta e al nero, delle "ombre". È quello che dà "profondità" alle immagini, ma che può anche "appiattirle" se è presente in quantità eccessiva.
  Troppo ciano rischia di rendere un incarnato livido, le labbra viola e i capelli biondi con dei riflessi verdastri.
  È possibile trovarlo inquinato (cioè mischiato in quantità eccessiva) dal magenta e dal giallo, che dovranno essere rimossi agendo sulle loro singole curve. Il magenta, con cui dovrà essere ben bilanciato per non virare al viola, è solitamente più visibile del giallo.
- Il **magenta** è il colore che "scalda", che "arrotonda" un'immagine, ma senza esagerare perché potrebbe renderla troppo rossa come, per esempio, nel caso delle carnagioni.
  È possibile trovarlo inquinato dal giallo e dal ciano, con il giallo in quantità maggiore rispetto al ciano.
- Il **giallo** è il colore che "illumina", ma troppo giallo rende "itterico" il risultato, compromettendo la resa di un incarnato. Viceversa, se è troppo scarico fa apparire il colorito eccessivamente pallido.
  È possibile trovarlo inquinato da una bassissima percentuale di magenta.
- Infine, il **nero** è il colore del "dettaglio", quello che disegna i contorni e che definisce l'immagine.
  In gergo, il nero chiamato a svolgere questa funzione si definisce "scheletrico". Troppo nero chiude le ombre.

L'ambiente di lavoro

Quando la correzione delle immagini viene svolta in ambiente professionale, esiste tutta una serie di regole e di strumenti che permettono di realizzare le lavorazioni nelle migliori condizioni

possibili. Far corrispondere il colore, con l'obiettivo di rendere l'immagine stampata uguale all'originale, è la preoccupazione di chi si occupa di questa fase della produzione.
Il primo passo è quindi quello di munire l'ambiente in cui si lavora di una **luce neutra** (che non influenzi cioè la resa dei colori) e **costante** (che non vari nel corso della giornata).
Se si prova, per esempio, a osservare un'immagine in un ambiente illuminato con i classici neon (che producono una luce fredda, quasi azzurrata) e poi la si osserva vicino a una finestra con la luce del sole (che produce una luce "calda"), non si percepiranno i colori nello stesso modo.
Da ciò ne deriva come la luce possa essere determinante anche nel giudizio che si dà dei colori.
La luce ideale per valutare i colori e per poter lavorare correttamente un'immagine è la "luce bianca" (o luce neutra) che si ottiene se, come illuminazione, si utilizzano neon che producono una luce a 5000° Kelvin.
Lampade di questo tipo esistono normalmente in commercio.

Metamerismo

Il metamerismo è un fenomeno che spiega come due oggetti possano esercitare un effetto cromatico diverso (o identico) se osservati in certe condizioni di illuminazione. Per esempio, possono sembrare uguali sotto la luce diurna ed esercitare caratteristiche cromatiche diverse l'uno dall'altro sotto una luce artificiale.
Fenomeno peraltro poco apprezzato in molte applicazioni industriali.
Cosa direste se aveste comprato un abito blu le cui stoffe utilizzate per confezionare una delle due maniche fossero caratterizzate da metamerismo e che sotto la luce di un ristorante apparissero di un blu completamente diverso?

Le prove di stampa

Quando arriva il momento di portare i file in tipografia, è necessario accompagnare il lavoro da stampare con la cosiddetta prova colore.
Prima della comparsa del *computer to plate*, quando cioè le lastre venivano esposte con le pellicole, le prove colore venivano effettuate sostanzialmente in tre modi:

- da stampanti digitali pilotate da sofisticati software;
- attraverso un procedimento chimico;
- tramite l'impiego del torchio.

Le prove digitali

Le *prove digitali* che si ottengono direttamente dall'invio della stampa dal computer permettono di avere un certo controllo sui tempi (piuttosto veloci) e sui costi (abbastanza contenuti) ma, molto spesso, soprattutto se la stampante non è ben calibrata, si rischia di ottenere valori cromatici non proprio precisi rispetto a quello che dovrà essere il risultato in stampa.

Le prove chimiche: il Cromalin

Le *prove chimiche* consistono nel simulare il processo di stampa che avviene attraverso la posa dei quattro colori.
Hanno il vantaggio di essere abbastanza veloci e di corrispondere piuttosto fedelmente ai valori cromatici, ma non permettono di utilizzare carta diversa da quella che hanno in dotazione.
Un'accortezza nel caso in cui la scelta della prova cada sul *Cromalin* tradizionale è quella di posare i colori nella sequenza: magenta, ciano, giallo, nero.
In questo modo, poiché la prova chimica tende a "scaldare" i colori, se si fa passare il magenta prima del ciano quest'ultimo avrà la funzione di smorzare la dominante rossa (il rosso è sempre il colore più evidente).

La posa dei colori

I passaggi dei quattro colori nel processo di stampa avvengono generalmente nella sequenza in cui compaiono nella sigla: prima il ciano, poi il magenta, di seguito il giallo e infine il nero. Alcuni stampatori utilizzano comunque anche la sequenza nero, ciano, magenta e giallo, portando in testa il passaggio del nero.

Inoltre, poiché solitamente dopo l'ultimo passaggio (quello del nero) il foglio utilizzato per la prova viene lucidato, le immagini potrebbero risultare più brillanti di quanto non saranno dopo la stampa in tipografia.
È vero che la lucidatura ha lo scopo di proteggere le immagini stampate, ma se si rinunciasse a questo passaggio si potrebbe ottenere un risultato più vicino al definitivo.
Al Cromalin tradizionale, che si rifà al sistema della posa dei quattro colori di quadricromia, si è affiancato quello digitale che, pur non restituendo un risultato affidabile come quello ottenuto dalle pellicole, riesce a essere sicuramente più fedele di molte stampanti digitali.

La prova a torchio

Infine, la prova a torchio è quella che, più di ogni altra, replica esattamente il processo di stampa tradizionale, restituendo le immagini con la loro esatta valenza cromatica.
Anche questa prova consiste nella posa successiva dei quattro colori e consente di ottenere, cosa ormai desueta, le **progressive** (la

sequenza della stampa dei colori) e, cosa non da poco, di "tirare" le prove sulla carta di edizione, utilizzando cioè la stessa carta sulla quale verrà stampato il prodotto finale, in modo da saggiarne significativamente il risultato.

Anche la prova chimica consente di ottenere le progressive, ma con un procedimento piuttosto lungo e laborioso.

È comunque bene ricordare che, qualsiasi sia la prova colore scelta, è pur sempre la simulazione di un risultato, e non il risultato. Al fine di poterle utilizzare al meglio, sarà bene lavorarle con sistemi calibrati e concordare con il tipografo con quale profilo produrle e, in mancanza di indicazioni certe, utilizzare profili standard per il tipo di carta e di stampa con cui si prevede di stampare il lavoro.

Che t'immagini?

L'immagine, intesa nel suo significato più ampio, è un elemento grafico molto importante quando viene inserita in un impaginato. In alcuni casi costituisce una componente imprescindibile per la comprensione dei concetti espressi, in quanto esplicativa del testo stesso. In altri viene considerata un elemento di abbellimento e di arricchimento della pagina. In altri ancora, può costituire l'essenza stessa della pubblicazione.

Le immagini parlano. Come, è un'abilità di chi le sa scegliere e lavorare. Il concetto di immagine costituisce una delle questioni più discusse della storia e della filosofia occidentale, con le sue implicazioni culturali, religiose, politiche, antropologiche, fisico-materiali o altro, che non permettono di darne dei connotati pienamente trasparenti. I suoi contorni possono apparire a volte sfumati, a volte vaghi e mai applicabili una volta per tutte. La stessa immagine può essere utilizzata per informazioni diverse, in situazioni diverse e in pubblicazioni diverse, rimandandone il commento a un impiego contestualizzato.

Non sollecitano solo la vista, ma anche la mente, il sapere, la memoria, la conoscenza, l'esperienza, il desiderio e altro ancora, arrivando, in alcuni casi, a essere così apertamente dirette da lasciare pochissimo spazio, se non nullo, all'interpretazione.

La storia dell'umanità è una storia di immagini: dalle prime incisioni lasciate sulla roccia circa 35.000 anni fa, fino ad arrivare a quelle digitali che portano con sé il perfezionamento tecnologico, gli effetti impattanti della manipolazione, la spasmodica ricerca della spettacolarità (Figura 5.9).

Essendo il concetto di immagine digitale piuttosto ampio, è necessario, per non cadere in errore, operare le scelte giuste in termini di acquisizione, trattamento, salvataggio e archiviazione. È

Figura 5.9
Sono molti i modi in cui si può operare su un'immagine digitale. In molti casi si interviene per apportare modifiche, anche significative, rispetto all'originale.

importante avere sempre presente quale sia la destinazione finale e il loro possibile riutilizzo.
Le immagini digitali si dividono in due grandi gruppi: quelle **vettoriali** e quelle **bitmap**.

Le immagini vettoriali

Le *immagini vettoriali* sono immagini grafiche descritte da **funzioni matematiche** e generate direttamente dal computer utilizzando appositi programmi di grafica vettoriale come, per esempio, Adobe Illustrator oppure i CAD (programmi per il disegno tecnico).
Sono costituite da un insieme di linee, di curve e di poligoni che creano oggetti definiti: gli **oggetti vettoriali**, che contengono in sé tutta una serie di informazioni specifiche quali il colore, la forma, il contorno, le dimensioni o altro.
Ogni singola unità può essere lavorata e posizionata in modo assolutamente indipendente rispetto alle altre e, anche nella rappresentazione di forme molto complesse, queste sono sempre le risultanti di composizioni di oggetti di base.
Il fatto che un disegno di questo tipo sia costituito da linee o da aree così ben delimitate (gli oggetti, appunto) permette di poter intervenire facilmente per modifiche o variazioni, anche in fasi successive, senza che questo comporti lavorazioni troppo impegnative.
Un'immagine vettoriale si elabora infatti come se fosse costituita da molteplici livelli (uno per oggetto). L'ultimo oggetto disegnato in sequenza occupa il livello superiore, senza fondersi con quelli

sottostanti ma, semplicemente, sovrapponendosi (eccetto i casi in cui si sceglie l'opzione per ottenere la trasparenza).
In questo modo, ogni oggetto può essere sempre individuato e rilavorato all'occorrenza.
Elaborare questa tipologia di file non è però un'attività intuitiva, ma necessita di una serie di conoscenze di base fondamentali per poter utilizzare correttamente gli strumenti messi a disposizione dal software.

Curve di Bezier e vettori

Tanto per fare un esempio, il disegno viene realizzato attraverso le cosiddette *curve di Bezier* (oggetti matematici potenti ma semplici, per chi ne conosce la funzione).
Le curve di Bezier sono curve che vengono generate graficamente dall'unione di due punti. Tuttavia, mentre la semplice unione di punti disegna un segmento, per avere la curvatura è necessario agire sui **vettori** che, in base alla loro lunghezza e alla loro direzione, determinano ampiezza, orientamento e dimensione della curva.
Semplificando il concetto di vettore, possiamo dire che si tratta di un segmento orientato che congiunge due punti caratterizzato da:

- una direzione;
- un verso;
- un modulo (cioè la lunghezza del segmento).

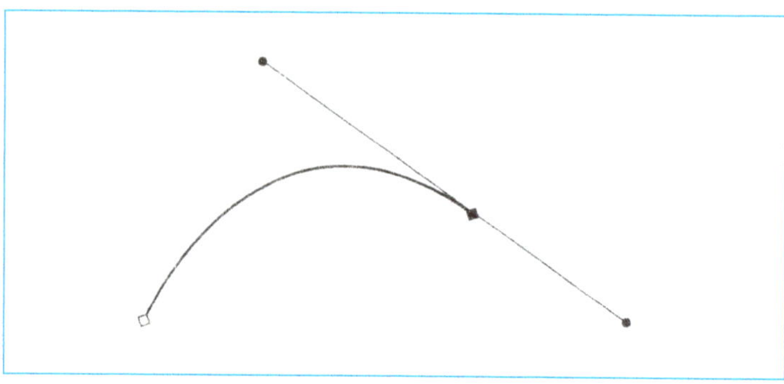

Figura 5.10
Nella grafica vettoriale si usano le curve di Bezier per disegnare. Ogni punto è provvisto di due "maniglie" (tangenti alla curva) che vengono visualizzate se si fa clic sul punto stesso. Muovendo le maniglie si agisce sull'andamento della curva e quindi sulla forma del disegno.

Dato che sono costituite da semplici informazioni matematiche, le immagini vettoriali offrono anche il vantaggio di essere più "leggere", cioè occupano meno memoria (rispetto alle bitmap che vedremo tra poco) pur offrendo un'ottima facilità di gestione.
Per il salvataggio di un cerchio, per esempio, vengono memorizzate solo le coordinate del centro e del raggio; nel caso di un segmento, quelle del punto iniziale e del punto finale e così via.
Le informazioni sono rappresentate dagli oggetti e non dai singoli pixel come invece avviene per le immagini bitmap.

Per questo motivo la grafica vettoriale viene anche definita *object-oriented* (orientata agli oggetti).
Inoltre i file vettoriali, a differenza di quelli bitmap, sono indipendenti dalla risoluzione e mantengono sempre lo stesso peso informatico anche se le loro dimensioni vengono aumentate.
La loro maggiore peculiarità sta appunto nel fatto che possono essere **ingrandite** o deformate **senza alcuna perdita di qualità**. Anche ingrandimenti significativi, in teoria illimitati, non causano alcuna perdita di definizione del disegno (Figura 18 dell'inserto a colori).
Le immagini che si possono creare possono essere anche molto complesse, con molti colori sfumati e con raggruppamenti di oggetti piuttosto articolati. Va comunque detto che questo tipo di file, in fase di stampa, può richiedere un'elaborazione piuttosto lunga.

Le immagini bitmap

Le immagini *bitmap* sono rappresentate attraverso una mappa di bit: una serie di quadratini, chiamati **pixel** (*picture element*) disposti a scacchiera. Rappresentano il più piccolo elemento costitutivo di un'immagine, il cui insieme è contenuto in una tabella a due dimensioni, quindi parlando di un'immagine di 800×600 pixel si intende un'immagine che conta 800 pixel sull'asse orizzontale e 600 sull'asse verticale.

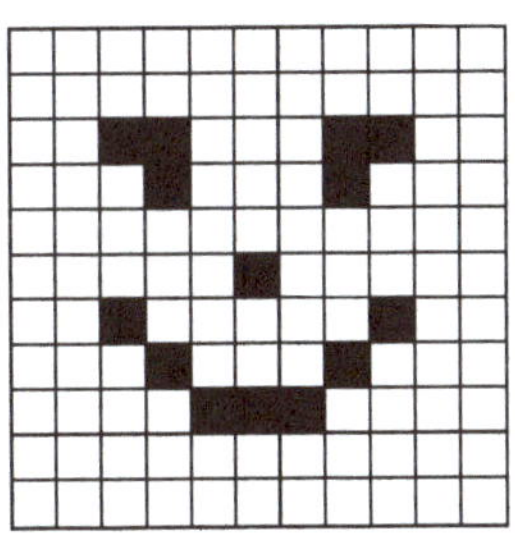

Poiché questo numero di quadratini è definito, ogni immagine bitmap presenta una dimensione determinata.
Entra qui in gioco il concetto di risoluzione, imprescindibile parlando di immagini bitmap (Figura 19 dell'inserto a colori).

Il concetto di risoluzione

Viene definita **risoluzione** la quantità di informazioni digitali presenti in uno spazio prefissato.
L'immagine bitmap può essere realizzata direttamente al computer, attraverso programmi di grafica pittorica, o venire acquisita da

appositi strumenti per poter essere trasferita all'interno del pc ed essere lavorata.
Esistono tecnologie che generano direttamente il formato digitale come, per esempio, la fotocamera, il telefonino o la TV, oppure tecnologie che "leggono" un'immagine analogica e la convertono in informazioni digitali, come gli scanner.
Tutti questi strumenti vengono chiamati comunemente periferiche.
Qualunque sia la periferica di provenienza, ogni pixel contenuto in un'immagine possiede delle proprietà specifiche: la dimensione, la posizione, la tonalità e la profondità di colore.
La dimensione dei pixel dipende dalla risoluzione di ingresso (cioè dalla risoluzione impostata quando un'immagine viene digitalizzata attraverso uno scanner o catturata attraverso una fotocamera) ed è la variabile "umana", cioè decisa dall'operatore.
Più alta è la risoluzione e più numerosi e carichi di proprietà sono i pixel, quindi maggiori saranno le informazioni digitali acquisite.
Per contro, a risoluzioni basse l'immagine ha meno pixel e di conseguenza è più povera di informazioni (Figura 20 dell'inserto a colori).
La risoluzione di un'immagine digitale viene misurata in **ppi** (*pixel per inch*, cioè pixel per pollice), da non confondersi con l'acronimo **dpi** (*dots per inch*) che misura la risoluzione di stampanti e schermi, espressa con la quantità di punti che una periferica è in grado di stampare o visualizzare per pollice lineare.
Nel caso della fotocamera digitale la risoluzione è anche espressa in relazione ai megapixel (MP, milioni di pixel) che è in grado di produrre per ogni singola immagine. Tanto più alto sarà il numero di megapixel, tanto più grande risulterà la dimensione dell'immagine.

Dal megapixel al formato di stampa

Calcolare il formato finale di stampa è un'operazione abbastanza semplice, non fosse per il fatto che i valori di riferimento si rifanno all'unità di misura anglosassone (il pollice corrisponde a 2,54 cm). Comunque sia, la dimensione in stampa si ricava dividendo il numero di pixel presenti sugli assi orizzontale e verticale per i ppi dell'immagine.
Se, per esempio, si è di fronte a un'immagine costituita da circa 2400 pixel per la base e 1800 per l'altezza (poco più di quattro megapixel), non la si potrà stampare oltre il formato di 8 pollici di base per 6 pollici di altezza (è, all'incirca, il nostro 20 × 15 cm) per mantenere una risoluzione di stampa di 300 dpi (cioè, l'alta qualità). Infatti, applicando la formula che dice di dividere il numero di pixel (2400 per la base) per la massima risoluzione di stampa (300 dpi) si ottiene la dimensione ottimale (2400 : 300 = 8 pollici, ovvero 20,32 cm). Aumentare le dimensioni di stampa di un'immagine di poco più di 4 megapixel, significa ridurre la risoluzione e con essa la qualità della stampa stessa.

Risoluzione e acquisizione

Quando si deve effettuare una scansione è importante conoscere le dimensioni finali (espresse in centimetri) che l'immagine dovrà assumere.
Infatti, se si digitalizza un'immagine a una dimensione inferiore a quella che servirà nell'impaginato si potrebbe esser costretti a rifare il lavoro di acquisizione e, di conseguenza, tutte le lavorazioni effettuate sul file.
In questo caso la risoluzione, cioè il riferimento qualitativo, si esprime in **dpi** (*dots per inch*), punti per pollice di superficie acquisita.
Premesso che la risoluzione richiesta per ottenere un risultato di qualità è di 300 dpi, se si acquisisce l'immagine con questo parametro, ma in un formato piccolo (per esempio di 3 cm di base × 5 cm di altezza) e successivamente viene richiesto di ingrandirla perché l'ingombro dell'impaginato in cui deve essere collocata è il doppio (nel nostro caso diventerebbe di 6 cm di base per un'altezza di 10 cm), significa che raddoppiando la dimensione fisica dell'immagine si dimezza la sua risoluzione, che diventerà di 150 dpi.
A differenza delle immagini vettoriali, quelle bitmap non si possono ingrandire a dismisura senza dover rifare la scansione, ma anche in questo caso la qualità dell'originale deve permettere gli ingrandimenti desiderati.
Si ricordi inoltre che, per le immagini bitmap, il peso informatico varia al variare degli ingrandimenti: se la dimensione dell'immagine viene raddoppiata in lettura allo scanner, il peso del file viene quadruplicato.
Quando si paragonano immagini aventi risoluzioni diverse, è sempre bene fare riferimento anche alla dimensione in centimetri.
Per esempio, due immagini di uguale dimensione (10 × 15 cm) ma di risoluzione diversa (una a 150 punti per pollice, l'altra a 250), producono due risultati differenti in termini di qualità.
Tuttavia, se queste due stesse risoluzioni sono riferite a file di dimensioni diverse (per esempio, un'immagine di 10 × 15 cm a 250 punti per pollicè e l'altra di 20 × 30 cm a 150), il rapporto di qualità potrebbe essere il contrario di quello che suggerisce la risoluzione. Infatti, l'immagine con risoluzione di 150 punti per pollice alla dimensione 20 × 30 cm, se portata alle stesse dimensioni dell'altra, avrà una risoluzione di 300 punti per pollice. Vanno quindi sempre considerati i due parametri insieme per poter valutare la presenza di più o meno informazioni nell'immagine, data per scontata la bontà dell'originale e della periferica di acquisizione (Figura 5.11).

Impostazioni per la scansione

Per una corretta scansione di un originale a colori o in scala di grigio destinato alla stampa, la risoluzione di acquisizione consigliata è 300 dpi (Figura 5.13).

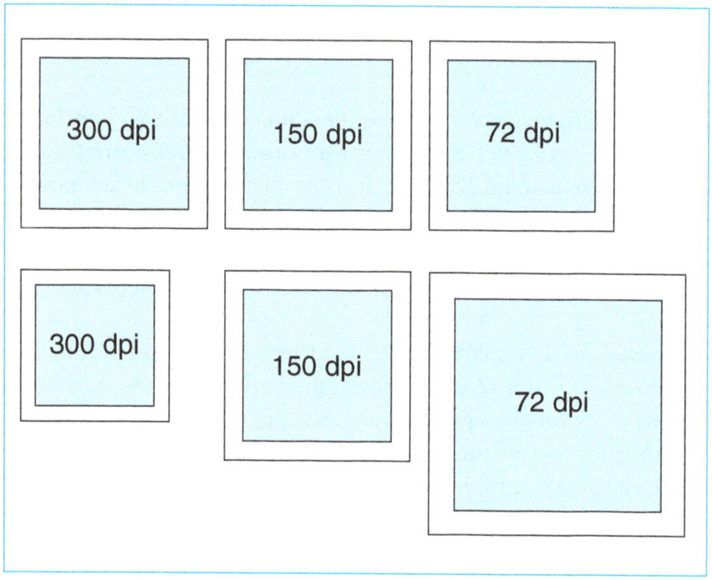

Figura 5.11
Osservando la figura, nella fila in alto, la differenza di risoluzione indica, poiché la dimensione delle immagini è la medesima, un'effettiva diversità di informazioni digitali contenute. Nella fila in basso, invece, essendo diverse le dimensioni fisiche, la differenza di risoluzione non dà il parametro dell'effettiva differenza di quantità di informazioni digitali contenute e quindi di qualità. Qui l'immagine più piccola, avendo una risoluzione alta, può dare origine a stampe di dimensioni e qualità analoghe o superiori alle altre due.

Se si tratta invece di acquisire un tratto (cioè un'immagine che presenta solamente tratti marcati e definiti di nero e bianco puri, quindi i pixel dell'immagine sono di soli due colori: bianchi e neri, come nei designi realizzati a china), la risoluzione migliore è 1200 dpi (Figura 5.12), ma si possono ottenere dei buoni risultati anche acquisendo a 800 fino a un limite di 600 dpi.

Figura 5.12
Scansione al tratto ripresa a 1200 dpi.

Si ricorda che un'immagine bitmap si rappresenta attraverso una tabella bidimensionale in cui ogni casella è un pixel che ha un de-

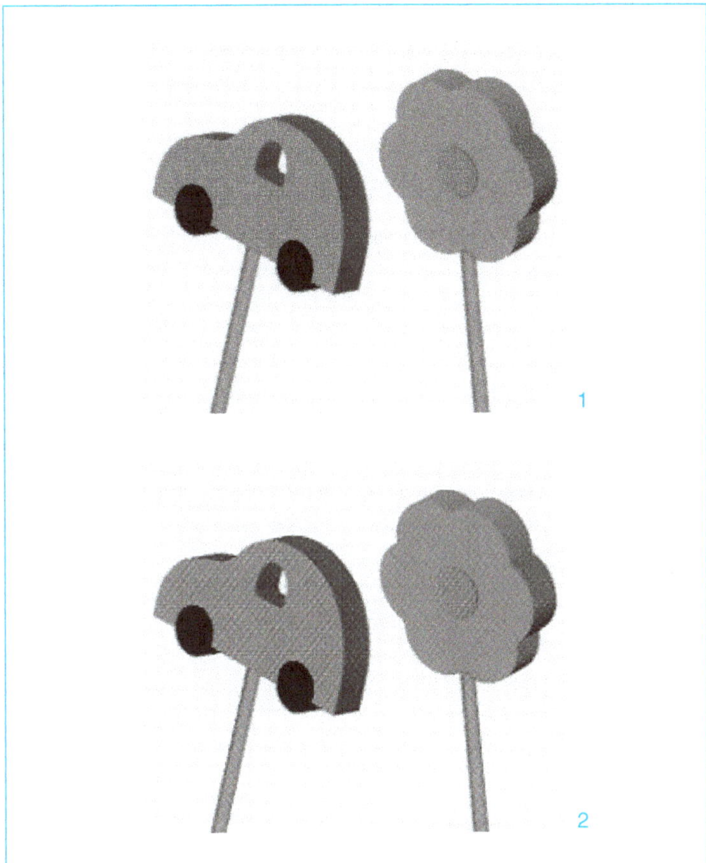

Figura 5.13
In ordine: immagine 1 in alta risoluzione (300 dpi) e 2 in bassa risoluzione (100 dpi).

terminato valore. Questo valore dipende dal numero di bit presenti che determinano il colore o l'intensità del pixel (*profondità di colore*):

- un'immagine al tratto è un'immagine a **1 bit** per pixel (può avere cioè solo un colore, o bianco e nero);
- un'immagine in scala di grigio ha **8 bit** per pixel (che permettono di definire le gradazioni di grigio; possiede cioè 256 livelli di grigio);
- un'immagine a colori ha invece **24 bit** per pixel (possiede cioè 8 bit per ogni colore RGB: 256 × 256 × 256 colori).

Tradotto in tabella:

Due valori	bianco e nero	1 bit
Scala di grigio	4 livelli di grigio	2 bit
Scala di grigi	256 livelli di grigio	8 bit
RGB	256×256×256 colori	3 × 8 bit
CMYK	256×256×256×256 colori	4 × 8 bit

Nelle versioni professionali dei programmi si possono ottenere anche immagini in scala di grigio a **16 bit** e immagini a colori a **48 bit**. Il **bit** è la componente informatica più elementare del pixel.

Two is meglio che one!

Nel caso in cui si dovesse realizzare un'immagine in scala di grigio partendo da un originale a colori, non fate la scansione in B/N, ma eseguitela a colori. Solo dopo averla digitalizzata cambiate il metodo in "scala di grigio". In questo modo otterrete un'immagine più ricca di informazioni.
Se poi si vuole peccare di virtuosismo, e si ha disponibilità di spesa, non dimenticate che le più belle foto in bianco e nero sono quelle stampate in quadricromia, cioè a quattro colori.
Il bianco e nero di quadricromia, utilizzato per cataloghi importanti e pubblicazioni di pregio, richiede una stampa che va oltre la perfezione. Basta un impercettibile fuori registro o una leggera difformità di inchiostrazione per vanificare tanti sforzi.
Esiste anche la selezione a cinque colori, dove il quinto colore è un secondo nero di rinforzo che darà più corpo ai mezzi toni, profondità all'immagine e attenuazione delle dominanti.
Ricordate, comunque, che un'immagine in bianco e nero è più indicata a evocare che a descrivere.

I formati delle immagini

Le immagini digitali possono essere salvate in diversi formati grafici, ognuno con caratteristiche proprie e utilizzi specifici. Il formato grafico è il formato in cui le informazioni che descrivono il documento sono contenute all'interno del file stesso.
In linea generale, si tratta di una sorta di linguaggio che consente l'interscambio nella comunicazione tra diverse piattaforme. Conoscerli (e riconoscerli dalla loro estensione, solitamente di tre lettere, dopo il punto nel nome del file) può significare poterli utilizzare al meglio.
Si ricorda che, a questo proposito, chi lavora con i Mac di Apple non è abituato all'utilizzo dell'estensione nel nome del file in quanto non necessaria; sarebbe, in ogni caso, buona regola abituarsi a inserirla, sia per facilitare l'identificazione del tipo di file, sia perché non è detto che ciò che viene prodotto con Mac non finisca poi su una piattaforma diversa.
L'importanza dei formati grafici sta nel fatto che, mentre le tecnologie e il software cambiano nel tempo, i dati registrati sui file rimangono sempre gli stessi (si potrebbe quasi dire che sono "immortali") e, in questo senso, utilizzare formati standard e consolidati di salvataggio e di archiviazione dei file è sicuramente una garanzia.
Vediamo quali sono quelli più comuni.

TIFF

Il formato TIFF è forse più conosciuto (nasce nel 1986 da Microsoft e Aldus, la casa che ha prodotto PageMaker prima di fondersi con Adobe), per il salvataggio in alta risoluzione e la separazione dei colori delle immagini digitalizzate con lo scanner.
È multipiattaforma ed è stato sviluppato per l'impiego specifico nei programmi di impaginazione professionali.
È un formato "pesante", in quanto mantiene tutte le informazioni allo stato originale, ma è possibile comprimerlo utilizzando l'algoritmo LZW.
Non si presta per l'utilizzo sulla Rete e all'invio per e-mail, ma è particolarmente indicato per la stampa.

LZW

LZW non è un formato grafico, ma è il metodo di compressione dei file più diffuso e utilizzato; piuttosto veloce sia nella compressione, sia nella decompressione.
Rappresenta un tipo di compressione non distruttiva, che non causa cioè perdita di qualità, e quindi di dati e di informazioni contenute nel file.
È molto popolare per la compressione di immagini bitmap perché permette un rapporto di compressione di 2:1 e anche di più, in relazione alla gamma cromatica dell'immagine da ridurre.

JPEG

Il JPEG è un formato multipiattaforma di compressione per le immagini ed è supportato dalla maggior parte dei browser. Nel Web è il formato preferito per le immagini fotografiche, mentre per le immagini costruite da linee e oggetti viene privilegiato il GIF o il PNG.
Permette di decidere il livello di compressione da applicare, particolare da non trascurare se si considera che riduce i file mediante l'eliminazione selettiva dei dati: maggiore è la compressione e più leggero risulterà il file, ma maggiore sarà anche la perdita di informazioni.
Il formato JPEG rimane comunque la scelta migliore per le immagini acquisite con lo scanner, a condizione che non vi siano troppe aree uniformi di colore che potrebbero essere restituite, dopo la decompressione, con un effetto "scalettato" del colore.
È molto utilizzato per la stampa in tipografia e per la memorizzazione delle immagini ottenute con le macchine fotografiche digitali.

EPS

Anche l'EPS è un formato standard multipiattaforma. In origine era stato creato per i file vettoriali, ma oggi è comunemente utilizzato anche per le immagini bitmap.

Continua

Come il TIFF e il JPEG è particolarmente indicato per l'uscita in stampa. La peculiarità del formato EPS sta nel fatto che descrive l'immagine in linguaggio PostScript e può generare un ulteriore file di anteprima dell'immagine (file molto leggero e facile da usare in un impaginato) che può essere importato in altri programmi senza portarsi dietro il peso di tutto il file completo di informazioni.

BMP

Il BMP è uno dei formati standard più conosciuti per le immagini bitmap (sia monocromatiche sia a colori) in ambiente Windows. È un formato che supporta solo immagini in RGB, scala di colore e scala di grigio, ma non è utilizzabile con il metodo CMYK.

GIF

Il formato GIF è anch'esso un formato multipiattaforma. Lavora utilizzando il sistema di compressione LZW e generando, da subito, file compressi e quindi leggeri, senza perdita di qualità.
È supportato dalla maggior parte dei browser ed è particolarmente indicato per creare immagini animate.
È.consigliabile utilizzarlo per le immagini al tratto e con una grafica piuttosto povera di colori (ne supporta infatti solo 256). Il formato GIF ha la peculiarità di consentire l'impostazione del "bianco trasparente" per ottenere immagini scontornate su fondini colorati.

PNG

Il PNG è l'alternativa al GIF ma, a differenza di questo, permette di visualizzare un maggior numero di colori o di utilizzare più gradazioni di trasparenze per ottenere sull'immagine sfumature di consistenza diversa.
La vera caratteristica del formato PNG è, però, quella di includere nel proprio formato le informazioni "gamma".
Il valore gamma è relativo alla luminosità di un'immagine visualizzata su un determinato schermo. Questo significa che i PNG possiedono la caratteristica di adattarsi alla luminosità del monitor su cui vengono aperti.

PICT

Il formato PICT, largamente usato nel mondo Mac, può essere utilizzato sia per salvare immagini vettoriali sia per salvare immagini bitmap. È uno standard per molte applicazioni multimediali (ma non solo), ed è particolarmente efficace nella compressione di immagini con ampie aree di colore uniforme.

RAW

Il formato RAW, multipiattaforma, è quello originale di rilascio dei file delle fotocamere digitali.
Non include alcun algoritmo di compressione e conserva le immagini al massimo della loro qualità registrando tutte le informazioni immagazzinabili. I file, di conseguenza, sono molto pesanti e devono essere convertiti in altri formati, per esempio, il JPEG o il TIFF, per consentire una lavorazione agevole.

Lo scanner

Lo scanner è una periferica che, con l'utilizzo di software adeguati, permette, attraverso un elaboratore, di ottenere un'immagine digitale partendo da un originale analogico come, per esempio, una fotografia, uno stampato, un disegno e così via.
Gli scanner si dividono in due categorie principali: quelli a tamburo e quelli piani, entrambi largamente utilizzati nelle aziende e nei reparti di fotolito.

Scanner a tamburo

I primi erano macchine dalle dimensioni consistenti che adottavano una tecnologia dai costi molto alti e molto complessa che richiedeva un'elevata professionalità da parte dell'operatore.
Si trattava di scanner che lavoravano con una **tecnologia a fotomoltiplicatori** (che converte i segnali luminosi in segnali elettrici), in grado di eseguire scansioni molto rapidamente perché l'elaborazione delle immagini avveniva in un computer al loro interno che scriveva direttamente sulla pellicola.
Solo in una fase successiva è stato possibile salvare le immagini su un computer esterno, che ha permesso di by-passare la produzione diretta della matrice.
Il tamburo è un cilindro di cristallo sul quale vengono fissate le fotografie o le diapositive per poter essere "lette" dal fotomoltiplicatore.
Successivamente sono stati introdotti gli scanner a tamburo da tavolo, collegabili direttamente a un computer che, nonostante fossero in grado di mantenere produttività e qualità tipiche degli scanner a tamburo tradizionali, presentavano costi di acquisto e di manutenzione decisamente più contenuti.
Una tecnologia a fotomoltiplicatori ha una capacità di lettura dell'immagine tale da permettere di "catturare" tonalità ad alta risoluzione molto fedeli e precise.

Scanner piano

Gli *scanner piani* (o a letto piano) sono invece gli scanner più diffusi nel mondo del DTP, hanno costi decisamente accessibili e sono piuttosto semplici da utilizzare.

Questa tipologia di scanner ha rappresentato una svolta importante nel desktop publishing, completando gli strumenti messi a disposizione all'attività grafica sviluppatasi in questo mercato.

Il loro funzionamento è legato alla **tecnologia CCD** (*Charged Couplet Device*), che sfrutta elementi elettronici (fotocellule) sensibili all'intensità di luce che li colpisce e che consente all'apparecchio di campionare l'immagine e di registrarla trasformata in dati binari.

Il numero di CCD presenti in uno scanner determina la risoluzione di lettura e di conseguenza la quantità di informazioni presenti nell'immagine digitalizzata.

L'acquisizione delle immagini

La principale differenza tra la tecnologia a fotomoltiplicatori e la tecnologia a CCD sta nel fatto che la prima legge l'immagine a segmenti di punti successivi, quindi con una maggiore selettività, mentre la seconda la legge per linee suddividendola in quadratini.

Quando si acquisisce un'immagine occorre porre attenzione ad alcune variabili:

- tipologia dell'originale;
- qualità dell'originale;
- risoluzione;
- ingrandimento.

Tipi di originali

Quando si parla di *originale*, si intende l'"oggetto" che deve essere "scannerizzato", cioè digitalizzato con l'ausilio dello scanner.

Per fare degli esempi, un originale può essere una fotografia, un retinato (cioè un'immagine che ha già subìto il processo di stampa tipografico, come la pagina di una rivista o di un libro), oppure una diapositiva (Figura 5.14).

Occorre quindi fare attenzione al fatto che, se si parla di diapositiva o di fotografia, si intendono due supporti estremamente diversi: uno è trasparente e l'altro no, e la loro differenza "fisica" influisce anche sul metodo di acquisizione allo scanner.

Infatti, la fotografia e il retinato sono originali che verranno digitalizzati per riflessione (la luce "batte" sull'originale e viene riflessa), mentre le diapositive verranno invece acquisite per trasparenza (la luce "passa" attraverso l'originale).

La prima operazione da compiere, prima di acquisire un immagine, è quindi quella di impostare nel programma di scansione il tipo di acquisizione, se per *riflessione* o per *trasparenza*.

Tipi di originali

La qualità dell'originale è una componente fondamentale per la qualità della scansione.

Ritornando alla distinzione tra gli originali appena fatta, occorre tenere presente che gli originali per trasparenza sono in grado di dare risultati migliori consentendo di acquisire dettagli dell'immagine molto in profondità; gli originali retinati, avendo già subìto una serie di lavorazioni (scansione, correzione e stampa) po-

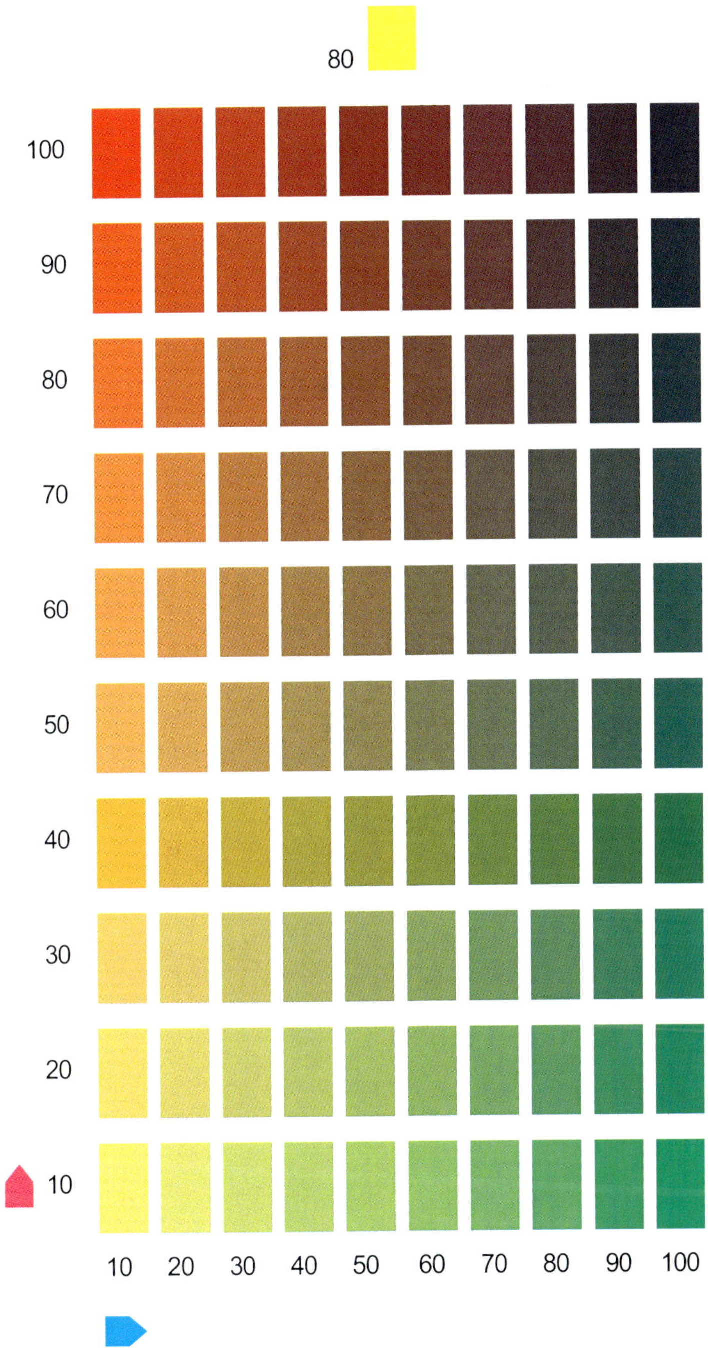

Figura 1
(cfr. pag. 141 del testo).
Esempio di pagina di un atlante cromatico. Il colore in testa alla tabella indica la percentuale fissa di un colore (in questo caso è stato scelto il giallo all'80%). Sull'ascissa vengono mostrate le diverse percentuali (nel caso di questo esempio) di ciano (dal 10% al 100% con intervalli di 10). Sull'ordinata si trovano, invece, le diverse percentuali (nel caso di questo esempio) di magenta (dal 10% al 100% con intervalli di 10).
Nei punti di intersezione tra ascissa e ordinata si troverà il colore ottenuto mescolando le percentuali (variabili) di magenta e di ciano con il giallo fisso all'80%.
Una tabella a quattro colori avrà due colori fissi, mentre una tabella a due colori avrà solo i valori dell'ascissa e dell'ordinata.

Figura 2
(cfr. pagg. 141 e 240 del testo)
I colori parlano, trasmettono informazioni e influenzano le nostre scelte. Conoscerne il linguaggio è importante per effettuare corrette scelte grafiche. Comprereste mai una pappa per bambini la cui confezione ha come colore dominate il verde acido?

Figura 3
(*cfr. pagg. 141 e 241 del testo*)
A volte certi accostamenti di colore riservano delle sorprese: il blu al centro dei due quadrati colorati è sempre lo stesso, ma inserito nel giallo sembra più scuro che in mezzo al verde. Questo fenomeno, che fa percepire un colore più chiaro se appoggiato su un fondo scuro (e viceversa), si chiama dell'*induzione cromatica*.

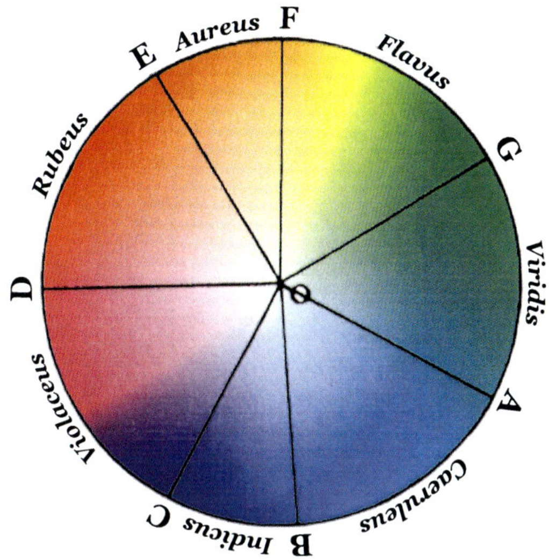

Figura 4
(cfr. pag. 232 del testo)
Il cerchio cromatico di Newton scompone la luce in sette colori: violetto, indaco, blu, verde, giallo, arancione e rosso.
Isaac Newton fu colui che per primo intuì l'esistenza di una relazione matematica tra stimolo luminoso e percezione del colore.

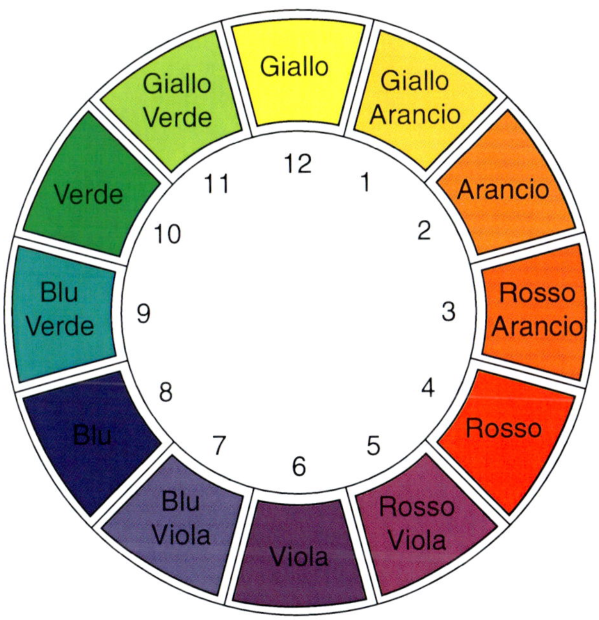

Figura 5
(cfr. pag. 232 del testo)
Elaborazione del cerchio cromatico di Newton. Da notare che i colori nel cerchio sono dodici, disposti come le ore dell'orologio.
I colori caldi trovano la loro collocazione sul lato destro, nelle ore diurne: da mezzogiorno alle cinque; quelli freddi nelle ore serali: dalle sei alle undici.

Figura 6
(cfr. pagg. 234 e 242 del testo)
Colori in funzione delle tre variabili di misurazione: *tonalità, luminosità e saturazione*.

Colori caldi ____________________

Colori freddi ____________________

Colori chiari ____________________

Colori scuri ____________________

Colori brillanti ____________________

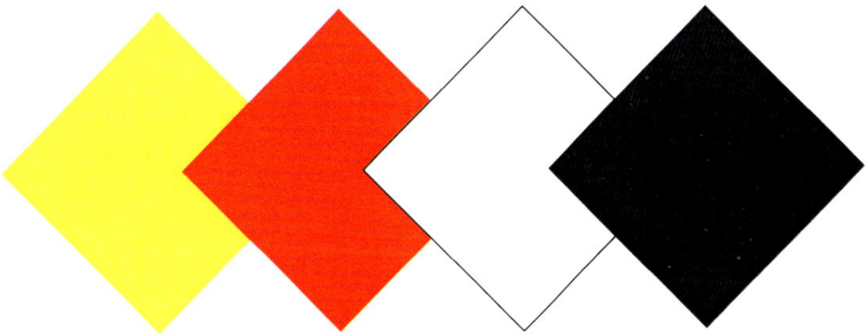

Colori spenti ____________________

Colori simili ____________________

Colori contrastanti ____________________

Figura 7
(cfr. pag. 242 del testo)
Il triangolo di Maxwell presenta nei tre vertici i tre colori primari (rosso, verde, blu). Lungo i lati del triangolo trovano posto i colori saturi e nel punto medio di ogni lato alloggiano i colori complementari (ciano, magenta, giallo). Dai vertici del triangolo andando verso il centro i colori perdono di saturazione mischiandosi fino a collassare nel bianco, centrale ed equidistante dai vertici stessi.

Figura 8
(cfr. pag. 243 del testo)
Se si proiettano tre raggi luminosi rispettivamente di colore blu, verde e rosso su uno schermo bianco, nell'area dove si sovrappongono (quindi dove si sommano) si ottiene la luce bianca. Questo è il principio della sintesi additiva.

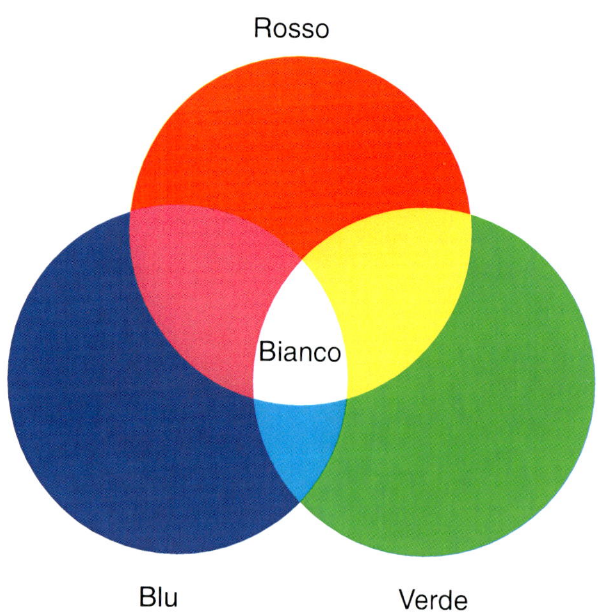

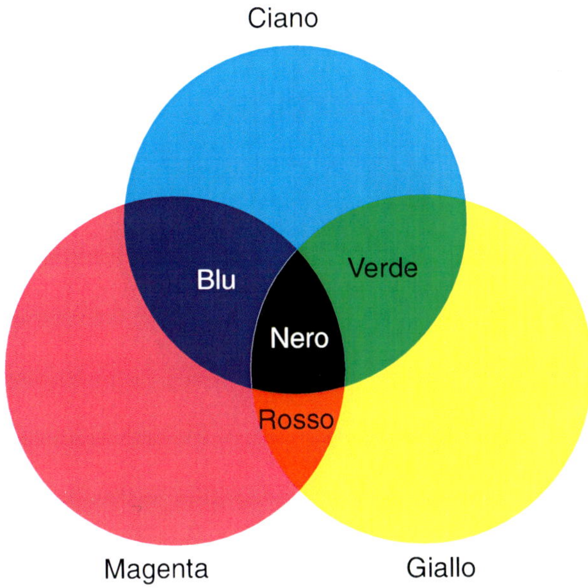

Figura 9
(cfr. pag. 244 del testo)
Il colore sottrattivo viene percepito quando viene rimosso un colore primario (o additivo). Il magenta si ottiene sottraendo il verde, il giallo sottraendo il blu e il ciano sottraendo il rosso.

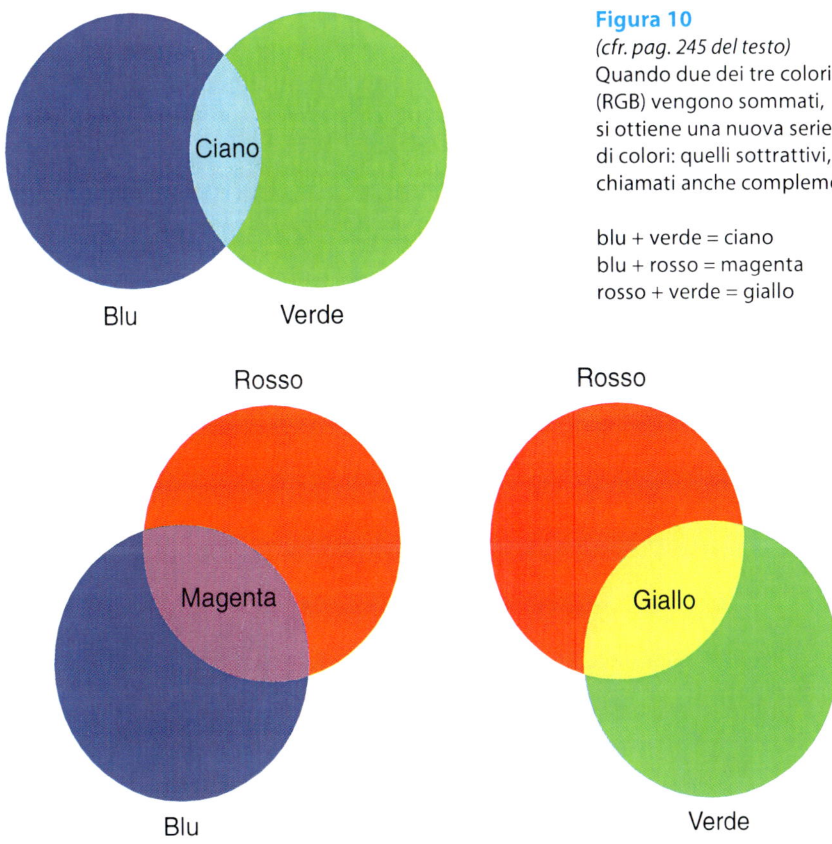

Figura 10
(cfr. pag. 245 del testo)
Quando due dei tre colori primari (RGB) vengono sommati, si ottiene una nuova serie di colori: quelli sottrattivi, chiamati anche complementari.

blu + verde = ciano
blu + rosso = magenta
rosso + verde = giallo

Figura 11
(cfr. pag. 245 del testo)
Se si mischiano i pigmenti di colore ciano, magenta e giallo, al massimo dei loro valori (cioè al 100%) si ottiene il nero (che, nella sigla CMYK, è indicato con la lettera K).

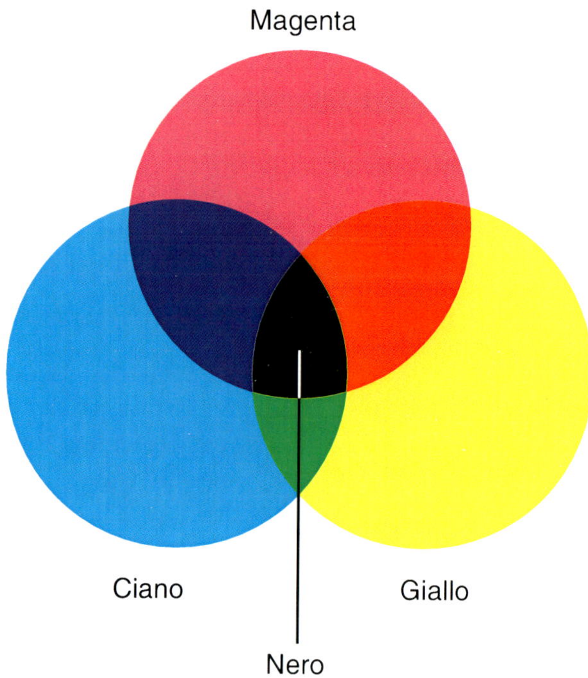

Figura 12
(cfr. pag. 246 del testo)
Una scala riassuntiva (ridotta) dei colori di quadricromia con percentuali diverse di retino: dal 10% al 100% con intervalli di 10.

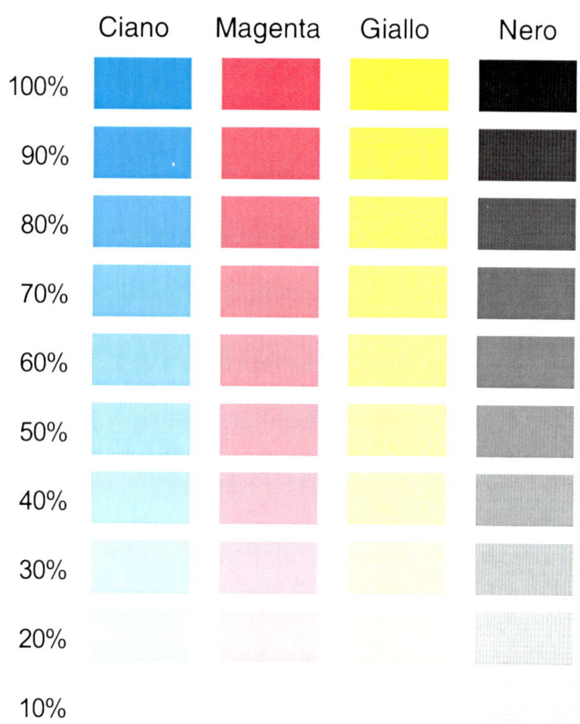

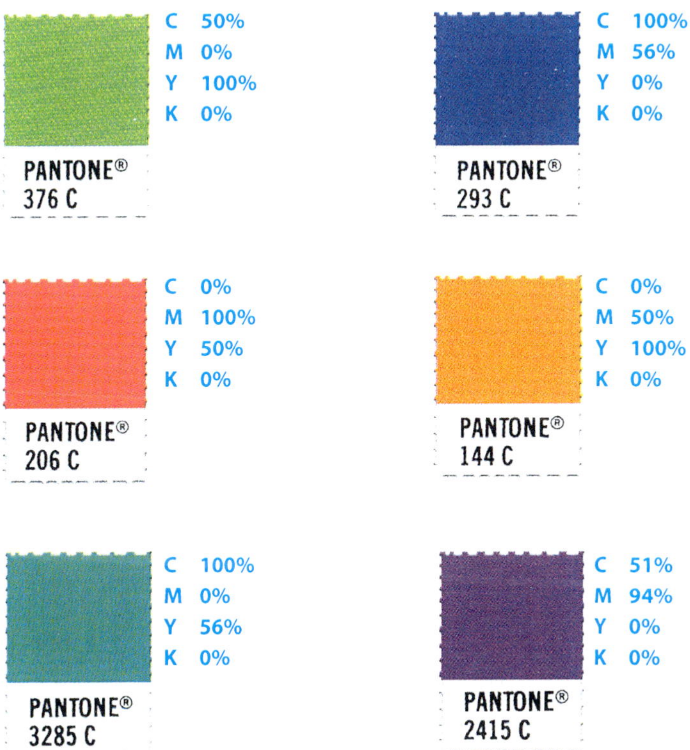

Figura 13
(cfr. pag. 247 del testo)
I Pantone sono colori già formati e non hanno bisogno della combinazione dei colori di quadricromia per essere generati. Sono raggruppati in campionari e vengono solitamente identificati da un nome o da una sigla. All'occorrenza ogni Pantone può essere trasformato nei colori di quadricromia.

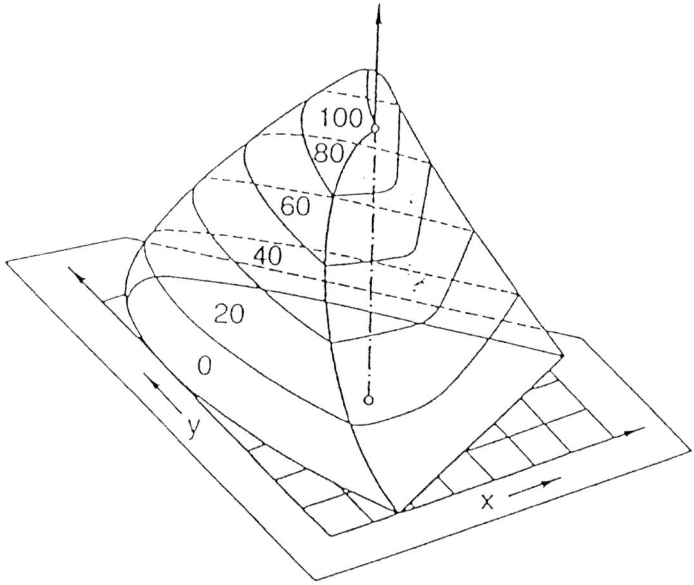

Figura 14
(cfr. pag. 248 del testo)
La rappresentazione grafica dei colori è possibile se si utilizza uno spazio tridimensionale. Tuttavia, ai fini pratici, un grafico tridimensionale di questo genere avrebbe poco valore. Perciò ci si rifà a un grafico piano: il triangolo dei colori CIE.

Figura 15
(cfr. pag. 248 del testo)
Nel sistema CIE la posizione di ogni colore sul grafico è determinata dai valori dell'ascissa (asse X) e dell'ordinata (asse Y). La luminosità non può essere rappresentata. Tutti i colori che ne fanno parte rientrano in una figura a ferro di cavallo dove sulla linea di curvatura trovano posto i colori puri. Le due estremità della curva sono unite da una linea retta (chiamata *retta dei porpora*) che rappresenta i colori magenta e porpora. Al centro della figura si trova il colore bianco. La sua esatta posizione dipende dalla sorgente luminosa.

Figura 16
(cfr. pag. 252 del testo)
Non essere fedeli all'originale genera situazioni ambigue, dove non è più chiaro quale sia la riproduzione più fedele.

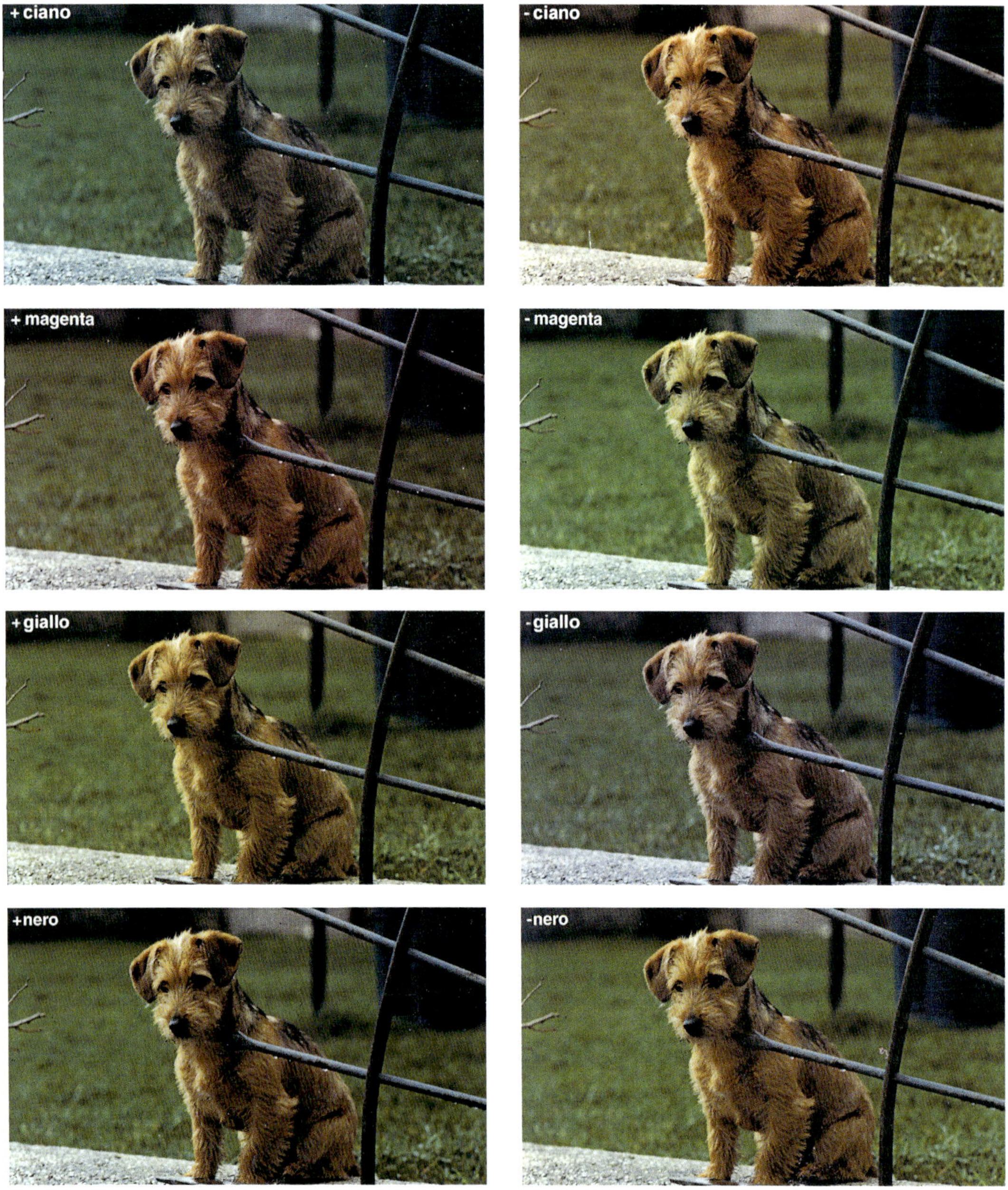

Figura 17

(cfr. pag. 255 del testo)

Quando si correggono le immagini bitmap intervenendo sulle curve dei colori, è necessario non squilibrarle con interventi troppo marcati. Un caricamento eccessivo della curva del ciano, infatti, rende l'immagine troppo pesante e piatta; uno svuotamento esagerato della stessa curva rischia invece di far uscire la dominante rossa. Anche un intervento troppo marcato di riempimento della curva del magenta rende l'immagine troppo rossa, mentre un eccessivo svuotamento genera una dominante gialla. Troppo giallo offre un risultato che potremmo definire "itterico"; poco giallo, al contrario, "arrossa" l'immagine. Infine il nero, oltre che togliere e dare luminosità alla figura, può diminuirne o aumentarne il disegno.

Figura 18
(cfr. pag. 261 del testo)
Le immagini vettoriali non perdono mai di qualità, anche se ingrandite in modo significativo.

Figura 19
(cfr. pag. 261 del testo)
Contrariamente a quanto accade per le immagini vettoriali, quelle bitmap sono sensibili agli ingrandimenti, perdendo in termini di risoluzione. Infatti, a maggiori ingrandimenti corrispondono dimensioni maggiori di pixel.

Figura 20

(cfr. pag. 262 del testo)

In alto, un'immagine con 300 dpi di risoluzione; in basso, la stessa immagine a 72 dpi di risoluzione. Si può notare la differenza in termini di qualità, ben visibile sulla rotondità delle palle.

Figura 21
(cfr. pag. 271 del testo)
Esempi di messa a registro.
Nella figura in alto, come si può notare meglio nell'ingrandimento, un'errata sovrapposizione della pellicola del ciano causa il problema del *fuori registro*.
Nella figura in basso, invece, la messa a registro è corretta.
Per agevolare questa operazione, ogni pellicola è provvista di crocini (sui quattro lati).
La perfetta sovrapposizione dei crocini determina il registro.

Figura 22
(cfr. pag. 275 del testo)
Nel retino tradizionale, la diversa inclinazione dei retini di colore crea un motivo geometrico ripetitivo chiamato a rosetta.

Figura 23
(cfr. pag. 276 del testo)
Il retino stocastico presenta una distribuzione casuale dei micropunti di colore.

3 - La civiltà del Rinascimento | 35

ROMA

Il cuore del Rinascimento romano fu la corte papale. In questo affresco si vedono a destra gli appartamenti del pontefice e a sinistra la Basilica Vaticana prima della grande ricostruzione iniziata tra Cinquecento e Seicento. Come vedi, la facciata è ancora quella primitiva e la cupola è incompiuta: Michelangelo Buonarroti (1475-1564), il grande architetto, pittore e scultore, ci sta ancora lavorando.

Michelangelo
Tra le altre opere compiute per i papi, Michelangelo affrescò la Cappella Sistina in Vaticano, compiendo un lavoro gigantesco e faticosissimo che rischiò di ucciderlo. Sopra ne vedi un particolare, la Creazione di Adamo, dopo il recente restauro.

Raffaello e il mecenatismo papale
Sediari (portatori del trono pontificio) e guardie svizzere in un particolare di un quadro di Raffaello Sanzio (1483-1520). Il pittore di Urbino affrescò le "Stanze" Vaticane e divenne il dominatore quasi principesco di una vastissima bottega che animò tutta la vita culturale di Roma sotto Leone X, il papa dei Medici, figlio di Lorenzo il Magnifico.

1

2

3

4

Figura 5.14
Diversi tipi di originali: 1. pagina di libro; 2. foto stampata; 3. diapositiva nel telaio; 4. diapositiva di una pagina stampata. In quest'ultimo caso la qualità dell'originale è da assimilare a quella di un'immagine già pubblicata, quindi retinata.

trebbero invece contenere delle imperfezioni generatesi in uno o più di questi passaggi. Potrebbero infatti presentare effetti moiré (Figura 5.16) o fuori registro (Figura 21 dell'inserto a colori), e comunque offrire minore qualità.

La scansione di immagini retinate potrebbe dare come risultato un'immagine che necessita di un intervento (detto deretinatura) per eliminare possibili difetti di moiré. Se il difetto non è eclatante, si possono utilizzare dei filtri (presenti in qualsiasi programma di fotoritocco) quali la sfocatura, la smacchiatura o l'inserimento di rumori casuali e, solo successivamente, aumentarne la nitidezza per recuperare il dettaglio.

Indipendentemente dalla tipologia, nella valutazione di un originale è inoltre importante verificare che non presenti impurità,

La controstampa

Quando si effettua una scansione per riflessione, è buona regola interporre tra l'originale posto sul piatto e il coperchio dello scanner un cartoncino nero (o una pellicola "bruciata", cioè che è stata esposta alla luce e quindi si è annerita completamente).
In questo modo, soprattutto se l'originale è un foglio di rivista o altro stampato su carta leggera, si eviterà che la luce dello scanner legga anche la *controstampa*, ovvero ciò che si trova sulla pagina opposta a quella dove è posizionata l'immagine da digitalizzare, lasciando un'antiestetica impronta.

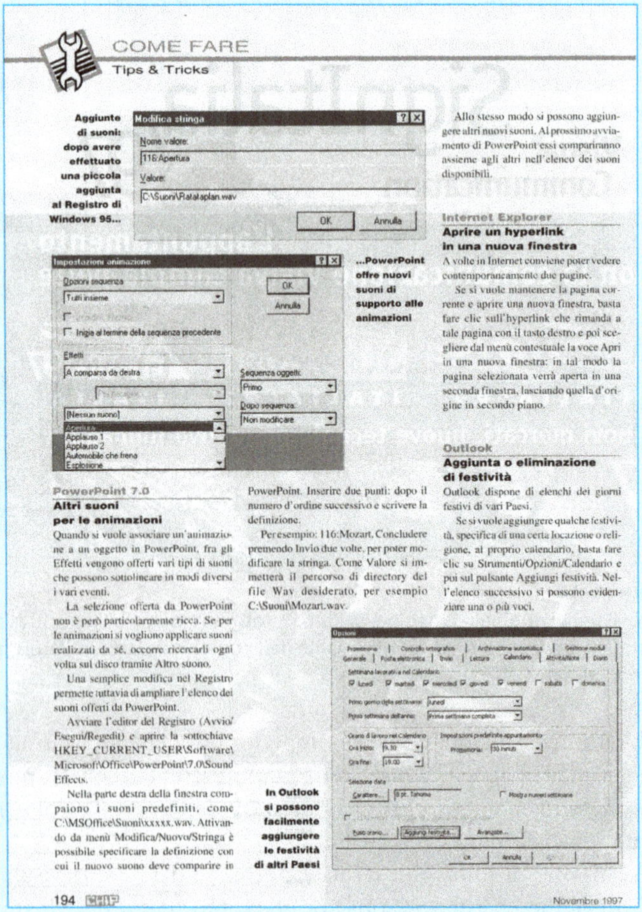
COME FARE
Tips & Tricks

Aggiunte di suoni: dopo avere effettuato una piccola aggiunta al Registro di Windows 95...

...PowerPoint offre nuovi suoni di supporto alle animazioni

Allo stesso modo si possono aggiungere altri nuovi suoni. Al prossimo avviamento di PowerPoint essi compariranno assieme agli altri nell'elenco dei suoni disponibili.

Internet Explorer
Aprire un hyperlink in una nuova finestra
A volte in Internet conviene poter vedere contemporaneamente due pagine.
Se si vuole mantenere la pagina corrente e aprire una nuova finestra, basta fare clic sull'hyperlink che rimanda a tale pagina con il tasto destro e poi scegliere dal menù contestuale la voce Apri in una nuova finestra: in tal modo la pagina selezionata verrà aperta in una seconda finestra, lasciando quella d'origine in secondo piano.

Outlook
Aggiunta o eliminazione di festività
Outlook dispone di elenchi dei giorni festivi di vari Paesi.
Se si vuole aggiungere qualche festività, specifica di una certa locazione o religione, al proprio calendario, basta fare clic su Strumenti/Opzioni/Calendario e poi sul pulsante Aggiungi festività. Nell'elenco successivo si possono evidenziare una o più voci.

PowerPoint 7.0
Altri suoni per le animazioni
Quando si vuole associare un'animazione a un oggetto in PowerPoint, fra gli Effetti vengono offerti vari tipi di suoni che possono sottolineare in modi diversi i vari eventi.
La selezione offerta da PowerPoint non è però particolarmente ricca. Se per le animazioni si vogliono applicare suoni realizzati da sé, occorre ricercarli ogni volta sul disco tramite Altro suono.
Una semplice modifica nel Registro permette tuttavia di ampliare l'elenco dei suoni offerti da PowerPoint.
Avviare l'editor del Registro (Avvio/Esegui/Regedit) e aprire la sottochiave HKEY_CURRENT_USER\Software\Microsoft\Office\PowerPoint\7.0\Sound Effects.
Nella parte destra della finestra compaiono i suoni predefiniti, come C:\MSOffice\Suoni\xxxxx.wav. Attivando da menù Modifica/Nuovo/Stringa è possibile specificare la definizione con cui il nuovo suono deve comparire in PowerPoint. Inserire due punti: dopo il numero d'ordine successivo e scrivere la definizione.
Per esempio: 116:Mozart. Concludere premendo Invio due volte, per poter modificare la stringa. Come Valore si immetterà il percorso di directory del file Wav desiderato, per esempio C:\Suoni\Mozart.wav.

In Outlook si possono facilmente aggiungere le festività di altri Paesi

194 Novembre 1997

sporco, polvere, graffi, sfocature, difetti, piegature o impronte, in quanto lo scanner legge tutto quanto viene posato sul piano di scansione e non è in grado di distinguere se si tratta di componenti dell'immagine o corpi estranei. A questo proposito, anche la

superficie di lettura dello scanner dovrebbe essere sempre perfettamente pulita e in ordine.
Quando si digitalizza un'immagine con lo scanner, la ripresa deve essere effettuata nella sua interezza ma, possibilmente, senza comprendere parti estranee al soggetto. Per intenderci, se si fa l'acquisizione di una diapositiva tolta dal suo telaio, è abbastanza importante non comprendere nella scansione anche la sua **cimosa** (cioè il bordo nero che solitamente la circonda).
Questo perché, nella lettura dell'immagine, lo scanner considererebbe la cornice nera come la zona più scura della fotografia, adeguando di conseguenza tutti gli altri colori e restituendo un'immagine con i colori alterati. Per lo stesso motivo non è corretto fare un'unica scansione raggruppando più soggetti insieme: le tonalità di colore, le luci e le ombre presenti in un soggetto potrebbero influenzare quelle dell'altro.

Quel fenomeno del retino...

Per poter stampare le immagini, a colori o in bianco e nero, è necessario che le matrici siano retinate.
L'invenzione della retinatura, che risale al 1852 ad opera di Talbot che fece alcune prove con un tessuto, segna una tappa fondamentale nei criteri della riproduzione delle immagini e dei colori. Questa tecnica prevede lo spezzettamento dell'immagine in piccoli punti per mezzo di un processo fotografico.
Il **retino** viene definito da *Il Manuzio – dizionario del libro*, Edizioni Sylvestre Bonnard, come una «illusione ottica che consiste nello scomporre l'immagine fotografica a tono continuo in piccoli puntini con i centri equidistanti, aventi area differenziata. È utilizzato per ottenere una modulazione della quantità di luce nella quasi totalità dei processi di stampa, che non sono in grado di stampare spessori differenziati di inchiostro».
La retinatura può essere più o meno visibile in base alla lineatura utilizzata.
La **lineatura** è la densità di trama del retino. Rappresenta la quantità di linee di puntini presenti in un centimetro lineare. Quando si parla di lineatura non si può prescindere dal tipo di prodotto finale e dal procedimento di stampa utilizzato.
Per non entrare troppo in dettagli tecnici, basti sapere che per la stampa di un giornale (con carta ruvida e porosa che assorbe l'inchiostro) si utilizzerà una lineatura decisamente inferiore (quindi a trama più larga e con i punti di retino più distanziati tra di loro, per esempio 60 o 80 linee per pollice) rispetto a quella utilizzata per una pubblicazione con illustrazioni di altissima qualità (stam-

pata su una carta che può quindi supportare un retino più fitto la cui lineatura può essere di 150/200 lpi), che richiedono una definizione particolarmente elevata.
La lineatura viene impostata in fase di stampa direttamente nel file da stampare.
Così, mentre per le stampe di alta qualità è necessario utilizzare un lentino per poter vedere il retino, sui poster di grande formato è possibile individuarlo anche a occhio nudo.
Il **retino** è un insieme di puntini, regolari e ordinati, non visibili a occhio nudo, presenti in una determinata area.
Come già detto, la forza di un colore complementare è data dall'assegnazione di un valore che varia da 0 a 100 e, tanto più il valore si trova vicino allo 0, tanto più leggero sarà il colore.
Viceversa, quando il valore è più vicino al 100 il colore sarà più forte. Questo significa che a percentuali basse corrispondono puntini con una dimensione più piccola, mentre a percentuali alte la dimensione dei puntini aumenta.
Per esempio, un 10% di colore avrà dei puntini di retino piuttosto piccoli a vantaggio dello spazio bianco circostante che sarà, in questo specifico caso, prevalente sul colore che, per questo motivo, risulterà, dopo essere stato stampato, piuttosto chiaro.
Un colore al 90% presenterà invece un retino in cui i puntini saranno così grandi da essere preponderanti sul bianco, ridotto a una presenza minima. In questo caso il colore risulterà decisamente forte (Figura 5.15).

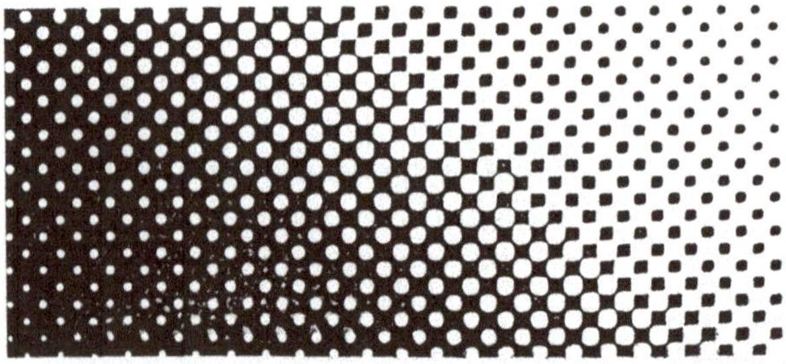

Figura 5.15
Variazioni di un retino ingrandito. A sinistra la percentuale di colore è maggiore rispetto a destra. Questo significa che a sinistra i puntini di colore (quelli neri nella figura) avranno una dimensione maggiore, diminuendo la superficie bianca che li circonda. Viceversa, a destra i puntini più piccoli equivalgono a una minore presenza del colore a vantaggio del bianco. Per questo motivo a destra il colore risulterà più leggero che a sinistra.

Un colore al 50% ha un'esatta parità di puntini e di bianco.
Quindi, i diversi toni di grigio che l'occhio percepisce, sono in realtà dovuti alla diversa dimensione dei punti di retino che costituiscono l'immagine stampata.
Nel caso di un'immagine a colori, oltre alla **separazione** dei colori necessari per la stampa (una matrice per ogni colore) occorre variare l'inclinazione dei retini.

Per separazione si intende il processo di scomposizione del colore che permette di stampare ciascun colore utilizzato nel documento come output separato. Poiché la macchina da stampa lavora passando un solo inchiostro per volta, quindi un solo colore per volta, la separazione risulta essere una condizione necessaria per ottenere il prodotto dalla tipografia.

L'angolazione dei retini

Se la retinatura presente su ogni matrice riportasse i puntini tutti nella stessa posizione (quindi perfettamente sovrapponibili) si otterrebbe, per il principio della sintesi sottrattiva, una stampa nera e priva di passaggi tonali.
Questo però non avviene perché su ogni matrice il retino di ogni singolo colore presenta un'inclinazione diversa e predefinita.
Se la combinazione dei retini è composta correttamente, la loro sovrapposizione crea un motivo geometrico a **rosetta**, che l'occhio umano non vede, ma di cui percepisce la gradazione di colore (Figura 22 dell'inserto a colori).

Il moiré

Un'errata angolazione dei retini può generare un antiestetico effetto sull'immagine, una specie di *texture* (la ripetizione di un certo disegno geometrico percepibile anche a occhio nudo) che la rovina. Questo effetto si chiama *moiré*, "marezzatura" nella traduzione italiana (Figura 5.16)

Figura 5.16
Immagine con moiré. Da notare il tipico difetto chiamato anche "tela di sacco".

Gli angoli di retino

Gli angoli di inclinazione dei retini dei quattro colori di quadricromia sono:

- Ciano 15°
- Nero 45°

- Magenta 75%
- Giallo 90%

Hanno tutti un'inclinazione relativa di 30 gradi (vale a dire l'inclinazione ideale per evitare il moiré). I colori sono però quattro e i gradi disponibili solo 90. Per questa ragione il giallo è inclinato di soli 15°. Questo ovviamente causa un effetto moiré sulla matrice del giallo, che però non è percepibile poiché si tratta di un colore poco visibile.

L'angolo di retino è determinato dalla direzione nella quale si trovano le file dei punti su un retino rispetto a una griglia di riferimento di linee orizzontali e verticali (Figura 5.17).

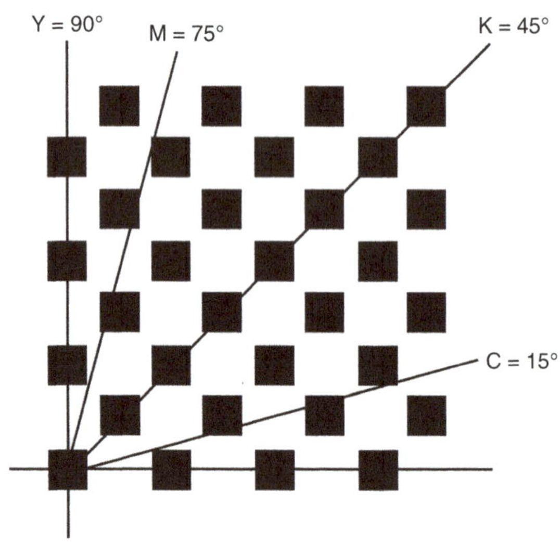

Figura 5.17
Il punto di retino può avere forme diverse: tondo, quadrato, ellittico o altro. La più diffusa è quella quadrata; quella ellittica rende le riproduzioni più morbide; ma esistono anche retini formati da puntini quadrati più grandi e puntini quadrati più piccoli, che offrono una particolare resa nei dettagli.

Il retino stocastico

La retinatura tradizionale si basa su un retino geometrico che si serve di modelli regolari, cioè di punti di dimensioni variabili ma spaziati tra di loro a intervalli fissi e predefiniti.

Esiste, però, anche un altro concetto di retino, quello che utilizza dei micropunti, tutti della **medesima dimensione**, ma che presentano una **distribuzione casuale** e completamente indipendente dalle inclinazioni che vengono assegnate ai diversi colori nel retino tradizionale (Figura 5.18). Si tratta del cosiddetto **retino stocastico** (Figura 23 dell'inserto a colori).

Proprio per la mancanza di regolarità nella disposizione dei micropunti, il retino stocastico non potrà mai presentare il problema del moiré.

Migliora inoltre la morbidezza e il dettaglio delle immagini ed è particolarmente indicato per la riproduzione da stampati retinati.

Figura 5.18
A sinistra, retino tradizionale.
A destra, retino stocastico.

La forza del colore è data dalla maggiore o minore presenza di puntini e non dalla loro dimensione.
La retinatura stocastica utilizza informazioni contestuali e casuali, per cui il risultato di output non è esattamente prevedibile.
Si tratta di una tecnologia che richiede lavorazioni (soprattutto per quanto riguarda la stampa) piuttosto impegnative e per questo non ha mai avuto largo successo, pur essendo nota da quasi vent'anni.

Il dimensionamento delle immagini

Le immagini devono essere inserite nell'impaginato secondo un rapporto tra base e altezza che non è modificabile (si rischierebbe altrimenti di "distorcerle"), a meno che non vengano "tagliate" (eliminando le parti vicino ai bordi per ridurne il formato), senza che però questo ne limiti o vari il significato.
Quindi, diciamo che le immagini solitamente vengono ingrandite o ridotte proporzionalmente, sempre però tenendo presenti le linee della gabbia.
Ma come si fa a calcolare il fattore d'ingrandimento o di riduzione di un'immagine da scansire?
Nel caso di una riduzione, il metodo classico consiste nel disegnare sul retro della fotografia una diagonale che unisce i due angoli opposti. Poi si tracciano due linee perpendicolari che intersecano la diagonale e che sono parallele una alla base e l'altra all'altezza della fotografia.
Nel punto di intersezione delle linee con la diagonale si avranno le nuove misure dell'immagine in questione (Figura 5.19).
Nel caso in cui l'intervento da effettuare sia invece quello dell'ingrandimento, si dovrà posizionare la fotografia su un foglio bianco più grande e disegnare la solita diagonale che unisce i due angoli opposti ma che, in questo caso, andrà oltre la delimitazione fisica dell'immagine.

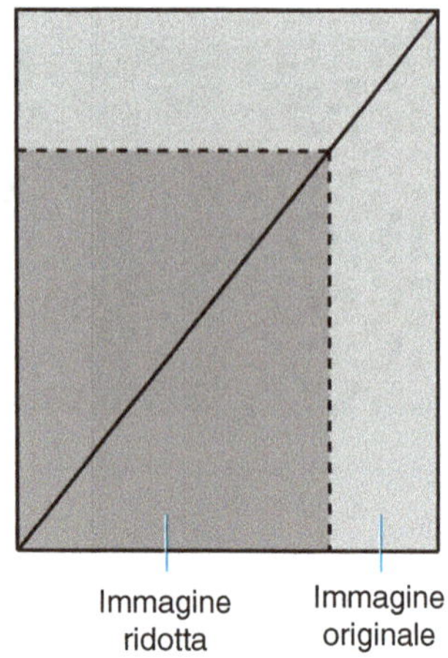

Figura 5.19
La diagonale tracciata sul retro di un'immagine permette di ricavarne le nuove dimensioni ridotte.

A questo punto, tirando le consuete linee (parallele una alla base e l'altra all'altezza) che intersecano la diagonale, si avranno la nuova base e la nuova altezza ridimensionate (Figura 5.20).

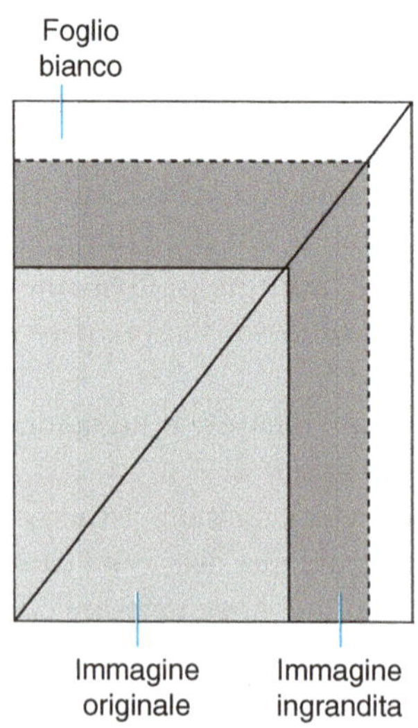

Figura 5.20
La diagonale tracciata sul retro di un'immagine, ma che prosegue su un foglio bianco, permette di ricavare le nuove dimensioni ingrandite dell'immagine.

Se non si hanno a disposizione righelli, matite e fogli, si può ricorrere a una semplice formula matematica.
Basterà dividere la misura (espressa in centimetri), per esempio della base, che dovrà assumere l'immagine, con la sua misura fisica attuale (la stessa cosa si può fare con l'altezza).

Quindi, definita l'incognita x la misura da trovare, l'equazione che ne deriva sarà:

$$x = \frac{\text{come deve diventare}}{\text{com'è}} \times 100$$

Per esempio, si ha un'immagine di 8 centimetri e si sa che deve diventare di 12:

$$x = \frac{12 \text{ (come deve diventare)}}{8 \text{ (com'è)}} = 1{,}5 \times 100 = 150\%$$

Questo significa che si dovrà fare una scansione dell'immagine al 150%.
Allo stesso modo, se si ha un'immagine di 20 centimetri che deve diventare di 6, l'operazione sarà:

$$x = \frac{6 \text{ (come deve diventare)}}{20 \text{ (com'è)}} = 0{,}3 \times 100 = 30\%$$

Facendo la scansione dell'immagine al 30% si otterrà l'immagine digitale nella misura esatta in cui serve.

Il riconoscimento delle fonti

Non si deve assolutamente dimenticare che, se le immagini utilizzate in una pubblicazione non sono opera dell'autore stesso, è necessario che vengano accompagnate da una indicazione per permettere il riconoscimento della fonte.
La dicitura di riconoscimento può essere collocata di fianco all'immagine, in didascalia, o in un apposito elenco che generalmente si trova a fine volume.
Tutte le immagini si dividono, a questo proposito, in due grandi categorie: quelle libere da diritti e quelle coperte da un copyright.
Non sempre un'immagine è coperta da diritti: il diritto di sfruttamento economico può infatti anche essersi estinto, in quanto ha durata limitata, oltre la quale chiunque può utilizzare liberamente l'immagine; talvolta è invece desiderio dell'avente diritto che l'immagine sia utilizzabile senza corresponsione di alcun compenso.
Quando però un'immagine è coperta da diritto, è necessario, prima di pubblicarla, richiedere l'autorizzazione a chi lo detiene, a chi cioè ne ha la proprietà legale e non il semplice possesso.
Molto spesso l'autorizzazione viene concessa dall'avente diritto in cambio di un corrispettivo in denaro. È comunque possibile che lo sfruttamento delle immagini venga concesso anche gratuitamente, ma anche in questo caso è meglio esplicitare il riconoscimento della fonte, che può anche essere inserito nei ringraziamenti.

Capitolo 6

Carta, stampa e confezione

Sopra la panca la carta canta

La carta è sicuramente il più antico supporto per la stampa ancora oggi utilizzato, ma non è solo questo. Di fatto, si tratta di un materiale insostituibile in grado di rivestire un ruolo importante anche in molti altri settori quali l'industria, la tecnica, gli imballaggi, l'igiene, l'hobbistica, la scuola, l'arredamento, la moda e così via.

Le avevo detto in carattere gotico e su carta patinata!

Figura 6.1
Vignetta tratta da *Celebrazione del tipografo*, editrice Il quadratino, Torino 1968.

In questo capitolo

- Sopra la panca la carta canta
- La moderna fabbricazione della carta
- Tipi di carta
- Calcolo del costo della carta
- L'arte della stampa
- L'altra stampa
- La confezione
- Il punto metallico: legatura e copertina
- La brossura: legatura e copertina
- Diavolo di una coperta!

La carta è sempre stata e continua a essere vicina a noi in ogni momento della nostra vita.
È conoscenza, esperienza, pratica, tecnologia, arte e mestiere.
Senza la carta, la cultura, il commercio e la civiltà dell'Europa Occidentale, come la conosciamo oggi, non esisterebbero.
È uno strumento universale che ha saputo migliorare la qualità delle nostre vite per via dei tantissimi usi che se ne sono potuti e se ne possono fare: domestici, industriali, sociali, professionali o altro.
Si pensi, a tale riguardo, che i diversi tipi di carta che si producono nel mondo sono, all'incirca, più di quattromila (Figura 6.2).

Figura 6.2
La carta può essere utilizzata per la realizzazione di svariate tipologie di prodotti.

Nelle sue fasi di trasformazione (da materia prima a prodotto finito) la carta subisce tutta una serie di lavorazioni e di trattamenti speciali che la rendono idonea all'impiego a cui verrà poi destinata.

Tipologie di prodotti cartari

Le diverse tipologie di prodotti cartari si possono suddividere in sei macrocategorie: la carta da stampa; quella da scrivere e per l'ufficio; le carte da imballo; i cartoni e i cartoncini; gli articoli igienico-sanitari; la carta per uso industriale.

- La **carta da stampa** viene usata generalmente per giornali, riviste, depliant, pieghevoli e volumi pubblicitari, libri, guide telefoniche, calendari, cartoline, carte geografiche, carta moneta e assegni.
- La **carta da scrivere e per ufficio** è una categoria che comprende le buste e le carte da lettera, la carta per quaderni,

per fotocopie e fax, la carta da disegno, la carta carbone e quella autocopiante.

- Le **carte da imballaggio** annoverano la carta kraft (tipica carta da impacco dal colore bruno naturale), la carta crespata, quella per sacchetti e la carta per alimenti, la carta oleata e paraffinata, quella uso pergamena, la siliconata, la catramata e quella accoppiata con la plastica.
- I **cartoni e cartoncini** sono una categoria di cartoni a un getto, cartoni a più strati, ondulati, pressati e cartonlegno.
- Gli **articoli igienico-sanitari** comprendono articoli come la carta igienica, i fazzoletti, le tovaglie e i tovaglioli, gli asciugamani e le carte per uso medico.
- La **carta per uso industriale e varie** è una varietà che comprende, per esempio, la carta per i cavi elettrici e i condensatori, la carta per laminati plastici, quella per le sigarette, la carta fotografica, da filtro, adesiva e da parati.

L'universo della carta è articolato e complesso.
A volte, non conoscendo i processi che stanno dietro al prodotto finito si commettono delle ingenuità che si rischiano di pagare a caro prezzo, come quella di utilizzare i fazzolettini di carta per pulire le lenti degli occhiali o, peggio, le lenti ottiche di sofisticate macchine digitali, ignorando che la presenza delle polveri minerali utilizzate nella loro fabbricazione potrebbero rovinare le delicate superfici di vetro. Allo scopo sarebbe infatti meglio servirsi di quelle speciali carte, composte di pura cellulosa, fabbricate apposta per soddisfare questa esigenza.

Caratteristiche tecniche della carta

Comunque sia, ogni tipologia di carta, per essere idonea all'utilizzo a cui sarà destinata, deve possedere precisi requisiti tecnici.
Tanto per fare un paio di esempi, va da sé che la carta da scrivere (come quella dei quaderni, per intenderci) dovrà soddisfare il requisito della scrivibilità e costituire un supporto idoneo alla scrittura. Per questo motivo, oltre che possedere una buona opacità per evitare la trasparenza del retro del foglio, dovrà presentare una superficie ben lisciata al fine di permettere alla penna di scorrere agevolmente.
Nel caso diverso delle carte destinate alla stampa, la loro caratteristica principale sarà invece quella della stampabilità, dovranno cioè essere idonee a subire il processo tipografico e quello successivo del confezionamento. In particolare, dovranno essere resistenti alla penetrazione dei liquidi evitando così lo spandersi dell'inchiostro di stampa e il suo passaggio dall'altra parte del foglio.
Questo particolare trattamento di impermeabilizzazione è quello che viene definito della **collatura**. La collatura può avvenire in due modi diversi: nell'impasto o in superficie.
La **collatura nell'impasto** si realizza disperdendo nel composto fibroso della produzione della carta una sostanza adatta allo scopo

come, per esempio, la *colofonia* (nota anche come "pece greca"), che altro non è che il residuo della distillazione della resina delle conifere. In questo modo il collante, emulsionato con l'acqua, precipita sulle fibre per coagulazione rendendole idrorepellenti.
La **collatura in superficie** consiste, invece, nello stendere sul foglio già formato, ma ancora umido, la sostanza collante. I collanti maggiormente usati in questo caso sono amidi, come l'amido di mais o di patate.
Le caratteristiche tecniche delle carte per uso grafico si possono riassumere in alcuni punti principali.

- **Formato**
  Si riferisce alla superficie totale del supporto di stampa; si indica in centimetri esprimendo prima la misura della base e poi quella dell'altezza.
- **Grammatura**
  È il peso specifico, espresso in grammi, di un metro quadro di carta.

Calcolo del peso della carta

A volte può essere utile sapere che, conoscendo la grammatura della carta, si può calcolare il peso unitario del foglio.
Se, per esempio, si desidera risalire al peso di un foglio del formato 70 × 100 (centimetri) di una carta che pesa 100 grammi (si ricorda che la carta si misura al metro quadro), si deve eseguire il seguente calcolo espresso in centimetri:

$$\frac{(\text{larghezza foglio}) \times (\text{lunghezza foglio}) \times (\text{peso al metro quadro})}{10.000}$$

Nel nostro caso si avrà:

$$\frac{70 \times 100 \times 100}{10.000}$$

Quindi, il peso di un foglio del formato 70 × 100 (centimetri) di una carta che pesa 100 grammi (al metro quadro) è pari a 70 grammi.

- **Spessore**
  Si misura in micron; si riferisce allo spessore della carta e quindi alla sua rigidità.
- **Mano** (o **bulk**)
  Rappresenta il rapporto tra lo spessore e la grammatura della carta e indica la sua compattezza. Nella produzione libraria, il rapporto tra peso e volume è un fattore molto importante e dinamico: variando la mano, a parità di peso della carta, è possibile

ottenere libri più o meno voluminosi; viceversa, a parità di altezza (spessore) del libro, si possono produrre volumi più leggeri.

- **Ruvidità**
  Rivela l'irregolarità della superficie.
- **Liscio**
  Definisce l'uniformità e la regolarità della superficie della carta. Dipende dai sistemi utilizzati nella sua fabbricazione, dalla calandratura e dalla distribuzione dell'impasto.
- **Grado di bianco**
  Indica e specifica il colore della carta. Il suo riferimento è la luminosità. A questo proposito è utile sapere che è inversamente proporzionale all'opacità e che un grado di bianco eccessivo affatica l'occhio nella lettura.
- **Opacità**
  Rappresenta il grado di impenetrabilità della luce e definisce la trasparenza della carta per cui una minore opacità è causa di una maggiore trasparenza, e viceversa.
  L'opacità della carta è funzione della sua stessa composizione (cioè della morfologia delle fibre e della loro raffinazione), della grammatura e della lisciatura. Un grado di opacità insufficiente causa perdita di contrasto delle immagini e rischia di far passare la stampa, eseguita su un lato del foglio, dall'altra parte.
- **Lucido** (o **gloss**)
  Rappresenta la quantità di luce che viene riflessa. Una maggiore brillantezza genera una maggiore riflessione e, di conseguenza, un maggior grado di lucido.
- **Direzione delle fibre**
  È l'espressione di come le fibre di cellulosa contenute nella carta sono orientate rispetto al senso di marcia della macchina da stampa. È un indice importante in quanto influisce sulla piegatura delle segnature, sulla corretta apertura di un libro (in questo caso specifico la direzione delle fibre deve essere parallela al dorso del libro, in caso contrario le pagine tenderanno a ondularsi) e sulla possibilità di tendere o strappare il foglio.
  Inoltre, il senso delle fibre di cellulosa che costituiscono la carta condiziona altri due importanti aspetti:
  - il registro nella stampa a colori – ottenibile se il senso della fibra del foglio di carta corrisponde con l'asse del cilindro di stampa (Figura 6.3);
  - la flessuosità o rigidità del prodotto finito; fatto che determina alcune caratteristiche di diverse tipologie di stampati come la flessuosità delle pagine di un libro (Figura 6.4) o la rigidità verticale delle schede (per esempio, aziendali o di un archivio) e così via.

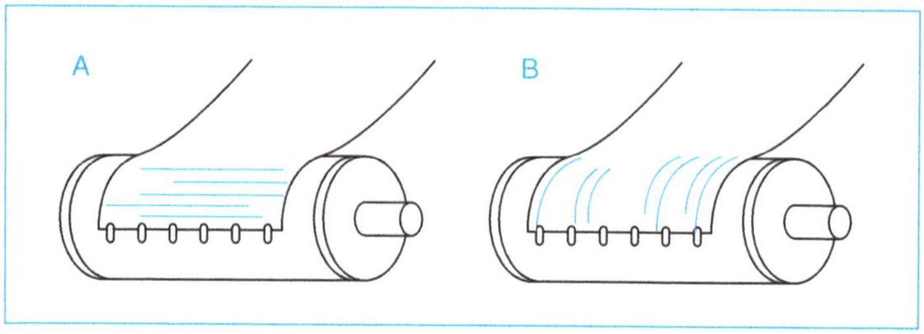

Figura 6.3
Direzione della fibra del foglio rispetto al cilindro: nel disegno A è corretta; nel disegno B il senso della fibra è sbagliato.

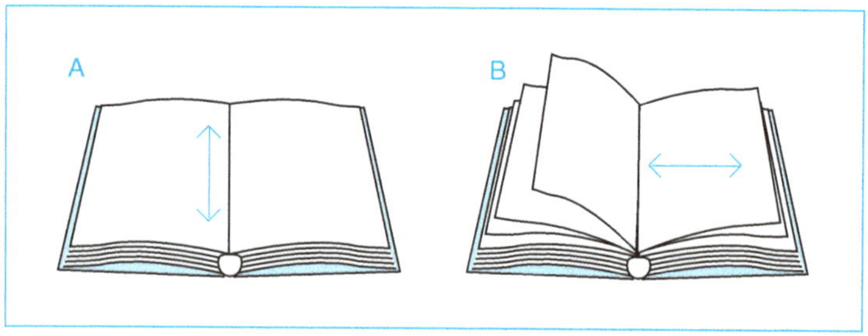

Figura 6.4
Se la disposizione della fibra non è corretta rispetto al dorso del libro si rischia di ottenere un prodotto con le pagine "ribelli", restituendo un effetto a "ventaglio" (B).

In ogni foglio sono quindi distinguibili due direzioni: il senso di macchina, o longitudinale (chiamato appunto **senso della fibra**); e la direzione perpendicolare al senso di macchina, o trasversale (detta **controfibra**).

Per identificare il senso della fibra basterà leggerlo sull'etichetta dell'imballo della carta. In assenza di indicazioni si dovrà procedere con il classico, ma pur sempre efficace, metodo empirico. In questo caso sarà sufficiente far scorrere la carta tra le unghie del pollice e del medio; se l'orlo rimane teso avremo "sfregato" nel senso della fibra, se, al contrario, apparirà ondulato, saremo in controfibra.

Un altro metodo consiste nello strappare il foglio nei due sensi: nel senso della fibra si otterrà uno strappo regolare e lineare; in controfibra lo strappo risulterà non uniforme e irregolare.

Si ricorda che il verso di fabbricazione, insieme al formato, deve essere richiesto al momento dell'ordine della carta e sarà riportato sull'etichetta delle confezioni.

La moderna fabbricazione della carta

La carta è un prodotto ottenuto dalla mescolanza di fibre vegetali e sostanze minerali inerti utilizzate per conferire al prodotto finito le specifiche caratteristiche che ne differenzieranno l'utilizzo.

La **materia prima** tradizionale utilizzata allo scopo è il **legno**, notoriamente costituito da fibre di cellulosa.

Le fibre, della lunghezza massima di pochi millimetri (da uno a quattro), a loro volta si dividono in due categorie: le **fibre lunghe** (tipiche delle conifere come il pino, l'abete e il larice), considerate le fibre migliori in quanto possono produrre un tessuto fibroso più uniforme che restituisce una carta qualitativamente più compatta; e le **fibre corte**, proprie delle latifoglie come il pioppo, il faggio, la betulla, l'eucalipto (Figura 6.5).

Figura 6.5
Conifere e latifoglie sono le piante da cui vengono estratte le fibre di cellulosa per la fabbricazione della carta.

La diversa combinazione tra i due tipi di fibre costituisce la grande differenza che esiste tra i diversi tipi di carta e di cartone.
In passato, nel nostro continente, la carta era prodotta esclusivamente con gli stracci.
Durante il secolo scorso fu inventata l'estrazione delle fibre cellulosiche dagli alberi.
Oggi, pur rimanendo il legno la materia prima per eccellenza, con l'impiego delle nuove tecnologie si sono potuti fare dei passi successivi.
Infatti, oltre alle fibre naturali che si trovano normalmente in natura, principalmente estratte dal legno (ma possono essere ricavate anche da piante annuali come la canapa, il lino, il kenaf, la paglia di grano o di riso, le canne e così via), esiste un'altra tipologia di fibra, chiamata **tecnofibra** (impropriamente anche fibra artificiale o fibra sintetica), che si ottiene da particolari procedimenti tecnici e che, in relazione alla sua composizione, si distingue a sua volta in *tecnofibra organica* (costituita da polimeri naturali come il ryon, l'acetato di cellulosa e la caseina) e *tecnofibra inorganica* (costituita da polimeri sintetici quali il nylon, le fibre acriliche e le poliolefine).

Questa materia prima alternativa, pur presentando problemi nuovi da risolvere, ha manifestato una tale duttilità di lavorazione da renderla comunque idonea a moltissimi impieghi.
La produzione industriale della carta avviene con un **processo continuo** alla fine del quale viene stoccata in bobine o in fogli; ma partiamo dall'inizio e torniamo al nostro albero.

Sfibratura

Volendo semplificare, si può dire che l'estrazione della fibra, previo scortecciamento dei tronchi (la corteccia è, infatti, priva di cellulosa), si può ottenere in due differenti modi: con un processo meccanico o con un processo chimico.
In entrambi i casi il risultato finale è una poltiglia costituita da un miscuglio di fibre intrecciate e acqua.
Nel caso del **procedimento meccanico**, che consiste nel pressare, in presenza di acqua calda, il legno scortecciato e sminuzzato contro una mole rotante e abrasiva, si otterrà un composto denominato **pasta meccanica** che, a fronte di una opacità elevata presenterà una colorazione giallognola, conserverà la "durezza" e la "rigidità" del legno e mostrerà una resistenza più bassa.
Questo tipo di processo, che rappresenta il metodo più tradizionale e semplice per la produzione di paste cartarie, ha lo svantaggio di degradare in parte la fibra e di mantenere in seno parecchie sostanze inquinanti.
La carta che si ottiene in questo modo risulta più economica, e viene usata per prodotti quali giornali e cartoni.
Con il **procedimento chimico**, che può essere condotto con reagenti alcalini (come la soda, il solfato o il bisolfito) o acidi (per esempio l'acido solforico), la sostanza ottenuta viene definita **pasta chimica** o **pura cellulosa**, proprio per quanto il composto risulta pulito.
Obiettivo principe di questo tipo di procedimento è quello di eliminare la lignina e scomporre l'aggregato in singole fibre che, grazie all'uso della chimica, vengono aperte e ripulite di tutte le sostanze estranee.
Ciò che si ottiene con il procedimento chimico è una pasta, più nobile di quella meccanica, che consente di ottenere carte di maggior pregio utilizzabili, per esempio, per riviste patinate o per gli imballi alimentari.
Con un procedimento intermedio che sfrutta in parte mezzi meccanici e in parte quelli chimici, si può ottenere una particolare materia prima fibrosa (impiegando preferibilmente latifoglie quali il faggio o il pioppo) denominata **pasta semichimica**.
Si può quindi dire che, a seconda del procedimento utilizzato per separare le fibre vegetali, si potranno avere le diverse paste cartarie: cellulose, meccaniche, chimiche, semichimiche o altro.

Il pioppo questo sconosciuto

In un paese povero di materia prima legnosa come l'Italia, il pioppo, oltre a far parte della cultura e della tradizione delle popolazioni padane, costituisce l'unico legno a rapido accrescimento disponibile, giungendo a maturazione nell'arco di sei/otto anni.

Ma il suo impiego non è solo destinato alla fabbricazione della carta. La parte destinata all'estrazione delle fibre di cellulosa è, infatti, solo quella sezione di tronco che misura un diametro compreso tra i dieci e i venti centimetri. Il resto della pianta viene utilizzato anche per altri scopi.

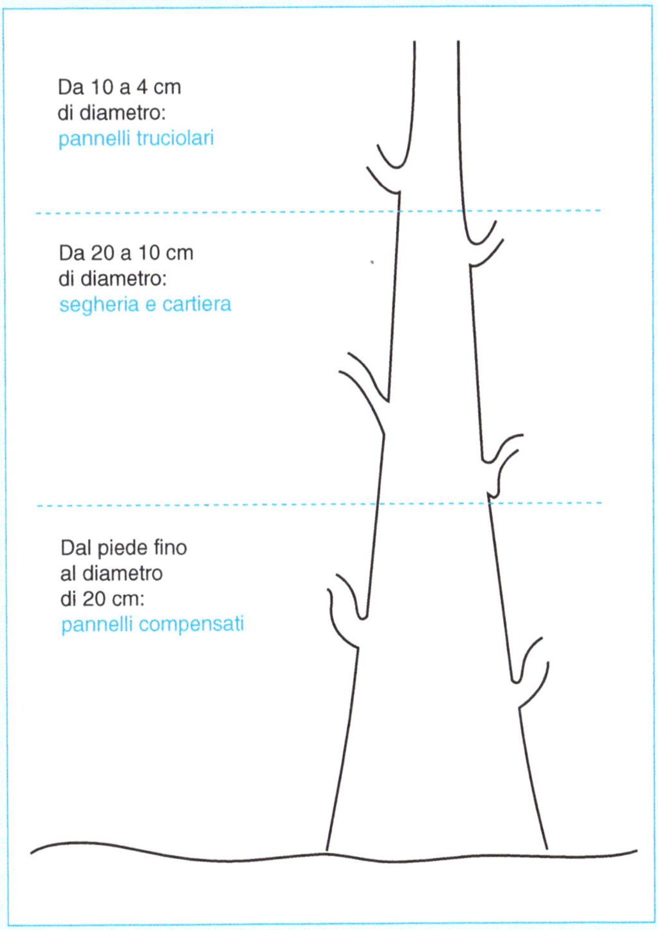

Sbiancamento

Nel legno, oltre alla cellulosa è presente anche un'altra sostanza organica, dalla struttura, però, non fibrosa: la **lignina**, che rappresenta il suo secondo maggior costituente.

Si tratta di un collante naturale (preposto a mantenere insieme le fibre dell'albero) la cui quantità aumenta con il crescere dell'età della pianta.
Di colore giallo-bruno, costituisce un sottoprodotto dell'industria di estrazione della cellulosa dal legno che trova solo impieghi di poco interesse (per esempio, come materiale riempitivo o come costituente di prodotti e laminati plastici o, ancora, di manufatti di gomma).
È insolubile in acqua, ma diventa solubile se vengono aggiunte soluzioni alcaline, e i processi chimici utilizzati nella produzione della carta sono finalizzati proprio alla sua eliminazione.
Spesso, però, la rimozione della lignina avviene solo parzialmente; in questo caso si rende necessario un ulteriore processo di sbiancamento.
Una pasta di cellulosa contenente un'alta percentuale di lignina è destinata a produrre una carta dalla bassa resistenza, soggetta a un invecchiamento precoce e a un inesorabile ingiallimento alla luce del sole.

Raffinazione

L'eliminazione della lignina avviene per mezzo della raffinazione, **principio fondamentale** su cui si basa la fabbricazione del foglio di carta.
Si tratta di un delicato processo che sottopone le fibre a una serie di sfregamenti e schiacciamenti (la cui intensità è in funzione della densità dell'impasto, cioè se più o meno diluito) che consentono all'acqua di penetrare sempre di più in profondità modificando parzialmente la struttura delle fibre stesse. In questo modo è possibile unirle robustamente tra loro e ottenere un composto più plastico e flessibile.
È un procedimento che, in maniera decisiva, determina le proprietà finali della carta.
La pasta legno così ottenuta viene depurata, separata da materiali estranei, convogliata e distribuita su un nastro continuo di tela metallica dove avviene l'allineamento delle fibre e, infine, drenata.
L'acqua proveniente dalla tela per effetto dello scolamento del foglio si chiama *acqua bianca*.
A questo punto, il delicatissimo foglio ottenuto, che contiene ancora un'alta percentuale di umidità, viene trasportato su una morbida superficie di feltro e passato sotto a delle presse.
In questo modo, l'acqua di spremitura sarà assorbita dal feltro senza danneggiare il contesto fibroso e poi eliminata.
Quindi la carta potrà entrare nella fase successiva della seccheria.

Seccheria

Lo scopo della seccheria è quello di **disidratare** il foglio, scaldandolo gradualmente allo scopo di non farlo raggrinzire, per restituire, una volta raffreddato, un prodotto stabile ed elastico.
Durante l'asciugatura il foglio subisce, infatti, un ritiro in senso trasversale e longitudinale (più marcato il primo rispetto al secondo).

Il metodo più utilizzato è l'essicamento **per contatto**. In questo modo la carta viene fatta scorrere su diversi cilindri posti in sequenza e riscaldati a diverse temperature: quasi freddi i primi, più caldi quelli che seguono.

Alla fine della seccheria il foglio, compresso sotto a dei pesanti cilindri, subisce, grazie alla macchina calandratrice, la **lisciatura**, processo atto a rendere la superficie uniforme.

Tale operazione può essere effettuata sia a caldo sia a freddo.

Allestimento

Alla fine della macchina continua, e quindi di tutti i processi esposti, è presente un **arrotolatore** (o **avvolgitore**).

Questo dispositivo automatico, e sincrono alla velocità di avanzamento della carta, permette di avvolgere in rotolo la carta prodotta. In alternativa può anche essere tagliata in fogli e confezionata in risme. In questo caso vengono impiegate macchine chiamate *taglierine* che consentono di tagliare e raccogliere in fogli la carta arrotolata. Il taglio avviene trasversalmente con una lama chiamata *coltello* che, in base alla grammatura, può tagliare diversi fogli sovrapposti (più bassa sarà la grammatura e più alto il numero dei fogli).

Formato

Le cartiere producono una certa gamma di formati standard, riservandosi la possibilità di allestire formati diversi per ordini superiori a una determinata quantità.

Dal punto di vista della confezione in fogli, la carta può essere consegnata per bancali quando le quantità sono elevate (5 000/20 000 fogli), oppure in pacchi o risme per quantità più contenute.

Il contenuto delle risme, in termini di quantità di fogli, è variabile e dipende dalla grammatura della carta.

L'intento è quello di mantenere costante il peso complessivo del pacco variando la quantità di fogli in esso contenuti. A titolo di esempio, le indicazioni riportate sotto possono essere di aiuto.

Grammatura fino a 90 g/m2	500 fogli
Grammatura da 90 a 150 g/m2	250 fogli
Grammatura da 150 a 300 g/m2	125 fogli
Grammature superiori	100 fogli

I formati standard della carta reperibili sul mercato sono regolati dalle norme UNI, e sono i cosiddetti formati UNI (vedi Capitolo 2). Esistono però anche altri formati che, pur avvicinandosi a quelli UNI, non possono essere considerati tali. Nonostante questo, sono piuttosto diffusi nel settore grafico e sono noti come:

- formato elefante = mm 700 × 1000
- formato protocollo = mm 640 × 880
- formato quadrotto = mm 580 × 920

Imballaggio e magazzinaggio

L'ultimo anello del processo riguarda l'imballaggio.
Le bobine prodotte vengono avvolte singolarmente in più giri di carta da imballo kraft e protette ai lati da due dischi di cartone pesante per difenderle dai danni dovuti al trasporto e all'**umidità** che ne influenza in maniera significativa le caratteristiche.
La cartiera opera, infatti, in maniera tale da fornire la carta con un valore relativo ideale di umidità adatto al suo utilizzo.
Il 50%-55% è quella che viene definita umidità di equilibrio; se, per esempio, la carta raggiunge un grado di umidità relativa inferiore al 35%, potrebbe riportare problemi di conducibilità elettrica, per cui non riuscirebbe a disperdere le cariche elettriche che vengono prodotte durante il processo di stampa.
Quando la carta arriva in tipografia, il problema che si ritrovano gli stampatori è quello di non alterare l'equilibrio tra umidità della carta e umidità ambientale, che potrebbe compromettere la qualità stessa della carta e la sua resa in stampa.
A questo proposito è utile precisare che un grado di umidità dell'ambiente più elevato di quello della carta rende le fibre più flessibili; viceversa, un abbassamento del grado di umidità ambientale rende la carta più fragile e passibile di rottura, e questo non solo in stampa, ma anche nella fase di piegatura in confezione.
L'umidità è, inoltre, anche funzione della temperatura. Se, per esempio, la carta viene conservata durante l'inverno in un magazzino non riscaldato, va da sé che se viene trasferita in un ambiente, come la sala stampa, a temperatura normale, e il suo imballo viene aperto subito, si avrà un immediato abbassamento della temperatura dell'aria vicino alla carta, con conseguente innalzamento dell'umidità relativa del prodotto scartato.
Per evitare questo fenomeno, prima di rompere l'imballo, sarà bene portare la carta il più possibile vicina alla temperatura dell'ambiente in cui verrà utilizzata e, una volta aperta, cercare di mantenere le condizioni di temperatura e di umidità costanti nei locali che la ospitano.
Solo in questo modo è possibile prevenire problemi di **macchinabilità** della carta.
Una buona macchinabilità significa avere una stampa a registro, assenza di inconvenienti meccanici, rotture, strappi e grinze.
È quindi molto importante che l'ambiente dove la carta viene conservata sia condizionato o, comunque, non soggetto a variazioni frequenti di umidità e temperatura.
Oggi, grazie alla tecnologia, le aziende più evolute utilizzano dei sensori ambientali che regolano direttamente e in modo automatico l'impianto di condizionamento; in caso contrario, dei buoni *igroscopi* sono in grado di rilevare le condizioni dei locali.

Rimane comunque una buona abitudine quella di portare la carta in sala stampa almeno ventiquattro o quarantotto ore prima del suo utilizzo. In questo modo si permetterà al supporto di stabilizzarsi in relazione alla temperatura e al grado di umidità presenti.
Anche l'esposizione alla luce del sole non è da considerarsi proprio un toccasana per la carta che, a seconda del tipo, può essere suscettibile di ingiallimento più o meno marcato. Per questo motivo è preferibile che le stanze dei magazzini che la ospitano non siano esposte alla luce diretta del sole o che, perlomeno, presentino un sistema oscurante per i vetri delle finestre.

La carta da macero

Con l'aumento della produzione cartaria, a un certo punto si è posto il delicato problema ambientale ed ecologico (oltre che economico) di un eccessivo disboscamento, e la conseguente necessità di trovare una fonte alternativa al legno.
È in questo panorama che nasce l'industria del **riciclaggio** delle fibre, recuperando e utilizzando la cosiddetta carta da macero.
La carta (già fabbricata una volta) rientra così nella catena produttiva facendo nascere nuovi siti adibiti alla trasformazione dei prodotti recuperati da carta e cartone.
Le fonti di raccolta della carta da macero sono sostanzialmente di due tipi: il macero da **raccolta industriale e commerciale** e il macero **domestico**.
Il primo è costituito dai rifili della cartotecnica e di tutte le operazioni di allestimento della carta e dei prodotti cartari, dagli scarti della macchina continua, dalle rese dei distributori di giornali e riviste, dalle industrie editoriali, dagli uffici, dai magazzini e via dicendo.
Il secondo, invece, riguarda il materiale proveniente dalla raccolta differenziata (isolandolo all'origine dai rifiuti solidi urbani) di abitazioni, piccoli negozi, uffici e studi.
Una volta raccolta, la carta di recupero dovrà subire un trattamento di *elementarizzazione* in grado di rimuovere tutti i contaminanti come plastica, vetro, punti metallici, spago, colle, paraffina e l'inchiostro (in particolare, quest'ultimo intervento viene detto di *disinchiostrazione*). Dopodiché potrà essere trasformata ancora in carta.
Il riciclaggio delle fibre può avvenire solo per un numero limitato di volte, circa quattro o cinque.
Le fasi del processo produttivo delle carte riciclate sono simili a quelle dove vengono utilizzate materie prime vergini.

Tipi di carta

La scelta della carta è una delle fasi più significative della progettazione di un oggetto editoriale, sia per quanto riguarda i costi finali

di produzione (il costo della carta incide sensibilmente su quelli generali) sia per quelli che sono gli aspetti tecnici e qualitativi del prodotto (si tratta infatti di individuare il materiale più adeguato per quel determinato lavoro).
Questo delicato passaggio richiede una certa esperienza, quindi, all'occorrenza, non esitate a chiedere aiuto a chi ne sa più di voi, come il tipografo o i responsabili di stampa e confezione.
In alternativa, alcuni piccoli suggerimenti possono essere una buona base da cui partire.

- Chiedere allo stampatore i tipi di carta disponibili presso la tipografia e, possibilmente, visionarne dei campioni già stampati. In questo modo, oltre a verificare subito la resa grafica, è possibile spuntare prezzi migliori in quanto, molto spesso, i tipografi acquistano elevate quantità della carta più utilizzata per ottenere sconti sui prezzi di acquisto.
- Verificare tramite le informazioni fornite dal produttore il tipo di resa qualitativa della carta scelta, a seconda del tipo di stampa a cui sarà sottoposta.
- Non usare carta patinata per prodotti di solo testo.
- Verificare che grammatura e opacità siano tali da evitare il problema della controstampa, soprattutto nel caso di presenza di immagini con pieni di colore.
- Controllare le caratteristiche legate alla provenienza della carta, al trattamento subìto e al comportamento nel tempo, soprattutto se si tratta di carte garantite come quelle riciclate.

Dal punto di vista dell'impiego, le carte da stampa si possono sostanzialmente suddividere in tre categorie:

- carte **uso mano**, cioè naturali, a fibra nuda;
- carte **patinate** (lucide e opache), con fibra ricoperta;
- carte **speciali**.

Le carte uso mano

Le carte *uso mano* sono il tipo di carta generalmente più economica, ma che consente di ottenere un'ottima resa sul tratto (il tratto è un disegno realizzato con linee nette e nitide e sprovvisto di ombreggiature come, per esempio, i disegni eseguiti a china) e, di conseguenza, sul carattere da stampa.
Questo le rende particolarmente indicate per i libri di solo testo come i romanzi o i prodotti con poche immagini.
Infatti, nella stampa di fotografie le carte di questo tipo tendono a "impastare" l'immagine, causando la perdita dei passaggi di colore.
Negli ultimi tempi sono state però prodotte carte uso mano così raffinate da consentire anche l'uso del colore con una buona resa.

Le carte patinate

La carta *patinata*, proprio grazie al processo di patinatura che consiste nel ricoprire la carta con una sottilissima patina (a base di

gesso e collante), ha la caratteristica di possedere una superficie ben livellata e priva di qualsiasi rugosità, dove la quantità di patina utilizzata ne condiziona la qualità stessa.
Ha un peso che varia dai 70 ai 170 grammi e si suddivide, a sua volta, in patinata *lucida* (*gloss*) e patinata *opaca* (chiamata anche *matte*). Le carte lucide si ottengono trattando la superficie del foglio con dei pigmenti specifici e con una forte calandratura.
In generale le carte patinate sono quelle che trovano il maggior impiego, soprattutto dove è richiesta una migliore qualità nella stampa tipografica e in quella offset.
Sono carte che assorbono meno inchiostro rispetto ad altre, e per questo sono quelle con la migliore resa nella stampa a colori. Infatti, il minor assorbimento di inchiostro consente di ottenere colori più brillanti, facendo risaltare maggiormente le immagini presenti nella pubblicazione.
La carta patinata è quindi particolarmente indicata per prodotti editoriali ricchi di immagini a colori.
Nella scelta si tenga comunque presente che un eccessivo lucido può affaticare la vista del lettore nella fruizione del testo.

Lisciatura e calandratura

A volte si riscontra una certa confusione, in chi non è propriamente del settore, tra lisciatura e calandratura.
Tanto per fare un po' di chiarezza, si sappia che per *lisciatura* si intende lo schiacciamento della carta tra due rulli, solitamente d'acciaio, che ne livellano le asperità. La carta lisciata non è mai lucida, può presentare una superficie non perfettamente omogenea, ed è più soffice, più voluminosa e opaca della carta calandrata.
La *calandratura* è, invece, un'azione contemporanea sulla carta di schiacciamento e frizionamento che, oltre a generare il liscio, produce anche il lucido.

Le carte speciali

Le *carte speciali*, infine, sono quelle più costose (si pensi che le patinate si vendono con un prezzo al quintale, le carte speciali con un prezzo a foglio) e comprendono tutti quei tipi di carta particolare come, per esempio, quella **colorata**, quella **goffrata** (cioè con la filigrana in rilievo che forma texture molto variegate per genere ed evidenza), quella **vergata** (cioè con una filigrana lavorata in modo tale da presentare dei disegni sulla trasparenza della carta), quella **pergamenata** che richiama il concetto dell'antica pergamena, quella **traslucida** a elevato grado di trasparenza e così via, che prevedono usi limitati come, per esempio, quello pubblicitario o per stampe di prestigio.

Due particolari tipologie di carta speciale sono la carta spessorata e la carta pelures.
La carta **spessorata**, molto utilizzata, è una carta che nonostante abbia una grammatura abbastanza bassa (80 grammi), presenta uno spessore elevato (si ricorda che lo spessore si misura in micron, unità di misura equivalente a un millesimo di millimetro) e per questo la pubblicazione finale sembra avere più pagine rispetto a quelle che ha realmente.
La carta **pelures**, molto usata in passato e oggi sostituita da carte con impasti diversi, meno costosi e più resistenti, è una particolare qualità di carta dal peso leggerissimo (che varia generalmente dai 30 ai 40 grammi), che la rende molto simile alla velina. Viene impiegata per la stampa di volumi di testo con molte pagine come, per esempio, i dizionari.
Tra i tanti tipi di carta speciale esiste anche quella che viene chiamata **patinata superesistente**, un supporto che si trova a metà strada tra carta e film.
Si tratta di una particolare carta prodotta con fibre sintetiche. È impermeabile, antistrappo, resistente al calore e facilmente stampabile.
Questa tipologia di supporto, disponibile in svariati colori e grammature, viene utilizzata prevalentemente per la realizzazione di prodotti quali cartine stradali, carte nautiche, particolari manuali di istruzioni, cartellini, etichette e altro ancora.

Carta per quotidiani

La carta utilizzata per la stampa dei quotidiani è da sempre considerata la più scadente (ed economica) per antonomasia ma, proprio per questo, sono necessarie alcune precisazioni.
Innanzitutto si deve considerare che la produzione di questo tipo di prodotto è possibile grazie a grandi e sofisticati macchinari, velocissimi, costosissimi e con un elevato grado di automazione.
Il requisito principale di una carta sottoposta allo stress del tipo di stampa che dovrà subire deve essere, prima di ogni altra cosa, la macchinabilità, unitamente alla condizione della carta stessa, nonché della bobina. Infatti, le alte velocità delle rotative richiedono un nastro di carta il più possibile regolare affinché non avvengano rotture durante la stampa.
L'impasto, costituito prevalentemente da pastalegno, deve essere "scolante" per consentire facilmente la perdita di acqua durante il processo di fabbricazione, e agevolare così il processo di asciugatura.
Non deve subire la fase di collatura in quanto un ulteriore requisito richiesto consiste nella possibilità di ricevere l'inchiostro rapidamente.
Può essere prodotta liscia o calandrata, bianca o colorata (si pensi alla nota *Gazzetta dello Sport*), e con una grammatura che varia dai 42 ai 55 grammi.

Nella scelta della carta, oltre alla tipologia del prodotto finale e alle lavorazioni di confezione a cui sarà sottoposta quali il taglio, la piegatura, la cordonatura, la cucitura e l'incollaggio, è importante anche sapere quale sarà il procedimento di stampa utilizzato (offset, rotocalco, flessografica, serigrafica).

Calcolo del costo della carta

Nella scelta della carta un fattore importante, che può arrivare a incidere per oltre la metà se non per i due terzi del prodotto finito, è il suo costo.
Il costo della carta, oltre che dalla qualità, dipende anche dal suo peso.
Supponiamo di dover acquistare della carta in fogli.
Se si conosce il prezzo al chilo della carta e il peso di un foglio, basterà moltiplicare quest'ultimo per il numero di fogli presenti in una risma (per esempio 500) per ottenere il peso della risma stessa.
A questo punto, se si moltiplica il peso della risma (ottenuto con l'operazione precedente) per il prezzo al chilo della carta si ottiene il costo della risma.
Quando si parla di carta si deve intendere un materiale che non supera generalmente i 170 grammi, anche se esistono pubblicazioni di particolare pregio in cui possono venire utilizzate anche carte da 200 grammi.
Infatti, oltre i 170 grammi si inizia a parlare di "carte pesanti": quelle che vanno dai 170 ai 400 grammi si chiamano cartoncini; per pesi superiori ai 400 grammi si deve invece parlare di cartone.
Si tenga presente che la carta normalmente utilizzata per la fotocopiatrice (o per la stampante laser) è una carta non patinata, mediamente del peso di 80 grammi e studiata per resistere alla pressione meccanica e alle alte temperature, che è quanto serve per trasferire il toner sulla carta stessa.

L'arte della stampa

La stampa è l'atto che consente di ottenere, mediante lieve pressione e previa inchiostrazione, la riproduzione sulla carta o su altra materia, di diciture, di disegni, di figure, ad uno e più colori, in un numero indefinito di copie.
Se volgiamo uno sguardo al passato per osservare i primi metodi ed i primi congegni di stampa e li poniamo a confronto con gli ultimi ritrovati della meccanica, rimaniamo meravigliati.

Questo breve incipit è tratto dal *Compendio tecnico di litografia, fotolitografia, rotolitografia*, a cura del Cav. Luciano Nicola (seconda edizione per corsi professionali), edito dalle Edizioni di tecnologia litografica, del 1958.

Da allora a oggi di strada ne è stata fatta, ma non tanto dal punto di vista delle novità delle tecniche di stampa, bensì dell'evoluzione tecnologica.

Le componenti che stanno alla base della tecnica della stampa sono, infatti, sempre le stesse: un supporto che raccoglie l'impronta (cioè la carta); una sostanza che funge da veicolo dell'impronta (nella fattispecie, l'inchiostro) e una matrice idonea a riprendere e riprodurre l'impronta.

Partendo proprio dal modo in cui l'inchiostro viene trasferito dall'impronta al supporto, si possono distinguere i diversi sistemi di stampa in tre grandi famiglie:

- la stampa in **rilievo** (chiamata anche rilievografica);
- la stampa in **cavo** (incavografica);
- la stampa in **piano** (planografica).

Se invece si considera la tecnologia utilizzata, cioè le macchine da stampa impiegate nel processo, queste si possono suddividere a loro volta in tre categorie, secondo la configurazione della forma di stampa usata e dell'oggetto che esercita la pressione per imprimere i grafismi sulla carta.

Si tratta delle macchine:

- *piane* o *platine*, in cui il grafismo viene stampato sul foglio per mezzo di una pressione esercitata da un piano;
- *piano-cilindriche*, in cui il grafismo viene stampato sul foglio mediante la pressione esercitata da un cilindro su un piano;
- *rotative*, in cui la pressione sul foglio è determinata dal passaggio tra due cilindri; sono alimentate quasi esclusivamente da carta in bobina e vengono utilizzate soprattutto per la stampa di giornali e riviste.

La stampa rilievografica

La stampa in rilievo prevede che le parti che devono ricevere l'inchiostro per essere stampate debbano essere più alte (e tutte della medesima altezza) rispetto al piano di stampa che le accoglie.

Intramontabile esempio di questo processo è la stampa **tipografica** (quella che ha fatto la storia, per intenderci) di cui si è parlato diffusamente nel Capitolo 2.

La stampa tipografica, detta anche stampa *diretta* poiché l'inchiostro viene trasferito direttamente dalla forma al supporto di stampa, è il metodo di stampa più tradizionale (con questo sistema Gutenberg produsse il primo libro a caratteri mobili).

La stampa incavografica

La stampa in cavo è, al contrario, caratterizzata dal fatto che i grafismi risultano incisi (e quindi più bassi) rispetto al piano di stampa. Il processo classico di questo sistema è la **calcografia** e la successiva, in ordine di tempo, stampa **rotocalco**.

Il principio di stampa consiste in una prima inchiostratura di tutta la forma e la seguente asportazione dell'inchiostro dai contrografismi.

La calcografia

La calcografia, invenzione dall'orafo fiorentino **Maso Finiguerra**, è una tecnica che prevede l'impiego di matrici incise in cavo su lastra di rame. Durante l'inchiostratura, l'inchiostro si deposita negli incavi secondo la loro profondità, mentre la matrice viene completamente ripulita dall'inchiostro in tutte le sue parti non incise. A questo punto, una carta piuttosto soffice e spugnosa, adatta quindi allo scopo, verrà pressata contro la matrice di rame per raccogliere l'inchiostro contenuto negli incavi e restituire così la stampa dell'incisione.

In base ai modi in cui la lastra viene preparata per il processo di stampa, il procedimento può assumere diverse denominazioni: se incisa manualmente in modo diretto si avrà la *punta secca*, il *taglio dolce* e la *mezza tinta*; se l'incisione viene fatta con un mordente chimico si chiamerà *acquaforte*, *acquatinta* o *vernice molle*.

Il procedimento calcografico di maggior successo è la più conosciuta rotocalcografia, un sistema di stampa nato sul finire dell'Ottocento.

La rotocalco

La stampa rotocalco deriva direttamente dalla calcografia, ma da essa si distingue per il modo in cui viene realizzata la forma di stampa (che è incisa chimicamente per mezzo di un processo fotomeccanico), dal tipo di inchiostro utilizzato e dalla velocità di esecuzione della stampa stessa.

È un sistema a **grande tiratura** che utilizza come superficie stampante un rullo di metallo (si tratta di acciaio ricoperto da un sottile strato di rame) perfettamente liscio (in caso contrario la stampa risulterebbe difettosa) e cosparso da una infinità di cellette che costituiscono i grafismi da stampare.

Il rullo così composto viene interamente inchiostrato con un inchiostro piuttosto liquido destinato a penetrare nelle cavità presenti sulla superficie, mentre l'eccedenza viene completamente asportata dalla forma grazie al passaggio di una lama, anch'essa d'acciaio e opportunamente angolata (detta *racla*), che ne raschia la superficie.

A questo punto, i grafismi inchiostrati vengono trasferiti sulla carta (avvolta su un secondo rullo) per mezzo di una potente pressione. È importante sottolineare che le cavità presenti sulla superficie del rullo sono di profondità variabile al fine di ottenere le diverse tonalità dei puntini di inchiostro, cioè i toni di grigio.

Per ottenere la stampa a colori si dovranno utilizzare quattro cilindri, uno per ogni colore di quadricromia, passati in sequenza.

Con questo sistema tutti i grafismi si presentano retinati, compresi i testi.

Alla fine del processo di stampa il nastro di carta (è previsto l'uso quasi esclusivo della carta in bobina) verrà asciugato rapidamente grazie all'impiego di essiccatori.

La stampa rotocalco è un procedimento di stampa di tipo industriale a rotativa caratterizzata da un'alta produttività e un'ottima qualità. In campo editoriale è particolarmente apprezzata per le riviste illustrate e per cataloghi con alte tirature.

Per **rotativa** si intende un sistema di stampa in cui sono presenti due cilindri, uno con la forma di stampa inchiostrata (nel caso della offset non si tratta direttamente della forma ma della gomma di riporto inchiostrata), l'altro portante il supporto di stampa, cioè la carta.

La stampa planografica

Nella stampa in piano (grafica o chimica) le parti che ricevono l'inchiostro e quelle che non lo ricevono sono entrambe sullo stesso piano.

Esempi di questo tipo sono la stampa **litografica** e la più recente **offset**, chiamata anche stampa indiretta, inventata all'inizio del secolo scorso.

Nella stampa *indiretta*, a differenza di quanto visto finora, l'inchiostro non viene trasferito direttamente dalla forma al supporto, bensì dalla forma tipografica a un cilindro di gomma e da questo al supporto di stampa.

La litografia

Se Johannes Gutenberg è a tutti gli effetti l'inventore della stampa a caratteri mobili, ad **Aloys Senefelder** (Figura 6.6) va il merito di aver inventato, nel 1796, la litografia, una tecnica di riproduzione meccanica delle immagini, antenata dell'odierna tecnologia offset, che rivoluzionerà il modo di stampare conosciuto fino ad allora.

Il vocabolo "litografia" significa scritta su pietra (dal greco *lithos* che vuol dire pietra e *graphos*, cioè scrivo).

La peculiarità di questa tecnica consiste nel fatto che sulla matrice non esiste alcuna traccia di incisione, ma è possibile disegnare direttamente sulla forma di stampa.

Questo particolare procedimento planografico prende il nome di "tecnica con matrice in piano", proprio perché opera su superfici sprovviste di parti in rilievo o in cavità, come invece avviene per le altre tipologie di stampa.

Spiegata in modo molto semplice, la litografia si basa sul principio fisico-chimico della incompatibilità dell'acqua alle sostanze grasse come, per esempio, l'inchiostro utilizzato.

Su un particolare tipo di pietra (generalmente di origine calcarea), preventivamente squadrata (con le facce perfettamente parallele) e opportunamente levigata e lisciata al fine di togliere qualsiasi rugosità, viene realizzato il disegno con una matita grassa (possono essere utilizzati anche altri strumenti quali pennini e pennelli intrisi di inchiostro grasso).

Figura 6.6
Aloys Senefelder, nato a Praga il 6 novembre 1771, è l'inventore della stampa litografica, antenata della moderna offset. La figura rappresenta un suo ritratto realizzato con penna litografica.

Cospargendo la superficie disegnata con un sottilissimo velo d'acqua accadrà che le parti non disegnate (i cosiddetti contrografismi) tratterranno l'acqua, mentre i segni "grassi" (chiamati grafismi) la respingeranno.

Sulla pietra, che funge da matrice, saranno quindi presenti aree bagnate e segni non bagnati.

Se, a questo punto, si prova a inchiostrare la superficie della pietra così trattata, si otterrà che l'inchiostro sarà respinto dalle parti umide e trattenuto da quelle grasse, cioè quelle disegnate.

In questo modo, un foglio pressato, con l'ausilio di un torchio, sulla pietra litografata riceverà l'inchiostro depositato sulle sole parti disegnate. Nasce in questo modo la stampa chimica.

Nel 1837 sarà sempre un tedesco, **Godefroy Engelmann**, a brevettare la procedura industriale della cromolitografia, la stampa litografica a colori.

La litografia trovò da subito un buon impiego nella ritrattistica e, successivamente, nel campo dell'iconografia scientifica, soprattutto per testi di botanica, medicina, zoologia e così via, senza trascurare il felice utilizzo anche in altri settori primari come quello scolastico, artistico, musicale, pubblicitario o delle cartoline illustrate.

La stampa offset

Anche la stampa offset (che fa parte dei sistemi di stampa indiretta) si basa sul principio della naturale incompatibilità tra acqua e inchiostro che, quindi, si separano.

È una sorta di stampa litografica indiretta, per intenderci; il termine inglese *offset* significa, infatti, "fuori contatto", e sta appunto a indicare che non esiste accostamento tra forma e supporto.

La stampa avviene attraverso l'impiego di tre cilindri a contatto tra di loro.

Il primo cilindro porta avvolta la lastra (debitamente trattata a ogni giro in modo da ricevere l'inchiostro e respingere l'acqua) che viene prima bagnata da dei rulli bagnatori e poi inchiostrata da appositi rulli chiamati inchiostratori (la parte inchiostrata è quella che ha rifiutato l'acqua e che quindi risulterà asciutta).

Il secondo cilindro (in caucciù), che fa da elemento di trasporto e di rovesciamento dell'impronta inchiostrata, riceve la stampa e la riporta sul foglio che viene poi pressato dal terzo cilindro.
L'elasticità del cilindro di gomma consente di esercitare forti pressioni e di ottenere pertanto stampe nitide anche su una carta ruvida, senza trascurare il fatto che la duttilità della gomma consente di trasferire l'inchiostro anche su altri tipi di materiale, come plastica e metallo, tanto per fare due esempi.
Le macchine per la stampa offset permettono di realizzare alte tirature e di ottenere prodotti di qualità. Possono essere sostanzialmente di due generi a seconda del tipo di confezionamento della carta: a **foglio** e a **bobina** se parliamo di roto-offset.
Oggi la stampa offset può essere considerata il processo di stampa più diffuso e apprezzato, con una varietà tale di macchine da consentirne l'impiego in piccole aziende artigiane o in grandi complessi poligrafici.

L'avviamento macchina

La fase iniziale di qualsiasi processo di stampa (a esclusione di quella digitale) prende il nome di avviamento macchina.
Si tratta un momento molto delicato, in quanto rappresenta la verifica della calibrazione di tutto il processo di stampa attraverso l'analisi dei primi fogli che vengono stampati, al fine di apportare le necessarie correzioni prima della tiratura.
Alcuni dei principali controlli che vengono effettuati in questa fase sono: il *registro di ingresso*, l'*uniformità su sfondo*, il *dot gain*, la *tenuta delle pinze*, i *parametri di densità*, il *tipo di inchiostro* utilizzato e il suo *tempo di asciugatura*.
Vediamone alcuni.
Con il **registro d'ingresso** si cerca di ottenere dalla macchina da stampa la perfetta sovrapposizione di un'immagine stampata due volte effettuando due passaggi del foglio.
L'**uniformità su fondo** rivela se i valori di inchiostratura sono uniformi e omogenei sui "fondi pieni".
Il **dot gain** si riferisce alla variazione dimensionale che il punto di retino subisce, per mezzo della pressione esercitata su di esso, durante il suo trasferimento dalla pellicola alla forma di stampa (la lastra tipografica).
L'aumento del punto è uno dei fattori che maggiormente determinano le variazioni cromatiche in stampa.
Infatti, se il dot gain dei colori di quadricromia fosse uguale per ognuno di loro, l'immagine non perderebbe il suo equilibrio cromatico; ma se uno dei colori presentasse uno schiacciamento del punto diverso rispetto agli altri, l'immagine acquisterebbe una dominante di colore rompendo l'equilibrio cromatico.

Le **pinze** sono appositi morsetti, annessi ai cilindri, che trattengono il foglio da stampare fino a impressione avvenuta. Devono essere regolarmente registrate e tenute in buone condizioni.
Tutte queste sofisticate verifiche sono volte alla medesima risultante: l'assicurazione di una serie di condizioni per i grafismi e, contemporaneamente, l'ottenimento della necessaria pulizia dei contrografismi.
Il compito della stampa è quello di giungere a una sorta di equilibrio ottimale tra tutte le componenti che ne fanno parte.
L'obiettivo finale dello stampatore è quello di portare la sua macchina da stampa nelle migliori condizioni per poter operare al suo massimo livello di efficienza produttiva e qualitativa.
E questo, per l'intera tiratura.

L'altra stampa

Le nuove tecnologie hanno portato innovazioni significative anche nel campo della stampa, eliminando tutta una serie di lavorazioni come, per esempio, la produzione di pellicole, il loro montaggio, la relativa messa a registro, lo sviluppo delle lastre, l'avviamento macchina e altro ancora, abbreviando sensibilmente i tempi di produzione, riducendo l'impiego di forza lavoro e abbassando i costi.
Si tratta della cosiddetta **stampa digitale**.
Quando si parla di stampa digitale ci si riferisce a quei sistemi in cui alla fine delle lavorazioni di prestampa si procede direttamente alla stampa dei file senza passare attraverso dispositivi esterni tipo la realizzazione delle pellicole (come passaggio intermedio tra artwork e ottenimento della forma di stampa) e delle successive lastre; o la produzione diretta delle lastre attraverso la tecnologia CTP (*Computer-To-Plate*).
Le applicazioni della stampa digitale sono sempre più numerose e in grado di soddisfare esigenze diverse, tanto che la tecnologia utilizzata può essere alimentata a foglio o a bobina.
A differenza della stampa tradizionale, con la quale si può stampare solo ciò che viene "messo in macchina" (cioè le forme preparate per quel "giro" di stampa), con quella digitale si è in grado di stampare a ogni giro una pagina diversa o più copie della stessa pagina, oppure ancora realizzare intestazioni personalizzate sulle singole pagine e così via. Questa particolarità è molto utile anche nel caso in cui si abbia la necessità di realizzare aggiornamenti di edizioni precedenti, anche per tirature molto basse.
Le basse tirature sono, infatti, il punto di maggior *appeal* della stampa digitale.
A volte capita che gli editori, soprattutto per le novità, pubblichino inizialmente in digitale un numero limitato di copie, per poi passare alla stampa offset in caso di successo del prodotto.

L'eliminazione dei costi di avviamento macchina e il controllo sulla tiratura fa di questa tecnologia di stampa un processo piuttosto utilizzato, soprattutto per i prodotti di nicchia e a bassa commercializzazione che altrimenti non potrebbero trovare un loro mercato, senza trascurare il fatto che, in questo modo, possono venire sensibilmente ridotte le giacenze di magazzino e, di conseguenza, le immobilizzazioni e i costi finanziari delle aziende editoriali.

Il numero zero

Teoricamente la stampa digitale è utilizzabile anche per stampare una sola copia del prodotto, infatti, viene spesso utilizzata per la realizzazione dei numeri zero delle riviste o dei periodici.

Il numero zero di un prodotto editoriale è un numero di prova, completo in ogni sua parte dal punto di vista grafico e concettuale, ma ancora sprovvisto dei contenuti testuali e iconografici definitivi.

La confezione

La fase di stampa non deve essere considerata l'ultimo passaggio del ciclo di produzione dello stampato, ma un anello intermedio dell'intera catena.

Infatti, una volta ultimata la stampa, i fogli impressi dovranno subire nuovi e importanti processi.

Il taglio

La prima operazione che i fogli riceveranno a questo punto è costituita dal taglio, fase che può essere suddivisa in due distinti momenti: il **rifilo** dello stampato, cioè l'eliminazione dell'eccedenza di carta sui bordi del foglio oltre il suo formato, e la **spartitura**, cioè la separazione delle singole segnature presenti sul medesimo foglio di stampa (Figura 6.7 e Figura 6.8).

Propedeutica alla spartitura è la preparazione dei fogli che, prima di subire il taglio, dovranno essere perfettamente pareggiati e ben arieggiati.

Il taglio è un momento importante dell'allestimento di uno stampato in quanto un'esecuzione scorretta o imprecisa può compromettere irrimediabilmente l'intero lavoro.

> Per **allestimento** si intende l'insieme delle tecnologie e delle lavorazioni sul semilavorato proveniente dalla stampa atte a completare il prodotto finale e a conferirgli le caratteristiche tecniche e qualitative (come forma, dimensione, aspetto) decise a monte del processo, nella fase, cioè, di progettazione grafica.

Le delicate operazioni di rifilo e spartitura vengono eseguite con uno strumento denominato **tagliacarte**, che può lavorare con una o più lame a seconda del prodotto. È munito di un dispositivo, chia-

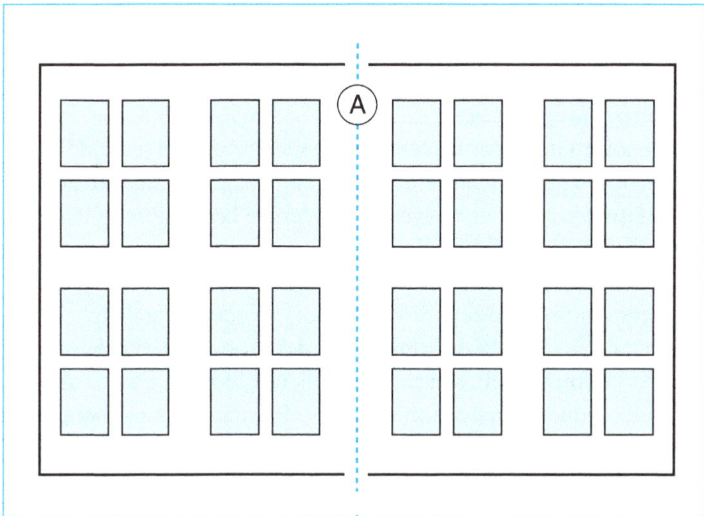

Figura 6.7
Con un solo taglio (A) si spartiscono i fogli stampati contenenti due segnature.

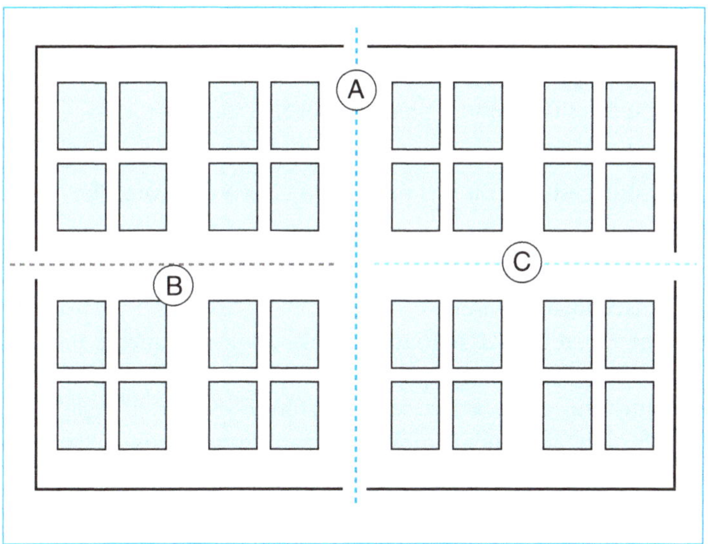

Figura 6.8
Tre tagli (A, B, C) spartiscono quattro segnature.

mato **pressore** o **pressino**, che ha il compito di bloccare la mazzetta di carta durante la fase di taglio e di eliminare l'aria residua.
Oltre alla precisione e all'affilatura della lama del tagliacarte è molto importante anche il tipo di pressione esercitato sulla mazzetta, in quanto un'errata scelta può causare spostamenti o trascinamenti del foglio.
Una delle regole che vengono applicate suggerisce di usare una pressione proporzionale alla morbidezza del materiale da tagliare: tanto più morbido è il materiale e tanto maggiore dovrà essere la pressione esercitata su di esso; viceversa, più duro risulterà il materiale e minore sarà la pressione richiesta.

Un altro importante fattore, che può influenzare in modo determinante la qualità del taglio, è costituito dalla pareggiatura dei fogli stampati, operazione ottenibile con un macchinario chiamato, appunto, **pareggiatore**.

La piegatura

I fogli tagliati in spartitura vengono in seguito piegati secondo la **segnatura** di appartenenza e ordinati con le pagine progressivamente numerate e pronte per ricevere le successive lavorazioni di legatura.
La trasformazione dei fogli spartiti in segnature rappresenta un'altra fase fondamentale della legatoria.
Le pieghe possono essere di vario tipo: incrociate, parallele, miste o combinate a seconda della tipologia del prodotto editoriale (libri, stampati commerciali, riviste, opuscoli, tavole fuori testo o altro).
In passato questa operazione veniva effettuata manualmente, ma oggi esistono macchine automatiche, chiamate **piegatrici**, che sostituiscono l'uomo nello svolgimento di questa attività.
I principali tipi di piega possono essere così schematizzati:

- a quartino, con una piega;
- a ottavo, con due pieghe incrociate;
- a ottavo per lungo, con due pieghe parallele;
- a sedicesimo, con tre pieghe parallele e una incrociata;
- a trentaduesimo, con tre pieghe parallele e tre incrociate;
- a dodicesimo, con una piega incrociata e due parallele;
- a ventiquattresimo, con tre pieghe parallele e due incrociate.

Oltre a queste, sono possibili anche altre combinazioni, ottenibili con macchinari specifici.
È bene sapere che la **segnatura stesa** (cioè non ancora piegata) proveniente dalla stampa presenta tutta una serie di segni di riferimento utili ad agevolare le lavorazioni e i controlli delle varie fasi di confezionamento dello stampato: sono i cosiddetti segni di registro, crocini di piega, segni di spartitura o di rifilo, segni di squadratura e di marcatura scalare (Figura 6.9 e Figura 6.10).
Oltre a questi, sono presenti anche altri indicatori, che però non interessano direttamente il lavoro del legatore, come le scale di controllo densitometrico, le scale di grigio, il nome del file, la data e così via.
Dopo la stampa, la spartitura e la piega, le varie parti che compongono il prodotto editoriale vengono *assiemate* e disposte secondo l'ordine prestabilito in fase di imposizione.
Questa operazione prende il nome di **raccolta**, che può essere effettuata in linea con le lavorazioni della fase successiva relative alla legatura, oppure fuori linea in base agli spazi disponibili nell'azienda e alla presenza di macchinari dedicati.
Anche la raccolta è un momento importante e delicato della fase di confezionamento: vi è mai capitato di trovare un opuscolo sen-

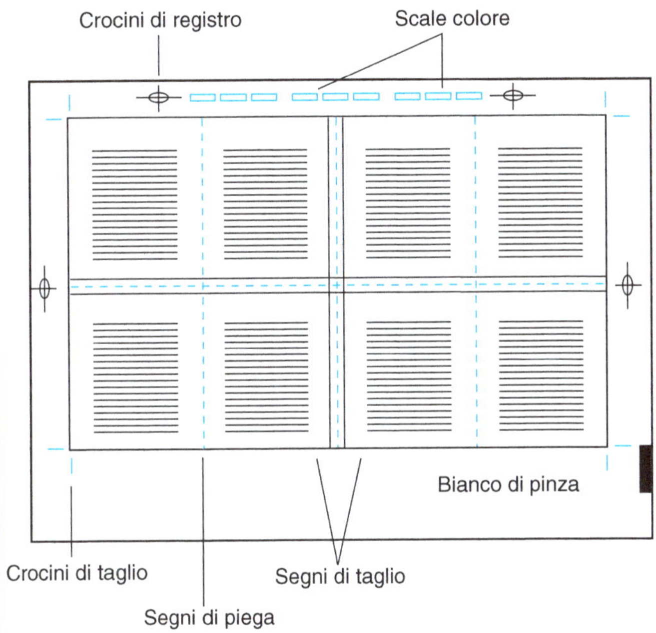

Figura 6.9
Alcuni dei segni presenti su una segnatura stesa.

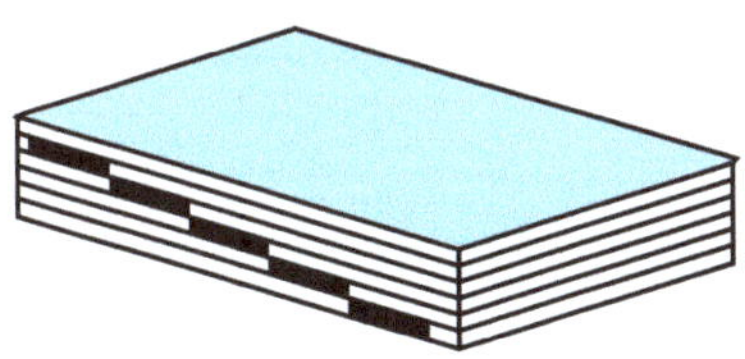

Figura 6.10
Esempio di marcatura scalare delle segnature.

za una segnatura? O un libro con una segnatura doppia? O con le segnature invertite? Errori, questi, che possono determinare rifacimenti e rallentamenti nella produzione compromettendo margine di guadagno e risultato finale.
A questo punto le pagine stampate, tagliate, spartite, piegate e raccolte (Figura 6.11) possono passare alla fase di legatura.
La **legatura** è l'insieme di tutte le tecniche idonee a mantenere le pagine che compongono lo stampato unite tra di loro.
Esistono diverse tipologie di legatura (dalla gommatura alla confezione a spirale, da quella a pettine a quella a vite o con anelli e così via), ma quelle che maggiormente vengono utilizzate sono:

- la legatura con cucitura a **punto metallico**;
- la legatura con cucitura a **filo di refe**, che si suddivide, a sua volta, in *brossura* e *cartonato*;

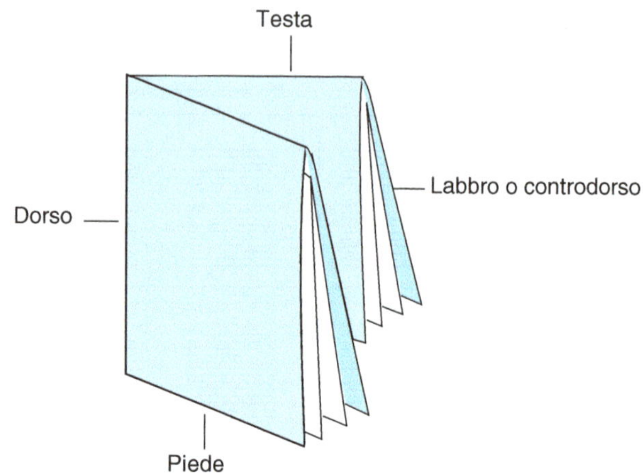

Figura 6.11
Segnatura piegata con relativa nomenclatura. Il lato di battuta è il lato sul quale le segnature piegate vengono pareggiate per ricevere le lavorazioni successive.

- la legatura a **colla**, che elimina la fase di cucitura e che prende il nome di *brossura fresata*.

Nella scelta del tipo di legatura è importante essere a conoscenza di tutta una serie di variabili quali l'aspetto esteriore del prodotto finito, il suo numero di pagine, il suo scopo, la sua destinazione, se deve essere spedito per posta o mandato in libreria, se sono presenti inserti o parti speciali, l'incidenza del suo costo e così via.

Il punto metallico: legatura e copertina

Il punto metallico (cioè la classica graffetta) è un sistema che prevede la cucitura delle segnature che compongono il prodotto editoriale per mezzo di un segmento di filo di metallo.
La sezione del filo può essere rettangolare o tonda. La forma classica è quella della graffetta, ma può assumere anche quella della lettera omega (forma detta a *occhiello*) per stampati destinati a essere riuniti in raccoglitori.
Il punto metallico è un tipo di legatura particolarmente adatto per pubblicazioni con un numero non eccessivo di pagine che vengono unite in un solo gruppo, compresa la copertina, generalmente costituita da un quartino plastificato il cui peso si aggira intorno ai 200 grammi. Le copertine impiegate per confezionare questo tipo di stampati sono piuttosto economiche e possono essere rifilate al vivo oppure presentare un'aletta (o bandella) di ampiezza variabile secondo le esigenze.
L'**aletta** è, in pratica, un prolungamento dei quadranti anteriore e posteriore della copertina, rispetto al formato dello stampato, che vengono poi piegati su se stessi verso l'interno.

Numerose riviste utilizzano la bandella per avere a disposizione più spazio per la grafica di copertina, ma spesso anche per la pubblicità privilegiata, vale a dire quella di maggior costo per l'inserzionista perché in posizione di rilievo.
La legatura a punto metallico è la più semplice e la più veloce, ha una buona resistenza e permette alle pagine di essere perfettamente piane quando il prodotto viene aperto.
Un prodotto rilegato con il punto metallico è però un prodotto non ritenuto esteticamente attraente, in particolare per l'assenza del dorso che limita la possibilità di consultazione in caso di archiviazione delle copie e non consente di identificarne il contenuto senza dover sfogliare prima lo stampato.
Questo tipo di legatura è indicato per riviste, periodici, opuscoli, quaderni, cataloghi, fascicoli e altri stampati consistenti in un **numero limitato di pagine**.
La cucitura metallica viene effettuata da macchine accavallatrici-cucitrici che eseguono la raccolta e l'accavallatura delle segnature piegate l'una dentro l'altra e, dopo un controllo finalizzato alla verifica meccanica circa lo spessore del fascicolo, cucite mediante due o più punti.
La sequenza delle pagine deve prevedere che le segnature interne presentino un formato leggermente diverso poiché la carta sporgerà oltre l'area esterna del profilo. I margini dovranno quindi essere correttamente compensati in base allo spessore della carta.
Lo stampato così finito, rilegato e rifilato sui tre lati può passare alla fase di *finissage*.

E alla fine... il finissage

Il termine *finissaggio* comprende tutta una serie di interventi sullo stampato volti a proteggerlo nelle fasi di trasporto, stoccaggio e commercializzazione. I materiali utilizzati in questa fase sono direttamente funzionali alla delicatezza del prodotto che devono contenere e proteggere.
Nella definizione ISO di questo momento, si trovano enunciate quattro fasi distinte.

Confezione o confezionamento

È la fase che prevede un primo involucro, a protezione del prodotto editoriale, che viene definito parte "indissolubile del prodotto stesso". Si tratta, ovviamente, della copertina.

Preimballaggio o imballaggio interno

È la protezione esterna dell'oggetto confezionato per mezzo di un elemento separabile dal prodotto. Si tratta, per esempio, della fascetta (di carta o in materiale plastico), della cellofanatura, della sovraccoperta o altro ancora.

Continua

Talvolta la *fascetta*, che è un nastro di carta collocato trasversalmente alla copertina, può essere stampata per personalizzare il prodotto confezionato.
In alternativa alla fascetta si può ricorrere alla *reggetta*: un sottile nastro in polipropilene più resistente della prima.

Imballaggio

Riguarda il raggruppamento di più prodotti preimballati.

Imballaggio esterno

È la fase di assiemaggio e protezione di più imballaggi raggruppati in maniera sistematica in imballi di tipo esterno come bancali o pallet. L'insieme dei prodotti impilati sostenuti dal pallet si chiama, in gergo, *carico palettizzato*.
Il carico palettizzato potrà essere ulteriormente protetto per mezzo di sistemi di confezionatura finale del bancale come, per esempio, un film in PVC avvolto attorno al carico.
In caso di necessità, potrà venire impiegato anche un coperchio di chiusura del bancale, solitamente di legno e della stessa dimensione della paletta sottostante. Il tutto viene poi fermato saldamento da reggette metalliche.

Nel concetto generale di imballo, non è da trascurare il fatto che molto spesso è eletto a rappresentare la veste finale con la quale l'oggetto si offre al pubblico. Ovviamente questo fa sì che esso debba essere almeno adeguato al contenuto, se non rappresentarne addirittura un arricchimento, riconoscendogli un ruolo promozionale e di marketing.
Riassumendo, si può quindi dire che le tecnologie di finissage sono volte a soddisfare tre esigenze: una puramente tecnica di confezionamento; una tecnica di protezione e contenimento; e una più squisitamente di marketing.

La brossura: legatura e copertina

Il termine "brossura" è un vocabolo che deriva dal francese e che significa legare alla rustica, in fretta e senza eccessiva cura.
La legatura a brossura si propone come valida alternativa quando il punto metallico risulta tecnicamente insufficiente e il cartonato eccessivo dal punto di vista della spesa.
Quindi, sia che si tratti di una preferenza economica o che riguardi una scelta pratica, il ricorso alla brossura risulta quasi sempre una valutazione azzeccata.
Se si volesse riassumere in poche parole questo tipo di tecnica legatoria si potrebbe dire che consiste nell'incollatura delle pagine, raccolte in segnature, direttamente al dorso della copertina.
Ma vediamo di cosa si tratta.
Innanzitutto occorre distinguere due tipi di brossura: la brossura a filo di refe e la brossura fresata.

La brossura a filo di refe

La brossura a filo di refe è una cucitura (con un filo di refe vero e proprio) che unisce le singole segnature per incollarle successivamente al dorso del libro.
Questo tipo di rilegatura, che garantisce un'elevata resistenza, è particolarmente indicato per volumi con **molte pagine** (quindi con parecchie segnature da unire) come, per esempio, cataloghi, testi scolastici, romanzi, volumi di lettura e così via, per stampati che richiedono una buona durata nel tempo, una certa praticità di utilizzo e costi contenuti.
I tipi di cucitura, che possono anche essere rinforzati con una garza (o fettuccia o carta crespa) sulla costa (cioè il dorso) del volume per conferirgli maggiore robustezza, possono essere differenti e sono in funzione delle lavorazioni successive.
La cucitura avviene per singole segnature che vengono poi unite insieme a formare il **blocco-libro**.
Il dorso viene quindi spalmato con uno strato uniforme di colla che serve, insieme al filo, a garantire l'unione delle segnature e a chiude gli interstizi tra una e l'altra.
A dorso asciutto e pressato (al fine di eliminare lo spessore dovuto al filo di cucitura), il prodotto, compatto e squadrato, è pronto a ricevere la copertina.

La brossura fresata

La fresatura è il metodo **più economico** di brossura. In questo caso le segnature vengono tagliate sul lato di piega e incollate a pressione direttamente (senza cucitura col filo di refe) al dorso del libro.
Con questo metodo le segnature raccolte subiscono l'asportazione del dorso affinché tutte le pagine, comprese quelle più interne della segnatura, siano messe in luce per poter ricevere la colla e legarsi alle altre.
Il margine di rifilo sul dorso della segnatura varia a seconda dello spessore della stessa (più alto è il numero di pagine e maggiore sarà lo spessore di carta da tagliare); si può comunque dire che varia fra i due e cinque millimetri.
Il blocco-libro così composto, spalmato di colla sul dorso, viene accoppiato alla copertina.
La qualità di questa particolare brossura è assolutamente dipendente dalle caratteristiche della carta utilizzata, dal tipo di adesivo scelto e dalla compatibilità tra i due.
Tecnica squisitamente industriale, nasce con l'intenzione del contenimento dei costi per le edizioni economiche di larga divulgazione.

La copertina brossurata

La copertina brossurata è quindi un tipo di copertina che prevede un unico elemento, in carta o cartoncino, di solito non superiore ai 300 grammi, che viene applicato (incollato) direttamente al blocco-libro tramite il dorso di legatura.

Può essere plastificata o verniciata e spesso cordonata, cioè munita di un solco longitudinale di fianco al dorso per facilitare la piega e l'apertura (Figura 6.12).

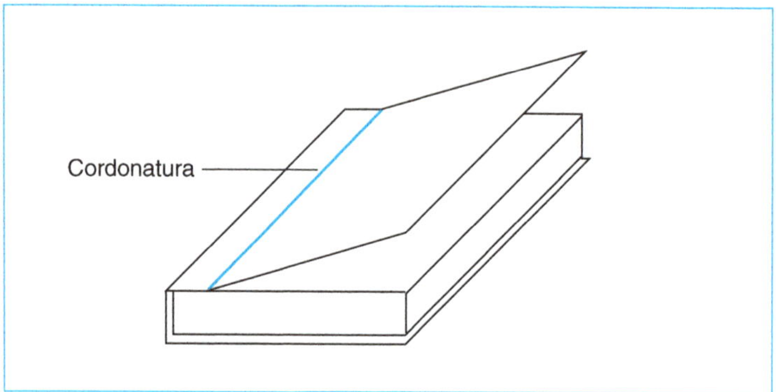

Figura 6.12
Copertina con cordonatura.

La copertina è rifilata insieme al volume per essere del medesimo formato, e il taglio dei tre lati avviene dopo la sua incollatura; in caso contrario, può presentare una leggera sporgenza (chiamata **unghiatura**) rispetto ai tre lati di ritaglio del libro, e allora verrà applicata al volume solamente dopo il rifilo dei bordi.
Può essere munita di un'aletta laterale a battente al fine di aumentarne lo spessore al tatto e la robustezza nell'uso (Figura 6.13).

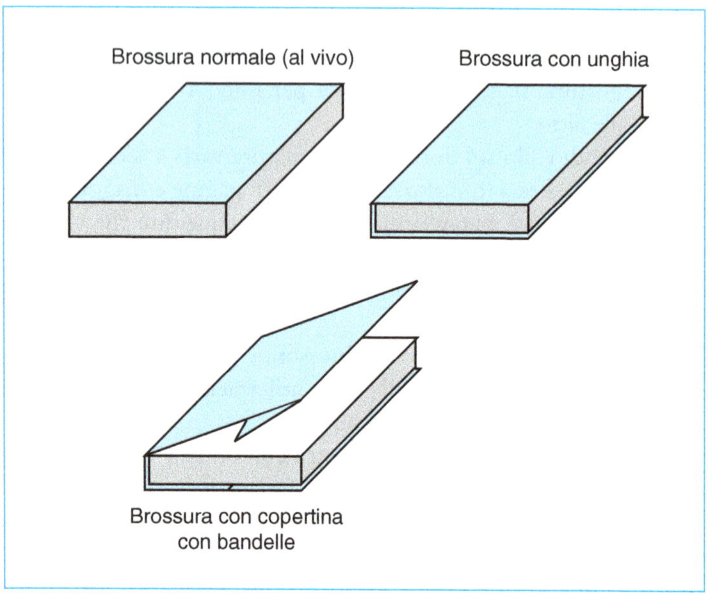

Figura 6.13
Esempi di rilegatura di libri con brossura che mostrano, nel primo caso, un rifilo della copertina a filo delle pagine; nel secondo, la copertina sporge oltre il formato del libro formando l'unghiatura; nel terzo e ultimo caso, infine, la copertina è munita di bandelle (o alette) che vengono ripiegate verso l'interno del volume.

Le tecniche brossurate non devono essere confuse con quelle che vengono chiamate **incassate** o **cartonate**.

Infatti, mentre la tecnica della brossura prevede l'unione tra blocco-libro e copertina per mezzo dell'incollaggio del dorso, le tecniche incassate prevedono l'unione della copertina attraverso i risguardi, anche se le operazioni di preparazione delle segnature e di piegatura sono le stesse.

Il cartonato

Il cartonato è il diretto discendente delle tecniche di legatura dei libri utilizzate dai monaci dell'alto medioevo.

E, anche nella nostra epoca, ha mantenuto le doti di prodotto più rinomato della legatoria, e questo grazie al riuscito connubio tra robustezza dell'oggetto e gradevolezza estetica.

Si tratta di un metodo con il quale l'unione tra blocco-libro e copertina avviene utilizzando le facce interne della copertina, alle quali vengono incollati i **risguardi** (o **sguardie**) del volume.

I risguardi assumo un'importanza rilevante ai fini della robustezza del prodotto finito e possono essere costituiti dalla prima e ultima pagina del blocco-libro (in caso di una buona grammatura della carta di edizione), o da un quartino (di una grammatura superiore di quella utilizzata per i fogli di stampa) appositamente preparato e applicato all'esterno del blocco-libro stesso.

La **copertina cartonata** è quella che viene considerata la copertina di maggior pregio, quella che più di ogni altra è ritenuta espressione stessa del libro.

Si tratta di una copertina costituita da cartone rivestito da materiale diverso, secondo l'occorrenza, come la carta, la tela, la pelle o altro. Nel caso in cui sia rivestita completamente di un unico materiale si chiamerà **copertura in pieno** o copertura **tutta tela**; se invece vengono utilizzati due diversi materiali, uno per il dorso e uno per i quadranti, allora verrà denominata **mezza legatura** o **mezza tela**.

Questo tipo di copertina è costituito da due **quadranti**, chiamati anche **plance**, e da un **dorsino**, o **fondello**, o **listello** che costituisce il dorso della legatura. Tra quadranti e listello è presente uno spazio, di misura variabile a seconda delle caratteristiche del volume, detto **canaletto** (Figura 6.14).

Il dorso può essere **quadro**, e in questo caso il cartone utilizzato per i quadranti e il fondello può essere dello stesso spessore; oppure **tondo**, cioè arrotondato, e questo tipo di sagomatura richiede un fondello in cartone più leggero (Figura 6.15).

L'arrotondatura del dorso, che è una lavorazione esclusivamente di carattere estetico, si ottiene dalla sfasatura per scivolamento delle pagine delle segnature.

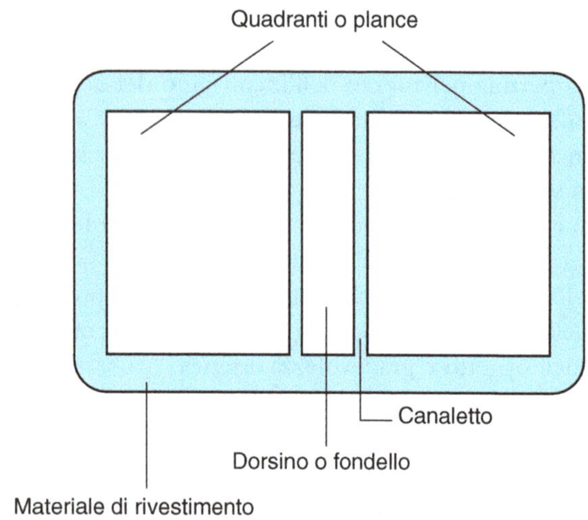

Figura 6.14
Copertina cartonata in formato steso.

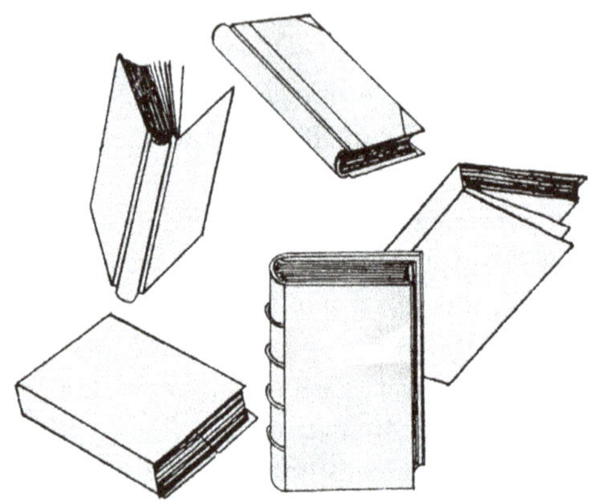

Figura 6.15
Libri con dorso quadro e tondo.

Come ti calcolo il dorso

Essere in grado di calcolare la dimensione che assumerà il dorso (o costa) del volume in lavorazione è un dato da non trascurare, tanto che esistono delle tabelle specifiche che restituiscono il risultato in funzione del tipo di carta utilizzato. In mancanza di tali supporti, una semplice formula matematica può essere di aiuto.
Si tratta di moltiplicare il numero delle pagine che costituiscono l'intero stampato per lo spessore della carta utilizzata. Il risultato ottenuto dovrà essere diviso per due. A questo punto, se si tratta di un cartonato, sarà necessario aggiungere il valore 0,2 al quoziente ottenuto. Per volumi con un numero eccessivo di pagine, quest'ultima cifra può assumere anche valori maggiori all'aumentare della foliazione.

Ovviamente, anche nel caso della copertina vale la regola della direzione del **senso delle fibre** vista per la fabbricazione della carta, per cui plance e rivestimenti dovranno essere disposti con la fibra parallela al dorso dello stampato, pena antiestetici e penalizzanti imbarcamenti del prodotto.

Il materiale di rivestimento

Il materiale di rivestimento delle copertine cartonate è sempre più spesso costituito dalla **carta**, solitamente una patinata (lucida o opaca) di grammatura variabile, che può essere sottoposta a una serie di lavorazioni speciali come la plastificazione e la verniciatura; oppure da particolari carte, specifiche per rivestimenti, come quelle cosiddette impregnate o quelle spalmate di PVC.

La carta è il materiale di rivestimento più economico e anche quello che presenta le migliori caratteristiche di stampabilità. Può essere utilizzata per una copertura **in pieno** o per un rivestimento **combinato**, per esempio con la tela, impiegata per il dorso.

Altri materiale di rivestimento possono essere costituiti dalla tela, da materiali sintetici, tessuti tecnici o dalla **pelle**.

Quest'ultima, per via dei costi elevati e del difficile reperimento, è sempre più limitata e impiegata per edizioni di grande prestigio. Comunque sia, la miglior pelle per la rilegatura di un libro è sempre stata considerata la pelle di capra; altri tipi di buona qualità possono essere la pelle di agnello, quella di vitello e montone. Le principali caratteristiche che discriminano la qualità delle pelli sono: la *densità delle fibre* (da cui discende l'elasticità e la robustezza della pelle); lo *spessore* (che dipende, oltre che dalla specie, anche dall'età e dal sesso dell'animale); e l'*uniformità* (in funzione della pezzatura).

Un materiale piuttosto usato, anche grazie ai suoi bassi costi e alla velocità di produzione, è la **tela**, costituita sostanzialmente da due elementi: il *tessuto* e l'*appretto*.

Il **tessuto** è, in poche parole, un intreccio di fili che vengono indicati con il nome di *ordito*, *trama* o *cimosa*.

L'**ordito** si riferisce ai fili che percorrono la tela nel senso della lunghezza; la **trama** si riferisce al filo che, passando sopra e sotto ai fili d'ordito, percorre trasversalmente la pezza di tela; la **cimosa** rappresenta i due margini longitudinali della tela, costituiti da un maggior numero di fili d'ordito al fine di rafforzarla sui bordi.

L'**apprettatura** è una lavorazione che viene eseguita sulla tela per chiudere i fori della trama e permettere che possa venire tagliata, incollata, decorata e stampata senza problemi.

Le tele più pregiate son quelle che hanno subìto il processo di apprettatura solo sul lato interno lasciando così intatta, all'esterno, la trama, come le tele *Canvas*, la *Bavaria*, il *Linetto* e la *Canapetta*, tanto per fare qualche esempio.

La tela che invece ha ricevuto l'apprettatura sul lato esterno prende il nome di *dermoide* ed è l'unica che risulta impermeabile e

lavabile; consente inoltre di ottenere un buon grado di liscio e di lucidità, e si presenta morbida e brillante.
Un particolare da sottolineare è che può anche essere goffrata. Le goffrature più diffuse sono quelle che imitano la pelle, compresa quella dei rettili.
È apprezzabile quanto, nel tempo, la produzione del cartonato si sia diversificata per rispondere alle particolari esigenze dei diversi prodotti.

Copertine speciali

Infatti, oltre alle copertine classiche, che derivano direttamente dal tipo di legatura, esistono delle copertine particolari che usano una serie di requisiti incrociati di proprietà delle singole copertine tradizionali.
Una di queste è la cosiddetta **copertina all'olandese**, una particolare copertina formata da un cartoncino patinato, tipico delle copertine in brossura, generalmente prestampato e di grammatura non superiore ai 400 grammi, che presenta sui lati esterni (cioè testa, taglio e piede) un risvolto.
Il blocco-libro viene incassato per mezzo di risguardi imbavati (cioè incollati) sui quadranti, come nelle copertine cartonate, lasciando libero il dorso.
È un tipo di copertina piuttosto apprezzato in quanto consente rifiniture tipiche del cartonato (per esempio l'applicazione dei capitelli e dei segnalibro), ma con dei costi decisamente più contenuti.
Il cartonato all'olandese è largamente utilizzato per confezionare guide turistiche di un certo valore o prodotti similari che richiedono doti di maneggevolezza e flessibilità, e caratteristiche estetiche come l'unghiatura, il capitello o il segnalibro.
Variante dell'olandese è la copertina **Fullflaps**, in cui le alette laterali sono prolungate e piegate verso l'interno ma senza essere incollate. In questo modo possono essere utilizzate come un vero e proprio segnalibro.
Un altro tipo di copertina ibrida è la **Walkicover**, sempre molto simile alla copertina olandese ma che viene applicata al blocco-libro direttamente dal dorso, come una normale brossura.
In questo tipo di copertina i risvolti laterali sono pari alla larghezza del quadrante, consentendo così di avere una copertina doppia su tutta la superficie e quindi una maggiore robustezza dell'oggetto, eccetto che sul dorso, che non perderà le sue doti di *lay-flat* (apertura in piano delle pagine).

Diavolo di una coperta!

Due definizioni della copertina tratte da *Il Manuzio – Dizionario del libro* delle Edizioni Sylvestre Bonnard possono essere utili per comprendere meglio il significato di questo "oggetto".

Rivestimento del dorso e dei due piatti della legatura. Nel medioevo venivano utilizzati metalli e tessuti preziosi, gemme, avorio e ceramiche, soprattutto nelle legature di lusso, ma il cuoio e la pergamena compaiono già nel V secolo. Accanto al cuoio, materiale prediletto dai legatori per la facilità di lavorazione, vengono utilizzate altre pelli: di asino e di cavallo, di scrofa, cinghiale, vacca, daino, cervo, coccodrillo, pesce e, fonte inesauribile di aneddoti leggendari, di uomo. L'utilizzo di carte decorate si impone verso la fine del XVIII secolo, mentre nel XIX secolo, con l'avvento della legatura industriale, si diffonde l'uso delle tele. All'inizio del Novecento, i legatori vicini alle avanguardie artistiche cominciarono a introdurre nuovi materiali, tra cui legni pregiati, galalite, metalli laminabili, madreperla e persino il guscio d'uovo.

Legatura editoriale di carta o cartone (anche rinforzato da tela o pelle) che apre e chiude un libro con funzione di rivestimento protettivo, ma anche di presentazione e promozione del contenuto. I due modelli attualmente più comuni sono il cartonato e la brossura, che possono essere forniti o no di sovraccoperta. La copertina può essere tipografica o illustrata. In quest'ultimo caso, se l'illustrazione si estende senza interruzione dalla prima alla quarta, dorso compreso, si chiama, con termine inglese privo di equivalente italiano, *wraparound*.

Da sempre la copertina ha svolto un duplice ruolo: quello di protezione e di contenimento delle pagine dello stampato e quello che potremmo definire estetico di presentazione del prodotto.
In questo secondo caso la funzione della copertina è una funzione tipicamente di marketing in cui l'oggetto editoriale deve essere in grado di autopromuoversi e rendersi accattivante anche agli occhi di un acquirente distratto.
Si pensi a questo proposito alla copertina di una rivista esposta nelle edicole insieme a una miriade di prodotti simili.
In questo caso, alcuni accorgimenti possono essere di grande aiuto.

Copertina di riviste

- Il titolo deve essere collocato nella parte superiore della copertina della rivista (in caso contrario potrebbe venire coperto dagli altri prodotti quando viene esposta nello scaffale dell'edicola), deve essere facilmente leggibile e riconoscibile.
- Le informazioni quali il prezzo, il numero di uscita del periodico, il nome dell'editore o altre informazioni di tipo tecnico devono essere collocate in una posizione discreta ma facilmente leggibile. Nel caso di particolari promozioni che prevedono una riduzione del prezzo o dei gadget in omaggio, è consigliabile mettere l'informazione in maggiore evidenza.
- L'immagine riprodotta in copertina deve essere coerente con il tipo di pubblicazione (per esempio, una rivista di moda non

riporterà in copertina la fotografia di "paesaggi da scoprire", più adatta a un periodico di viaggi).

- Sulla copertina è inoltre buona regola riportare dei piccoli strilli (brevi titoli esplicativi del contenuto) indicanti gli argomenti più significativi trattati all'interno della pubblicazione.

A ognuno la sua copertina

La stessa attenzione deve essere rivolta nella realizzazione della copertina di un libro o di un qualsiasi altro stampato.
La prima regola da rispettare sta nella scelta del tipo di copertina che deve essere coerente con il carattere dell'opera stessa: la copertina di un catalogo sarà diversa da quella di un testo scolastico che sarà diversa da quella di un volume enciclopedico o da quella di un libro di ampia consultazione e via dicendo.
Anche il prezzo finale di vendita sarà diverso a seconda del tipo di legatura scelto e della veste esterna del prodotto.

La sovraccoperta

A volte la copertina può anche essere protetta da un foglio che l'avvolge, in carta o in cartoncino, chiamato sovraccoperta, che svolge un ruolo analogo a quello della copertina.
Solitamente mai inferiore ai 200 grammi di peso, la sovraccoperta può essere di tipo *semplice* (o *classico*) quando è della stessa altezza della copertina e munita di alette laterali (generalmente utilizzate per la biografia dell'autore e una breve presentazione del testo); oppure *antistrappo* quando presenta risvolti anche in testa e al piede che le attribuiscono maggior protezione e resistenza all'usura.

Appendice

Solo un assaggio...

Nella pagine che seguono vengono proposte alcune font rappresentanti le diverse tipologie citate nel testo. La pretesa non è quella di essere esaustivi – le font oggi disponibili sono moltissime e ci vorrebbe un libro unicamente dedicato a esse – bensì mostrarne l'evoluzione abbozzando una classificazione di massima tra le famiglie di cui vengono riproposti gli esempi più noti e diffusi.
Ogni font viene presentata per tutti i caratteri dell'alfabeto, negli stili tondo e corsivo (se disponibile), e quindi declinata nei tre corpi 10, 20 e 30 per poterne meglio valutare caratteristiche e leggibilità.
La frase di esempio - il "Lorem ipsum" - è un insieme di parole spesso utilizzato da grafici e tipografi come riempitivo in prove di impaginazione. Il testo in sé non ha alcun senso: si tratta di una serie di parole in lingua latina (spesso distorte), riprese da uno scritto di Cicerone.
Esistono diverse varianti del Lorem ipsum; quella qui utilizzata è forse la più diffusa. Negli esempi che seguono usiamo solo la parte iniziale.

Lorem ipsum dolor sit amet, consectetur adipisici elit, sed eiusmod tempor incidunt ut labore et dolore magna aliqua. Ut enim ad minim veniam, quis nostrud exercitation ullamco laboris nisi ut aliquid ex ea commodi consequat. Quis aute iure reprehenderit in voluptate velit esse cillum dolore eu fugiat nulla pariatur. Excepteur sint obcaecat cupiditat non proident, sunt in culpa qui officia deserunt mollit anim id est laborum.

In questa appendice

- **Gotici**
- **Romani antichi**
- **Romani di transizione**
- **Romani neoclassici o moderni**
- **Romantici o fantasia**
- **Lineari**
- **Contemporanei**

Gotici

Fraktur

a b c d e f g h i j k l m n o p q r s t u v w x y z
A B C D E F G H I J K L M N O P Q R S T U V W X Y Z
1 2 3 4 5 6 7 8 9 0

Lorem ipsum dolor sit amet, consectetur adipisici elit, sed eiusmod...

Lorem ipsum dolor sit amet...

Lorem ipsum dolor sit...

New Gothic Textura

a b c d e f g h i j k l m n o p q r s t u v w x y z
A B C D E F G H I J K L M N O P Q R S T U V W X Y Z

Lorem ipsum dolor sit amet, consectetur adipisici elit...

Lorem ipsum dolor sit...

Lorem ipsum...

Old English

a b c d e f g h i j k l m n o p q r s t u v w x y z
A B C D E F G H I J K L M N O P Q R S T U V W X Y Z
1 2 3 4 5 6 7 8 9 0

Lorem ipsum dolor sit amet, consectetur adipisici elit, sed eiusmod tempor incidunt...

Lorem ipsum dolor sit amet...

Lorem ipsum dolor...

Romani antichi

Bembo

a b c d e f g h i j k l m n o p q r s t u v w x y z
A B C D E F G H I J K L M N O P Q R S T U V W X Y Z
a b c d e f g h i j k l m n o p q r s t u v w x y z
A B C D E F G H I J K L M N O P Q R S T U V W X Y Z
1 2 3 4 5 6 7 8 9 0

Lorem ipsum dolor sit amet, consectetur adipisici elit, sed eiusmod...

Lorem ipsum dolor sit amet,...

Lorem ipsum dolor...

Garamond

a b c d e f g h i j k l m n o p q r s t u v w x y z
A B C D E F G H I J K L M N O P Q R S T U V W X Y Z
a b c d e f g h i j k l m n o p q r s t u v w x y z
A B C D E F G H I J K L M N O P Q R S T U V W X Y Z
1 2 3 4 5 6 7 8 9 0

Lorem ipsum dolor sit amet, consectetur adipisici elit, sed eiusmod...

Lorem ipsum dolor sit amet...

Lorem ipsum dolor...

Romani di transizione

Berthold Baskerville

a b c d e f g h i j k l m n o p q r s t u v w x y z
A B C D E F G H I J K L M N O P Q R S T U V W X Y Z
a b c d e f g h i j k l m n o p q r s t u v w x y z
A B C D E F G H I J K L M N O P Q R S T U V W X Y Z
1 2 3 4 5 6 7 8 9 0

Lorem ipsum dolor sit amet, consectetur adipisici elit, sed...

Lorem ipsum dolor sit amet...

Lorem ipsum dolor...

Times

a b c d e f g h i j k l m n o p q r s t u v w x y z
A B C D E F G H I J K L M N O P Q R S T U V W X Y Z
a b c d e f g h i j k l m n o p q r s t u v w x y z
A B C D E F G H I J K L M N O P Q R S T U V W X Y Z
1 2 3 4 5 6 7 8 9 0

Lorem ipsum dolor sit amet, consectetur adipisici elit, sed...

Lorem ipsum dolor sit amet...

Lorem ipsum dolor...

Times New Roman

a b c d e f g h i j k l m n o p q r s t u v w x y z
A B C D E F G H I J K L M N O P Q R S T U V W X Y Z
a b c d e f g h i j k l m n o p q r s t u v w x y z
A B C D E F G H I J K L M N O P Q R S T U V W X Y Z
1 2 3 4 5 6 7 8 9 0

Lorem ipsum dolor sit amet, consectetur adipisici elit, sed...

Lorem ipsum dolor sit amet...

Lorem ipsum dolor...

Romani neoclassici o moderni

Didot

a b c d e f g h i j k l m n o p q r s t u v w x y z
A B C D E F G H I J K L M N O P Q R S T U V W X Y Z
a b c d e f g h i j k l m n o p q r s t u v w x y z
A B C D E F G H I J K L M N O P Q R S T U V W X Y Z
1 2 3 4 5 6 7 8 9 0

Lorem ipsum dolor sit amet, consectetur adipisici elit, sed...

Lorem ipsum dolor sit amet...

Lorem ipsum...

Bodoni

a b c d e f g h i j k l m n o p q r s t u v w x y z
A B C D E F G H I J K L M N O P Q R S T U V W X Y Z
a b c d e f g h i j k l m n o p q r s t u v w x y z
A B C D E F G H I J K L M N O P Q R S T U V W X Y Z
1 2 3 4 5 6 7 8 9 0

Lorem ipsum dolor sit amet, consectetur adipisici elit, sed eiusmod...

Lorem ipsum dolor sit amet...

Lorem ipsum dolor...

Century Schoolbook

a b c d e f g h i j k l m n o p q r s t u v w x y z
A B C D E F G H I J K L M N O P Q R S T U V W X Y Z
a b c d e f g h i j k l m n o p q r s t u v w x y z
A B C D E F G H I J K L M N O P Q R S T U V W X Y Z
1 2 3 4 5 6 7 8 9 0

Lorem ipsum dolor sit amet, consectetur adipisici elit...

Lorem ipsum dolor sit...

Lorem ipsum...

Palatino

a b c d e f g h i j k l m n o p q r s t u v w x y z
A B C D E F G H I J K L M N O P Q R S T U V W X Y Z
a b c d e f g h i j k l m n o p q r s t u v w x y z
A B C D E F G H I J K L M N O P Q R S T U V W X Y Z
1 2 3 4 5 6 7 8 9 0

Lorem ipsum dolor sit amet, consectetur adipisici elit...

Lorem ipsum dolor sit amet...

Lorem ipsum...

Romantici o fantasia

Rockwell

a b c d e f g h i j k l m n o p q r s t u v w x y z
A B C D E F G H I J K L M N O P Q R S T U V W X Y Z
a b c d e f g h i j k l m n o p q r s t u v w x y z
A B C D E F G H I J K L M N O P Q R S T U V W X Y Z
1 2 3 4 5 6 7 8 9 0

Lorem ipsum dolor sit amet, consectetur adipisici elit, sed...

Lorem ipsum dolor sit amet...

Lorem ipsum...

Comic Sans

a b c d e f g h i j k l m n o p q r s t u v w x y z
A B C D E F G H I J K L M N O P Q R S T U V W X Y Z
1 2 3 4 5 6 7 8 9 0

Lorem ipsum dolor sit amet, consectetur adipisici elit...

Lorem ipsum dolor sit amet...

Lorem ipsum...

Jokerman

a b c d e f g h i j k l m n o p q r s t u v w x y z
A B C D E F G H I J K L M N O P Q R S T U V W X Y Z
1 2 3 4 5 6 7 8 9 0

Lorem ipsum dolor sit amet, consectetur adipisici elit...

Lorem ipsum dolor sit...

Lorem ipsum...

Kids

abcdefghijklmnopqrstuvwxyz
ABCDEFGHIJKLMNOPQRSTUVWXYZ
1234567890

Lorem ipsum dolor sit amet, consectetur adipisici...

Lorem ipsum dolor sit...

Lorem ipsum...

Lineari

Arial

a b c d e f g h i j k l m n o p q r s t u v w x y z
A B C D E F G H I J K L M N O P Q R S T U V W X Y Z
a b c d e f g h i j k l m n o p q r s t u v w x y z
A B C D E F G H I J K L M N O P Q R S T U V W X Y Z
1 2 3 4 5 6 7 8 9 0

Lorem ipsum dolor sit amet, consectetur adipisici elit, sed...

Lorem ipsum dolor sit amet...

Lorem ipsum dolor...

Helvetica

a b c d e f g h i j k l m n o p q r s t u v w x y z
A B C D E F G H I J K L M N O P Q R S T U V W X Y Z
a b c d e f g h i j k l m n o p q r s t u v w x y z
A B C D E F G H I J K L M N O P Q R S T U V W X Y Z
1 2 3 4 5 6 7 8 9 0

Lorem ipsum dolor sit amet, consectetur adipisici elit, sed...

Lorem ipsum dolor sit amet...

Lorem ipsum dolor...

Frutiger

a b c d e f g h i j k l m n o p q r s t u v w x y z
A B C D E F G H I J K L M N O P Q R S T U V W X Y Z
a b c d e f g h i j k l m n o p q r s t u v w x y z
A B C D E F G H I J K L M N O P Q R S T U V W X Y Z
1 2 3 4 5 6 7 8 9 0

Lorem ipsum dolor sit amet, consectetur adipisici elit...

Lorem ipsum dolor sit...

Lorem ipsum...

Gill Sans

a b c d e f g h i j k l m n o p q r s t u v w x y z
A B C D E F G H I J K L M N O P Q R S T U V W X Y Z
a b c d e f g h i j k l m n o p q r s t u v w x y z
A B C D E F G H I J K L M N O P Q R S T U V W X Y Z
1 2 3 4 5 6 7 8 9 0

Lorem ipsum dolor sit amet, consectetur adipisici elit, sed...

Lorem ipsum dolor sit amet...

Lorem ipsum dolor...

Futura

a b c d e f g h i j k l m n o p q r s t u v w x y z
A B C D E F G H I J K L M N O P Q R S T U V W X Y Z
a b c d e f g h i j k l m n o p q r s t u v w x y z
A B C D E F G H I J K L M N O P Q R S T U V W X Y Z
1 2 3 4 5 6 7 8 9 0

Lorem ipsum dolor sit amet, consectetur adipisici elit, sed...

Lorem ipsum dolor sit amet...

Lorem ipsum dolor...

Univers

a b c d e f g h i j k l m n o p q r s t u v w x y z
A B C D E F G H I J K L M N O P Q R S T U V W X Y Z
a b c d e f g h i j k l m n o p q r s t u v w x y z
A B C D E F G H I J K L M N O P Q R S T U V W X Y Z
1 2 3 4 5 6 7 8 9 0

Lorem ipsum dolor sit amet, consectetur adipisici elit, sed...

Lorem ipsum dolor sit amet...

Lorem ipsum...

Contemporanei

Courier

a b c d e f g h i j k l m n o p q r s t u v w x y z
A B C D E F G H I J K L M N O P Q R S T U V W X Y Z
a b c d e f g h i j k l m n o p q r s t u v w x y z
A B C D E F G H I J K L M N O P Q R S T U V W X Y Z
1 2 3 4 5 6 7 8 9 0

Lorem ipsum dolor sit amet, consectetur...

Lorem ipsum dolor...

Lorem ipsum...

Lucida Console

a b c d e f g h i j k l m n o p q r s t u v w x y z
A B C D E F G H I J K L M N O P Q R S T U V W X Y Z
1 2 3 4 5 6 7 8 9 0

Lorem ipsum dolor sit amet, consectetur...

Lorem ipsum dolor...

Lorem ipsum...

MC Pdigital

a b c d e f g h i j k l m n o p q r s t u v w x y z
A B C D E F G H I J K L M N O P Q R S T U V W X Y Z
a b c d e f g h i j k l m n o p q r s t u v w x y z
A B C D E F G H I J K L M N O P Q R S T U V W X Y Z
1 2 3 4 5 6 7 8 9 0

Lorem ipsum dolor sit amet, consectetur...

Lorem ipsum dolor...

Lorem ipsum...

Bibliografia

AA.VV., *Grafica 1, Scienza tecnologia e arte della stampa*, Antonio Ghiorzo Editore, Milano 1984.

AA.VV., *Grafica 2, Scienza tecnologia e arte della stampa*, Antonio Ghiorzo Editore, Milano 1985.

AA.VV., *Grafica 3, Scienza tecnologia e arte della stampa*, Antonio Ghiorzo Editore, Milano 1986.

AA.VV., *Grafica 4, l'era digitale, Scienza tecnologia arte della stampa e della comunicazione*, Arti Poligrafiche Europee Editrice, Milano 1996.

Gavin Ambrose, Paul Harris, *Fondamenti di grafica,* Logos, Modena 2006, 2ª ed.

Arnaldo Amlesu, *Grafica editoriale*, Ikon Editrice Srl, Milano 1993.

Lorenzo Baldacchini, *Il libro antico*, Carrocci editore, Roma 2002.

Robert Bringhurst, *Gli elementi dello stile tipografico*, Edizioni Sylvestre Bonnard, Milano 2006.

Ranka Bijeljac, Roland Breton, *Dal linguaggio alle lingue. Viaggio nel mondo della parola*, Universale Electa/Gallimard, Milano 1998.

Vincenzo Caniglia, *La pergamena. Oggi come duemila anni fa*, Ananke, Torino 2001.

Warren Chappell, Robert Bringhurst, *Breve storia della parola stampata*, Edizioni Sylvestre Bonnard, Milano 1999.

Hideaki Chijiiwa, *Guida creativa alle combinazioni di colori*, Il Castello, Trezzano sul Naviglio (Mi) 2003, 2ª ed.

Giuseppe Coco, *Celebrazione del tipografo*, editrice Il quadratino, Torino 1968.

Betty Edwards, *L'arte del colore. Guida pratica all'uso dei colori*, Longanesi & C., Milano 2006.

Giorgio Fioravanti, *Il nuovo Manuale del Grafico*, Zanichelli Editore, Bologna 2002, 2ª ed.

Eric Gill, *Sulla tipografia*, Edizioni Sylvestre Bonnard, Milano 2005.

Theo Gimbel, *Cromoterapia. Uso del colore e della luce per recuperare il proprio benessere*, Tecniche Nuove, Milano 1997.

Alessandro Gusmano, *Due secoli di litografia*, Arti Poligrafiche Europee, Milano 1994.

Alfred Hohenegger, *Graphic Design*, Petruzzi Editore, Città di Castello (Pg) 2000, 11ª ed.

Georges Jean, *Il linguaggio dei segni. La scrittura e il suo doppio*, Universale Electa/Gallimard, Milano 1994.

Roberto Maragliano, *Parlare le immagini. Punti di vista*, Apogeo, Milano 2008.

Adalberto Monti, Claudio Rimondi, Luca Rinaldi, *Come ottenere la massima qualità di stampa*, Artiere Edizionitalia, 2007.

Luciano Nicola, *Compendio tecnico di litografia, fotografia e rotolitografia*, Edizioni di Tecnologia Litografica, Milano 1958, 2ª ed.

Giuseppe Pellitteri, *Espressività Editoriale,* Antonio Ghiorzo Editore, Milano 1992.

Emanuele Posenato, *Il Legatore*, Arti Poligrafiche Europee, Milano 1998.

OSVALDO SPONZILLI, *Iniziazione alla Cromoterapia. La nuova scienza dei colori per il benessere e la serenità*, Edizioni Mediterranee, Roma 1998.

ANTONIO STREPPAROLA, *Il Manuzio. Dizionario del libro*, Edizioni Sylvestre Bonnard, Milano 2005.

MARIUCCIA TERONI, *Manuale di redazione. Tecniche e regole editoriali, grafiche e tipografiche per pubblicare sulla carta, su Internet e altri media*, Apogeo, Milano 2007.

JAN TSCHICHOLD, *La forma del libro*, Edizioni Sylvestre Bonnard, Milano 2005, 2ª ed.

IVANA TUBARO, *Delle lettere. Manuale di calligrafia e tipografia: dalla teoria alla progettazione*, Hoepli, Milano 2007.

DANIELA VELLUTINO, *La stampa*, Esselibri, Napoli 2000.

Indice analitico

D-E

F

G-H

I-J

L

M

T

U-X